国际工商管理精选教材

Analysis for Financial Management
(12th edition)

翻译版

财务管理分析
（第12版）

罗伯特·C.希金斯（Robert C. Higgins）
〔美〕珍妮弗·L.科斯基（Jennifer L. Koski） 著
托德·米顿（Todd Mitton）

沈艺峰 肖珉 薛胜昔 杨熠 译

北京大学出版社
PEKING UNIVERSITY PRESS

著作权合同登记号　图字：01-2019-0445
图书在版编目(CIP)数据

财务管理分析：第12版/(美)罗伯特·C.希金斯,(美)珍妮弗·L.科斯基,(美)托德·米顿著；沈艺峰等译.—北京：北京大学出版社,2022.2
国际工商管理精选教材：翻译版
ISBN 978-7-301-32737-1

Ⅰ.①财… Ⅱ.①罗… ②珍… ③托… ④沈… Ⅲ.①财务管理—高等学校—教材 Ⅳ.①F275

中国版本图书馆 CIP 数据核字(2021)第 237856 号

Robert C, Higgins, Jennifer L. Koski, Todd Mitton
Analysis for Financial Management (Twelfth Edition)
ISBN 978-1-259-91896-4
Copyright © 2019 by McGraw-Hill Education

All Rights reserved. No part of this publication may be reproduced or transmitted in any form or by any means, electronic or mechanical, including without limitation photocopying, recording, taping, or any database, information or retrieval system, without the prior written permission of the publisher.

版权所有。未经出版人事先书面许可,对本出版物的任何部分不得以任何方式或途径复制或传播,包括但不限于复印、录制、录音,或通过任何数据库、信息或可检索的系统。

This authorized Chinese translation edition is jointly published by Peking University Press and McGraw-Hill Education. This edition is authorized for sale in the People's Republic of China only, excluding Hong Kong, Macao SAR and Taiwan.
Copyright © 2022 by McGraw-Hill Education and Peking University Press.

本授权中文翻译版由北京大学出版社和麦格劳-希尔教育出版公司合作出版。此版本经授权仅限在中华人民共和 国境内(不包括香港特别行政区、澳门特别行政区和台湾地区)销售。
版权 © 2022 由麦格劳-希尔(亚洲)教育出版公司与北京大学出版社所有。
本书封面贴有 McGraw-Hill Education 公司防伪标签,无标签者不得销售。

书　　　名	财务管理分析(第12版) CAIWU GUANLI FENXI(DI-SHIER BAN)
著作责任者	〔美〕罗伯特·C.希金斯(Robert C.Higgins) 〔美〕珍妮弗·L.科斯基(Jennifer L. Koski) 〔美〕托德·米顿(Todd Mitton) 著 沈艺峰　等译
责 任 编 辑	黄炜婷
标 准 书 号	ISBN 978-7-301-32737-1
出 版 发 行	北京大学出版社
地　　　址	北京市海淀区成府路 205 号　100871
网　　　址	http://www.pup.cn
微信公众号	北京大学经管书苑(pupembook)
电 子 信 箱	em@pup.cn
电　　　话	邮购部 010-62752015　发行部 010-62750672　编辑部 010-62752926
印 刷 者	天津中印联印务有限公司
经 销 者	新华书店
	787 毫米×1092 毫米　16 开本　21 印张　472 千字 2022 年 2 月第 1 版　2022 年 2 月第 1 次印刷
定　　　价	56.00 元

未经许可,不得以任何方式复制或抄袭本书之部分或全部内容。
版权所有,侵权必究
举报电话：010-62752024　电子信箱：fd@pup.pku.edu.cn
图书如有印装质量问题,请与出版部联系,电话：010-62756370

出版者序

作为一家致力于出版和传承经典、与国际接轨的大学出版社，北京大学出版社历来重视国际经典教材，尤其是经管类经典教材的引进和出版。自 2003 年起，我们与圣智、培生、麦格劳-希尔、约翰·威利等国际著名教育出版机构合作，精选并引进了一大批经济管理类的国际优秀教材。其中，很多图书已经改版多次，得到了广大读者的认可和好评，成为国内市面上的经典。例如，我们引进的世界上广为流行的经济学教科书——曼昆的《经济学原理》，已经成为国内广泛使用、广受欢迎的经济学经典教材。

呈现在您面前的这套"国际工商管理精选教材"，是主要面向工商管理专业师生，尤其是 MBA 与 EMBA 的系列教材。经过多年的沉淀和累积、吐故和纳新，本丛书在延续之前优秀教材版本的基础上，根据工商管理专业与实践结合紧密的特点，增加了能够反映商业前沿知识的更加细化的创新型教材，希望让学生了解最新的商业实践，增强创新意识，改善沟通技能，提高在复杂环境下分析与解决问题的能力，进而使商业更加造福社会、造福人类。

同时，我们在内容和出版形式上也进行了一些探索和创新。例如，为了实现经典教材的中国化，对于部分图书，我们邀请同领域专家在翻译版的基础上进行了适当改编，以更好地强化价值引领，立足中国实践；为了满足国内双语教学的需要，我们在影印版的基础上新增了双语注释版，由资深授课教师根据该课程的重点为教材添加重要术语和重要结论的中文注释。希望这些内容和形式上的改进，能够为教师授课和学生学习提供便利。

在本丛书的出版过程中，我们得到了国际教育出版机构同行们在版权方面的协助和教辅材料方面的支持。国内诸多著名高校的专家学者、一线教师，更是在繁重的教学和科研任务之余，为我们承担了图书的推荐、评审和翻译工作；正是每一位推荐者和评审者的国际化视野和专业眼光,帮助我们书海拾慧,汇集了各学科的前沿和经典;正是每一位译者和改编者的全心投入,保证了经典内容的准确传承以及焕发出新的生命力。此外,来自广大读者的反馈既是对我们莫大的肯定和鼓舞,也总能让我们找到提升的空间。本丛书凝聚了上述各方的心血和智慧,在此,谨对他们的热忱帮助和卓越贡献深表谢意!

"千淘万漉虽辛苦,吹尽狂沙始到金"。在图书市场竞争日趋激烈的今天,北京大学出版社始终秉承"教材优先,学术为本"的宗旨,把精品教材的建设作为一项长期的事业。尽管其中会有探索,有坚持,有舍弃,但我们深信,经典必将长远传承,并历久弥新。我们的事业也需要您的热情参与!在此,诚邀各位专家学者和一线教师为我们推荐优秀的经济管理图书(请发送至 em@pup.cn),并期待来自广大读者的批评和建议。您的需要始终是我们为之努力的目标方向,您的支持是激励我们不断前行的动力源泉!让我们共同引进经典,传播智慧,为提升中国经济管理教育的国际化水平做出贡献!

北京大学出版社

经济与管理图书事业部

译者序

长达一个多世纪里,在西方财务学历史发展的各个不同阶段曾先后出现各类不同版本的财务学教科书,这些教科书在财务学科的历史上占据相当重要的地位。一方面,虽然这类教科书往往只是使用通俗易懂的语言和表达方式,本身没有太多艰深、奥妙的理论,作者也不见得是财务学某一领域的理论大师,但由于作者常常能够把在当时比较流行的各种理论加以归纳、串联和表述,搭出一个基本框架,因此这批教科书还是能够体现若干历史时期内财务学科建设的客观事实,反映一定历史条件下财务理论的发展水平,具有不可忽视的历史作用。比如 E. S. 米德(E. S. Mead)这个人,虽然他本人并没有提出在财务思想史上有重大意义的理论,但米德1910年撰写的《公司理财》却被公认为首部现代西方财务学教科书,在财务理论史上具有里程碑式的地位。另一方面,财务学教科书也是西方财务学家传播财务思想和观念,推介财务理论,为企业提供财务分析技术,促进社会公众对财务学科的理解和重视的重要宣传工具之一。萨缪尔森在谈到经济学教科书时就说过:"每个人都知道,当一种思想写进教科书以后,不管它是多么不正确,也几乎会变为不朽。"[①] 财务学是经济学的一门分支,财务学家也与经济学家一样不能脱俗,自第一任主席肯尼思·费尔德博士(Dr. Kenneth Field)之后,美国财务学会数任主席如 H. G. 格思曼(H. G. Guthmann)、J. F. 韦斯顿(J. F. Weston)、M. H. 米勒(M. H. Miller)、S. C. 迈尔斯(S. C. Myers)、R. H. 利兹伯格(R. H. Litzenberger)和 S. A. 罗斯(S. A. Ross)等人都醉心于财务学教科书的编写和修订,其中最为典型的是 J. C. 范霍恩(J. C. Van Horne)。范霍恩是美国财务学会1984年的主席,他撰写的《财务管理与政策》(*Financial Management and Policy*)从1968年起以每三年修订一次的速度到1995年已整整出了十版,堪与当年格思曼和 H. E. 杜格尔(H. E. Dougall)的《公司财务政策》(*Corporate Financial Policy*)五年内连续印刷九次相媲美。随着时间的推移、历史的变迁以及不同时代财务理论表现形式的不同需要,旧一代或老版的财务学教科书终究要被新一代或新版的财务学教科书替代,这种更迭替换正是现代西方财务理论发展的一个缩影。历史地看,在确立起现代意义的财务学教科书之前,

---

[①] 见萨缪尔森:"论《通论》",载《新经济学》(哈利斯编),1948年,第147页。转引自萨缪尔森著,高鸿业译:《经济学》,北京:商务印书馆1981年版,第Ⅰ页。

西方财务学教科书大致经历了两个阶段的演进：1900—1928 年的早期阶段和 1929—1949 年的过渡阶段。就时间顺序而言，西方财务学教科书这一演进过程与西方财务理论的发展进程大体上是相适应的。

一、希金斯《财务管理分析》的特色

现代财务管理教科书以韦斯顿—卡普兰—范霍恩的著作为典范，即正文框架结构被分为基础知识、财务分析与预测、流动资金管理、资本预算、资本成本与价值评估、长期融资以及其他相关问题等。这在韦斯顿和科（卡）普兰（Copeland）的《管理财务学》以及范霍恩的《财务管理与政策》等教科书里皆有很明确的体现。以后，布雷德利（Brealey）和迈尔斯的《公司财务原理》（Principles of Corporate Finance）以及加纳赫（Gallagher）和安德鲁（Andrew）的《财务管理》（Financial Management）等教科书基本上沿袭了这一框架结构。我国大部分关于财务管理的教材，如余绪璎等人的《企业理财学》大体上也是参考上述框架结构来编写的。由于韦斯顿、卡普兰和范霍恩等人先后担任过美国财务学会主席，且长期以来一直在美国各大名校任教，如韦斯顿在加州大学洛杉矶分校、卡普兰在佛罗里达大学、范霍恩在斯坦福大学，他们培养的很多学生日后也成为美国各大学主要的教学科研力量，因而韦斯顿、卡普兰和范霍恩设计的这一框架结构在国外影响极深。另外，还有一类财务管理教科书是专门针对各大学的博士生而写的，如米勒和 E. 法玛（E. Fama）的《财务理论》（The Theory of Finance）、法玛的《财务基础》（Foundation of Finance）、C. F. 黄（C. F. Huang）和利兹伯格的《财务经济学基础》（Foundations for Financial Economics）以及 R. 莫顿（R. Merton）的《连续时间金融》（Continuous-time Finance）等。这类教科书理论性强、研究内容深、数学成分多、阅读难度大，难以为商学院的本科和工商管理硕士课程所采用［卡普兰和韦斯顿的《财务理论与公司政策》（Financial Theory and Corporate Policy）除外］，这里不赘述。近年来，虽然韦斯顿等人也注意到"最近几年，管理财务已经发生了巨大的变化"，范霍恩同样认识到"财务理论与实践持续快速地变化"，他们为此几度修订各自的版本，范霍恩还增添了国际版，但是原来设定的框架结构基本上没有变动。

为了使读者更清晰、全面地了解西方财务学教科书的演进历程，我们推荐阅读沈艺峰教授的专题介绍，请扫码阅读。

韦斯顿—卡普兰—范霍恩等人编写的传统教科书确实具有体系完整、内容丰富且案例、习题甚至计算机软件配套齐全等优点，但同时普遍存在内容庞杂、平铺直叙、重点不突出、部分章节内容较牵强等令人遗憾的缺陷。例如，韦斯顿和卡普兰关于边际资本成本的提法就多不为其他学者所采纳，而且内容框架几十年一贯，虽经过修改，但基本上还是旧瓶装新酒。随着财务理论与实践发生了日新月异的变化，进入 20 世纪 90 年代后，学术界开始探讨如何突破旧框架，建立新的框架结构，以容纳财务理论与实践的新内容。作为这方面努力的结果，市场上出现了两部值得注意的教科书：一是耶鲁大学教授罗斯等人的《公司理财》（1995 年版），罗斯是财务管理学界深孚众望的大师，他的书虽然在基本体例上对传统框架有所保留，但在结构上一改原来的教条，从财务管理的几大原则展开讨论，颇有新意，也加入不少新内容，如增长机会净现值（NPVGO）等。遗憾的是，《公司理财》一书在内容选取上太偏重于个人观点，部分章节内容仍归属学术界不成熟的争论，以此作为教材的内容似乎不甚妥当，也容易混淆读者的思路。二是希金斯的《财务管理分析》（1998 年版）。

罗伯特·C. 希金斯（Robert C. Higgins）是美国资深的财务学家，早年毕业于哈佛大学商学院，获工商管理硕士（MBA），后又转往斯坦福大学攻读财务学博士学位，现为华盛顿大学荣休教授。他还曾到瑞典、德国和澳大利亚等国的几所大学担任客座教授。此外，希金斯还曾是美国微软公司、IBM、花旗银行、波音公司以及美洲银行等的顾问，可谓见多识广、阅历丰富。早年，希金斯与罗比切克（Robichek）、麦克唐纳（McDonald）等人就资本结构和资本成本问题与后来的财务学界泰斗莫迪利安尼和米勒有过激烈的争论。发表在《美国经济评论》上的《1954—1957 年电力公用事业单位资本成本的某些估计》与后来同罗比切克和金斯曼（Kinsman）合写的发表在《财务学刊》上的《财务杠杆对电力公用事业企业权益成本的影响》（1973），以及发表在《财务管理学刊》上的《通货膨胀下的可持续增长率》（1981）和《一个企业能够支付多大的增长》（1977），发表在《财务与数量分析学刊》上的《公司股利储蓄决策》（1972）等论文奠定了希金斯在学术界的地位。在华盛顿大学任教期间，希金斯深受学生欢迎，他先后荣获二十几个优秀教学奖，包括七次 MBA 教授年度奖、五次 EMBA 优秀教学奖。

《财务管理分析》最早成书于 1983 年，以后再版，内容和篇幅也在不断地更新与扩充，从第一版的二百多页增加到最新版的四百多页（指英文原书），自出版以来一直被认为"介绍财务管理基础知识最好的入门书"。《财务管理分析》不仅是哈佛大学等全美一流大学商学院学生的必备教材，而且被美国各类银行管理培训班作为教材广泛采用，口碑极好。那么，与其他传统框架下的教科书相比，希金斯的《财务管理分析》有什么值得一读的地方呢？

1. 重点突出，提纲挈领

财务管理的目标是实现企业价值最大化，在一定条件下，也就是股东价值最大化。但是，具体如何实现这一目标呢？财务学界原来一直有"把增长看作某些必须达到最大化的事情"的提法，希金斯明确反对这种观点，他认为增长并不总是一件可祈福的事。为此，希金斯突出强调了可持续增长的意义，特意把可持续增长的管理单列为一章并进行了充分的阐述。我们习惯上把前三章当作基础知识的介绍，这意味着希金斯把可持续增长问题作为全书的起点并贯穿始终，这在国外的财务管理教材里并不多见。范霍恩和 J. M. 瓦霍维奇（J. M. Wachowicz）合著的《财务管理基础》（*Fundamentals of Financial Management*）一书涉及可持续增长问题，但仅占一小节，而罗斯的《公司理财》也只有一小段谈到可持续增长问题，还没有人像希金斯在书中大部分章节中都反复强调可持续增长问题。此外，希金斯一反传统教科书框架按资金来源、资金运用、资金预测与分析三大块展开论述的方法，而是沿袭了"经济学是研究稀缺资源分配"的定义，提出了财务管理是管理现有资源和新资源的思想，并按照这一思路构造了全书的体系结构。这反映出希金斯的匠心独运。

2. 案例涉及面广，内容丰富多彩

作为全美一流商学院的教科书，希金斯的《财务管理分析》引用了大量生动的真实案例，这些案例大到 AT&T，小到 McCaw。他还生动地用曼联与皇家马德里的比赛说明套期保值，用童话里公主一吻救王子比喻收购兼并的力量，把财务报表比作需要细细品鉴的香水，将投资银行家笑比为妓院里的钢琴师等，令人忍俊不禁。难能可贵的是，希金斯不只是简练地介绍实际案例的背景，还不时地夹杂个人的精辟见解。全书语言幽默、活泼、妙趣横生，使读者不会因财务数字众多、公式和计算过程复杂而产生厌倦。这种能够把专业书写得引人入胜的文风是极为令人欣赏的。

3. 洞悉和把握了财务管理理论的最新进展

20 世纪 80 年代初，西方财务管理理论完成了从旧理财思想到新理财思想的转变，以不对称信息理论为基础，包括信号模型和代理成本在内的新资本结构理论和新股利政策思想开始取代传统的莫迪利安尼和米勒的 M&M 定理，罗斯和罗尔的 APT 模型取代了夏普等人的 CAPM 模型，斯科里斯、F. 布莱克（F. Black）和莫顿的期权定价模型也开始受到学术界的重视。作为老资格的财务学家，希金斯接受并理解了新理财思想，并在书中进行了一定的论述，如在第五章谈到有效市场、在第六章谈到信号传递模型等。希金斯还大胆地把被视为财务管理理论经典的 M&M 定理置于附录做介绍，反映了新理财思想的一种倾向。这无疑与韦斯顿和卡普兰等人的做法大相径庭。在后者编著的教材里，所谓的 M&M 定理是必不可少的核心内容。

4. 充分了解公司理财的新问题和新现象

90 年代以来，西方公司理财呈现证券化、非管制化和国际化的趋势。首先，商业银行贷款证券化浪潮使公司更加依赖证券市场融资；其次，非管制化进一步放松了证券市场的政策法规限制，为企业进入证券市场提供了方便；最后，国际化进程给公司理财带来了风险性和复杂性，提高了财务管理的难度。希金斯敏锐地洞察到公司理财的新变化和新现象并反映在书中。为此，希金斯特意在第 5 版中增加了有关章节，包括彻底改写"利用金融市场管理公司风险"一节，增加关于货币和利率互换的介绍等，还介绍了货架登记制、会计制度的国际比较等内容；在第 6 版里增加了期权定价……在第 12 版里增加了众筹等互联网金融等新内容。这些都反映了作者对财务管理新现象的深刻认识。

5. 教辅资料丰富，方便授课和学习的开展

英文原版出版商麦克劳-希尔教育公司的 *Connect*® 是一个在线的评估解决方案。通过 *Connect*，学生可以链接他们获得成功所需的工具和资源；教学人员可以从各章资料中生成和布置作业，并很容易地使用可选的测试库项目进行考试；教师还可以将自己的问题加入系统，作为家庭作业或练习。*Connect* 主要服务于教师，主要有：测试库、PowerPoint 教案展示、带批注的教辅案例清单以及每章"课后练习"偶数题的参考答案，任课教师可按照书后的教师服务表的说明申请索取；每章"课后练习"奇数题的参考答案可扫码参阅。

二、《财务管理分析》的引进与译制

译者团队多年来执教 MBA 财务管理课程，一直希望能够找到一本适用于 MBA 学生的优秀教科书，我们觉得应该把希金斯的《财务管理分析》翻译出来并推荐给国内各管理学院的 MBA 学生。为此，1998 年春季，我们在繁忙的俗事中排出时间，组织翻译了希金斯的《财务管理分析》（第 5 版），具体分工如下：

前　言　沈艺峰

第一章　黄宗胜

第二章　韩　漫

第三章　田　静

第四章、第五章　沈艺峰

第六章　洪锡熙　沈艺峰　黄宗胜

第七章、第八章　洪锡熙

第九章　洪锡熙　沈艺峰

附　录　沈艺峰

全书由沈艺峰、洪锡熙统稿校正。

《财务管理分析》自翻译出版后，幸得各方面的鼓励与支持，销量甚佳，被国内许多著名院校作为 MBA 相关课程的教材采用。为此，出版单位希望译者能够持续翻译《财务管理分析》的再版。在两位主要译者沈艺峰教授和洪锡熙教授的主导下，另邀请厦门大学管理学院的肖珉老师，在 2002 年春季共同完成本书第 6 版的翻译与校对工作，具体分工如下：

前　言　沈艺峰

第一章、第二章和第三章　肖　珉

第四章、第五章和第六章　沈艺峰

第七章、第八章和第九章　洪锡熙

全书由沈艺峰总校对。

这次翻译除将原书的改动部分如实照译外，对第 5 版中的错误与遗漏部分进行挖补增删，重新细细地修订了一遍，原来第 5 版没有译出的补充资料、网址和习题解答也一并译出，以满足读者的要求。

本书第 8 版的翻译工作进展缓慢，由于俗事繁多，竟让几位译者难有完整的时间来翻译这本钟爱的著作。几位译者断断续续地完成了若干章节的比对、校正和翻译，除沈艺峰、洪锡熙和肖珉老师外，黄娟娟博士生也参与了这部分工作。全书由沈艺峰、洪锡熙和肖珉统稿，最终在 2008 年秋季完成翻译工作。2013 年，我们还曾翻译第 9 版，由于肖珉老师在美国百森商学院深造，无法加入翻译小组，商请林涛教授和王志强教授参与翻译工作。但就在第 9 版接近完成之时，希金斯教授的第 10 版出版了。真是非常佩服他的坚持和执着，让一本书的内容不断得到更新，精益求精，我们的翻译工作还赶不上他的原创速度。为了让读者更好地使用新版的内容，经与出版社商量，我们毅然决定放弃第 9 版的译稿，直接翻译第 10 版。由于洪锡熙老师已经退休，肖珉老师学成归国，翻译小组改由沈艺峰教授、肖珉教授和王志强教授组成，具体分工如下：

前　言　沈艺峰

第一章、第二章和第三章　肖　珉

第四章、第五章和第六章　沈艺峰

第七章、第八章和第九章　王志强

全书由沈艺峰统校。

现在大家看到的是第 12 版的翻译版。这一版的原著作者罗伯特·L. 希金斯已由华盛顿大学福斯特商学院玛格丽特·赖默斯讲座教授变为荣休教授，同时增加了两位合著者——华盛顿大学福斯特商学院的珍妮弗·L. 科斯基教授和杨百翰大学万豪商学院的托德·米顿教授。我们的翻译小组除了一直作为主译的沈艺峰教授和肖珉教授，还邀请了两位年轻教师加盟，他们是江西财经大学会计学院的薛胜昔老师和厦门国家会计学院的杨熠副教授，具体分工如下：

前　言　沈艺峰

第一章、第二章和第三章　肖　珉

第四章、第五章和第六章　薛胜昔

第七章、第八章和第九章　杨　熠

全书由肖珉统校。

在此要感谢洪锡熙教授，自本书首版翻译开始，他每次都认真细致地完成任务。时光如梭，二十多年的时间，伴随一本书的翻译进程，看到它的变化，可以说这既是一种责任，也是一种享受。第 12 版的新变化，希金斯教授在序言里给出了详细的说明，我们在翻译中最大的感受是本书把财务、会计和金融的相关内容非常完美地融合起来，同时把理论和实践结合得很好。第 12 版一如以前各版本，既简洁得当，又风趣幽默。在每一版中，希金斯教授都精心选择一个新的真实公司案例并贯穿全书,借此讲解财务分析、管理与决策。第12版由希金斯、科斯基和米顿三位教授共同修订,选择的案例是游戏和玩具公司孩之宝(Hasbro)。更新的案例和小例子、增加的新理论以及关于现实问题的讨论,加上本书一如既往的亦庄亦谐的写作风格,都对翻译工作提出很大的挑战,同时也给我们带来了很多乐趣,更重要的是一再地验证了本书存在的意义。

我们还要衷心感谢北京大学出版社的编辑,没有她们的坚持,也许这本书就不会再翻译下去了。虽然参与本书第5版、第6版、第8版、第10版和第12版的翻译和校对的全体人员尽心尽责、反复推敲,但因为时间紧、专业难度大、工作又繁忙,加上个人能力有限,翻译中难免有错误,敬请同行指正。

沈艺峰
厦门大学管理学院
财务学教授、闽江学者、博士生导师
2021年10月31日

前言

正如本书历次版本，第12版的《财务管理分析》是为非金融机构的高级主管以及对财务管理实践感兴趣的商学院学生而撰写的，采用实用和直观的方法介绍各种标准技术及其最新发展。尽管对于业务记录（即财务报表——编者注）是如何生成的怀有好奇很有用，但本书假定除对财务报表最起码或者最粗浅的了解外不需要任何先决背景，而着重关注财务分析在管理上的应用。

对于那些有兴趣磨炼管理技能的个人及高级管理项目的参与者来说，《财务管理分析》被证明是物超所值的。本书在大学课堂同样占有一席之地，它可以作为高级工商管理项目和应用类财务管理课程的教材，也可以作为以案例教学为主的课程的参考书，还可以作为更为理论化的财务课程的补充材料。

《财务管理分析》是我们把过去三十多年所经历的与企业高级主管和大学师生共同工作的乐趣与兴奋转换为另一种媒介的尝试。这一经历使我们确信财务技巧和概念不必是抽象或愚钝的，在诸如代理理论、市场信号传递、市场有效性以及资本资产定价等领域的重要进展对实践者来说很重要；而且财务管理学对于广义上的公司管理具有更多的发言权。我们同样相信涉及如此巨额金钱频繁换手的任何活动一定会激发人们的兴趣。

第一部分考察现有资源的管理，涉及运用财务报表和比率分析评价公司财务健康状况，包括公司的长处、短处、最近的业绩表现以及未来的发展前景，通篇强调的是一个公司的经营活动与财务业绩表现之间的联系。一个不断重复的主旋律是，企业的生产经营必须被看作一个完全的整体，而有效的财务管理可能只是处于广义的公司经营特征和战略的情境之中。

第二部分考察财务预测与计划，其中特别强调增长和衰退的管理。第三部分考虑公司经营的融资问题，包括对主要证券的类型、它们所交易的市场，以及发行公司对证券类型的适当选择的评述。后一个问题要求仔细考虑财务杠杆及其对公司和股东的影响。

第四部分论述如何使用诸如净现值、内部收益率等现金流量贴现技术去评估投资机会，以及把风险结合到投资项目评估中的艰巨任务。本书最后以对企业价值评估和公司重组的考察结尾，上下文涉及当前关于股东、董事会和在职管理人员在美国上市公司治理中的适当作用的争论。

第 12 版的修订

熟悉《财务管理分析》之前版本的读者不难注意到,随着珍妮弗·L. 科斯基(Jennifer L. Koski)和托德·米顿(Todd Mitton)加入罗伯特·C. 希金斯(Robert C. Higgins)的合作团队,本书现有三位作者。我们发现这种合作趣味盎然,相信你们也同意三个人的智慧一定超过一个人的。

第 12 版中值得一提的变动和修订如下:

- 第 5 章附录全面改写了有关金融衍生品及其在风险管理中的应用的内容。
- 第 1 章扩展了有关财务报告中调整收益的内容。
- 第 2 章补充了作为财务业绩评估组成部分的经营和现金转换周期的内容。
- 第 9 章采用了微软公司以 262 亿美元收购领英公司的案例描绘公司控股股权市场。
- 第 4 章扩充讨论了有关股票回购及其在公司增长管理中的作用。
- 第 7 章新增介绍了现金流量贴现分析技术,强调其在股东价值创造中的核心作用。如果你倾向于从现金流量贴现分析开始研习公司财务,我们建议你考虑从《财务管理分析》的第 7 章开始,然后再学习第 5、6、8、9 章。
- 第 5 章更新了众筹及其未来可能前景的讨论。
- 以一家领先的玩具和游戏公司(孩之宝公司,Hasbro)案例贯穿全书的阐释。

麦格劳-希尔的 *Connect*(connect.mheducation.com)

麦格劳-希尔的 *Connect*® 是一个在线的评估解决方案。通过 *Connect*,学生可以链接他们所需的工具和资源;教学人员可以从各章资料中生成和布置作业,并很容易地使用可选的测试库项目进行考试;教师还可以将自己的问题加入系统,作为家庭作业或练习。

读者可以通过任课教师的课程 URL 进入 *Connect*,在 LearnSmart 和 SmartBook 上使用麦格劳-希尔的适应性自学技术,通过 Student Resources 链接进入与主题相关的 Excel 电子表格。对于未能通过注册使用 *Connect* 的学生,可以通过 mhhe.com/Higgins12e 链接到 Excel 电子表格。其中,*Connect* 教师图书馆主要服务于教师,主要有:

- 一个测试库;
- PowerPoint 教案展示;
- 一个带批注的教辅案例清单;
- 偶数题的参考答案。

要进入教师图书馆，请登录你的 Connect 课程，选择"Library"标签，然后选择"Instructor Resources"。

关于 Connect、LearnSmart 或 SmartBook 的更多信息，请前往 connect.mheducation.com，或者联系麦格劳-希尔销售代表。你还可以在 mhhe.com/support 上发邮件给"产品专员"或搜索"常见问题"。

一句忠告：《财务管理分析》强调分析技巧在决策制定中的应用性和解释性。这些技巧已经被证明在正确看待财务问题及帮助管理者预测其行为之后果方面很有用。但技巧永远代替不了思想，即使掌握了最好的技巧，我们也必须对问题进行定义和优先排序，对分析进行修正以适应特定的场合，在数量分析和更多的定性考量之间取得适当的平衡，富有洞察力和创造性地评价各种选择方法。掌握技巧仅仅是迈向有效管理所必要的第一步。

我们感谢标准普尔公司的 Andy Halula 提供的关于"Research Insight"的更新，能够获得最新的 Compustat 数据对于提供适合当前实践的例子一直非常有帮助。我们同时对下列人士深致谢意，他们针对第 12 版提出了有见地的评论和建设性意见。本书若有任何不妥之处，皆系作者之错，而非他们之过。

Onur Arugaslan，西密歇根大学

Buleny Aybar，南新罕布什尔大学

Aaron Butler，华纳太平洋学院

Ekaterina Emm，西雅图大学

Matthew Giguere，威斯康辛斯陶特大学

Jaemin Kim，圣地亚哥州立大学

Mbodja Mougoue，韦恩州立大学

Ryan Smith，哥伦比亚大学

Andy Terry，阿肯色大学

Hongxia Wang，阿什兰大学

Arthur Wilson，乔治华盛顿大学

Devrim Yaman，西密歇根大学

Jaime Zender，科罗拉多大学

我们感谢麦格劳-希尔（McGraw-Hill）的 Noelle Bathurst、Chuck Synovec、Trina Maurer、Heather Ervolino 对于本书的开发、设计和编辑所给予的卓越指导。我们感谢 David Beim、Dave Dubofsky、Jack McDonald、George Parker、Megan Partch 及 Alan Shapiro 始终提供的富有远见卓识的帮助和支持。最后，我们还要向华盛顿大学（The University of Washington）、杨百翰大学（Brigham Young University）、斯坦福大学（Stanford University）、瑞士 IMD 商学院（IMD）、达顿商学院（Darden School）、太平洋海岸银行学院（The Pacific Coast Banking

School)、科布伦茨管理学院研究生部（The Koblenz Graduate School of Management）、戈登商学院（The Gordon Institute of Business Science）、波音公司、微软公司的学员和同事，以及其他许许多多的人表达感激之情，正是他们激励我们继续保持对财务管理实践和教学的兴趣。

非常高兴你们能够学习到这部教程，它确实是一次激动人心的智力历险。

罗伯特·C. 希金斯

玛格丽特·赖默斯财务学荣休教授

华盛顿大学福斯特商学院

rhiggins@uw.edu

珍妮弗·L. 科斯基

卡比·L. 克莱默财务学特聘教授

华盛顿大学福斯特商学院

jkoski@uw.edu

托德·米顿

尼德·C. 希尔财务学教授

杨百翰大学万豪商学院

todd.mitton@byu.edu

目 录
contents

第一部分 评估企业财务健康状况

第一章 财务报表解析 / 3
- 第一节 现金流循环 / 3
- 第二节 资产负债表 / 5
- 第三节 利润表 / 11
- 第四节 资金来源与运用表 / 14
- 第五节 现金流量表 / 16
- 第六节 财务报表与价值问题 / 20

第二章 财务业绩评价 / 31
- 第一节 财务业绩杠杆 / 31
- 第二节 权益收益率 / 32
- 第三节 ROE 是否一个值得信赖的财务尺度 / 44
- 第四节 比率分析 / 50

第二部分 计划未来的财务工作

第三章 财务预测 / 65
- 第一节 模拟财务报表 / 65
- 第二节 模拟财务报表与财务计划 / 72
- 第三节 用电子表格进行预测 / 74
- 第四节 妥善处理不确定性 / 77
- 第五节 现金流量预测 / 78
- 第六节 现金预算 / 80
- 第七节 预测方法比较 / 83

第四章 管理增长 / 90
- 第一节 可持续增长 / 91
- 第二节 增长太快 / 93
- 第三节 当实际增长超过可持续增长时怎么办 / 96
- 第四节 增长太少 / 101
- 第五节 当可持续增长超过实际增长时怎么办 / 102
- 第六节 可持续增长和模拟预测 / 104
- 第七节 新股筹资 / 104

第三部分　筹资运作

第五章　金融工具与市场 / 115
　　第一节　金融工具 / 116
　　第二节　金融市场 / 127
　　第三节　有效市场 / 135
　　本章附录　利用金融工具管理公司风险 / 140

第六章　筹资决策 / 155
　　第一节　财务杠杆 / 156
　　第二节　衡量杠杆对企业的作用 / 159
　　第三节　借贷额度 / 165
　　第四节　选择到期期限结构 / 178
　　本章附录　无关论定理 / 179

第四部分　评估投资机会

第七章　现金流量贴现技术 / 189
　　第一节　价值指标 / 190
　　第二节　确定相关现金流量 / 206
　　本章附录　互斥方案和限额资本 / 216

第八章　投资决策的风险分析 / 227
　　第一节　风险的定义 / 229
　　第二节　估计投资风险 / 232
　　第三节　在投资评估中纳入对风险的考虑 / 233
　　第四节　资本成本 / 234
　　第五节　现金流量贴现技术应用中的四个陷阱 / 245
　　第六节　经济增加值 / 253
　　第七节　一项告诫 / 256
　　本章附录　资产贝塔与可调整现值 / 256

第九章　公司估值与重组 / 267
　　第一节　公司估值 / 269
　　第二节　现金流量贴现估值法 / 272
　　第三节　可比交易推定估值法 / 278
　　第四节　控制权市场 / 282
　　第五节　经验证据 / 291
　　第六节　领英公司收购案 / 292
　　本章附录　风险资本的估值方法 / 294

附录 A / 305
附录 B / 307
重要术语 / 309

第一部分

评估企业财务健康状况

第一章　财务报表解析
第二章　财务业绩评价

第一章 财务报表解析

> 财务报表犹如名贵香水,只能细细品鉴,不可生吞活剥。
>
> ——亚伯拉罕·比尔拉夫(Abraham Brilloff)

会计是经营的记分牌,它将公司形形色色的经营活动转化为一组客观的数字,提供关于公司的经营业绩、存在的问题以及发展前景等方面的信息。财务则根据对这些会计数字的理解,评价经营业绩和规划未来活动。

对于包括投资者、债权人和监管人员在内的许多人来说,具备财务分析技能十分重要;对于公司内部的管理者而言更是如此。不论公司的业务性质或规模大小,管理者只有掌握了财务分析技能,才能够诊断公司的症状,开出治疗的药方,并预测经营活动的财务结果。一个不精通会计和财务的经营管理者,就好比一个不会记分的球员,会给工作平添不必要的障碍。

本章和下一章主要介绍如何利用会计信息评估企业财务健康状况。我们首先简要地回顾规范财务报表的会计准则,并针对一个经常被滥用的令人困惑的财务术语"现金流"展开讨论。本章将贯穿两大主题:第一,对盈利的定义和度量比想象的要困难得多;第二,仅仅盈利本身并不能保证公司获得成功,甚至不足以保证公司得以生存。第二章将着重介绍财务业绩的度量和比率分析方法。

第一节 现金流循环

对于初学者而言,财务总是神秘而复杂的,不过有几条基本原理有助于引导思路:**第一条,企业的财务活动与经营活动紧密关联**。企业的业务活动、经营方式及竞争战略从根本上决定了企业的财务结构。同样,看似主要涉及财务活动的决策实际上也能够显著地影响公司的经营活动。例如,公司采取的筹资方式会影响该公司在未来数年内所能进行的投资的性质。

现金流—生产循环（见图1.1）显示，公司的经营活动与财务活动有着紧密的内在联系。为简便起见，我们假设图1.1所示的公司新近成立，从所有者和债权人那里筹得资金，购置了生产性资产并正准备开业。为此，公司用现金购买原材料和雇用工人，随着这些生产要素的投入，公司生产出产品并暂时存仓作为存货。这样，初始的现金就转化为实物存货。公司销售产品，存货又变回现金。如果是现金销售，这种转换瞬时完成；否则，只有在一段时间以后，当应收账款收回时才取得现金。这种从现金至存货、应收账款，再回复至现金的简单的运动过程，就是经营资本或营运资本的循环。

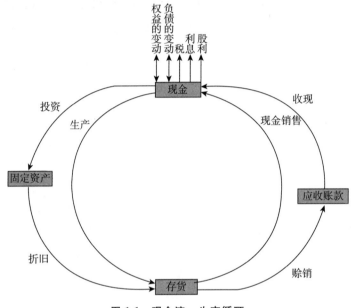

图1.1　现金流—生产循环

图1.1所展示的另一个持续不断的活动是投资。经过一段时间以后，公司的固定资产在生产产品的过程中被损耗了，所生产的每一单位产品的价值中都包含了一小部分固定资产的价值。会计师不断地减少固定资产的账面价值和不断地增加构成存货的产品价值以确认这一产品生产过程，减少和增加的金额即所谓的折旧额。为了维持生产能力，为进一步的增长提供资金，公司必须将部分回笼的现金再投资于新的固定资产。当然，整个活动的目的是确保营运资本循环和投资循环所产生的现金超过初始投入的资金。

我们还可以考虑利用应付账款以及增加负债和权益取得现金的情形，从而进一步扩展图1.1。不过，到目前为止，图1.1已经说明了两个基本原理。

第一个原理：财务报表是反映现实的重要窗口。一个公司的经营策略、生产技术、存货系统和信用控制体系基本上决定了公司的财务状况。例如，如果某公司要缩短赊销的收款期限，其财务报表就会显示应收账款减少，营业收入和利润可能也会发生变化。公司的经营活动与财务状况的这种联系是我们研究财务报表的根本原因，我们试图了解公司的经营活动，并预测改变经营活动所带来的财务结果。

第二个原理：利润不等于现金流。现金以及从现金至存货、应收账款再回复至现金的及时转换是公司的血脉。如果现金流形势严峻或严重中断，偿付危机就有可能发生。事实上，公司处于盈利状态并不能保证现金流足以应付债务清偿。比如，假设某公司不断地延长客户的付款时限，以至于对应收账款失去控制，或者该公司的产量持续地大大高于销量，那么即便从会计的角度看起来盈利的产品销售，也可能无法很快地产生现金流入以抵补生产和投资所需的现金流出。如果一个公司没有足够的现金偿还到期债务，就会发生债务危机。再举一个例子，假如某公司很小心地管理存货与应收账款，但销售的迅速增长要求公司对资产的投入比以往更大，那么即使公司盈利，其现金也许还是不能满足债务的偿付，这种情况被称为"成长性破产"（growing broke）。这些简单的例子说明，管理者至少应该像关心利润一样地关心现金流。

为了更深入地讨论上述主题，以便在运用会计信息评估企业经营业绩时更加得心应手，我们先回顾财务报表的基础知识。如果你是初次接触财务会计，请注意跟上我们的节奏，如果感觉进程太快，请参阅本章末"扩展阅读"推荐的会计学教材。

第二节 资产负债表

评估一个公司财务健康状况最重要的信息来源是财务报表，主要包括资产负债表、利润表和现金流量表。虽然这些报表有时看起来十分复杂，但它们都建立在一个非常简单的基础之上。为了理解这一基础、了解三张报表之间的勾稽关系，我们简单地浏览一下这些报表。

资产负债表相当于一张财务照片，它反映了企业在某一时点所拥有的全部资产和与之对应的全部要求权。资产负债表所表达的基本关系实质上就是整个会计的基础，可表示为基本会计方程式：

$$资产 = 负债 + 所有者权益$$

这好比一群会计师在指定的某一天来到某公司，开列清单记录该公司所拥有的每一项物品并确认其价值。列出公司的资产之后，再列出公司所有的负债。此处的负债简而言之是指公司所承担的未来要付出有价值的东西的责任，或者更通俗地讲，是某种形式的欠款（IOU）。将公司"所有的"和"所欠的"分别加总，计算二者的差额，就得出会计师所说的"股东权益"。股东权益是会计师所估计的股东对公司的股权投资价值，这就好比房屋业主的权益就是房屋的价值（资产）减去其所欠的按揭贷款（负债）。股东权益也称"所有者权益""股票持有者权益""净资产"，或简称为"权益"。

基本会计方程式不仅适用于单笔交易，也适用于整个公司。理解这一点非常重要。当一个公司支付100万美元的薪资，现金就减少100万美元，同时股东权益减少相同的数额；同理，如果一个公司借入10万美元，现金就增加10万美元，同时一项负债（如"贷款"）

增加相同的数额;当公司收到客户1万美元的款项时,一项资产"现金"增加1万美元,同时另一项资产"应收账款"减少相同的数额。会计的复式记账保证了基本会计方程式适用于每笔交易,把每笔交易加总起来,这一方程式也适用于整个公司。

我们以世界体育公司(Worldwide Sports,WWS)为例,来看看基本会计方程式的反复运用是如何生成财务报表的。世界体育公司成立于2017年1月,是一家平价体育用品零售商。公司创始人以15万美元的个人储蓄和10万美元的亲戚借款作为初始投资。开业前,公司购置了6万美元的办公设备和陈列货柜及8万美元的商品。

以下六笔交易概括了世界体育公司开业后第一年的活动:

- 销售价值90万美元的体育器械,其中已收取87.5万美元现金,2.5万美元尚未收到;
- 支付19万美元的薪资,包括所有者自己的薪资;
- 批发购进价值38万美元的商品,其中2万美元尚未支付,年末库存为3万美元;
- 支付21万美元的其他费用,包括公用事业费和租金;
- 家具与固定资产折旧为1.5万美元;
- 支付给亲戚1万美元借款利息,向政府缴纳所得税4万美元。

表1.1显示了会计人员如何记录这些交易。表中第一行为世界体育公司的初始状况,即25万美元的现金、10万美元的借款和15万美元的权益。但当公司开始购置设备和存货时,这些数字很快发生变化,随着上述各项交易的进行,这些数字又进一步改变。

表1.1 2017年世界体育公司的财务交易

(单位:千美元)

	资产				=	负债		+	权益
	现金	应收账款	存货	固定资产		应付账款	借款		所有者权益
年初余额(2017/1/1)	250						100		150
初始购置	(140)		80	60					
销售收入	875	25							900
薪资	(190)								(190)
商品采购	(360)		30			20			(350)
其他费用	(210)								(210)
折旧				(15)					(15)
利息	(10)								(10)
所得税	(40)								(40)
年末余额(2017/12/31)	175	25	110	45		20	100		235

此处不展开具体的会计处理,而是从中提炼出两大要点加以说明:第一,基本会计方程式适用于每笔交易。对于表1.1中的每一行,资产=负债+所有者权益。第二,世界体育

公司资产负债表的最后一行显示的年末数是年初数加上每笔交易的累积结果。比如，2017年12月31日的年末现金余额为年初现金25万美元加上或减去每笔交易所引起的现金的变化。世界体育公司第一年的情况看起来相当不错，当年所有者权益增加了8.5万美元，这是所有者可以给自己发放的最高薪资。

表1.1的最后一行实际上是一张资产负债表，为了进一步说明这一点，不妨将同样的信息呈现为下表这样更为常见的形式。

2017年12月31日世界体育公司资产负债表

（单位：千美元）

现金	175	应付账款	20
应收账款	25	**流动负债小计**	**20**
存货	110	来自亲戚的借款	100
流动资产小计	**310**	权益	235
固定资产	45		
资产合计	**355**	**负债与所有者权益合计**	**355**

如果把资产负债表比喻成公司在某一时点的照片，那么利润表和现金流量表便是一段录像，着重记录资产负债表中两个极其重要的项目随时间推移而变化的过程。公司的所有者自然都会关心公司的经营如何影响他们所进行的投资的价值，利润表将所有者权益的变化区分为收入和费用以说明这一问题。收入增加所有者权益，而费用减少所有者权益，收入和费用的差额就是盈利，也称净利润。

2017年世界体育公司利润表的表达形式看起来如同表1.1的最右列。需要注意的是，出现在利润表最后一行的8.5万美元等于所有者权益在一年内所发生的变化。

2017年世界体育公司利润表

（单位：千美元）

销售额	900
薪资	190
商品采购	350
折旧	15
毛利	**345**
其他费用	210
利息	10
税前利润	**125**
所得税	40
净利润	**85**

现金流量表显示了公司在一段时间内现金余额的具体变化过程，它关注公司的清偿能力，即账单到期时银行账户是否有足够的现金进行偿付。现金流量表通常将现金的变化划分为三大类：经营活动提供或消耗的现金、投资活动提供或消耗的现金、筹资活动提供或消耗的现金。图 1.2 简要概括了三张基本财务报表之间的勾稽关系。

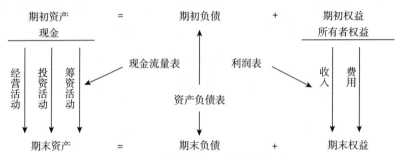

图 1.2　财务报表之间的勾稽关系

为了阐述本书提出的方法和概念，我们将尽量以孩之宝公司（Hasbro）为例贯穿全书加以说明。孩之宝是一家领先的玩具与游戏公司，它提供的 Monopoly、Nerf 和 Play-Doh 等产品与品牌会唤起人们关于童年的鲜活记忆。孩之宝公司还为包括"漫威"（Marvel）和"星球大战"（Star Wars）等品牌特许经营合作伙伴生产玩具与游戏。2016 年，孩之宝公司与迪士尼公司签署许可协议，销售迪士尼公主玩偶和冰雪玩偶。截至 2017 年，孩之宝公司在 120 多个国家销售玩具与游戏，在 35 个国家设立了办事机构。公司的关注点是寻找乐趣，被形容为"创造世界上最佳的玩耍体验"。

孩之宝公司总部位于罗德岛的波塔基特市，年销售收入达 50 亿美元，公司股票在纳斯达克股票市场交易。孩之宝公司于 1923 年由 Henry Hassenfeld 和 Hillel Hassenfeld 创立，称为哈森菲尔德兄弟公司（Hassenfeld Brother），后缩写为孩之宝公司（Hasbro Inc.）。公司从销售纺织布头和学校用品起步，20 世纪 40 年代将产品线扩展到玩具。在接下来的数十年里，孩之宝公司引入滑稽产品品牌，如"番薯头先生"和"特种部队"。90 年代，孩之宝公司成功地将数字游戏和视频纳入产品线。到 2016 年，公司 46% 的销售量来自自有品牌，合作品牌贡献了 28% 的销售量，剩余的来自孩之宝公司的游戏与新兴品牌产品线。

表 1.2 和表 1.3 分别列示了孩之宝公司 2015 年和 2016 年的资产负债表与利润表。如果你认为表 1.2 中每项资产和负债的清晰含义还不够一目了然，别着急，我们接下来会就其中的大部分展开讨论。

孩之宝公司 2016 年资产负债表的等式为：

$$资产 = 负债 + 所有者权益$$
$$5,091 \text{ 百万美元} = 3,228 \text{ 百万美元} + 1,863 \text{ 百万美元}$$

表 1.2 孩之宝公司资产负债表

（单位：百万美元）

	12 月 31 日		变动
	2015 年	2016 年	增加（减少）
资产			
现金与有价证券	977	1,282	306
应收账款（减：坏账准备）	1,218	1,320	102
存货	384	388	3
其他流动资产	287	238	(49)
流动资产小计	2,866	3,288	
固定资产	601	651	50
减：累计折旧与摊销	364	384	20
固定资产净值	238	267	30
商誉与无形资产净值	874	817	(57)
其他资产	744	780	36
资产总计	**4,721**	**5,091**	
负债与所有者权益			
一年内到期的长期债务	165	522	358
应付账款	241	320	79
应计负债	659	776	117
流动负债小计	**1,065**	**1,618**	
长期债务	1,547	1,199	(348)
其他长期负债	445	411	(34)
负债合计	**3,057**	**3,228**	
普通股	105	105	
资本公积	894	985	
留存收益	3,706	3,954	
库藏股	(3,041)	(3,182)	
所有者权益合计	**1,664**	**1,863**	199
负债与所有者权益总计	**4,721**	**5,091**	

注：合计数与单项加总数之差异系四舍五入所致。

资料来源：孩之宝公司 2016 年财务报告及 Compustat 数据库。

表 1.3 孩之宝公司利润表

（单位：百万美元）

	2015 年	2016 年
销售收入	4,448	5,020
销售成本	1,987	2,231
毛利	**2,460**	**2,789**
销售、行政与管理费用	1,616	1,813
折旧与摊销	155	154

（单位：百万美元）（续表）

	2015 年	2016 年
营业费用合计	1,772	1,968
营业利润	689	821
利息费用	97	97
其他非营业费用（收入）	(17)	14
非营业费用合计	80	111
税前利润	609	710
所得税费用	157	159
净利润	452	551

注：合计数与单项加总数之差异系四舍五入所致。

资料来源：孩之宝公司 2016 年财务报告及 Compustat 数据库。

一、流动资产与流动负债

依照惯例，会计师将资产和负债项目按流动性由大到小的顺序列示于资产负债表。流动性指的是一个项目转换成现金的速度。在资产项目中，现金、有价证券和应收账款的流动性较强，排在靠前的位置；固定资产的流动性较弱，排在靠后的位置。同样，在负债和所有者权益项目中，短期借款和应付账款处于靠前的位置，而所有者权益则处于靠后的位置。

会计师还武断地将预期会在一年内转化为现金的资产或负债定义为"流动"，而将其他的资产或负债定义为"长期"。存货是流动资产，因为有理由相信存货能够在一年内售出并转化为现金；应付账款是短期负债，因为必须在一年内偿付。请注意，孩之宝公司超过一半的资产是流动资产，下一章我们将进一步讨论这个问题。

二、所有者权益

资产负债表中所有者权益部分的许多项目常常令人困惑不已，孩之宝公司的所有者权益有四项：从普通股到库藏股（见表1.2）。在我看来，除非迫不得已，否则不必理会这些项目之间的差别，它们除了让会计师和律师不至于失业，没有什么实际意义。浏览一下报表，把所有不是欠款（IOU）的项目加起来，就是所有者权益。

◆ 向信口开河者进一言

在财务讨论中，如果有人建议一旦公司现金短缺就使用部分股东权益，那么没有什么比这一说法更令人啼笑皆非了。在资产负债表中，权益位于负债那一边，而不是位于资产那一边，它表示的是所有者对现有资产的要求权。换句话说，所有者权益所提供的资金已经被花掉了。

第三节 利润表

以孩之宝公司 2016 年的经营业绩为例，表 1.3 揭示了利润表所反映的基本关系：

收入　－　费用　＝净利润

销售收入－销售成本－营业费用－非营业费用－所得税费用＝净利润

5,020　－　2,231　－　1,968　－　111　－　159　＝551

净利润反映了会计期间内所得的销售收入在多大程度上超过了为获取销售收入而发生的费用。净利润一般也称"盈利"或"收益"，并通常在前面加一个"净"字，而销售收入通常又称"收入"或"收入净额"，销售成本通常又称"销货成本"。我们没有发现这些概念之间有什么实质性区别，为什么要用这么多词汇来描述同一事物呢？我个人的主观看法是，会计师在处理各种数据时所受的约束太多了，好不容易有个机会发挥一下创造力，为此在命名时玩一玩文字游戏。

利润表通常被划分为营业与非营业两个部分。顾名思义，营业部分披露了公司主要的持续经营的业务，而非营业部分概括了所有的辅助经营的活动。2016 年，孩之宝公司报告了 8.21 亿美元的营业利润和 1.11 亿美元的非营业费用，其中的非营业费用大部分是利息费用。

利润的计量

此处并非要详细讨论会计，但利润是反映财务健康状况的重要指标，因此有必要介绍利润计量的几个技术细节。

1. 权责发生制

会计利润的计量包括两个步骤：（1）确认会计期间的收入；（2）将相应的成本与收入进行配比。先看第一步，要知道收入不同于收到的现金，这一点很重要。根据会计的权责发生制原则，只要"企业为获取收入而必须履行的工作已经实质上完成，并且有理由相信收取款项具有确定性"，就应该确认收入。在会计师看来，实际收到现金的时间只不过是个技术性细节。就赊销而言，权责发生制意味着确认收入是在销售实现时，而不是在客户实际付款时，这就导致在发生收入和收到现金之间存在一个明显的时滞。让我们看看孩之宝，公司 2016 年的收入是 50.20 亿美元，而应收账款增加 1.02 亿美元，因此 2016 年销售所收到的现金只有 49.18 亿美元（50.20-1.02），余下的 1.02 亿美元账款尚未收现。

2. 折旧

在费用与收入的配比上，固定资产及其折旧给会计师出了道难题。假如在 2018 年，某企业购置了 5,000 万美元的新设备，预计其使用寿命为 10 年。如果会计师将该设备的全部成本确认为当年的费用，就会出现不合理的结果：2018 年的利润会因发生 5,000 万美元的费用而大幅减少；而在随后的9年内，由于该设备产生收入且无须确认费用，利润会大幅提升。因此，将一项长期资产的全部成本作为当年的费用显然歪曲了所报告的利润。

一个比较好的方法是将设备的成本在预计使用寿命期内以折旧的方式进行摊销。因为购买设备的唯一一次现金流出发生在2018年，所以在利润表中被列作费用的年折旧额并不是现金流出，而是用来将2018年的资本性支出与设备所带来的收入进行配比后的非现金费用。换而言之，折旧是将过去的支出分摊在将来的指定期间，使收入与费用配比。从孩之宝公司2016年利润表可以看出，公司的经营费用中包括1.54亿美元来自折旧和摊销的非现金费用。后面我们还会看到，在同一会计年度，孩之宝公司花费了1.55亿美元以取得新的固定资产。

要确定某一特定资产的折旧额，必须先做三个估计：资产的使用年限、残值及折旧计提方法。这些估计应基于经济和工程的信息与经验，以及有关该资产性能的其他客观数据。粗略地说，将资产成本在使用期限内进行分摊有两种方法。

第一种是直线法，即每年提取等额的折旧。如果资产的取得成本为5,000万美元，预计使用年限为10年，预计残值为1,000万美元，那么每年的折旧额为400万美元［(5,000-1,000)/10］。

第二种是加速折旧法。确切地说，加速折旧法是一组方法，其中的每个方法都是在固定资产使用早期多提折旧，相应地在固定资产使用后期少提折旧。加速折旧法并没有在总量上多提折旧，只是改变确认费用的时间。这里我们不必纠缠于不同的加速折旧计提方法，但必须清楚，固定资产的预计使用年限、残值和采用的折旧计提方法都能从根本上影响所报告的利润。一般而言，一个公司采用谨慎的会计政策，快速计提折旧会低估当前收益；反之亦然。

3. 税收

关于折旧的会计处理，另外一个值得一提的问题是税收。除了规模极小的公司，许多美国公司都准备了至少两套财务记录报告：一套用于公司管理和向股东报告，另一套用于确定公司税负。第一套报告的目的是（或应该是）准确地反映公司的财务业绩，第二套报告的目的则简单得多——降低税负。第二套报告不必顾及客观性，只要尽可能地减少应纳税额即可。不同的目的意味着编制两套报告所应用的会计原则大相径庭，折旧的会计处理就是一个典型的例子。无论向股东报告时采用的是哪一种折旧计提方法，公司纳税报告一定是在税务当局允许的范围内，以最短的使用年限、最快的折旧速度提取折旧，以期降低当前税负。

这种双重报告体制意味着实际支付给税务当局的现金与公司利润表上列示的所得税费用是两码事，前者可能低于也可能高于后者，二者之间的差异要在资产负债表中予以报告。如果公司缴纳的税款低于应纳的税款，就会出现"应付税款"这样一项负债，意味着以后年度需要缴纳这笔税款。同时，这笔金额构成公司目前的一项资金来源，税款递延缴纳相当于从政府那里获得了一笔等额的无息贷款。日本和其他国家不允许因纳税和对外报告的不同目的而采用不同的会计方法，不会有这些复杂的会计处理。孩之宝公司资产负债表没有列示多缴或少缴的税款，要么是金额太小，无须专门单独列示；要么是公司刚好缴纳了利润表上的应纳税款。

利润的定义

要回答"公司过去表现如何"以及"公司未来前景如何"这两个基本问题，债权人和投资者通常会将目光投向公司的利润。对于第一个问题，需要一个广义的利润度量，包含在会计期间影响公司业绩的所有因素；对于第二个问题，则需要一个狭义的利润度量，排除所有的偶然因素，只关注影响公司持续、稳定经营业绩的因素。

会计界和美国证券交易委员会提供了两大官方度量指标——净利润和营业利润，要求公司在财务报表中加以报告。

净利润（net income）：净利润也就是众所周知的"最后一栏"（bottom line），被定义为收入总额与费用总额之差。

营业利润（operating income）：营业利润是通过日常经营所实现的利润，不包括税收、利息收入、利息支出以及所有的非经常性损益项目。所谓的非经常性损益，是指不应该经常发生也确实没有经常发生的损益项目。

公司的管理者和专业的投资者经常使用一些非正式的利润指标，以下是比较流行的两种：

息税前利润（EBIT）：EBIT是一项十分有用且广泛应用的利润度量指标，度量在向债权人支付利息、向所有者支付股利和向税务当局缴纳税款之前的利润。EBIT有时与营业利润交替使用。

息税折旧摊销前利润（EBITDA）：EBITDA是指在支付利息、缴纳税款和进行摊销与折旧之前的利润。EBITDA应用于某些折旧费通常高于实际经济损耗的行业，如广播业。不过，正如沃伦·巴菲特所言，将EBITDA等同于利润无异于把一项业务看作商业领域的一个金字塔——永远处于最佳状态，而无须更替、完善或者翻新。在巴菲特看来，EBITDA是投资银行家在无法用EBIT证实其交易合理性时所青睐的指标。

4. 研发和市场营销

既然已经了解会计师如何利用折旧的方法将一项长期资产的成本在其使用年限内分摊，以便更好地进行收入和费用的配比，你也许会想当然地认为他们会以同样的方法处理研发费用和营销费用。因为研究开发和市场营销方面的支出能在未来数年内产生效益，会计师应当在这些支出发生时将其记作资产，然后将成本在资产的预计使用年限内进行分摊，像折旧一样记作非现金费用。这或许合乎逻辑，然而会计师并不是这么做的，起码在美国不是。因为研发费用和营销支出所带来的未来收益的数量和期限难以估计，会计师便回避了这个难题，让公司在支出发生的当年将其全部计入营业费用。因此，尽管一个公司在某个年度取得了技术性突破并将惠及未来数十年，但相应的成本仍必须全部体现在支出发生当年的利润表中。公司必须在研发和营销支出发生的当年将其全部费用化，这种规定通常会低估高科技企业与高营销费用企业的盈利能力，从而使得比较美国公司与那些在处理这类费用上较为灵活的国家的公司变得复杂。

第四节 资金来源与运用表

要了解一个公司，需要弄清两个非常基本而又十分重要的问题：资金从哪里得来？资金又被用到哪里了？乍看之下，似乎利润表能回答这些问题，因为利润表记录了会计年度内的资源流动情况，但细想之后就会发现利润表有两个方面的不足：其一，它包含了并非现金流的应计项目；其二，它只记录了会计期间所发生的与销售货物和提供服务有关的现金流，没有体现许多其他的现金流入和现金流出。孩之宝公司 2016 年应收账款增加了 1.02 亿美元（见表 1.2）投资，但从利润表上很难追寻这些业务的踪迹。另外，孩之宝公司减少了大约 3.50 亿美元的长期负债，这对利润表也几乎没有影响。

为了更加准确地了解公司资金的来龙去脉，我们必须更仔细地查看资产负债表，准确地说是期初和期末两张资产负债表。我们可以采取如下两个步骤：第一，将期初和期末的两张资产负债表并排放在一起，标明该会计期间内各栏目的变动值，孩之宝公司 2016 年报表各栏目的变动值列于表 1.2 的最右列。第二，将这些变动按产生现金和消耗现金分开列示，就形成一张"资金来源与运用表"。

区分资金来源与运用的规则如下：
- 公司的资金来源有两条途径，即资产减少和负债（权益）增加。旧设备出售、存货变现、应收账款减少等是资产项目减少，都属于资金来源。在资产负债表的负债（权益）部分，银行贷款增加和普通股发行是负债（权益）增加，也属于资金来源。
- 公司的资金运用也有两条途径，即资产增加和负债（权益）减少。存货或应收账款增加以及新建厂房都是资产增加，属于资金运用。反之，偿还银行贷款、减少应付账款和发生经营亏损都是负债（权益）减少，也属于资金运用。①

因为你不可能花你没有的钱，所以在会计期间内，资金运用的合计数必定等于资金来源的合计数。

表 1.4 是 2016 年孩之宝公司资金来源和运用表。公司最大的一笔资金来源是一年内到期债务增加 3.58 亿美元，这个金额差不多正好抵消长期债务的减少。合起来看，就像

---

① 在阐述资金来源与运用的规则时，原文用："负债"（liability）泛指"负债与权益"，为照顾我国的习惯做法，此处将其译为"负债（权益）"。——译者注

是孩之宝公司 3.48 亿美元的长期债务将在一年内到期，公司的会计师将其从长期债务移至一年内到期债务。下面我们很快就会谈到，孩之宝公司的主要资金来源和运用都与经营直接相关。

表 1.4　2016 年孩之宝公司资金来源和运用表

（单位：百万美元）

资金来源	
其他流动资产减少	49
商誉和无形资产净减少	57
一年内到期债务增加	358
应付账款增加	79
应计负债增加	117
所有者权益增加	199
资金来源合计	**859**
资金运用	
现金与有价证券增加	306
应收账款增加	102
存货增加	3
固定资产净值增加	30
其他资产增加	36
长期债务减少	348
其他长期负债减少	34
资金运用合计	**859**

资料来源：孩之宝公司 2016 年财务报告和 Compustat 数据库。

● 现金的减少怎么会是资金来源呢？

表 1.4 中 2016 年现金的减少被列示在资金来源部分可能令人费解，现金的减少怎么会是资金来源呢？很简单，这就如同你从银行账户取钱，银行存款余额减少，而你手头可用的现金增加；相反，如果你往银行账户存钱，银行存款余额增加，而你口袋里可支配的现金减少。

二指法

我个人没有花太多的时间去编制资金来源和运用表。不过，尝试着完整地编制一两次，看看资金的来源和运用是否真的相等，也会有所裨益。但如果不是出于这一目的，我建议使用"二指法"，将两张资产负债表并排放在一起，用两个手指分别指着相应的栏目向下移动，找寻变动大的项目。这样你就能够迅速地发现，孩之宝公司最大的两个数字再次显示了从长期债务向一年内到期债务的转变。除此之外，孩之宝公司的资金来源主要是所有者权益和应计负债的增加，资金运用主要是应收账款和现金余额的增加。只需要30秒甚至更短的时间，你就能得到有关资金来源和运用的最重要的信息，然后你就可以忙别的更有趣的事情去了。其他的变化大多只是点缀性的，对它们有兴趣的是会计师而不是管理者。

第五节 现金流量表

确定公司主要的资金来源和运用本身就是一项很有用的技能，同时它也是编制现金流量表的绝佳起点。现金流量表是第三张报表，同利润表和资产负债表一起，构成最主要的三大财务报表。

实际上，现金流量表只是对资金来源和运用表予以扩展和重新排列，将每一来源和运用项目分归于三大项，孩之宝公司 2016 年现金流量表各项目及其金额如下：

（单位：百万美元）

项目	现金来源（运用）
1. 经营活动产生的现金流量	775
2. 投资活动产生的现金流量	（138）
3. 筹资活动产生的现金流量	（331）

复式簿记保证了会计期间内这三项现金流量之和等于现金余额变动值。

表 1.5 是孩之宝公司 2016 年完整的现金流量表。第一项"经营活动产生的现金流量"可以看作是为消除权责发生制对净利润的影响而对孩之宝公司的财务报表所做的重新编排。第一，将所有的非现金费用（如折旧）加回净利润中，因为这些费用项目没有引起任何现金流出；第二，再加上流动资产和流动负债的变动净额，我们知道有些销售收入因客户尚未付款而没有带来现金流入，有些费用也因公司尚未付款而没有造成现金流出。其他流动资产和负债（如存货和预付费用）的变动额亦列于表中，因为根据配比原则，会计师在计算净利润时没有考虑这些现金流量。

表 1.5 2016 年孩之宝公司现金流量表

（单位：百万美元）

经营活动产生的现金流量	
净利润	551
将净利润调整为经营活动产生的现金流量	
折旧与摊销	154
基于股票的薪酬费用	62

（单位：百万美元）（续表）

流动资产和负债变动：	
应收账款增加	(150)
存货增加	(12)
其他流动资产减少	7
应付账款和应计负债增加	204
其他	(41)
经营活动产生的现金流量净额	**775**
投资活动产生的现金流量	
资本性支出	(155)
其他投资活动	17
投资活动产生的现金流量净额	**(138)**
筹资活动产生的现金流量	
股票期权交易收到的现金	42
普通股回购	(150)
股利支付	(249)
短期借款收到的净现金	9
其他筹资活动	17
筹资活动产生的现金流量净额	**(331)**
现金净增加（减少）	306
年初现金与有价证券余额	977
年末现金与有价证券余额	**1,282**

注：合计数与单项加总数之差异系四舍五入所致。

资料来源：孩之宝公司2016年财务报告和Compustat数据库。

如果像很多教科书所举的例子那样，现金流量表只是对资金来源和运用表进行简单的重新编排，那么它就是累赘了，读者用几分钟自己就可以编一个。现金流量表最吸引人的地方在于公司将现金流量按照新的、更能揭示信息的方式重新组织并分类。为了说明这一点，我们来看看孩之宝公司的现金流量表。2016年孩之宝公司支付了2.49亿美元的股利，回购了1.50亿美元的普通股，并花费1.55亿美元用于资本性支出。这些基础活动只能在现金流量表得以揭示。

现金流量表第二个吸引人的地方在于，它能够反映哪些经营活动在多大程度上产生或消耗现金，从而很好地反映了公司的清偿能力。孩之宝公司2016年现金流量表显示，经营活动产生的现金流量超过净利润达40%，原因之一是利润表包含了1.54亿美元的折旧与摊销等非现金费用，更大的金额来自应付账款和应计负债增加了超过2.00亿美元，包括孩之宝公司欠供应商的资金（应付账款）以及欠其他债权人的资金，比如已经承诺而尚未支付的薪资和股利。

孩之宝公司现金流量表里另一个值得一提的项目是"基于股票的薪酬费用",为经营活动产生的现金流量贡献了6,200万美元。经历了一场在商界、议会和会计监管者之间展开的漫长而激烈的争论之后,员工股票期权最终得到正确的归类,被当作一项费用。然而,不论是被授予员工还是被转换成公司股票,股票期权都不是现金流。所以,在计算经营活动产生的现金流量时,股票期权必须加回至净利润。你可能会琢磨,公司似乎并未因股票期权而支付现金给任何人,为何股票期权可以算作一项费用?原因在于,股票期权对于股东而言是一项成本,因为员工不用支付全价而获得股份,股东的股权比例被稀释了。

数字为何不同?

表1.4孩之宝公司资金来源与运用表告诉我们,2016年应收账款增加了1.02亿美元,而表1.5现金流量表反映,同期应收账款增加了1.50亿美元。这不是个例,许多看起来应该相等的数字在不同报表里并不相同。差异是如何产生的?

答案可能有两个:第一,公司经常将流动资产和流动负债的变动分成两个部分:一部分归属于现有业务,另一部分归属于新增业务。前者出现在经营活动产生的现金流量中,而后者则反映在投资活动产生的现金流量中。孩之宝公司将这些增加的金额尽可能多地放到投资活动中,增强了其记录的经营活动产生的现金流量,从而形成了一个更好看的结果。第二,差异与汇率有关。孩之宝公司拥有各类不同的资产和负债,分布于世界各地。为了编制合并资产负债表,会计人员需要将以外币计价的账户按照通行汇率转换成美元计价,所以,我们看到的合并资产负债表的变动至少部分受到币值变动的影响。然而,除非资产或负债被带回本国,否则币值导致的会计项目金额变动并非现金流,公司不能将其反映在现金流量表中。

上述回答是不是很复杂呢?是的。以上描述的操作能否增进我们对孩之宝公司经营业绩的理解呢?我们怀疑并没有。

有些分析师认为,现金流量表中经营活动产生的现金流量净额能比净利润更可靠地反映公司经营业绩,他们认为,由于净利润依赖于种种估计、分摊和近似,很容易被居心叵测的经理们操纵,而反映在现金流量表中的数字则记录了现金的真实流动,因而经营活动产生的现金流量净额是较为客观的业绩衡量指标。

什么是现金流量?

目前对"现金流"有许多相互矛盾的定义,以至于这个词几乎失去了意义。从某种程度上说,现金流的定义非常简单:它是指在一段时间内流入或流出现金账户的钱。如果要讲得更具体一些，问题就复杂了。以下是你可能会经常碰到的四种现金流：

净现金流量＝净利润＋非现金项目

净现金流量在投资界常被称作"现金利润"（cash earnings），用于衡量一项业务所产生的现金。这样做有一个相当不错的目的——区别于利润。将孩之宝公司2016年的数据（见表1.5）代入这个公式，计算得出净现金流量是8.03亿美元，等于净利润加上折旧及其他非现金费用。

净现金流量作为衡量产生现金的能力的标准存在一个问题，它隐含一个假设条件，即企业的流动资产和流动负债不是与经营无关，而是在一段时间内保持不变。在孩之宝公司的例子里，现金流量表显示，流动资产和流动负债项目的变动消耗了290万美元现金。因此，作为衡量产生现金的能力的指标，现金流量表中的经营活动产生的现金流量会更好一些。

经营活动产生的现金流量＝净现金流量±流动资产和流动负债的变动额

第三种现金流量指标更具概括性，在财务界颇为流行：

自由现金流量＝满足所有有利可图的投资活动需求后可供支付给股东和债权人的现金总量

自由现金流量对经营活动产生的现金流量进行了扩展，认为公司经营所产生的现金中的一部分必须以资本性支出的形式进行再投资，以支持公司的成长。撇开一些技术性细节，自由现金流量实际上等于经营活动产生的现金流量减去资本性支出。我们将会在第九章谈到，自由现金流量是企业价值的基本决定因素。事实上可以这样说，公司为股东创造财富的主要手段就是增加自由现金流量。

广为应用的第四种现金流量是：

贴现现金流量＝未来现金流入和现金流出的现值之和

贴现现金流量涉及在考虑货币时间价值的条件下进行投资机会分析的一系列方法。评价投资和企业的一种标准方法就是运用现金流量贴现技术计算预期自由现金流量的现值。这将是本书最后三章的中心议题。

在翻来覆去地使用这些术语的时候，我们建议你要么泛泛地用一个名词表示一般的现金流动，要么小心地定义你自己所用的术语。

这种观点当然有道理，但也存在两个问题：第一，经营性活动产生的现金流量较低甚至为负，并不必然代表公司业绩不好。特别是处于高速成长期的公司，往往要对应收账款和存货等流动资产进行大量投资以支持日益增长的销售，虽然这种投资减少了经营活动产生的现金流量，但并不意味着其业绩欠佳。第二，现金流量表也不见得那么客观，并不像想象中的那样无法操纵。举个简单的例子，假设两家公司在其他方面都一模一样，只是一家公司简单地通过赊账销售产品，而另一家则为客户提供贷款以便他们能够以现金购买产品。在这两种情形下，客户都得到产品并产生销售欠款，但第一家公司记录的是应收账款增加使其经营活动产生的现金流量少于第二家公司，而后者不过是将客户欠款列示于投资

活动中而已。由于将现金流量分配到经营活动、投资活动或筹资活动中并没有清晰的划分标准，因此现金流量表的编制不可避免地会掺入主观判断因素。

仔细研究公司的利润表和资产负债表，你会发现现金流量表中的许多信息已包括在这两张报表中。不过，现金流量表有三个主要优点：第一，会计的初学者和不信任权责发生制的人至少还有望能理解现金流量表；第二，相对于利润表和资产负债表，现金流量表更准确地提供了有关诸如股份回购、员工股票期权等特定活动的信息；第三，现金流量表有助于更好地认识公司产生现金和清偿债务的能力。

第六节 财务报表与价值问题

到目前为止，我们已经对财务报表的基本知识进行了简要回顾，并讨论了利润与现金流量的区别。这是一个好的开端，但要运用财务报表进行明智的经营决策，还需要进一步的工作，我们必须了解会计数字在多大程度上反映了经济现实。比如，当会计师告诉我们孩之宝公司2016年12月31日的资产价值为50.91亿美元时，我们要理清这是事实还是人为构造的会计数字。为了透彻地认识这个问题，同时为后续各章节的讨论做准备，我们再分析一个在利用会计信息进行财务决策时常常遇到的问题，并以此作为本章的结束。

一、市场价值与账面价值

这里所说的"价值问题"有一部分涉及股东权益的市场价值和账面价值的区别。孩之宝公司2016年资产负债表显示其股东权益价值是18.63亿美元，这只是孩之宝公司股东权益的账面价值，并不意味着对股东或其他人而言孩之宝公司价值18.63亿美元。原因有二：第一，财务报表是以交易为基础的。如果某公司在1950年以100万美元买入某项资产，这笔交易使资产的价值得以被客观地计量，会计师就将这个价值记入资产负债表。遗憾的是，这是1950年的价值，与今天的价值或许毫不相关。把事情弄得更加让人糊涂的是，会计师试图从资产负债表的资产价值中定期减去折旧额以反映资产随时间推移而发生的老化。这种做法在其力所能及的范围内是合乎情理的，而且折旧是美国会计师所确认的资产价值唯一会发生变动的项目。1950年购买的100万美元资产或许在技术上已经过时，因而在今天完全丧失了价值；或者，由于通货膨胀，它现在的价值远远高于当初的买价。土地价值在这方面表现得尤为突出，它能比原始购买成本高出好几倍。

我们很容易就能指出，会计师应该忽略长期资产的原始价值而提供有意义的现行价值。问题是，对许多资产而言，确定其现行价值的客观标准并不存在，而依赖在位的管理者做出必要的调整可能也是不明智的。面对相关但主观的现行价值和不相关但客观的历史成本，会计师会选择后者。会计师更喜欢精确的错误，而不是模糊的正确。这意味着财务报表使用者必须以自己认为合适的方式适当调整按历史成本计价的资产价值。

在监管层和投资者的推动下，会计准则制定机构——财务会计准则委员会（FASB）更加重视所谓的"公允价值"（fair value）会计。按照公允价值会计原则，某些资产和负债在财务报表中必须以市场价值计价，而不能以历史成本计价。这个"按市场定价"（marking to market）的思路适用于在金融市场上交易活跃的资产、负债和所有者权益，包括普通股股票和债券。公允价值会计的支持者承认，要完全取消历史成本会计是不可能的，但他们坚持应该尽量运用市场价值。对此持怀疑态度的人则回应说，在同一张财务报表内混合使用历史成本与市场价值只能增加混乱，为反映市场价值的变化而定期对公司账户重新估值将带来不必要的主观性，扭曲所报告的利润，从而大大增加利润的波动性。他们指出，在公允价值会计中，所有者权益的变化不再反映公司的经营成果，而是包含了由某些资产和负债的市值变化引起的可能金额巨大且不甚稳定的收益或损失。公允价值会计的缓慢推进伴随着强烈的反对声，来自金融机构的反对尤其强烈。它们担心这会导致利润的大幅波动，并警告这样会使一些公司的价值低于以历史成本为基础编制的财务报表所体现的公司价值。对于这些公司而言，保持金玉其外的稳定性显然比揭示败絮其中的事实更具吸引力。

调整后利润

出于种种"有时合理"的理由，越来越多的公司高管和业务分析人员认为官方规定的利润指标对于他们而言不充分或不适当，并鼓励整个行业建立并推广新的更好的利润指标，统称"调整后利润"。2016年，孩之宝公司宣告其调整后净利润为5.66亿美元，比净利润5.51亿美元高出1,500万美元。

调整后利润自20世纪90年代以来变得较为常见，一开始颇受争议，因为调整后利润并不遵循会计指南，管理者往往将其作为一种手段，通过将一些费用剔除不报来突出公司积极的方面或使公司利润达到目标。起初公司不必披露调整后利润的算法，投资者对此不明就里，因此调整后利润又被称为"藏污纳垢利润"（earnings before the bad stuff）。

2003年，SEC（美国证券交易委员会）重新定义规则：只要公司同时报告官方规定的净利润，并解释调整后利润与官方规定的利润之间的差异，就可以报告调整后利润。由于尚没有一套关于调整后利润的定义，管理者仍可自由发挥，但现在他们至少得让投资者知道他们在做什么。

到2014年，已经有70%的标准普尔500（S&P500）公司报告调整后利润，比2009年增加50%。[a]常见的调整是剔除一次性事项（如重组支出、诉讼费用和收购事项），有些公司也剔除一些经常性事项（包括投资损益、商誉摊销或股票薪酬），这些调整总体上使公司的利润更加好看。2014—2015年，标准普尔500公司的调整后利润总体上提高了6.6%，而相

应地,净利润却下降了11%。[b]

颇为讽刺的是,尽管调整后利润备受质疑,但相关证据表明,调整后利润更被投资者认可,对未来的利润和现金流也更具有预测能力。[c]虽然管理者对于哪些项目进入调整后利润具有很大的自主空间,有些管理者还可能会滥用自由裁量权,但总体而言,管理者还是会以投资者认可的方式进行利润调整,而非恣意妄为。

不过,如 SEC 前主席玛丽·乔·怀特(Mary Jo White)等人明确指出的,担忧依然存在。[d]2016 年,SEC 发布限制创造性地利用调整后利润的新指引,明确什么是合理的利润调整,同时要求公司在公告中减少对调整后利润的过分强调。毫无疑问,这场争论仍将继续。

注:[a]Dirk Black, Theodore Christensen, Jack Ciesielski, and Benjamin Whipple, "Non-GAAP Earnings: A Consistency and Comparability Crisis?" March 2017.[b]Robert Pozen, "No More Dizzying Earnings Adjustments", *The Wall Street Journal*, June 21, 2016.[c]Mark Bradshaw and Richard Sloan, "GAAP versus The Street: An Empirical Assessment of Two Alternative Definitions of Earnings", *Journal of Accounting Research* 40, 2002, pp. 41-66.[d]2016 年 6 月 White 的主题演讲,全文请见:https://www.sec.gov/news/speech/chair-white-icgn-speech.html。

孩之宝公司价值并非 18.63 亿美元的另一个原因是,股权投资者购买股票是为了得到期望的未来收益,而不是公司资产价值。实际上,如果一切按计划进行,公司现有的大多数资产都将在产生未来收益的过程中消耗殆尽。会计师计量所有者权益时存在的弊端在于,他们毫不理会未来收益。之所以这么说,理由有两点:其一,会计数字是回顾性和基于历史成本的,难以提供关于公司资产可能产生的未来收益方面的信息;其二,许多会对未来收益产生影响的资产和负债通常未被记入资产负债表,比如专利、商标、忠诚的顾客、经过验证的邮寄清单、超群的技术、良好的管理等。有人说,对于很多公司而言,最有价值的资产晚上都回家找各自的配偶去了。未记录的负债有未决诉讼、低劣的管理、过时的产品生产线等。会计师无法计量上述资产和负债,这就意味着账面价值和股东所感知的价值相去甚远。

如果一家公司的股票在市场上交易,其股东权益的市场价值很容易计算,用发行在外的普通股股数乘以每股市场价格即可。2016 年 12 月 31 日,在纳斯达克全球精选股票市场上,孩之宝公司普通股股票的收盘价为每股 77.79 美元,发行在外的股票数量为 1.245 亿股,总价值为 96.85 亿美元,是其账面价值的 5.2 倍(96.85/18.63),这就是孩之宝公司股东权益的市场价值,通常称为公司的市场资本化值或市值。

表 1.6 列示了 15 个代表性公司权益的市场价值和账面价值,清楚地说明了账面价值是市场价值的低劣替代品。

表 1.6 权益的账面价值是市场价值的低劣替代品

2016 年 12 月 31 日

公司	权益价值（百万美元）		市值面值比
	账面价值	市场价值	
安泰（Aetna Inc.）	17,881	43,614	2.4
谷歌（Alphabet Inc./Google）	139,036	540,659	3.9
安进（Amgen Inc.）	29,875	107,932	3.6
阿帕奇（Apache Corp.）	6,238	24,083	3.9
可口可乐（Coca-Cola Co.）	23,062	177,780	7.7
德尔塔航空（Delta Air Lines Inc.）	12,287	35,945	2.9
杜克能源（Duke Energy Corp.）	41,033	54,334	1.3
脸书（Facebook Inc.）	59,194	332,725	5.6
通用汽车（General Motors Co.）	43,836	52,260	1.2
哈雷-戴维森（Harley-Davidson Inc.）	1,920	10,265	5.3
孩之宝（Hasbro Inc.）	1,863	9,685	5.2
英特尔（Intel Corp.）	66,226	171,557	2.6
特斯拉汽车（Tesla Motors Inc.）	4,753	34,524	7.3
美国钢铁（United States Steel Co.）	2,274	5,738	2.5
沃尔玛（Wal-Mart Stores Inc.）	77,798	203,424	2.6

商誉

公司的无形资产（如商标和专利），只有在一种情况下会出现在资产负债表中，那就是一家公司以高于账面价值的价格收购另一家公司时。例如，假设发起收购公司花费 1 亿美元购买资产账面价值只有 4,000 万美元的目标公司，而这些资产的重置价值估计也只有 6,000 万美元，在记录这笔交易时，会计师会将购买价格中的 6,000 万美元作为所收购资产的价值，把其余 4,000 万美元作为一项新资产——商誉的价值。发起收购公司为目标公司有记录的资产付出了一笔比公允价值高得多的溢价，是因为它对目标公司未记录的资产（或者说无形资产）的估值很高。但是，必须等到 1 亿美元的款项被写入并购合同，会计师才能确认这个价值。

在表 1.2 中，孩之宝公司资产负债表的"商誉与无形资产净值"栏目显示公司商誉为 8.17 亿美元，占总资产的 16%。为了正确地认识这个数字，让我们看看标准普尔 500 公司——一个多元化的大公司组合，其 2016 年商誉与总资产之比的中位数为 31%，其中烟草业巨头雷诺兹（Reynolds）以 89%高居榜首。[①]

---

① 很多年以来，税务当局要求公司在一个较长的时期内将商誉作为非现金费用从利润中摊销。如今，它们承认多数商誉并不一定是无用资产，只要求在有证据表明商誉价值已经下降的情况下进行减值，但没有要求在商誉价值显示回升迹象时进行抵减处理。你觉得这看起来是否既模糊不清又变幻莫测，我们也赞同这一说法。

二、经济利润与会计利润

价值问题第二个方面源自会计师对已实现利润和未实现利润的区分。对于没有学过多少会计知识的人而言,所谓利润,就是指可以让他在一段时间内花掉,而在期末仍然像期初一样富有的东西。如果玛丽·西格拉(Mary Siegler)的净资产在年初是 10 万美元,而在年末升至 12 万美元,那么她在这一年内获得了 7 万美元的薪资且都花掉了,但多数人会说她的收入是 9 万美元(7 万美元薪资+2 万美元净资产的增值)。

但会计师却不这样认为,他会说玛丽的收入只有 7 万美元,2 万美元资产的市场价值增加部分不能当作收入,因为增值并没有通过出售资产而"实现"。在卖出资产之前,资产的市场价值会上下波动,增值是"纸上的",而会计师一般不确认纸上利得或损失。他们认为"实现"是记录利得所必需的客观证据,而不顾玛丽可能对未实现的资产增值与所获得的 2 万美元薪资感到同样满足这一事实。

会计师计量收入时的保守风格很容易招致批评。如果不考虑通货膨胀,玛丽在保持个人年末财富与年初财富持平的情况下,一年内所能花的钱应该是 9 万美元,而不是会计师所说的 7 万美元。而且,如果玛丽以 12 万美元出售资产并迅速以相同的价格购回,就可以实现 2 万美元的利得,那么在会计师的眼里,这 2 万美元就成为收入的一部分。收入竟然取决于如此虚假的交易,这足以让人对会计师的定义产生怀疑。

不过,我们也应该为会计师说几句护短的话。首先,如果玛丽在持有资产数年后才出售,那么会计师所确认的利得或损失会恰好等于非会计专业人士每年确认的利得或损失的代数和。所以,此处争论的焦点其实并不在于总收益,而只在于收益确认的时间。其次,会计师正在增加公允价值会计的运用,至少定期重新测试一些长期资产和负债的价值,以减少会计利润与经济利润的差异。最后,尽管会计师想要运用公允价值会计,但除了交易活跃的资产和负债,要计量其余许多资产和负债价值的期间变化是极其困难的。因此,即使会计师想要将"纸上的"利得或损失计入收入,也往往难以做到。这意味着在日常业务中,会计师必须满足于计量已实现的利润而不是经济利润。

三、应计成本

在利润表的费用部分也存在一个类似的问题,不过这个问题不太容易被察觉,那就是权益资本成本。孩之宝公司的会计师知道,如果用账面价值计量,公司在 2016 年动用了 18.63 亿美元股东的钱。他们还知道,没有这笔钱,孩之宝公司是无法运营的,并且这笔钱也不是免费的。好比债权人贷款要收取利息,股权投资者希望他们的投资也能得到回报。然而,你再看孩之宝公司利润表(见表 1.3),表中并未提及这项权益资本成本。利息费用在利润表中有披露,但与之类似的权益资本成本却没有。

会计师明知权益资本有成本,却不把它记入利润表,这是因为成本必须是应计的,即可估计的。由于没有白纸黑字写明孩之宝公司必须付给股东多少钱,会计师便拒绝确认任何权益资本成本。这再一次说明，会计师宁可犯可靠的错误，也不愿做可能不准确的估计。这就使得不太专业的旁观者的头脑里一片混乱，从而继续造成公司的"形象幻觉"问题。

下表所示的分别是会计师和经济学家可能为孩之宝公司编制的 2016 年度利润表的下半部分。从中可以看到，会计师的账目显示该年盈利 5.51 亿美元；而在经济学家的账目上，盈利只有 3.65 亿美元。数据差异的原因在于经济学家将 1.86 亿美元的权益资本成本考虑进去了，而会计师却没有记录这一项。我们在第八章将讨论权益资本成本的估算方法，这里假设权益资本成本为 10%，用它乘以孩之宝公司权益的账面价值，即 10%×18.63 亿美元 = 1.86 亿美元（保留 2 位小数点）。

（单位：百万美元）

	会计师账目	经济学家账目
营业利润	821	821
利息费用	97	97
其他非营业费用	14	14
权益资本成本		**186**
税前利润	710	524
所得税费用	159	159
会计利润	**551**	
经济利润		**365**

如果每个人都知道会计利润大于零并不是优秀的或值得赞赏的经营业绩的必然标志，那么区分会计利润和经济利润就只是为了满足好奇心而已。但是当工会和政治家将会计利润当作公司能提供更高的薪资、缴纳更多的税款、接受更严的管制的依据时，当多数管理者将会计利润当作领取可观的业绩奖金的正当理由时，这种区分就变得非常重要。必须牢记，权益投资者要求得到投资回报的权利丝毫不逊色于债权人要求利息的权利以及雇员要求薪资的权利，所有自愿提供稀缺资源的人期望得到的补偿都是正当的。还必须牢记，除非经济利润等于零或大于零，否则公司不能保值。基于这个原则，孩之宝公司 2016 年的表现还不错，但并没有会计利润所显示的那般耀眼。细究之下你就会发现，在扣除权益资本成本之后，许多报出骄人业绩的公司表现得与刚上路的新手并无二致。

我们将在第八章"经济增加值"（EVA）部分再详细讨论会计利润与经济利润的差异，近年来，EVA 已经成为评价公司和管理业绩的一个普适标准。

总之，有兴趣做财务分析的人最终会与会计师形成一种爱恨交织的关系，价值问题意味着财务报表明显地歪曲了有关公司盈利和市场价值的信息，这使得它们在许多重要管理决策中的应用受到限制。不过，财务报表通常能提供给我们所能得到的最好的信息，只要清楚这些局限所在，以财务报表作为分析的起点还是有用的。下一章将讨论如何在财务业绩评价中使用会计数值。

国际财务报告准则

跨国的会计数值比较存在一个固有的问题,即不同国家的会计师遵从的计量标准可能存在差异。可喜的是,在过去十年左右,这个问题得到极大的缓解。乐观人士或许可以说,国际会计准则正在兴起。欧盟是这项倡议的领导者,为打造一个不同成员国之间通用、统一、协调的市场而努力。经历了大约三十年的研究、争议和政治辩论,这项会计倡议于2005年1月1日成为现实,7,000多家欧洲上市公司放弃了本国会计准则,迎接新的国际财务报告准则(IFRS)。如今,六大洲超过120个国家接受了IFRS,有的直接采用IFRS,有的使本国准则与IFRS趋于一致。在早期接受IFRS的国家中,引人注目的缺席者有美国、日本和中国。现在,日本允许自愿选择IFRS,日本和中国虽然没有设置时间表,但都在致力于与IFRS趋同。美国的会计规则监管者曾经有一段时间努力向IFRS趋同,但这个项目已经很大程度地被搁置了,至少目前如此。

多年来,美国会计当局将美国会计准则看作金字标准,其他国家都应该唯美国马首是瞻,美国会计准则趋同于IFRS是为了邀请世界上其他国家遵循美国的标准。但21世纪初期发生的会计丑闻以及接踵而来的安达信会计师事务所的倒闭使美国人在会计准则上变得稍微虚心一点,妥协的意愿也稍微增多一些。

大西洋两岸在会计准则上合作的一个主要障碍是,对关于准则应该扮演什么角色存在哲学观念上的分歧。欧洲的哲学是明确总体的会计原则,要求会计师和高管秉承与原则一致的精神编制公司账目。美国则担心原则导向会留下太多可供操纵的空间,因此制定浩繁、细致的规则,规定每一项交易应该如何记录,要求严格遵守规则的字面内容。讽刺的是,这个规则导向的哲学收到的效果似乎适得其反,美国的"明线"(bright-line)规则不但未能约束操纵,反而可能激励操纵,因为它使一些高管的注意力从公平、准确地编制报表转向算计如何更好地战胜规则。"我们并未违反规则,所以我们一定是无辜的!"这种论断看起来很有诱惑力。

作为对美国会计准则问题的一个回应,美国2002年通过《萨班斯-奥克斯利法案》,除了其他的变化,该法案还要求总经理和财务总监个人做出证明,保证公司财务报告是适当的。另一个回应是,美国更加认真地考虑欧洲的粗线条监管哲学。实际上,大约十五年前,美国的监管者和会计当局准备指定一个确定的开始接受国际会计准则的日期。如今,这个做法似乎不大可能了。相反,美国与国际会计当局似乎打算利用更长的时间,逐步将两套准则整合起来。最后的结果也许不是执行某个单一的准则,但至少会是一个可行的妥协。

内容摘要

1. 现金流循环
   - 描述现金在一家公司内的流动。
   - 说明现金流量并不等同于利润。
   - 提醒管理者必须至少像重视利润一样重视现金流量。
2. 资产负债表
   - 是公司在某个时点的快照,反映该公司拥有什么和欠了什么。
   - 基于基本会计等式(资产=负债+所有者权益),这个公式既适用于单笔交易,也适用于整张资产负债表。
   - 将期限短于一年的资产和负债分别列示为流动资产和流动负债。
   - 资产负债表右侧的所有者权益显示为所有者对现有资产要求权的会计价值。
3. 利润表
   - 将所有者权益在一个期间内的变动划分为收入和费用,收入增加所有者权益,而费用减少所有者权益。
   - 将净利润(即盈利)定义为收入与费用之差。
   - 识别特定期间产生的收入,配比为产生这些收入而发生的相应的费用。
   - 包含了权责发生制原则,即记录收入和费用是在其应当所属的期间,而非现金实际收付之时。
   - 将可用于未来的长期资产过去的资本性支出记录为折旧,以使收入和费用能够配比。
4. 现金流量表
   - 关注清偿能力,即是否有足够的现金支付即将到期的债务。
   - 根据资金来源与运用表,资产账户的增加和负债账户的减少为现金运用,资产账户的减少和负债账户的增加为现金来源。现金流量表是简单的资金来源与运用表的详述。
5. 价值问题
   - 在评估经济业绩或经济活动时,强调会计报表具有以下局限性:
     - 很多会计价值是以交易为基础的,因此是回顾性的,而市场价值则是着眼未来的
     - 会计通常在已实现收益和未实现收益之间进行错误的区分
     - 会计师没有记录权益资本成本,使得报表使用者误以为正的会计利润意味着财务健康
   - 上述局限随着公允价值会计的运用而减弱。公允价值会计使得交易活跃的资产和负债的价值以市场价格而非历史成本呈现,但潜在的问题在于可能产生信息歪曲、波动性、复杂性和主观性。

扩展阅读

Downes, John, and Jordan Elliot Goodman. *Dictionary of Finance and Investment Terms.* 9th ed. New York:Barron's Educational Services, Inc., 2012. 912 pages.

词典对5,000多条专业术语进行了清晰的定义。

Friedlob, George T., and Ralph E. Welton. *Keys to Reading an Annual Report.* 4th ed. New York:Barron's Educational Services, Inc., 2008. 208 pages.

这是一部解读财务报告的实用指南。

Horngren, Charles T., Gary L. Sundem, John A. Elliott, and Donna Philbrick. *Introduction to Financial Accounting.* 11th ed. Englewood Cliffs, NJ: Prentice Hall, 2013. 648 pages.

极其畅销的教科书，你想了解的任何关于财务会计的知识，在这里都找得到。

Libby, Robert, Patricia Libby, and Frank Hodge. *Financial Accounting.* 9th ed. McGraw Hill Education, 2016. 864 pages.

又一部畅销的会计学教材。

Tracy, John A., and Tage Tracy. *How to Read a Financial Report：Wringing Vital Signs Out of the Numbers.* 8th ed. New York：John Wiley & Sons, 2014. 240 pages.

本书生动而通俗易懂地阐述了财务报表分析实务。

专业网站

e145.stanford.edu/upload/Merrill_ Lynch.pdf

可以从该网站免费下载 Merrill Lynch 的经典之作"如何阅读财务报表"（*How to Read a Financial Report*）。

duke.edu/~charvey/Classes/wpg/glossary.htm

收录了杜克大学教授坎贝尔·哈维斯（Campbell Harvey）的财务术语表，包括8,000多条财务术语的定义并提供18,000多个超级链接。

nysscpa.org/glossary

另一个详尽的会计术语词汇表。

secfilings.com

EDGAR 是美国证券交易委员会的电子数据库，几乎收纳了美国上市公司的全部文件，是一个包括年报和季报在内的财务信息宝库。该网站提供了登录 EDGAR 的一个迅捷通道，可以直接下载 PDF 和 RTF 格式文件。下载是免费的，我经常使用。

cfo.com

这是一个由 CFO 杂志出版商提供的网址，信息丰富、实务导向，发表讨论当前会计与财务问题的文章。

课后练习

1. a. 一家公司现金流量表中的经营活动产生的现金流量为负，这意味着什么？是坏消息吗？是危险的信号吗？

    b. 一家公司现金流量表中的投资活动产生的现金流量为负，这意味着什么？是坏消息吗？是危险的信号吗？

    c. 一家公司现金流量表的筹资活动产生的现金流量为负，这意味着什么？是坏消息吗？是危险的信号吗？

2. 布伦特里（Braintree）公司的资产为50亿美元，权益为40亿美元，由于经济繁荣，上年公司赚取利润1亿美元，高管提议为他们自己支付一大笔现金奖励，以褒奖其经营业绩。作为布伦特里公司的董事，你对此将做出怎样的回应？

3. 判断正误并简要说明理由。

    a. 公司如果陷入财务困境，可以暂时动用部分所有者权益来偿付账单。

    b. 一家公司权益的账面价值为负而没有破产是不可能的。

    c. 一家公司股利增加，净利润会下降。

d. 如果你有一家公司 2016 年和 2017 年的资产负债表，就可以编制该公司 2017 年的资金来源与运用表。

e. 会计师试图通过资产负债表中的"商誉"栏目衡量一个公司在社区的公共关系所带来的利益。

f. 资产账户的减少是现金运用，而负债账户的减少是现金来源。

g. 公司权益的市场价值必须一直高于其账面价值。

4. 简要解释以下各项交易如何影响公司的财务报表（切记，在交易前和交易后，资产都一定等于负债与所有者权益之和）。

a. 以 50 万美元的价格出售一项账面价值为 30 万美元的旧设备。

b. 购买一座 8,000 万美元的建筑物，40% 用现金支付，60% 用银行借款支付。

c. 用现金 6,000 万美元购买一座新建筑物。

d. 向提供赊销的供应商支付 4 万美元。

e. 公司以每股 24 美元的价格回购股票 1 万股。

f. 销售 8 万美元货物，收到现金。

g. 赊销货物 12 万美元。

h. 向股东支付股利 5 万美元。

5. 尽管现金制更加浅显易懂，但财务报表是以应计制（即权责发生制）而非现金制为编制基础。这是为什么？

6. 第三章的表 3.1 是 R&E 供应公司 2014—2017 年财务报表。

a. 编制公司这一期间的资金来源和运用表（将三年数据编制在同一张表上）。

b. 你能从资金来源与运用表中看出 R&E 供应公司的财务状况吗？

7. 你是公司劳资关系部主管，在劳资谈判中，工会总干事说："瞧，公司拥有 150 亿美元资产，75 亿美元权益，去年创造了 3 亿美元利润，我必须指出，其中大部分利润是工会会员努力工作的结果。所以，你不要跟我说你无法满足我们的薪资需求。"对此，你将如何作答？

8. 你经营一家房地产投资公司。一年前，公司购买了 10 块土地，分散在各个社区，每块土地价格为 1,000 万美元。最新的地产评估显示，其中五块土地每块价值 800 万美元，另外五块土地每块价值 1,600 万美元。不考虑土地在一年内创造的收益和支付的所有税金，计算该投资公司在以下各种情况下的会计利润和经济利润。

a. 公司按最新的评估价值出售所有的土地。

b. 公司不出售土地。

c. 公司出售价值下降的土地，继续拥有其余的土地。

d. 公司出售价值上涨的土地，继续拥有其余的土地。

e. 参加地产管理研讨会回来之后，一名雇员建议采用"年终政策"。具体做法是：出售价值上升的地产，同时保留价值下跌的地产。该雇员解释说，采取这种政策，公司在房地产投资中永远不会出现亏损。你赞同该雇员的看法吗？为什么？

9. 本题不考虑税收。2016 年阿卡迪亚（Acadia）公司赚取了净利润 50 万美元，当年增加了应收账款 15 万美元，资产账面价值下降的金额等于该年度的折旧费 13 万美元，资产市场价值则增加了 2.5 万美元。基于这些信息，计算阿卡迪亚公司在 2016 年产生了多少现金流量。

10. 乔纳森（Jonathan）是艾克美（Acme）啤酒厂的行家，他十分喜欢自己的工作，但又想辞去工作，创办自己的啤酒厂。目前他在艾克美的年收入是 6.2 万美元。如果自己创办新厂，乔纳森预计啤酒厂的年收入为 23 万美元，扣除支付给自己的薪酬后的总营业成本为 19 万美元。乔纳森向你征询意见，他认为自己对这两个选择都同样喜欢，但从盈利的角度而言创办自己的啤酒厂更好。不考虑第一年之后可能发生的事情，你是否赞同他的观点？为什么？

11. 布莱克餐厅（Blake's Restaurant）的有关信息摘要如下：

(单位：百万美元)

	2016 年	2017 年
销售收入	694	782
销售成本	450	502
折旧	51	61
净利润	130	142
产成品存货	39	29
应收账款	57	87
应付账款	39	44
固定资产净值	404	482
年末现金余额	86	135

a. 公司 2017 年从销售中收到多少现金？

b. 公司 2017 年生产产品的成本是多少？

c. 假设公司 2017 年既没有出售也没有清理任何资产，其 2017 年的资本性支出是多少？

d. 假设公司 2017 年没有筹资性现金流量，基于上述信息，该公司 2017 年来自经营活动的现金流量是多少？

12. 以下是规模大致相当的三家公司的现金流量简表：

(单位：百万美元)

	A	B	C
经营活动产生的净现金流量	(300)	(300)	300
投资活动产生的净现金流量	(900)	(30)	(90)
筹资活动产生的净现金流量	1,200	210	(240)
年初现金余额	150	150	150

a. 计算每家公司的年末现金余额。

b. 说明导致 C 公司筹资活动产生的净现金流量为负的原因。

c. 你希望拥有 A 公司或 B 公司中的哪一家？为什么？

d. C 公司的现金流量表会引起部分管理者或股东不安吗？为什么？

13. 星巴克（Starbucks）公司对外发行 15 亿股股票，市场价值为 900 亿美元，其权益的账面价值为 60 亿美元。

a. 星巴克公司股票每股价格是多少？每股账面价值是多少？

b. 在其他条件不变的情况下，如果公司以当前价格从市场上回购 2,500 万股股票，权益的账面价值将如何变化？

c. 如果没有税收和交易成本且投资者不改变对公司的预期，回购行为将如何影响公司的市场价值？

d. 公司没有回购股票，而是决定在市场上再发行 2,500 万股股票。在其他条件不变的情况下，如果以当前价格发行股票，将如何影响权益的账面价值？

e. 如果没有税收和交易成本且投资者不改变对公司的预期，股票发行之后，公司的市场价值将是多少？每股价格是多少？

14. 威斯特（Whistler）公司财务报表电子表格可以从麦格劳-希尔的 *Connect* 或者任课教师处下载（更多信息详见前言）。

a. 编制威斯特公司 2017 财年的资金来源与运用表。

b. 编制威斯特公司 2017 财年的现金流量表。

第二章 财务业绩评价

> 负债总是百分之百存在，不会折损，你需要担心的是资产的折损。
>
> ——查理·芒格（Charlie Munger）

波音747喷气式飞机的驾驶舱看起来像是一个三维的视频游戏场景。这是一个相当大的空间，里面布满了仪表、开关、指示灯和控制盘，需要三名接受过高级训练的飞行员进行操控。将它与单引擎飞机"西斯娜"（Cessna）的驾驶舱进行比较，你会觉得，说它们是远房表兄弟，倒不如说它们根本就不是同类。但是，从更为根本的层面而言，二者的相似点远大于相异点。尽管波音747飞机的技术复杂，但两种飞机的驾驶员都以同样的方式操控飞机——驾驶杆、风门和襟翼。要想改变飞行高度，他们都得同时运用同样的几个控制杆（杠杆）操控飞机。

公司也是如此。一旦揭开貌似复杂的表象，你就会发现各个公司的管理者会影响公司财务业绩，所采用的调控杠杆相当少且非常类似。管理者的工作就是操控这些杠杆以保证公司运营的安全和有效。和飞机驾驶员一样，管理者必须牢记这些杠杆之间是相互联系的，你不能只转动生产经营中的襟翼而不调整驾驶杆和风门。

第一节 财务业绩杠杆

本章将通过分析财务报表来评价公司业绩和了解管理者的调控杠杆。首先，我们考察公司经营决策（比如本月该生产多少单位产品或如何定价）与财务业绩的联系，这些经营决策是管理者调控财务业绩的杠杆。其次，我们把问题进一步拓展到作为业绩评价工具的比率分析法，讨论这种方法的应用及其局限性。为了联系实际，我们还是利用孩之宝公司的财务报表（参见第一章的表1.2、表1.3和表1.5），来说明有关的分析技术。最后，本章将孩之宝公司与其竞争对手进行对比，做出业绩评价（本章表2.4汇总列示了主要财务比率的定义）。

第二节　权益收益率

到目前为止，投资者及资深管理者最为常用的业绩评价标准是权益收益率（ROE），可表示为：

$$权益收益率 = \frac{净利润}{股东权益}$$

2016 年度，孩之宝公司的 ROE 为：

$$ROE = \frac{551}{1,863} = 29.6\%$$

可以毫不夸张地说，许多资深管理者的职业生涯是随着公司的 ROE 而起落沉浮的。ROE 之所以被看得如此重要，是因为它能够衡量一个公司对股东所提供的资本的使用效率，反映了权益资本中每一美元所产生的盈利，也就是股东从投资中得到的收益率。简而言之，ROE 衡量投下去的每一元钱会产生多大声响。

稍后，我们将讨论有关 ROE 作为财务业绩衡量指标的一些重要问题。现在，让我们暂且接受这个至少是已经被广泛使用的评价标准，看看我们能从中了解到什么。

一、ROE 的三个决定因素

为了更好地了解管理者如何提高 ROE，我们将 ROE 分解为三个主要部分：

$$ROE = \frac{净利润}{销售收入} \times \frac{销售收入}{资产} \times \frac{资产}{股东权益}$$

将上式等号右侧三项比率分别表示为销售利润率、资产周转率和财务杠杆，表达式可改写为：

$$权益收益率 = 销售利润率 \times 资产周转率 \times 财务杠杆①$$

这个表达式说明管理者可利用三根杠杆调控 ROE：（1）每一美元的销售收入所能赚取的利润，即销售利润率；（2）每一美元的资产所能带来的销售收入，即资产周转率；（3）股东投入每一美元所能运用的资产，即财务杠杆②。无论管理者采用什么方式来提高上述三个比率，最终都会提高 ROE，鲜有例外。

这些业绩调控杠杆与公司财务报表是紧密对应的。销售利润率表示每单位销售可得的

---

① 本式中"财务杠杆"专指权益乘数，即资产/权益，后文所述"财务杠杆"多泛指企业的负债程度。——译者注

② 资产除以股东权益的比率（即资产权益比）乍看上去并不太像财务杠杆指标，但仔细观察以下公式就会明白，负债除以权益的比率度量的就是财务杠杆：

$$\frac{资产}{股东权益} = \frac{负债 + 股东权益}{股东权益} = \frac{负债}{股东权益} + 1$$

利润，集中反映了利润表的业绩；资产周转率表示为了实现销售收入所需要的资源，集中反映了公司对资产负债表中资产部分的管理效率；而财务杠杆表示有多少股东权益被用来为资产筹集资金，集中反映了公司对资产负债表中负债与所有者权益部分的管理。这三根杠杆看起来十分简单，但它们抓住了影响公司财务业绩最主要的因素。

孩之宝公司 2016 年度 ROE 如下：

$$\frac{551}{1,863} = \frac{551}{5,020} \times \frac{5,020}{5,091} \times \frac{5,091}{1,863}$$

$$29.6\% = 11.0\% \times 0.986 \times 2.73$$

表 2.1 给出了 10 家公司的 ROE 及其三个主要组成部分。它非常清楚地表明，通往天堂的路不止一条。尽管不同公司的 ROE 非常类似，但产生这个最后结果的销售利润率、资产周转率及财务杠杆的组合却大相径庭。ROE 的跨度在销售洗发精、汤料等的消费品公司联合利华（较高的 31.7%）和能源业的南方公司（较低的 10.1%）之间，而销售利润率的跨度则在网上零售商亚马逊（较低的 1.7%）和银行业摩根大通（较高的 23.5%）之间。ROE 高低落差约为 3∶1，而作为其中一个因素的销售利润率的高低落差却超过 14∶1，资产周转率和财务杠杆的高低差距则分别为 46∶1 和 9∶1。

表 2.1　2016 年 10 家不同公司的 ROE 和业绩杠杆*

	权益收益率（ROE, %）	=	销售利润率（P, %）	×	资产周转率（A, 次）	×	财务杠杆（T, 倍）
阿杜比系统（Adobe Systems）	15.7	=	20.0	×	0.46	×	1.71
谷歌母公司（Alphabet Inc.）	14.0	=	21.6	×	0.54	×	1.20
亚马逊（Amazon.com）	12.3	=	1.7	×	1.63	×	4.33
孩之宝（Hasbro Inc.）	29.6	=	11.0	×	0.99	×	2.73
摩根大通（JPMorgan Chase）	10.8	=	23.5	×	0.04	×	10.92
诺福克南方（Norfolk Southern）	13.4	=	16.9	×	0.28	×	2.81
南方公司（Southern Company）	10.1	=	12.5	×	0.18	×	4.43
塔吉特（Target Corp.）	25.0	=	3.9	×	1.86	×	3.42
塔塔汽车（Tata Motors）	12.6	=	3.6	×	1.03	×	3.43
联合利华（Unilever PLC）	31.7	=	9.8	×	0.93	×	3.45

注：* 合计数与单项合计数之差异系四舍五入所致。

为什么公司之间的销售利润率、资产周转率和财务杠杆有如此巨大的差异，而 ROE 却相差无几呢？一语以蔽之——竞争。要是一个公司获得了非同寻常的高 ROE，就会像一块磁铁，吸引竞争者纷至沓来，追逐超常业绩；一旦竞争对手进入市场，竞争就会加剧，成功者的 ROE 被迫降到平均水平；反之，非同寻常的低 ROE 则会将潜在的新竞争对手和现存的公司从市场上驱赶出去，经过一段时间之后，幸存者的 ROE 就会上升到平均水平。

为了了解经营管理决策及公司外部竞争环境如何共同影响 ROE，我们将进一步具体考察每一个业绩杠杆。在后面将要讨论的比率分析中，我们还将介绍常用的财务比率。

二、销售利润率

销售利润率衡量的是每一美元销售收入随着利润表的栏目从上往下移动而最终成为利润的那一部分。这个比率对经营管理者特别重要，因为它反映了公司的定价策略以及控制经营成本的能力。如表 2.1 所示，由于产品特性和公司竞争战略不同，不同行业的销售利润率存在巨大的差异。

同样要注意的是，销售利润率与资产周转率刚好相反。销售利润率较高公司的资产周转率一般较低，反过来也是如此，这并非偶然。能够大幅增加产品价值的公司的利润率较高，比如摩根大通或谷歌母公司，但因为增加产品价值通常需要大量的资产，这类公司的资产周转率一般比较低。另外一个极端是杂货店和折扣店，比如塔吉特，用叉车将商品摆放在商店并进行现金销售，由消费者自己搬运所购物品。因为这种经营方式没有增加多少产品价值，所以销售利润率极低，但资产周转率很高。显然，销售利润率的高低没有必然的优劣之分，结果好坏依赖于销售利润率和资产周转率的共同作用。

1. 资产收益率

要考察销售利润率与资产周转率的共同作用，我们可以计算资产收益率（ROA）：

$$ROA = 销售利润率 \times 资产周转率 = \frac{净利润}{资产}$$

2016 年孩之宝公司的 ROA 为：

$$资产收益率 = \frac{551}{5,091} = 10.8\%$$

这意味着在经营活动中孩之宝公司每动用 1 美元可获得平均为 10.8 美分的盈利。

ROA 是关于公司配置和管理资源的效率的基本衡量指标。ROA 与 ROE 的区别在于，前者反映股东和债权人共同提供的资金所带来的利润率，而后者仅反映股东投入的资金所带来的利润率。

有些公司，如谷歌母公司和摩根大通，通过较高销售利润率及较低资产周转率的组合得到 ROA。另外一些公司，如塔吉特和亚马逊，则采用相反的策略。高销售利润率和高资产周转率若能兼得当然很理想，不过恐怕会引来相当多的竞争。相反，如果销售利润率和资产周转率都低，那么引来的就只能是处理破产清算的律师了。

2. 毛利率

在分析盈利能力时，区分可变成本和固定成本是很有意思的。可变成本随销售收入的变动而变动，而固定成本则保持不变。当销售收入下降时，固定成本比重大的公司遭受的损害大于其他公司，因为它们无法随销售收入的下降而降低固定成本。

遗憾的是，会计师在构建利润表时并没有区分可变成本与固定成本。不过，通常可以假定绝大多数销售成本是可变的，而其他的绝大多数营业成本是固定的。毛利率可以在一定程度上帮助我们区分固定成本和可变成本，它的定义是：

$$\text{毛利率} = \frac{\text{毛利}}{\text{销售收入}} = \frac{2,789}{5,020} = 55.6\%$$

这里的毛利等于销售收入减去销售成本。在孩之宝公司的销售收入中，大约有56%可以用来弥补固定成本和形成利润，即1美元的销售收入中有56美分可以用来支付固定成本和增加利润。

毛利率常用于估计一个公司的盈亏平衡销售量。孩之宝公司利润表显示，2016年公司总营业费用是19.68亿美元，如果我们假设这些费用都是固定的，并且1美元的销售收入中有56美分可以用来弥补固定成本和增加利润，那么使公司利润为零的销售收入一定是19.68/0.56，即35.14亿美元。[①] 假设营业费用和毛利率都不随销售收入的变动而变动，当销售收入低于35.14亿美元时，孩之宝公司会亏损；而当销售收入高于这个数字时，公司就会盈利。

三、资产周转率

一些财务新手认为资产是好东西，越多越好。事实正相反，除非一个公司想要退出经营，因为公司价值体现在它所产生的收入里，而资产仅仅是达到这一目的的必要手段而已。实际上，一个理想的公司应该是那种不用任何资产就能取得收入的公司，无须任何投资，回报便是无穷。暂且按下这个幻想，ROE公式告诉我们，如果其他比率保持不变，财务业绩将随着资产周转率的上升而提高。资产周转率是管理业绩的第二根杠杆。

资产周转率衡量每一美元资产所带来的销售收入。孩之宝公司的资产周转率是0.99，即公司总资产中的每一美元投入产生99美分的销售收入。资产周转率衡量资本密集程度——低资产周转率意味着高资本密集度，高资产周转率则相反。

公司的产品特性和竞争战略会对资产周转率产生显著的影响。一方面，一个钢铁企业的资产周转率绝对比不上一个杂货店的资产周转率；另一方面，管理层在资产经营上的勤勉程度及创造力也是决定资产周转率的重要因素，当竞争者之间的生产技术相类似时，对资产的控制常常是决定成败的关键。

流动资产管理至关重要。流动资产和固定资产的区分在于资产能否在一年内变现。你或许认为这不过是人为的划分，但事实并不止于此，流动资产有许多独特的性质，应收账款和现金尤其如此。它的第一个特点是，一旦情况不妙（比如销售收入意外下降、客户拖延付款，或某个关键部件未运达），流动资产就会急速膨胀。即便是制造业公司，也按照惯例将一半或一半以上的资金投放于流动资产，这就很容易让人理解，在资产管理方面哪怕

---

① 利润 = 销售收入 − 可变成本 − 固定成本 = 销售收入 × 毛利率 − 固定成本，令利润为零，可解得：销售收入 = 固定成本/毛利率。

一个小小的变化，都会显著地影响公司财务状况。

流动资产不同于固定资产的第二个区别是，流动资产能够在经营状况不佳时成为现金的来源。当销售收入减少时，公司的应收账款和存货应该也会减少，从而腾出现金转作其他用途（记住：一项资产项目的减少即为一笔现金的来源）。事实上，在一家运营良好的公司里，流动资产随着销售收入的变动，而变动的特点对债权人颇具吸引力。他们知道，在商业周期上升阶段，企业流动资产增加，需要贷款；而在商业周期下降阶段，企业流动资产减少，由此收回的现金可以清偿贷款。这就是银行家行话所说的"自我清偿"（self-liquidating），意思是用钱的地方也是创造还钱之钱的源泉。

针对资产负债表中的每一项资产分析其周转率往往很有用，也就有了所谓的"营运性比率"（control ratios）。每个营运性比率的表达式可能各不相同，但都表示一项特定资产的周转率，都是用公司在该项资产上的投资与销售收入或相关的数值做比较。

为什么要用资产与销售收入做比较？公司所投资的资产在一段时间内有所增加有可能源于两个因素。以应收账款为例，这两个因素分别是：（1）销售收入增加并带动应收账款增加；（2）管理者对应收账款的控制有所放松。营运性比率把应收账款与销售收入联系起来，修正销售收入的变动，从而使分析人员将注意力集中于管理层对应收账款这些更为重要的因素的控制上。这样，营运性比率使我们能够分清资产的变动到底是销售收入变化引起的，还是其他可能更糟糕的因素导致的。下面是一些常用的营运性比率和2016年孩之宝公司的有关指标。

1. 存货周转率

存货周转率表示为：

$$存货周转率 = \frac{销售成本}{期末存货} = \frac{2,231}{338} = 5.8（次）$$

存货周转率5.8次是指孩之宝公司的存货平均每年周转5.8次，换言之，产品售出前，资金占用在存货上的时间大约为63天（365天/5.8次＝63天/次）。这里的"天数"被业界称为存货周转期或存货销售天数，即孩之宝公司的存货足以支持63天的销量。

存货周转率的定义有好几种，包括"销售收入/期末存货"及"销售成本/平均存货"等。用销售成本较销售收入更为确切，因为销售收入包含存货所没有包含的毛利，除此之外，我们也不大清楚如何在各种定义中进行选择。

2. 应收账款回收期

应收账款回收期可以说明一个公司对应收账款的管理。对孩之宝公司而言，

$$应收账款回收期 = \frac{应收账款}{日赊销额} = \frac{1,320}{5,020/365} = 96.0（天）$$

这里我们用赊销额而非销售收入，因为只有赊销才会产生应收账款。作为公司的局外人，我们并不知道孩之宝公司的销售收入中现金销售（如果有的话）所占的比例，所以我

们假定全部为赊销。日赊销额的定义是会计期内的赊销总额除以会计期总天数，对于年度报表而言显然是365天。

对孩之宝的应收账款回收期可能有两种解释，可以说孩之宝公司平均有96天的赊销额被应收账款占用，也可以说公司销售和回款之间的时滞平均为96天。

如果我们愿意，也可以定义一个简单的应收账款周转率指标——赊销收入/应收账款。不过应收账款回收期这种形式可以提供更多的有用信息，因为我们可将它与公司规定的赊销条件相比较。如果一个公司的赊销条件是90天，那么65天的应收账款回收期就很不错；但是，如果赊销条件是30天，那么我们的解释就完全不同了。

● 注意具有季节性特征的公司

许多比率在解释销售具有季节性特征的公司的情况时变得难以把握。例如，假设一个公司的销售高峰期在圣诞节，那么其在年底就有很高的应收账款。简单地比较年底的应收账款与根据全年赊销额计算的日赊销额，会得出一个明显偏高的应收账款回收期，原因是计算公式中的分母对季节性销售高峰期十分敏感。为了避免被误导，一个较好的方法是，根据60天到90天的赊销额计算此类公司的日赊销额。这样，应收账款与日赊销额相比的结果才能得出合理的应收账款回收期。

3. 现金销售收入天数

孩之宝公司的现金销售收入天数如下：

$$现金销售收入天数 = \frac{现金与有价证券}{日销售额} = \frac{1,282}{5,020/365} = 93.2(天)$$

孩之宝公司拥有相当于93.2天销售收入的现金与有价证券。很难说明这样的现金持有量是否合适。一方面，现金余额不能过低。公司应该持有适度的现金以保证交易活动的顺畅，有时公司也需要为数不少的现金作为银行贷款的补偿性存款余额。此外，在遇到紧急状况时，现金与有价证券是公司保持流动性的重要源泉。另一方面，现金余额不宜过高，公司大量的资产不是投入在更具生产力和盈利性的资产上会令股东失望。因此，一个公司的现金与有价证券持有量问题通常与另外一个更大的问题相关联，即流动性对公司有多重要以及如何维持最佳的流动性。标准普尔500指数中非金融公司2016年的现金销售收入天数的中位数为76天，几乎是2013年的2倍。相比之下，孩之宝公司的93天算是比较高的。但相对于常常持有畸高现金余额的信息技术公司，孩之宝公司的现金持有量并不算高。标准普尔500指数中信息技术公司的现金销售收入天数的中位数为187天，其中微软和脸书分别为480天和390天。

阿尔法贝特（Alphabet）的业绩杠杆

互联网巨人阿尔法贝特（谷歌的母公司）2016年的业绩杠杆耐人寻味。如下表所示，公司有不错的销售利润率、仅0.54的极低的资产周转率和保守的财务杠杆，三者结合，产生了一个相当普通的权益收益率14.0%。对于一个以盈利的28倍进行交易的公司、被众人认为是主导市场的互联网玩家而言，这样的业绩实属平庸。

	权益收益率	=	销售利润率	×	资产周转率	×	财务杠杆
报告的比率	14.4%	=	21.6%	×	0.54	×	1.20
修正的比率	28.8%	=	19.9%	×	0.99	×	1.46

为什么一家互联网公司产生的资产周转率却与钢铁厂或公用事业公司相似呢？看看它的资产负债表就明白了。2016年年底，公司超过一半的资产（整整860亿美元）是现金与有价证券。现金销售收入天数是令人惊讶的350天，这就好比兼并了一家货币市场共同基金公司。阿尔法贝特并非独一无二，在处于领先地位的高科技公司中，这是非常常见的，因为它们为竞争储备了大量的资金。这些公司主张这样为持续的增长以及可能的兼并提供必要的资金，就好像巴拿马城或南达科他州会被拿来出售。而其他人，包括拉尔夫·纳德（Ralph Nader），却看出其中更加阴险的目的——不把钱交还股东和规避税收。

为了集中讨论阿尔法贝特的经营业绩，而不是其投资多余现金的能力，我们不妨先撇开现金与有价证券，即设想公司将90%的现金与有价证券作为一大笔红利返还给股东。或者，我们设想将阿尔法贝特分成两个公司：一个是互联网公司，另一个是利用90%的多余现金进行投资的货币市场共同基金。这样，经营性公司的资产和股东权益都减少了770亿美元，同时保留仍然丰裕的相当于37.7天销售额的现金。假设现金与有价证券的税后收益率为中等水平的2%，则净利润减少15.4亿美元。由此修正的业绩杠杆如下表所示，资产周转率有所改善，但还是不算很高，为0.99；权益收益率（ROE）则上升到28.8%。这些数字更加准确地揭示了阿尔法贝特的经营状况。

4. 应付账款付款期

应付账款付款期是关于负债的营运性比率，它不过是将应收账款回收期运用到应付账款上而已。孩之宝公司的应付账款付款期计算如下：

$$应付账款付款期 = \frac{应付账款}{日赊购额} = \frac{320}{2,231/365} = 52.4（天）$$

计算应付账款付款期时最好是使用赊购额，因为应付款项产生于赊购，但是局外人很少知道赊购额是多少，所以常常必须找最近似的值——销售成本。对于孩之宝公司，我们就是这样做的，22.31 亿美元是公司的销售成本而非赊购额。销售成本可能不等于赊购额，原因有二：第一，公司的存货可能增加或减少，即采购与出售可能并不同步；第二，所有的制造商在生产过程中都在材料上加入人工费用，使得销售成本远大于采购金额。由于这些差异，一家制造业公司在比较按销售成本计算的应付账款付款期与赊购条件时，应当慎重对待。对于孩之宝公司而言，几乎可以肯定销售成本夸大了日赊购额，它的供应商等待货款回收的平均天数比 52.4 天要长一些。

5. 固定资产周转率

生产产品需要对长期资产进行大量投资的公司或行业被称为资本密集型公司或行业。由于资本密集型企业（例如汽车生产商和航空公司）的大量成本是固定的，它们对经济状况特别敏感。在经济繁荣时期，销售增加，公司就繁荣，反之，公司就会萧条。资本密集程度又称经营杠杆，尤其为债权人所关注，因为它放大了一个企业将面临的经营风险。

固定资产周转率反映一个行业的资本密集程度，指标值越低，表示资本密集度越高。2016 年孩之宝公司的固定资产周转率为：

$$固定资产周转率 = \frac{销售收入}{固定资产净值} = \frac{5,020}{267} = 18.8(次)$$

其中，2.67 亿美元是孩之宝公司固定资产的账面净值。

经营周期与现金转换周期

几个营运比率相互关联，管理者有必要认识它们之间的联系。当公司开始其生产循环时，用现金购买存货；当公司销售产品时，一旦客户付款，应收账款回收，存货便又转换成现金。我们在第一章定性地谈过现金在企业经营或营运资本循环中的转化过程，这里我们用定量的方式阐述同样的观念：现金被占用的总天数取决于存货周转期与客户付款所需的天数（即应收账款回收期）之和。

$$经营周期 = 存货周转期 + 应收账款回收期$$

孩之宝公司的存货周转期为 63 天，应收账款回收期为 96 天，即总的经营周期是 159 天。从购买存货到客户付款，孩之宝公司的现金被平均占用 159 天，所以公司必须找到资金来源。

对于孩之宝公司而言，好消息是供应商同意其赊购存货，从而提供了部分资金。鉴于此，孩之宝公司的现金转换周期就等于经营周期减去其占用供应商资金的时间长度。

$$现金转换周期（CCC）= 经营周期 - 应付账款付款期$$
$$= 存货周转期 + 应收账款回收期 - 应付账款付款期$$

以下是经营周期与现金转换周期的时间线。

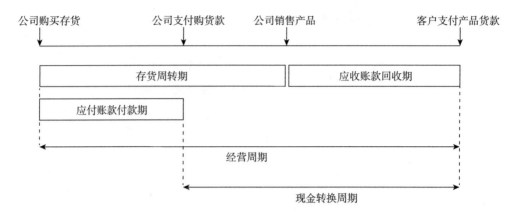

孩之宝公司的现金转换周期等于经营周期 159 天减去应付账款付款期 52 天，即 107 天。尽管孩之宝公司必须从购买存货开始启动其经营过程，但平均而言，它可以等 52 天之后才支付购货款，即从现金支付出去到现金收回——现金转换周期是 107 天。

四、财务杠杆

管理者影响 ROE 的第三根杠杆是财务杠杆。公司为生产经营进行筹资会提高负债对权益的比率，即提高财务杠杆。销售利润率和总资产周转率总是越高越好，相比之下，管理者并不认为财务杠杆是必须予以最大化的东西，尽管这样做可以增大 ROE。相反，财务杠杆的难题在于如何在收益和融资成本之间进行审慎的平衡。后面我们将用整个第六章阐述这个重要的财务决策问题，现在我们只需知道，高财务杠杆未必优于低财务杠杆。并且，尽管公司对财务杠杆的选择有相当大的自由度，但也要受到经济和制度的制约。

如表 2.1 所示，一个公司的行业属性和资产特性影响到财务杠杆的使用。一般而言，经营性现金流量有较高的可预见性且较稳定的公司，较之市场高度不确定的公司，能放心地运用更高的财务杠杆，前者如电力公用事业公司——南方公司，后者如软件公司——阿杜比系统。另外，像商业银行这样的行业，通常拥有由易于出售的、流动性强的资产构成的多元化资产组合，也能比其他行业更安全地使用较高的财务杠杆。

表 2.1 反映的另一个明显的情况是 ROA 与财务杠杆负相关。低 ROA 的公司一般使用较多的债务融资，反之亦然。这和前一段的内容相符，安全、稳定、流动性强的投资一般产生较低的收益率，但具有强大的借款能力。商业银行是这种模式的典型例证。参考制造业的标准，摩根大通的 ROA 为 1.0%，低得可怕！它的财务杠杆比率为 10.92，是个天文数字！两相结合，生成 10.8%这样一个平常的 ROE。这种匹配的关键在于，银行资产本质上具有安全性和流动性（当然，曾经放贷给第三世界的独裁者、得克萨斯能源公司和次级抵押贷款者是特例，银行应该尽快将它们忘掉）。

以下比率衡量公司的财务杠杆、偿债能力或者流动性。

1. 资产负债表比率

衡量财务杠杆最普遍的做法是比较公司的账面负债和账面资产或权益,这就产生了"负债资产比"[①] 和"负债权益比",它们的定义是:

$$负债资产比 = \frac{负债总额}{资产总额} = \frac{3,228}{5,091} = 63.4\%$$

$$负债权益比 = \frac{负债总额}{股东权益} = \frac{3,228}{1,863} = 173.3\%$$

第一个比率是指按账面价值,孩之宝公司全部资产的63.4%是用债权人提供的资金来投资的。第二个比率以稍稍不同的方式讲述同一个问题,即相对于股东投入的每1美元股本,债权人提供给孩之宝公司1.73美元。如前文所介绍的,业绩杠杆——资产权益比只不过就是负债权益比加上1。

由于很多公司储备了大量多余的现金与有价证券,分析师越来越多地在这些公式中用由总负债减去现金与有价证券所得到的"净"负债代替债务,这样做出于如下考虑:作为附息资产的现金与有价证券十分安全,实质上是"负"的债务,在衡量公司总体负债情况时应该从负债中减去。换种方式来想,如果一个公司拥有多余的现金,可以随时用于偿还债务,那么该公司的实际负债水平低于标准杠杆比率所呈现的负债水平。如前所述,孩之宝公司的现金余额十分富裕,用净负债可能是有意义的。实际上,净负债金额为孩之宝公司的负债水平提供了不太一样的描述:负债资产比仅为38.3%,负债权益比仅为104.5%。

2. 偿债比率

基于资产负债表衡量财务杠杆存在很多种变通的形式,但从概念上说,没有理由厚此薄彼,因为它们都聚焦于资产负债表数据,有着共同的缺陷。一个公司因使用负债融资而最终面临的债务负担,不是取决于负债与资产或权益相比有多少,而是取决于每年满足债务清偿的现金支付能力。举一个简单的例子,假定两个公司A和B,A公司非常赚钱,而B公司亏损。B公司将会面临每年支付利息和本金的困难,A公司则不会。这表明,只有当公司破产清算且必须在债权人与股东之间分配拍卖资产所得时,偿债比率才会成为最重要的指标。在其余的情况下,我们更应关注每年的债务负担与可用于清偿债务的现金流量之间的比较。

这就是所谓的"偿债比率"(coverage ratios),最常见的偿债比率是"利息倍数(或称利息保障倍数)"(times interest earned)和"债务负担倍数(或称偿债倍数)"(times burden covered)。用EBIT代表企业支付利息和缴纳所得税之前的利润(税前利润加上利息费用),这些比率定义如下:

$$利息倍数 = \frac{EBIT}{利息费用} = \frac{807}{97} = 8.3(倍)$$

---

① 负债资产比就是通常所说的"负债率",即"资产负债率"。——译者注

$$债务负担倍数 = \frac{EBIT}{利息费用 + \dfrac{本金偿付}{1-税率}} = \frac{807}{97 + \dfrac{165}{1-\dfrac{159}{710}}} = 2.6(倍)$$

两个比率都是比较可用于偿债的收益（分子项）与每年的财务负担。对这两个比率，可用于偿债的收益即 EBIT，这是公司产生的可用来偿付利息的盈利。EBIT 是税前的，因为所支付的利息是在缴纳税款之前的费用，这样二者才可以在量上做比较。孩之宝公司的利息倍数为 8.3，即公司 2016 年赚得的利润是年利息开支的 8.3 倍，EBIT 是利息的 8.5 倍之多。

要是牙医说，如果你对自己的牙齿不闻不问，它们最终会掉光。这没错，不过，同样的话可不适用于本金偿付。如果一个公司到期无法偿还本金，其结局与无法偿付利息一样。在这两种情形下，公司都会构成违约，债权人可以迫使其进行破产清算。为了反映这一现实，债务负担倍数将债务本金和利息一起纳入每年的财务负担。当本金偿还被纳入公司的财务负担时，别忘了，为了与利息和 EBIT 相对应，应当将本金调整为税前的金额。与支付的利息不同，偿还的本金不属于税前扣除项目。譬如说，如果公司的所得税税率是 50%，它必须赚 2 美元的税前利润，才能保证税后有 1 美元向债权人偿付本金，另外的 1 美元给了税收征缴者。对于其他的税率，用本金偿付额除以 1 减税率，可得出税前的本金偿付额，这种做法就是将本金调整为税前金额。

一个经常被提及的问题是：这两个偿债比率哪一个更重要？答案是：都重要。如果一个公司能够获取新贷款偿还旧债务而不断地使其到期债务得以展期，它的财务负担就只有利息费用，那么利息倍数就比较重要。问题是，以新债取代旧的到期债务并非资本市场与生俱来的特征，有时，当资本市场震荡或公司财富减少时，债权人也许会拒绝延展到期债务，那么债务负担就是利息加本金，债务负担倍数就变得头等重要。

2007 年入夏之初就遭遇过这种情况，不断升级的次级抵押贷款违约使得短期贷款人要求许多抵押贷款投资公司立即还款。这些特殊目的公司通过发行短期债务来为复杂的长期按揭贷款支持的证券进行融资，只要贷款人愿意为到期债务展期，这就是极好的生意；而一旦展期受阻，恶性循环便接踵而至。借款人被迫低价出售所持有的证券以偿付短期债务，而面对不断下跌的价格，贷款人越发不愿意对到期债务进行展期。

总之，债务负担倍数因假设需要偿付现有债务至零而过于保守，利息倍数则因假设所有债务都可以循环使用而过于宽松。

3. 市值杠杆比率

杠杆比率家族的第三类成员是把公司的总负债与股票市值或资产市值联系起来的指标。孩之宝公司 2010 年度的有关指标如下：

$$\frac{负债市值}{权益市值} = \frac{负债市值}{股数 \times 每股价格} = \frac{3,228}{9,685} = 33.3\%$$

$$\frac{负债市值}{资产市值} = \frac{负债市值}{负债市值 + 权益市值} = \frac{3,228}{3,228 + 9,685} = 25.0\%$$

请注意，在这两个比率中，我们假定负债的市场价值等于负债的账面价值。严格而言，事实极少如此，但大多数时候，两者相差甚微。精确地估算负债的市值常常是一项枯燥无味、消耗时间的杂务，最好还是别做。当然，除非你计时取酬。

市值比率明显优于面值比率，理由很简单，账面价值往往是历史的、彼此不相关的数据，而市场价值真实地反映了生产经营中债权人和股东的相关利益。由于市场价值是基于投资者对未来现金流量的预期，市值比率可被视为偿债比率在将来多个期间的延伸，它摒弃了偿债比率仅在一年内比较收益与财务负担的做法，比较预期未来收益的现值与未来财务负担的现值。

在衡量快速成长的新兴行业的财务杠杆时，市值杠杆比率特别有用。对于这样的公司，即便偿债比率极其糟糕，甚至根本无从谈起，只要放贷者相信其未来的现金流入足以偿还债务，公司或许还是能够得到宽松的信贷。麦考通信公司（McCaw Communications）在这方面提供了一个典型的例子。1990年年底，麦考公司的负债超过50亿美元，按账面价值计算，其负债权益比达到330%，并且每年的利息费用超过净收入的60%，尽管其主营的蜂窝无绳电话业务呈爆炸式增长，该业务却从未获得过重大盈利。为什么一贯精明过人的债权人会借给麦考公司50亿美元呢？因为债权人和股票投资者相信，公司产生巨额的现金流量只是时间问题，抱有这种乐观想法的投资者后来在1993年得到了丰厚的回报。其时，AT&T公司斥资126亿美元购并麦考公司，并承担其50亿美元的债务，这在当时属于公司历史上第二大的购并案。

另外一个例子是亚马逊（Amazon）公司。截至1998年，该公司从未盈利，1998年更遭受了有史以来最大的亏损，亏了12,400万美元，股东权益只剩下13,900万美元。但是，不用发愁，债权人仍然愿意给亚马逊公司追加35,000万美元的长期贷款。显然，当债务人每年销售收入以300%的比率增长，并且权益的市场价值高达170亿美元时，债权人可以对纷繁杂乱的细枝末节视而不见——尤其是当债权可以转换为股权的时候。毕竟，从市场价值的角度看，亚马逊公司的负债权益比只有3%。2017年，亚马逊的权益价值为4,500亿美元，负债权益比大约为12%。

经济学家喜欢市值杠杆比率，因为它们准确地反映了公司某一时点的负债情况，但市值杠杆比率也并非没有问题。问题之一是它们忽视展期风险。当债权人采取这样的态度，即要求债务必须用现金偿还，而不是用未来现金流给予承诺时，由此最为保守的市值杠杆比率也只是空洞的安慰。尽管市值杠杆比率概念诱人，却几乎没有公司依据它们制定融资政策或监控负债水平，这也许是因为反复无常的股票价格使得市值杠杆比率有些任性随意，往往游离于公司管理者的控制之外。

4. 流动性比率

资产流动性是测定公司偿债能力的决定性因素之一。如果一项资产能迅速地转化为现金，那么它是流动资产；如果一项债务必须在近期偿还，那么它是流动负债。次级按揭贷款危机的例子说明，用短期流动负债为诸如厂房和设备之类的非流动资产提供融资会很危险，因为负债是在资产产生足够的能用于偿还债务的现金之前到期。这种"期限的错误搭配"迫使债务人不得不对到期债务进行展期或再融资，以免无力偿付债务。

通常，用来衡量资产相对于负债的流动性的比率是流动比率和酸性试验比率。孩之宝公司的这两个指标计算如下：

$$\text{流动比率} = \frac{\text{流动资产}}{\text{流动负债}} = \frac{3,228}{1,618} = 2.0 (\text{倍})$$

$$\text{酸性试验比率} = \frac{\text{流动资产} - \text{存货}}{\text{流动负债}} = \frac{3,228 - 388}{1,618} = 1.8 (\text{倍})$$

流动比率比较的是能在一年内变现的资产与一年内必须偿还的债务。一家流动比率较低的公司缺乏流动性是指它无法通过收回资产获取现金来偿还到期债务，而必须依赖营业利润和外部融资。

酸性试验比率有时也称速动比率，是一个更为保守的流动性衡量尺度。除分子项减去存货价值之外，它与流动比率是一回事。扣除存货的理由在于，存货常常无法流动。当陷入财务困境时，公司及其债权人也许很难通过出售存货来获取现金；在清算拍卖时，卖主一般只能收回存货账面价值的40%或更少。

应该说，这些衡量流动性的比率非常粗糙，理由有二：其一，如果公司多少有点盈利，那么诸如应付账款之类的负债展期就能使公司实际上不会面临破产风险；其二，除非公司打算退出生产经营，否则通过变卖流动资产获得的大部分现金是无法用来减少债务的，因为这些现金必须回流业务过程以支持企业的持续经营。

第三节　ROE 是否一个值得信赖的财务尺度

到目前为止，我们都假定管理者总是希望提高公司的 ROE，并且已经研究了影响业绩的三根重要杠杆：销售利润率、资产周转率及财务杠杆。管理者通过这些杠杆来达到目的。我们断定，IBM 公司也好，一家街头药店也好，精心地运用这些杠杆都能积极地影响 ROE。我们也看到，确定和保持适当的杠杆是一项富有挑战性的任务，它要求管理者通晓公司的业务特点、竞争战略以及这些杠杆之间的相互依存关系。是时候提出这样一个问题了：ROE 作为衡量财务业绩的尺度究竟有多可靠呢？如果 A 公司的 ROE 高于 B 公司，A 公司就一定更好吗？如果 C 公司提高了它的 ROE，就一定能证明其业绩有所上升吗？

作为财务业绩标准的 ROE 存在三方面的严重不足，我们称之为"时效"问题、"风险"问题和"价值"问题。正确地看待这些问题，你就会发现 ROE 是一个模棱两可的业绩衡量尺度。ROE 仍是一个有用的重要指标，但我们必须认识到它的局限性，不能想当然地认为较高的 ROE 就一定优于较低的 ROE。

一、时效问题

人们常说,成功的管理者必须高瞻远瞩。但 ROE 恰恰相反,它反映的是过去并着眼于单个期间,这样,ROE 有时会歪曲公司的业绩也就不足为奇了。举例而言,当公司为推行一种热销的新产品而投入大量的启动资金时,一开始 ROE 会下降,但是下降仅仅只是一段时间的暂时表现,而不代表财务业绩的恶化,ROE 只考虑了一年的盈利,它无法揭示多期决策所产生的全部影响。

二、风险问题

经营决策通常让人面临"吃好还是睡好"的两难选择。如果想吃好,你最好准备冒些风险去追求高收益;如果想睡好,你就要放弃高收益来寻求安全性。既安全又有高收益的事一般难找(要是你能找到,麻烦给我打个电话)。

ROE 的问题在于它没有谈到一家公司在创造 ROE 时所伴随的风险。这里有一个简单的例子,勇士公司在柬埔寨的野外油田开采业务中赚得 6% 的 ROA,与 5.0 倍的资产权益比相结合,产生了 30%(6%×5.0)的 ROE。与此同时,懦夫公司投资于政府债券赚得 10% 的 ROA,在其资金来源中,负债与权益所占比例相同,由此产生 20%(10%×2.0)的 ROE。哪一个公司的业绩好?我们的答案是懦夫公司。[①] 证券分析师会做出同样的评价。勇士公司的 ROE 也许会更高,但这个数字的质量远比懦夫公司的 ROE 的质量要低,因为其风险更大。总之,因为 ROE 仅注重收益而忽视风险,所以它作为财务业绩的衡量尺度可能是不准确的。

投入资本收益率

为了避免 ROE 和 ROA 对业绩的扭曲反映,我们推荐投入资本收益率(ROIC),即所谓的净资产收益率(RONA)[②]:

$$ROIC = \frac{EBIT \times (1-税率)}{有息负债 + 股东权益}$$

孩之宝公司 2016 年度的 ROIC 为:

$$\frac{807 \times (1 - 159/710)}{522 + 1,199 + 1,863} = 17.5\%$$

公式中的分子项是指一家公司完全以权益筹资所应报告的税后利润,分母项是指公司所有要求回报的资金来源总和。尽管应付账款也是公司的一种现金来源,但因未附带明确的成本而被排除在外。实质上,ROIC 是指生产经营活动中全部投入资本所赚取的收益率,

---

① 甚至,就算我更喜欢吃好而非睡好,我仍选择懦夫公司,然后利用少量个人借款融资来提高投资收益率。参阅第六章的附录中关于私人借贷和公司借贷的替代性。

② 这里的净资产收益率原文是"return on net assets",但其含义不同于我国读者惯用的净资产收益率(即前文的权益收益率)ROE,详见计算公式。——译者注

而不论这些投入资本是被称为负债还是权益。[1]

为了厘清 ROIC 的优点,请看下面 A 公司和 B 公司的例子。除了 A 公司运用高财务杠杆而 B 公司是完全的权益筹资,两家公司的其他方面完全相同。因为这两家公司除资本结构之外完全相同,我们想要找一个收益率指标反映两者本质上的相似性。下表说明 ROE 和 ROA 都无法胜任。A 公司的 ROE 是 18.0%,反映 A 公司较多地使用了财务杠杆,而 B 公司的零杠杆产生了一个更低但质量更好的 7.2% 的 ROE。ROA 还在另一个方面出现偏差,由于 A 公司极大地使用债务而遭到了惩罚,但 B 公司未受任何影响。只有 ROIC 独立于两家公司的财务政策,对两家公司都显示了 7.2% 的收益率。因此,ROIC 反映了公司的基本盈利能力,而没有被公司不同的筹资策略干扰。

(金额单位:百万美元)

	A 公司	B 公司
负债(利率=10%)	900	0
权益	100	1,000
总资产	1,000	1,000
EBIT	120	120
减:利息费用	90	0
税前利润	30	120
减:所得税(税率=40%)	12	48
税后利润	18	72
ROE	18.0%	7.2%
ROA	1.8%	7.2%
ROIC	7.2%	7.2%

三、价值问题

ROE 衡量股东投资所取得的收益率,但投资额使用的是股东权益的账面价值,而非市场价值,二者的差别十分重要。孩之宝公司 2016 年度的 ROE 是 29.6%,假如你是以账面价值 186,300 万美元购买公司权益的话,这确实是你赚取的收益;但这可能是不现实的,因为如前面章节所述,孩之宝公司股东权益的市场价值是 968,500 万美元,按照这个价格,你每年的收益仅为 5.7%(551/9,685),而非 29.6%。权益的市场价值对股东的意义更为重大,因为它衡量现有的、可实现的股票价值,而账面价值仅仅是历史数据而已。所以,尽管 ROE 能够衡量管理者的财务业绩,但它与给股东带来投资的高收益并不是一回事。也就是说,对于投资者而言,仅仅寻找能产生较高 ROE 的公司还是不够的,这些公司还必须是

---

[1] 被冷落了数十年的 ROIC 似乎正在被重新发现,详见《华尔街日报》2016 年 5 月 3 日刊登的戴维·本诺特(David Benolt)的文章 "The Hottest Metric in Finance:ROIC"。

不为人所知的，因为一旦它们被人知晓，投资者获取高回报的可能性就会因更高的股票价格而化为乌有。

盈利收益率与市盈率

我们似乎只要简单地以市场价值替代账面价值来计算 ROE 就可以解决价值问题，但由此产生的盈利收益率又有其自身的问题，孩之宝公司的盈利收益率计算如下[①]：

$$盈利收益率 = \frac{净利润}{股东权益市值} = \frac{每股收益}{每股价格} = \frac{4.34}{77.79} = 5.6\%$$

盈利收益率是衡量财务业绩的有效尺度吗？不是！问题在于一个公司的股票价格对投资者的未来预期相当敏感。每份股权的所有者除享有现时的盈利之外还享有未来的盈利。很自然地，投资者对未来预期越高，其所愿意支付的股票价格就越高。这意味着美好的前景、高价位的股票、低的盈利收益率三者相关联。很显然，高盈利收益率不是公司业绩卓越的指标，实际上更多的时候恰好相反。另外，盈利收益率自身存在严重的时效问题，这使它失去了衡量业绩的功能。

将盈利收益率的分子项与分母项倒置，可得到价格盈利比，或称为市盈率（P/E）。孩之宝公司 2016 年度的市盈率为：

$$P/E = \frac{每股价格}{每股收益} = \frac{77.79}{4.34} = 17.9（倍）$$

市盈率无助于我们关于业绩衡量的讨论，但它在投资者当中被广泛地使用，因而值得一提。市盈率是获取每 1 元钱现有盈利需要支付的价格，也是标准化不同盈利水平的公司股价的一种方式。2016 年年末，投资者为孩之宝公司每 1 美元的盈利支付约 18 美元。一个公司的市盈率取决于两点：未来的盈利前景和与这些盈利相联系的风险。股票价格及相应的市盈率随着盈利前景的改善而上升，随着风险的增加而下降。当公司的盈利不佳而投资者相信这只是暂时现象时，会有一些令人迷惑的情景出现，比如盈利降低而股价依旧坚挺，于是 P/E 上升。孩之宝公司在 2013 年的表现刚好就是这样，尽管盈利比上年下降 15%，其 P/E 却攀升到 25 倍。一般来说，关于公司现有的财务业绩，虽然市盈率所言甚少，但的确反映了投资者对公司未来前景的信心。

四、ROE 与市场价格

多年来，学者与实务人员在财务业绩的合适衡量尺度问题上一直存在分歧。学者们用我们刚才陈述的理由批评 ROE，认为能正确衡量财务业绩的标准是公司的股价，并进一步主张管理者的目标应是实现公司股票价格最大化。他们的逻辑是有说服力的，股价代表股

[①] 按照惯常的做法，孩之宝公司在计算每股收益时，使用的是公司当年度加权平均的发行在外股数。2016 年，这个股数是 12,700 万股。而我们在计算权益的市场价值时，使用的是 2016 年 12 月 31 日的股数，即 12,450 万股。因此，此处的盈利收益率与下文的基于权益市场价值计算的 5.7%略有差异。

东在公司投资的价值，如果管理者想要增加所有者的利益，就应采取措施增加股东的价值。的确，"价值创造"的观念已成为许多学者和咨询顾问著书立说的中心议题。

实务人员承认这种理由的逻辑性，但就其应用性提出质疑。问题之一是难以精确且具体地说明经营决策如何影响股票价格。比方说，如果我们不能确定一个部门经营战略的改变所产生的影响，那么提高股价的目标便无法指导经营决策。问题之二是管理者显然比局外投资者更了解本公司，或者至少他们是这样认为的。那么，为什么管理者在做出经营决策时应考虑对公司知之甚少的投资者的评价呢？问题之三是关于股价作为业绩尺度的评判：股价依赖于超出公司控制范围的大量综合因素，当公司股价上升时，没有人能断定它反映的是公司业绩的上升还是外部经济环境的好转。基于这些原因，即使学者与咨询顾问们继续努力想把创造价值转换为一个实际的财务目标，实务人员仍旧对基于股票市场做的业绩衡量指标持怀疑态度。最近一个沿着学者思路所做的颇受欢迎的工作是"经济增加值"，经济增加值的概念经斯特恩-斯图尔特管理服务咨询公司（Stern Stewart Management Services）的推广而流行。我们将在第八章对经济增加值进行更缜密的探讨。

ROE 能够取代股价吗？

图 2.1 和图 2.2 显示，学者与实务人员在财务业绩衡量尺度上的分歧也许比想象的要小。两幅图用黑点标出两组代表性公司权益的市场价值与账面价值之比（MV/BV）与 ROE 之间的关系，图中的实线表示两个变量总体关系的回归线。两幅图都呈现出很强的正相关关系，说明 ROE 较高的公司具有较高的股价与面值比；反之亦然。因此，看起来努力增大 ROE 与努力提升股价总体上是一致的。

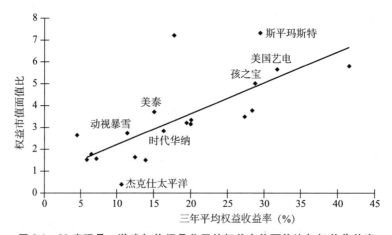

图 2.1 20 家玩具、游戏与休闲品公司的权益市值面值比与权益收益率

注：回归方程是 MV/BV = 1.09+14.0×ROE，其中 MV/BV 是 2016 年 12 月股东权益的市场价值与账面价值之比，ROE 是 2016 年和此前两年的权益收益率的平均值。ROE 为负的公司被剔除。调整后 R^2 为 0.51，斜率的 t 值为 4.6。

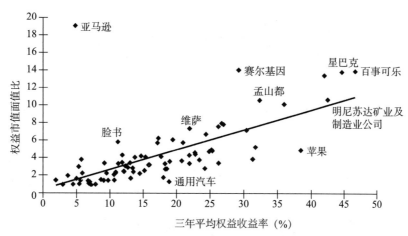

图 2.2　82 家大型公司的权益市值面值比与权益收益率

注：这些是代表美国最大型公司的标准普尔 100 指数成分公司，其中指标值为负或 ROE 大于 50% 的公司被剔除。回归方程为 MV/BV = 0.33+22.0×ROE，其中 MV/BV 是 2016 年 12 月股东权益的市场价值与账面价值之比，ROE 是 2016 年和此前两年的权益收益率的平均值。调整后 R^2 为 0.43，斜率的 t 值为 7.9。

有意思的是，一些公司的黑点落在回归线附近，这说明 ROE 之外的因素对于确定市值面值比也是重要的。正如我们早应料到的，这些其他因素在确定公司股票市值上扮演着不容忽视的角色。

出于兴趣，我们在图中还标出了许多公司的位置。在图 2.1 中，孩之宝公司与回归线非常接近，说明仅仅基于历史的 ROE，孩之宝公司的股票价格与玩具、游戏与休闲行业的其他公司相比而言是合理的。孩之宝公司的很多直接竞争对手也与回归线非常接近，而杰克仕太平洋落在回归线以下很低的位置，斯平玛斯特则处于回归线以上很高的位置。杰克仕近年来的销售和利润眼看着逐步下滑，公司将此归咎于几条主要生产线的不力，其股价跌至 5 美元/股以下。斯平玛斯特是位于多伦多的儿童玩具与游戏公司，最成功的产品是"爆丸"人物与故事。多年前，"爆丸"走到了生命周期的尽头，公司进行了重组，战略聚焦于新的产品系列，这个转型看起来是成功的，市场对斯平玛斯特的重生式成长给予了积极的反应。

图 2.2 显示了标准普尔 100 指数所代表的美国最大型公司中的 82 家非金融公司的相关信息。百事可乐以超过 46% 的数字夺取 ROE 之冠，而亚马逊则以将近 18 的倍数位居市值面值比之首，这可能与亚马逊的销售额在 15 年的时间里年均增长率达到约 29% 有关。在图 2.2 的另一端，通用汽车和苹果都落在回归线下很低的位置。

总而言之，这些图给出的结论令人对 ROE 欲罢不能：尽管 ROE 存在种种不足，但在衡量财务业绩时，它至少还算得上是股票价格的粗略替代品。

第四节 比率分析

在关于财务业绩调控杠杆的讨论中，我们定义了若干财务比率，现在该考虑系统地使用这些比率分析财务业绩了。比率分析被管理者、债权人、监管部门及投资者广泛使用，从根本上来讲，比率分析是一个最简单的过程，不外乎是将公司的比率数字与一个或者多个业绩基准进行比较。只要小心地运用并发挥想象力，这种技术能揭示一家公司许多方面的情况。不过，使用比率时最好记住以下几点：

第一，现代公司复杂多变，而比率只是简单地用一个数字除以另一个数字，指望通过一个或多个比率的机械计算就能自动生成结果从而洞察一切是不理智的，倒是把比率想象为侦探小说中的线索或许更好一些。一个或多个比率可能会产生误导，但将这些比率与公司管理和经济环境等其他知识和信息结合起来，比率分析便可以揭示大量的现实情况。

第二，一个比率没有唯一正确的值。就像孙悟空七十二变，一个特定比率值偏高、偏低或者正好，完全取决于分析的角度和公司的竞争战略。前面被定义为流动资产与流动负债之比的流动比率可以说明这一点。从一名短期债权人的眼光来看，高流动比率是积极的标志，表示公司有充分的流动性，偿债能力强；但对一个公司的股东而言，同样的流动比率则是消极的标志，表示公司的资产运用策略过于保守；而从经营的角度来看，高流动比率既可能是管理保守的标志，也可能是竞争战略所要求的宽松信用条件和充分储备库存的自然结果。在这个例子里，重要的问题不在于流动比率是否太高，而在于所选用的竞争战略对公司是否最优。

一、有效地使用比率

如果没有通用的正确值，那么如何解释财务比率？如何判断一家公司健康与否呢？判断一家公司是否健康有三条途径，它们分别包含三个不同的业绩基准：一是将比率与经验法则做比较，二是将比率与行业平均水平做比较，三是考察比率在时间上的变化。将比率与经验法则相比除简单易行之外，没有其他值得推荐的优点。对于一个过多地依赖分析师的眼光及特定环境的公司而言，按经验法则确定的适当比率值是很有帮助的。这种方法最有积极意义的一点是，多年来，依据经验判断行事的公司的破产频率比其他公司要小一些。

将一个公司的比率与行业平均值做比较，有利于发现公司与同业竞争者相比表现如何，不过要记得，公司因自身的特殊性而与行业标准发生偏离完全是情有可原的。并且，行业作为一个整体而言，你无法确知它在做什么。在 20 世纪 30 年代的大萧条中，几乎所有的铁路公司都陷入财务困境，一个知道自己与同业竞争者境况相似的铁路公司，其感受也一定是很凄凉的。

最有用的一种评价比率的方法是趋势分析，即计算出一个公司多年的比率值，观察其随时间的推移如何变化。趋势分析法避免了同业内和行业间比较的需要，能使分析者得出关于公司的财务健康状况及其变动情况的更为确定的结论。

业绩调控杠杆指出了一种进行趋势分析的合理思路，即利用杠杆之间的内在联系，而不是随意地计算比率并指望碰上一个有用的。如图2.3所示，业绩杠杆通过三个层次将比率组织起来。顶层为ROE，它判断企业作为一个整体的业绩；中间层表示经营活动中ROE的三个重要组成部分如何对ROE起作用；而底层所讨论的许多其他比率则揭示了利润表及资产负债表的单个项目管理如何对所观察的调控杠杆起作用。利用这个结构图，从顶层开始，观察ROE随时间推移所呈现的趋势，然后集中考察三根杠杆的变化如何影响ROE。现在，拿出你的显微镜，针对单个项目，研究这些项目的变化又是如何影响各杠杆的。比如，假如ROE突然下降，而销售利润率及财务杠杆仍保持不变，那么可以检查各单项资产的周转情况，揪出一个或数个"元凶"。

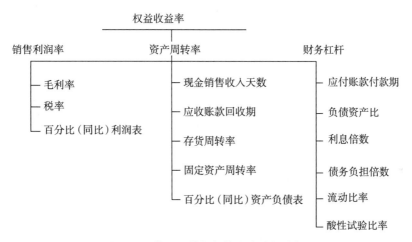

图 2.3　基于业绩杠杆的比率分析路径

二、孩之宝公司的比率分析

让我们以孩之宝公司作为比率分析的实际范例，看看这种分析技术能告诉我们些什么。表2.2列示了前面讨论过的孩之宝公司2012—2016年的财务比率，以及2016年的行业中位数（有关这些比率的定义，参见本章表2.4），行业样本由七家有代表性的竞争对手组成（有关其他公司的类似数据可以通过本章末尾的网址清单下载获取）。

表 2.2　孩之宝公司 2012—2016 年的财务比率和 2016 年的行业均值

	2012年	2013年	2014年	2015年	2016年	行业均值
盈利性比率：						
权益收益率（%）	22.3	17.0	28.4	27.2	29.6	14.0
资产收益率（%）	7.8	6.5	9.2	9.6	10.8	6.4
投入资本收益率（%）	12.9	11.7	14.9	15.5	17.5	10.6

（续表）

	2012年	2013年	2014年	2015年	2016年	行业均值
销售利润率（%）	8.2	7.0	9.7	10.2	11.0	11.5
毛利率（%）	53.2	53.9	54.5	55.3	55.6	53.8
市盈率	13.8	25.2	16.5	18.6	17.9	29.9
营运性比率：						
资产周转率	0.9	0.9	0.9	0.9	1.0	0.7
固定资产周转率	17.7	17.3	18.0	18.7	18.8	13.3
存货周转率	6.1	5.4	5.7	5.2	5.8	14.0
应收账款回收期（天）	91.9	97.8	93.4	99.9	96.0	60.0
现金销售收入天数（天）	75.8	61.0	76.2	80.2	93.2	108.3
应付账款付款期（天）	26.7	38.5	39.8	44.3	52.4	58.6
财务杠杆与流动性比率：						
资产权益比	2.9	2.6	3.1	2.8	2.7	2.3
负债资产比（%）	65.2	61.8	67.7	64.8	63.4	50.8
负债权益比（%）	186.9	161.7	209.2	183.7	173.3	128.5
利息倍数	6.0	4.9	6.8	7.3	8.3	13.5
债务负担倍数	1.6	1.2	1.0	1.6	2.6	2.9
负债资产比（市值,%）	37.8	27.4	30.9	26.7	25.0	34.6
负债权益比（市值,%）	60.9	37.7	44.8	36.4	33.3	92.8
流动比率	2.6	1.8	2.5	2.7	2.0	3.1
酸性试验比率	2.3	1.6	2.2	2.3	1.8	2.8

注：行业样本由玩具与游戏行业里的七家公司构成，分别是动视暴雪（Activision Bilzzard）、美国艺电（Electronic Arts）、杰克仕太平洋（JAKKS Pacific）、美泰（Mattel）、任天堂（Nintendo）、时代华纳（Time Warner）和华特迪士尼（Walt Disney）。其中，任天堂由于数据缺失或者属于异常值，在计算某些行业平均值时未被纳入。

资料来源：孩之宝公司2012—2016年的财务报表。

先从孩之宝公司的盈利性比率开始。可以看到，孩之宝公司的盈利能力近年来处于上升通道。公司的权益收益率ROE在2013年仅为17.0%，2016年已经攀升至令人赞叹的29.6%，为行业均值14.0%的两倍多。造成如此悬殊的结果的部分原因在于孩之宝公司比同行业公司使用了更多的债务融资，不过纵观公司的投入资本收益率ROIC可以发现，这并非故事的全部。要记得ROIC剔除了融资的影响，反映的是公司资产的基本盈利能力。孩之宝公司的ROIC从2013年的11.7%稳步上升到2016年的17.5%，同样大大超过行业平均值。让我们从更大的视角考察这些数字，2016年标准普尔500公司里所有非金融公司的ROE中位数是15.5%，对应的ROIC是11.2%，相比之下，孩之宝公司的业绩相当强劲。

接下来，我们来看孩之宝公司的业绩杠杆，以更好地理解其不俗的ROE。孩之宝公司2016年优秀的业绩并未体现在销售利润率上，其销售利润率为11.0%，实际上比行业均值还要略低一些。但销售利润率对于孩之宝公司近年来显著提升的业绩所做的贡献可圈可点，如果2016年销售利润率仍维持在2013年的7.0%，那么ROE只能达到18.9%（7%×1.0×2.7）。虽然这也不错，但和同行业公司就拉不开差距了。孩之宝公司为什么可以提高销售利润率呢？公司毛利率的确在上升，但上升幅度不及销售利润率，这说明其业绩增长还来自营业费用的下降。对此，我们后面还会费些笔墨进行讨论。

为什么孩之宝公司的ROE高于同行业公司如此之多？2016年孩之宝公司的强劲业绩可以归功于资产周转率和财务杠杆。公司的资产周转率略有提升，之前多年稳定在0.9，2016年达到1.0。与同行业公司的0.7相比，孩之宝公司的资产周转率高出43%［（1.0-0.7）/0.7］。孩之宝公司的财务杠杆也在一定程度上有所变化，用资产权益比进行度量，孩之宝公司的资产权益比达到2.7，比行业均值2.3高出17%。

对这些粗略的趋势进行略微深入一些的剖析，我们发现颇为讽刺的是，虽然孩之宝公司总体的资产周转率远高于行业平均水平，但在几个重要资产的管理方面却乏善可陈。其存货周转率在2016年为5.8，比行业均值的一半还低。孩之宝公司的竞争对手，包括美国艺电和动视暴雪，已经激进地由实物产品转型到数字游戏，这些公司的存货水平极低，相应存货周转率很高。孩之宝公司还有着较长的应收账款回收期和应付账款付款期，这意味着孩之宝公司与竞争对手相比，从客户收取款项较慢，而向供应商支付款项较快。总体上，这些数字说明孩之宝公司的营运资本管理效率低于同行业公司，部分原因可能在于它们之间的业务线存在差异。

孩之宝公司是如何实现较高的资产周转率的呢？答案在很大程度上归结于固定资产周转率，孩之宝公司的固定资产周转率在2016年为18.8，大大高于行业平均水平。较高的固定资产周转率反映的可能是所经营的业务资本密集度较低，也可能是固定资产的利用效率较高。但对于孩之宝公司而言，可能还有第三个解释。孩之宝公司的好几个竞争对手都积极地开展对外收购，而收购对财务报表有着让人意想不到的影响。当一个公司进行收购时，会计师要更新资产负债表以反映所收购资产的市场价值，这就使得资产价值的增加高于其历史成本，从而导致固定资产周转率下降。后文中我们还会看到，收购也会影响其他比率。另外，孩之宝公司的现金余额偏低，只相当于93.2天的销售额，而行业平均水平是108.3天。现金储备较多会拖累资产周转率，孩之宝公司的资产周转率也得益于较低的现金储备。

再看看孩之宝公司的财务杠杆比率。在对他人资金的依赖上，公司尽管每年有些变化，但颇为稳定。基于账面价值的杠杆比率和偿债比率显示，孩之宝公司比同行业公司使用更多的债务。但基于市场价值的杠杆比率却描绘出另外一幅图景，其市场价值的负债资产比略低于同行，33.3%的负债权益比（市值）则大大低于行业均值92.8%。我更看重偿债比率，认为孩之宝公司比同行更激进地进行债务融资。如果说我对孩之宝公司的杠杆还存在潜在的担忧，那么这一担忧来自2016年的2.6倍的债务负担，这个数字说明公司对于利息和到期本金的支付并没有很多的缓冲。

表2.3列示的是孩之宝公司2012—2016年的同比财务报表，以及2016年的行业均值。

同比资产负债表就是将各项资产和负债表示为各自占总资产的百分比形式。同比利润表与此相类似，只不过是以销售收入取代总资产，将各项目表示为各自占销售收入的百分比。这样做的目的在于，对因增长或衰退而引起的金额变化加以抽象，借此集中关注内在的变化趋势。此外，同比报表还适用于比较不同规模的企业，因为它剔除了规模的影响。

表 2.3　孩之宝公司 2012—2016 年同比财务报表和 2016 年的行业均值

（单位:%）

	2012 年	2013 年	2014 年	2015 年	2016 年	行业均值
资产						
现金与现金等价物	19.6	15.5	19.7	20.7	25.2	26.1
应收账款（减：坏账准备）	23.8	24.8	24.2	25.8	25.9	12.6
存货	7.3	7.9	7.5	8.1	7.6	5.1
其他流动资产	7.2	8.1	8.6	6.1	4.7	3.2
流动资产小计	58.0	56.3	60.0	60.7	63.4	46.9
固定资产	16.6	16.7	16.5	12.7	12.8	24.7
减：累计折旧与摊销	11.1	11.4	11.2	7.7	7.5	15.4
固定资产净值	5.3	5.4	5.2	5.0	5.3	9.3
商誉和其他无形资产净值	20.6	22.0	20.3	18.5	16.0	32.2
其他资产	16.1	16.2	14.5	15.8	15.3	11.6
资产总计	100.0	100.0	100.0	100.0	100.0	100.0
负债与所有者权益						
一年内到期的长期负债	5.2	9.9	5.6	3.5	10.3	2.1
应付账款	3.2	4.5	4.7	5.1	63	6.3
应计费用及其他流动负债	13.8	16.5	13.5	14.0	15.2	11.4
流动负债小计	22.2	31.0	23.7	22.6	31.8	19.8
长期负债	32.3	21.8	34.4	32.8	23.5	24.4
其他长期负债	10.7	9.0	9.5	9.4	8.1	7.3
负债合计	65.2	61.8	67.7	64.8	63.4	51.5
股东权益合计	34.8	38.2	32.3	35.2	36.6	48.5
负债和股东权益总计	100.0	100.0	100.0	100.0	100.0	100.0
利润表						
销售收入	100.0	100.0	100.0	100.0	100.0	100.0
销售成本	46.8	46.1	45.5	44.7	44.4	46.2
毛利	53.2	53.9	54.5	55.3	55.6	53.8
销售、行政和管理费用	34.9	35.3	35.8	36.3	36.1	32.0
折旧与摊销	3.7	4.0	3.7	3.5	3.1	5.5
营业费用小计	38.6	39.2	39.5	39.8	39.2	37.5

（单位:%）（续表）

	2012 年	2013 年	2014 年	2015 年	2016 年	行业均值
营业利润	14.6	14.6	14.9	15.5	16.4	16.3
利息费用	2.2	2.2	2.2	2.2	1.9	1.9
其他非营业费用（利润）	1.3	3.7	0.1	(0.4)	0.3	1.0
非营业费用小计	3.6	6.0	2.3	1.8	2.2	2.8
税前利润	11.1	8.7	12.7	13.7	14.1	13.5
所得税	2.9	1.7	3.0	3.5	3.2	2.0
净利润	8.2	7.0	9.7	10.2	11.0	11.5

注：行业样本的公司构成参见表 2.2 注。单项加总数不等于合计数系四舍五入误差所致。

资料来源：孩之宝公司 2012—2016 年的财务报告。

先看孩之宝公司资产负债表，2016 年应收账款和存货高于行业平均水平，现金与现金等价物近年来有所上升，但余额仍低于同行。总体上，在孩之宝公司的总资产中，短期资产占 63.4%，大大高于行业平均水平（46.9%）。这些较高的余额从另一个角度表明孩之宝公司的营运资本令人担忧，再次说明对大多数企业而言营运资本管理非常重要。当一家公司的大部分资金投放于像存货和应收账款这类变动不定的资产时，就有必要密切关注其投资了。

所有项目加总必须等于 100%，由于孩之宝公司营运资本所占比例显著高于同行，长期资产在资产负债表中的占比就较小，孩之宝公司的固定资产净值以及商誉和无形资产净值所占的百分比低于行业平均水平。如前所述，孩之宝同行业公司的这些比率之所以较高，可能与它们这些年度较多的收购活动有关。在资产负债表的负债与权益侧，可以看到孩之宝公司一年内到期的债务猛升，我们前面对其偿债倍数仅为 2.6 倍表示了担忧。孩之宝公司下年有一大笔债务到期，其偿债倍数比率显著变差，公司必须决定是重置到期负债，还是等到期债务清偿之后降低杠杆比率。

现在我们可以回到为什么孩之宝公司销售利润率近年来稳步攀升这个重要问题。纵观公司的同比利润表，可以看到公司的销售成本从 2012 年的 46.8% 降至 2016 年的 44.4%，下降了 2.4 个百分点。这点改善与销售额相比微不足道，但对于 11% 的销售利润率而言，产品销售成本下降 2.4 个百分点对利润表最后一行的贡献高达 22%（2.4/11）。从表 2.2 可以看到，产品销售成本的降低提高了毛利率，从而为销售利润率的提高提供了部分解释。我们希望另一部分解释来自营业费用的改善，然而事实并非如此。实际上，孩之宝公司的销售、行政和管理费用上升得比销售额还快，占销售额的比例从 2012 年的 34.9% 上升到 2016 年的 36.1%，吞噬了部分毛利率的增长。导致销售利润率提高的其他原因包括折旧、摊销及非营业费用在内的其他费用的小幅下降，这些下降虽然对它们自身而言幅度不大，但加总起来对销售利润率的提升却有着显著的经济影响。

有人可能认为所有的营业费用都应该是固定的，根本不应该上升。但对于孩之宝公司而言，营业费用占销售额的比例应该大幅下降。他们会问，孩之宝公司的销售、行政和管理费用为何不是固定不变的？规模经济体现在哪里？答案是，规模经济并非如此简单。像沃尔玛（Walmart）和福特（Ford）这样的超大型公司，可以很快地战胜弱小的竞争对手，最终垄断市场。但实际上，公司的某些活动呈现规模经济，而另一些活动则会遭遇规模不经济，即公司规模越大，效率反而越低（想象一下，相比于一个10人团队，让一个100人团队协同作战需要多开多少次协调会）。另外，规模经济只存在于一个有限的范围内，且随后需要大量投资以提高生产能力。简而言之，孩之宝公司的销售、行政和管理费用随着公司的成长而上升是很自然的，但是由于孩之宝公司的该项费用所占的比例超过了同行业公司，因此即使看到它们与销售额同比例增长也是令人担心的。

总而言之，有关孩之宝公司的比率分析使我们了解到这是一家盈利能力不断提升且较为稳定的公司，与同行相比，财务杠杆中等、经营业绩强劲。孩之宝公司在营运资本管理方面存在潜在的问题，但正在想办法提高资产使用效率。较大金额的到期债务也给公司带来了短期的挑战，但较强的现金状况使其仍然游刃有余。显然，孩之宝公司稳健的业绩打动了投资者，在公告2016年财务状况的2017年2月6日，公司股价强劲上涨了14%。

孩之宝公司不断上升的盈利能力，伴随着相对温和的资本性支出需求和（至少在2016年）不快不慢的销售增长率，使其处于拥有很多现金的看似很舒适的状态。截至2016年年底的过去五年里，孩之宝公司来自经营活动的现金流量合计超过27亿美元，而资本性支出仅为6.3亿美元。问题是，其他的20亿美元去哪里了？到目前为止的答案是，这些资金用于回馈股东了，过去五年里公司回购股票和分发股利总计达到20亿美元。尽管如此，孩之宝公司2016年的现金余额还是攀升至3亿美元。

想办法把多余的现金花掉听起来或许有些滑稽，但孩之宝公司的总经理布瑞恩·高德勒（Brin Goldner）深谙其中奥妙。他知道，除非通过保持盈利增长、增加资本性支出或者将钱还给股东，从而继续为现金找到有利可图的去处，否则他就会面临公司股价下跌、引起董事与股东的反对、招致积极股东的抨击的风险。我们将在后续章节讨论孩之宝公司面临的潜在的财务挑战与机会。

表2.4 主要财务比率的定义

盈利性比率		
权益收益率（ROE）	=	净利润/股东权益
资产收益率（ROA）	=	净利润/资产
投入资本收益率（ROIC）	=	息税前利润×(1−税率)/(有息负债+股东权益)
销售利润率	=	净利润/销售收入
毛利率	=	毛利/销售收入
市盈率（P/E）	=	每股价格/每股收益
营运性比率		
资产周转率	=	销售收入/资产
固定资产周转率	=	销售收入/固定资产净值

（续表）

存货周转率	=	销售成本/期末存货
应收账款回收期	=	应收账款/日赊销额（赊销额数据无法取得，可用销售收入替代）
现金销售收入天数	=	现金与有价证券/日销售额
应付账款付款期	=	应付账款/日赊购额（赊购额数据无法取得，可用销售成本）
财务杠杆与流动性比率		
资产权益比	=	资产/股东权益
负债资产比	=	负债总额/资产总额（常用有息负债替代负债总额）
负债权益比	=	负债总额/股东权益
利息倍数	=	息税前利润/利息费用
债务负担倍数（偿债倍数）	=	息税前利润/[利息费用+本金偿付/(1-税率)]
负债率(市值)	=	负债总额/(股数×每股价格+负债总额)
负债权益比(市值)	=	负债总额/(股数×每股价格)
流动比率	=	流动资产/流动负债
酸性试验比率	=	(流动资产-存货)/流动负债

内容摘要

1. 业绩杠杆
   - 适用于所有公司，无论是街头小店，还是跨国公司。
   - 突出说明管理者可以影响权益收益率的途径。
   - 由三个比率构成：
     - 销售利润率
     - 资产周转率
     - 财务杠杆
   - 在不同的行业间可能差异很大，取决于企业所采用的技术和战略。

2. 权益收益率（ROE）
   - 在公司财务业绩衡量方面广为应用。
   - 等于销售利润率、资产周转率和财务杠杆的乘积。
   - 由于竞争的存在，ROE 在不同的行业间近似。
   - 作为业绩衡量指标存在三个问题：
     - 时效问题——因为商业决策是前瞻性的，而 ROE 反映的是单期历史信息
     - 风险问题——因为财务决策需要平衡风险和收益，而 ROE 仅衡量收益
     - 价值问题——所有者关心其投资的市场价值的收益率，而 ROE 衡量的是会计账面价值的收益率，计算权益市场价值的收益率也解决不了这个问题
   - 尽管存在以上问题，在衡量财务业绩时，ROE 仍不失为股票价格的一个粗略的替代指标。

3. 销售利润率
   - 概括了利润表的业绩。
   - 衡量了公司每一美元的销售收入中有多大部分变成了利润。

4. 资产周转率
   - 概括了资产管理的业绩。
   - 衡量了投资于资产的每一美元产生了多少销售收入。
   - 是营运性比率，将销售收入或销售成本与特定的资产或负债相关联。其他的营运性比率还有：
     - 存货周转率
     - 应收账款回收期

- ▷ 现金销售收入天数
- ▷ 应付账款付款期
- ▷ 固定资产周转率

5. 财务杠杆
   - ▶ 概括了相对于权益融资而言，公司在多大程度上进行债务融资。
   - ▶ 增加了所有者的风险，因此并非越大越好。
   - ▶ 将营业利润与每年债务带来的财务负担相联系的偿债比率是最好的度量形式。

- ▶ 也可以用资产负债表比率将债务与资产相关联，其中资产可以使用账面价值或市场价值。

6. 比率分析
   - ▶ 系统性地运用很多比率进行财务分析。
   - ▶ 可能使用趋势分析法，还可以将公司比率与同行进行比较。
   - ▶ 任何比率都没有单一的正确值，很大程度上需要依赖判断。

扩展阅读

Fridson, Martin S., and Fernando Alvarez. *Financial Statement Analysis*: *A Practitioner's Guide*. 4th ed. John Wiley & Sons, 2011. 400 pages.

一个高层管理者和一个学者联手撰写的关于财务报表分析实务的概论。

Jiambalvo, James. *Managerial Accounting*. 6th ed. New York: John Wiley & Sons, 2015. 536 pages.

关于计划、预算、管理控制和决策制定的应用管理会计简明扼要的介绍。

Palepu, Krishna G., and Paul M. Healy. *Business Analysis and Valuation*: *Using Financial Statements*. 5th ed. Cengage Learning, 2015. 336 pages.

本书部分内容涉及财务，部分内容涉及会计。针对一些精选的财务问题，尤其是商业估值，从一个全新的视角介绍如何利用会计信息加以处置。

专业网站

这些网站提供关于上市公司的大量信息，包括概述、股票行情、财务报表、比率、图表以及其他很多信息。

reuters.com
businessweek.com
google.com/finance
finance.yahoo.com
online.wsj.com

课后练习

1. 科林斯娱乐公司（Collins Entertainment, Inc.）的董事会对 CEO 施加压力，促其提高 ROE。在最近的 CNBC 采访中，CEO 宣布了提高公司财务业绩的计划。他打算将每种产品的价格提高 10%，理由是 ROE 可以分解为销售利润率、资产周转率和财务杠杆，提高价格会提高销售利润率，从而提高 ROE。这个计划合理吗？为什么？

2. a. 谷歌母公司阿尔法贝特（Alphabet）和联合太平洋（Union Pacific）铁路公司相比，哪一家公司的市盈率应该更高？为什么？

b. 一家金融机构和一家高科技公司相比，哪一家公司的负债权益比应该更高？为什么？

c. 一家电器制造商和一家杂货店相比，哪一家公司的销售利润率应该更高？为什么？

d. 一家珠宝店和一家在线书店相比，哪一家公司的流动比率应该更高？为什么？

3. 判断正误，并简要说明理由。

a. 一个公司的负债资产比总是等于 1 加负债权益比。

b. 一个公司的权益收益率总是大于或等于资产收益率。

c. 一个公司的应收账款回收期应当总是小于应付账款付款期。

d. 一个公司的流动比率一定大于酸性试验比率。

e. 在其他条件相同的情况下，一个公司更偏好较高的资产周转率。

f. 两家公司有可能盈利收益率相同，而市盈率不同。

g. 若不考虑税和交易成本，未实现的账面盈利不如已实现的现金盈利有价值。

4. 你的公司正考虑收购另一家非常有前途的科技公司。一名经理反对这样做，他指出：因为这家科技公司现在亏损，收购会使本公司权益收益率下降。

a. 这名经理关于公司权益收益率会下降的预测正确吗？

b. 在这项决策中，ROE 的变化有多重要呢？

5. 琥珀鱼（Amberjack）公司的财务数据如下：

（单位：千美元）

	第 1 年	第 2 年
销售收入	271,161	457,977
销售成本	249,181	341,204
净利润	(155,034)	(403,509)
经营活动现金流量	(58,405)	(20,437)
现金	341,180	268,872
有价证券	341,762	36,900
应收账款	21,011	35,298

（单位：千美元）（续表）

	第 1 年	第 2 年
存货	6,473	72,106
流动资产合计	710,427	413,176
应付账款	28,908	22,758
应计负债	44,310	124,851
流动负债合计	73,218	147,610

a. 计算每年年末的流动比率和速动比率。公司短期流动性在此期间是怎样发生变化的？

b. 假设一年有 365 天。

(1) 按销售收入计算每年的应收账款回收期；

(2) 按销售成本计算每年的存货周转率和应付账款付款期；

(3) 计算每年的现金销售收入天数；

(4) 计算每年的毛利率和净利率。

c. 上述计算结果说明公司业绩如何？

6. 最高管理层计算部门的投资收益率（ROI）以衡量你所在部门的业绩，投资收益率按每期部门营业利润除以部门资产计算，你所在部门近来做得很好，ROI 为 30%。你确信部门应当投资于一项新的生产工艺，但一名同事表示反对，他指出，由于新投资，第一年的 ROI 仅为 25%，这将损害部门业绩。对此，你应如何回答？

7. 根据以下信息回答问题，设税率为 40%。

（单位：百万美元）

	大西洋公司	太平洋公司
息税前利润	450	470
负债（利率=8%）	290	1,490
权益	910	370

a. 计算每个公司的 ROE、ROA 和 ROIC。

b. 为什么太平洋公司的 ROE 远远高于大西洋公司的 ROE？这是否意味着太平洋公司更好？为什么？

c. 为什么大西洋公司的 ROA 高于太平洋公司的 ROA？对于两家公司，这说明了什么？

d. 如何比较两家公司的 ROIC？这说明了什么？

8. 第三章的表 3.1 给出了 2014—2017 年 R&E 供应公司的财务报表。

　　a. 使用这些报表，尽你所能计算表 2.2 所列的比率。

　　b. 这些比率为 R&E 公司的财务业绩提供了哪些信息？如果该公司有问题，那么可能存在什么问题？

9. 你在为巴特利特（Bartlett）公司编制财务报表，但缺少资产负债表。利润表显示，公司上年的销售收入为 4.2 亿美元，毛利率为 40%。此外，你还知道公司上年总收入的四分之三为赊销，回收期为 55 天，付款期为 40 天，基于销售成本计算的存货周转率为 8。请计算该公司年末应收账款、存货和应付账款的余额。

10. 2016 年，一家名为物竞天择（Natural Selection）的全国性在线相亲服务公司，拥有 50,000 万美元的资产及 20,000 万美元的负债。息税前利润为 12,000 万美元，利息费用为 2,800 万美元，税率为 40%，本金偿付要求为 2,400 万美元，2,000 万发行在外股票每股的年股息为 30 美分。

　　a. 计算该公司的：
　　（1）负债权益比率；
　　（2）利息倍数；
　　（3）债务负担倍数。

　　b. 息税前利润最多能下降百分之多少，该公司还能满足以下支付要求：
　　（1）支付利息的要求；
　　（2）支付本金与利息的要求；
　　（3）支付本金、利息和普通股股息。

11. 根据以下信息，完成资产负债表。

应收账款回收期	71 天
现金销售收入天数	34 天
流动比率	2.6
存货周转率	5 次
负债资产比	75%
应付账款付款期	36 天

注：假设所有的销售均为赊销，所有比率按 365 天/年计算，应付账款付款期按销售成本计算。

（单位：美元）

资产	
流动资产：	
现金	1,100,000
应收账款	
存货	1,900,000
流动资产小计	
固定资产净值	_____
资产合计	8,000,000
负债及股东权益	
流动负债：	
应付账款	
短期负债	_____
流动负债小计	
长期负债	
股东权益	_____
负债与权益合计	

12. 表 a 是苹果、波音、花旗、脸书、麦当劳和沃尔玛等六个美国知名公司的主要财务比率数据（公司并未按序排列，且删去公司名称）。运用你对财务比率的理解以及这些公司的性质，请将财务比率匹配给合适的公司。

13. 下表是节选的丰田汽车和苹果公司 2016 年利润表与资产负债表项目，请利用所提供的信息回答如下问题。

（单位：百万美元）

	丰田	苹果
销售收入	252,708	215,369
销售成本	201,125	131,376
应收账款	83,027	29,299
存货	18,342	2,132
应付账款	48,570	59,321

　　a. 计算并解释丰田和苹果的营运周期长度。

　　b. 计算并解释丰田和苹果的现金转换周期长度。

　　c. 与丰田相比，苹果的营运方式有何优劣势？

14. 从麦格劳-希尔的 Connect 或任课教师处下载一个包含男士服装屋（Men's Wearhouse）

2006—2010 年财务报表的电子表格。

a. 利用电子表格计算公司这些年度的盈利性比率、营运性比率、杠杆比率和流动性比率（见表 2.4）。

b. 关于该公司在此期间的业绩，这些比率说明了什么？

15. 从麦格劳-希尔的 Connect 或任课教师处下载波音公司（Boeing Company）的财务报表，回答如下问题。

a. 计算 2005—2009 年波音公司的以下财务比率：

（1）负债权益比；

（2）利息倍数；

（3）债务负担倍数。

b. 在这些年，波音公司要满足如下支付要求水平，息税前利润最多能下降百分之多少？

（1）偿还利息；

（2）偿还利息和本金。

c. 关于波音在此期间的财务杠杆，这些计算结果说明了什么？

表 a

	A	B	C	D	E	F
权益收益率（%）	17.23	136.80	19.70	6.64	45.43	36.90
资产收益率（%）	6.85	5.31	17.82	0.77	12.54	14.93
销售利润率（%）	2.81	5.17	38.86	19.52	17.82	21.19
毛利率（%）	25.65	14.57	86.29	—	38.52	39.08
市盈率	17.15	22.51	38.08	12.59	26.00	18.24
资产周转率	2.44	1.03	0.48	0.04	0.71	0.70
应收账款回收期（天）	4.30	30.49	43.24	—	20.55	27.59
存货周转率	8.26	1.79	—	—	181.35	58.64
负债权益比	1.56	109.15	0.10	6.96	3.40	1.51
利息倍数	9.66	19.20	—	1.64	8.76	43.15
流动比率	0.86	1.25	11.97	0.37	1.39	1.35
酸性试验比率	0.19	0.38	11.63	0.37	0.78	1.22

第二部分

计划未来的财务工作

第三章　财务预测
第四章　管理增长

第三章 财务预测

> 所谓计划，就是以错误取代杂乱无章。
>
> ——无名氏

至此，我们已经通过分析当期报表和评估过往业绩回顾了过去，现在该展望未来了。本章先介绍财务预测的基本方法，概览现代大型企业所推行的计划和预算；下一章再分析公司的增长管理所特有的计划问题。在本章，我们将着重讨论预测与计划的技术方法，不过你在学习本章时要牢记，正确的方法只是有效计划的一部分，创造性的市场策略和经营政策构成了财务计划的基础，它们至少与预测方法同样重要。

第一节 模拟财务报表

财务是公司计划活动的中心，原因至少有两点：第一，预测和计划大多使用财务术语，计划本身以财务报表的形式表述，而计划的评估也多使用财务指标；第二，财务主管要对"资金"这一关键资源负责，这一点更为重要。因为公司的每一项决策实际上都牵涉财务，所以任何计划都有一个不可缺少的部分，即判断在给定公司有限资源的条件下计划是否可行。

公司一般要编制一系列不同的计划和预算。其中一些如生产计划和人事预算，可侧重于公司某一特定的方面；而另一些如模拟财务报表，涉及的范围则广泛得多。这里我们关注应用更广的技术——大公司计划制订的核心部分。

模拟财务报表是在财务预测中使用最为广泛的工具。简单地说，模拟财务报表就是预计公司财务报表在预测期结束时看起来会是什么样。这些预测可以是极为详尽的经营计划，也可以只是粗略大致的估计，无论怎样，模拟预测都是以合乎逻辑、内在统一的方式提供信息。

模拟预测的主要目的是估计公司未来对外部资金的需要量，这是财务规划至关重要的第一步。估计过程很简单，如果预测表明一家公司的资产将在下年上升到 100 美元，但负债和所有者权益将只有 80 美元，那么我们就可以很容易地得出结论：需要从外部筹集 20 美元。不过，预测不能告诉我们应该使用什么方法获取这些资金，是商业信用、银行贷款、新增权益还是其他方式。反之，如果预测表明资产将会低于负债和所有者权益，显然意味着公司所产生的现金将超过经营所需要的现金，管理者将面对一项令人愉快的任务——决定如何使用这些富余的现金。以上思路可用公式表示如下：

$$外部融资需要量 = 总资产 - (负债 + 所有者权益)$$

实务人员往往把外部融资需要量看作一个"塞子"，要将这个金额塞进资产负债表，使之得以平衡。

一、销售百分比预测法

正如丹麦谚语所言，"预测总是困难的，对未来的预测尤其如此"。将利润表和资产负债表中的数字与未来的销售联系起来是一种直接而有效的方法，可以让我们轻松应对这一挑战，这就是"销售百分比预测法"。它的理论依据是，所有可变成本和大部分流动资产与流动负债都呈现随着销售的变动而变动的趋势，这在第二章中已经有所提及。显然，这种方法并不适用于财务报表的所有项目，个别项目（例如厂房和设备）需要进行单独预测是理所当然的。不过，对于许多重要变量，销售百分比预测法的确可以提供简单且合乎逻辑的估计。

销售百分比预测法的第一步是查看历史数据，以判断哪些财务报表项目与销售成比例变化，使预测者得以确定哪些项目能够按销售百分比可靠地估计，哪些项目必须依据其他信息来预测。第二步是预测销售收入，由于许多项目与销售预测值机械地联系在一起，因此尽可能准确地估计销售收入至关重要。完成模拟财务报表之后，最好还要对销售预测值的合理变动进行敏感性测试。销售百分比预测法的最后一步是根据最新估计的销售收入，按照历史比例估计财务报表上单个项目的金额。比如，历史上存货库存为销售收入的 20%，预计下一年的销售收入为 1,000 万美元，那么可以推知下一年的存货库存为 200 万美元。就这么简单。

下面以郊区国家银行（Suburban National Bank）遇到的一个问题为例，说明销售百分比预测法的应用。R&E 供应公司——一家经营水电器材的中等规模批发商，是郊区国家银行的老客户，公司保持平均约 30,000 美元的存款额，五年来一直使用一笔数额为 50,000 美元的可展期短期贷款。公司生意兴隆，这笔贷款每年只要稍做分析就可得以展期。

2017 年年底，R&E 供应公司总经理拜访了郊区国家银行，请求在 2018 年将该笔短期贷款增至 500,000 美元。总经理解释说，尽管公司业绩一直在增长，但应付账款不断增加，现金余额有所减少，最近有几家供货商威胁除非能更及时地收到货款，否则以后对公司的采购要求一手交钱一手交货（COD）。当被问及为什么需要 500,000 美元时，总经理回答说，该数目好像"差不多"足以支付给态度最为强硬的债权人，从而重新恢复现金余额。

众所周知，银行贷款审查委员会在没有进行详细财务预测的情况下，绝不会批准这样一大笔贷款。因此，信贷员提议与总经理一起编制一份2018年的模拟财务报表，并解释说这些报表将更准确地预测R&E供应公司的贷款需求。

编制模拟财务报表的第一步是查看该公司2014—2017年的历年财务报表（数据见表3.1），从中找出规律。从比率分析结果（见表3.2）中很容易看出总经理所担心的流动性降低和应付账款增加的问题，现金与有价证券从日销售收入的22倍缩减至7倍，而应付账款付款期则由39天延长到66天。① 另一个令人担忧的趋势是销售成本及行政、销售和管理费用与销售收入成比例上升，利润显然未能与销售收入同步增长。

表 3.1　R&E 供应公司 2014—2017 年财务报表

（单位：千美元）

	2014 年	2015 年	2016 年	2017 年
利润表				
销售收入	11,190	13,764	16,104	20,613
销售成本	9,400	11,699	13,688	17,727
毛利	1,790	2,065	2,416	2,886
费用：				
销售、行政与管理费用	1,019	1239	1,610	2,267
净利息费用	100	103	110	90
税前利润	671	723	696	529
所得税	302	325	313	238
税后利润	369	398	383	291
资产负债表				
资产				
流动资产：				
现金与有价证券	671	551	644	412
应收账款	1,343	1,789	2,094	2,886
存货	1,119	1,376	1,932	2,267
预付费用	14	12	15	18
流动资产小计	3,147	3,728	4,685	5,583
固定资产净值	128	124	295	287
资产合计	3,275	3,852	4,980	5,870
负债与所有者权益				
流动负债：				
银行借款	50	50	50	50
应付账款	1,007	1,443	2,426	3,212

---

① 本章所使用的财务比率的定义见第二章表2.4。

（单位：千美元）（续表）

	资产负债表			
	2014 年	2015 年	2016 年	2017 年
本期到期的长期负债	60	50	50	100
应付薪资	5	7	10	18
流动负债小计	1,122	1,550	2,536	3,380
长期负债	960	910	860	760
普通股	150	150	150	150
留存收益	1,043	1,242	1,434	1,580
负债与所有者权益合计	3,275	3,852	4,980	5,870

注：2017 年为估计值。

表 3.2 的最后一列是 R&E 供应公司总经理与信贷员对 2018 年所做的预测。根据近几年的经验，预计销售收入将比 2017 年增长 25%。由于劳资纠纷，行政、销售和管理费用将继续上升。将 R&E 供应公司的现金余额同历史数据和竞争对手的情况进行比较之后，总经理认为现金与有价证券应提高到至少相当于 18 天的销售收入。由于现金与有价证券都是低收益资产，这个数字代表了总经理认为有效地开展经营活动所要求的最低现金持有量，因为一旦现金或有价证券余额高于最低现金持有量，公司就必须增加贷款，公司成本也随之增加。由于这些钱大部分将存入信贷员所在的银行，信贷员自然很乐意接受这个增加现金的计划。总经理还认为付款期将不超过 59 天，税率和股利/盈利比（或称支付比率）则保持不变。

表 3.2　R&E 供应公司 2014—2017 年的部分财务比率

	历史			预测	
	2014 年	2015 年	2016 年	2017 年（E）	2018 年（F）
销售收入年增长率（%）	—	23	17	28	25
与销售关联的比率					
销售成本（销售收入占比,%）	84	85	85	86	86
销售、行政与管理费用（销售收入占比，%）	9	9	10	11	12
现金与有价证券（现金销售收入天数）	22	15	15	7	18
应收账款（回收期，天）	44	47	47	51	51
存货（存货周转率，次）	8	9	7	8	9
应付账款（付款期，天）	39	45	65	66	59
其他比率					
所得税/税前利润（%）	45	45	45	45	45
股利/税后利润（%）	50	50	50	50	50

注：E 为估计值，F 为预测值，税前利润包括州税和地方税。

由此得到如表 3.3 所示的模拟财务报表。首先来看看模拟利润表，基于上述假设前提，税后利润将比上一年下降 20%，降至 234,000 美元。报表中唯一还需进一步说明的项目是净利息费用。净利息费用显然与公司所要求的贷款规模有关，不过我们目前尚不清楚贷款规模，只能假定利息费用与上一年相等。请注意，稍后可能不得不对这一假定进行调整。

表 3.3　R&E 供应公司 2018 年模拟财务报表

（单位：千美元）

	2018 年	说明
利润表		
销售收入	25,766	增长 25%
销售成本	22,159	销售收入的 86%
毛利	3,607	
费用：		
销售、行政与管理费用	3,092	销售收入的 12%
净利息费用	90	起初假设不变
税前利润	425	
所得税	191	税率为 45%
税后利润	234	
资产负债表		
资产		
流动资产：		
现金与有价证券	1,271	18 天的销售收入
应收账款	3,600	回收为 51 天
存货	2,462	周转 9 次
预付费用	20	大致估算
流动资产小计	7,353	
固定资产净值	280	见正文
资产合计	7,633	
负债与所有者权益		
流动负债：		
银行借款	0	
应付账款	3,582	付款期为 59 天
本期到期的长期负债	100	见正文
应付薪资	22	大致估算
流动负债小计	3,704	
长期负债	660	
普通股	150	
留存收益	1,697	见正文
负债与所有者权益合计	6,211	
外部融资需要量	**1,422**	

估计外部融资需要量

对于大多数经营主管而言,利润表比资产负债表更加重要,因为利润表可以衡量公司的盈利能力。而对于财务主管来说,情况恰好相反,资产负债表最为关键。当工作目标在于估计未来资金需要量时,利润表只有在其影响资产负债表的范围内才令人感兴趣。

在 R&E 供应公司模拟资产负债表中(见表 3.3),第一个需要解释的项目是预付费用。与应付薪资一样,预付费用是一个小项目,它随销售不稳定增长。由于涉及的金额少,对预付费用项目的预测无须十分精确,大致估计足矣。

提及新的固定资产,总经理说已经通过 2018 年的一项金额为 43,000 美元的资本预算。另外,由于本年度的折旧费为 50,000 美元,固定资产净值将减少 7,000 美元,变为 280,000 美元(287,000 美元 + 43,000 美元 - 50,000 美元)。

这里先令银行贷款为零,算出外部融资需要量,再考虑可能的银行贷款。顺着资产负债表往下看,"本期到期的长期负债"是指将于 2019 年偿还的债务本金,这个履约责任在贷款协议中有详细的说明。这笔支付等同于流动负债,故在会计报表中将其从长期负债部分转入流动负债部分。

最后一个需要说明的项目是留存收益。由于 2018 年公司不打算发行新股,因此普通股股本保持不变。留存收益确定如下:

2018 年留存收益 = 2017 年留存收益 + 2018 年税后利润 - 2018 年股利

1,697,000 = 1,580,000 + 234,000 - 117,000

当公司的税后利润高于股利时,超出部分计入留存收益。留存收益账户是连接利润表与资产负债表的重要桥梁,一旦利润增加,留存收益就会随之增加,所需贷款相应减少。①

编制 R&E 供应公司模拟财务报表的最后一个步骤是估计所需要的外部融资量。运用上面定义的表达式,根据我们前面的预测,要达到总经理的目标,R&E 供应公司所需的借贷资金超过 140 万美元,而不是 50 万美元。

外部融资需要量 = 总资产 - (负债 + 所有者权益)

= 7,633,000 - 6,211,000

= 1,422,000(美元)

记住这样一则警世故事,借款人满怀感激地起身,握住银行家的手说:"我不知道怎样才能报答(偿还)你。"对于以上预测结果,郊区国家银行信贷员可能产生两种想法:一方面,R&E 供应公司预计 2018 年应收账款将达到 360 万美元,可以为 140 万美元贷款提供极好的安全保证;另一方面,R&E 供应公司对待财务计划的草率态度和总经理对于公司何

---

① 有时,公司会将一次性的利得或损失直接计入留存收益,这样方程式就会变得复杂一些。本例中没有这个问题。

去何从的明显无知肯定会产生负面影响。不过，在过分沉醉于预测结果之前，别忘了我们的预测并没有包含新的、更大规模的贷款所导致的利息支出增加。

二、利息费用

利息费用与负债之间的相互循环关系往往令专心致志的新手对预测模拟财务报表感到一筹莫展。正如前面提到的，只有当外部融资需要量已确定，才可能准确估计利息费用，可是外部资金又部分地依赖于利息费用的多少。因此，两者缺了谁，都不能得到正确的估计。

解决这一困境通常有两种方法。更可靠的一种方法就是运用计算机 Excel 电子表格（spreadsheet）同时计算利息费用和外部融资需要量，我们将在"用电子表格进行预测"部分详细介绍这种方法。另一种方法更加简单，就是忽略这个问题，认为一次性的运算结果就足够接近。预测销售收入和其他变量总可能产生一些误差，对利息费用的不准确判定所导致的额外偏差往往无足轻重。

举个例子，R&E 供应公司在对模拟财务报表进行一次性运算时，假定利息费用为 9 万美元，资产负债表显示有息负债总额大约为 220 万美元，按 10% 的利率计算，利息费用大约为 22 万美元，比一次性运算估计超出 13 万美元多。我们不妨通过利润表追踪多出的 13 万美元利息费用究竟有多大影响。首先，这 13 万美元是税前费用，按 45% 的税率计算，税后利润将只减少 7.15 万美元；其次，由于 R&E 供应公司把盈利的一半用于派发股利，税后利润减少 7.15 万美元的结果仅仅造成留存收益增量部分减少 35,750 美元。弄清楚这些问题后就会发现，我们最初估计的外部融资需要量少算了大约 35,750 美元。当新增的外部融资需要量已经高达 140 万美元时，向朋友再筹集区区 35,750 美元又有何难？诚然，增加利息费用对利润有显著影响，但滤去税费和股利支付之后，它对外部融资需要量的影响并不大；而且，如果借款利率低于设定的 10%，影响就更小了。这个例子要说明的是，快速而不精确的财务预测可能十分管用，除非你喜欢黑眼圈，或者是享有按时付费的奢华，否则你会发现在许多情况下，简单预测（即一次性运算）就足够了。

三、季节性

模拟财务报表乃至本章提及的所有预测技术都潜伏着一个更为严重的问题——只有恰好是在预测日，预测结果才是适用的。表 3.3 的模拟财务报表提供了 R&E 供应公司在 2018 年 12 月 31 日这一天对外部融资需要量的估计，并未说明公司在 12 月 31 日之前或之后的外部融资需要量。如果一个公司的资金需求具有季节性，那么只知道年末融资需要量对编制财务计划也许起不到什么作用，因为年末与公司资金需求高峰期之间并没有必然联系。为了避免这个问题，预测应该按月度或按季度进行，而不应以年度为单位；或者，如果知道哪一天是资金需求的高峰期，只要简单地把这一天作为预测期就行了。

第二节 模拟财务报表与财务计划

到目前为止，R&E 供应公司的模拟财务报表所展示的仅仅是公司经营计划财务方面的内容，这才只完成了工作的一半。现在，公司管理层要认真地进行财务规划。他们必须运用前面章节介绍的技术方法进行仔细分析，考虑是接受预测还是针对某些问题做出修改。特别是，R&E 供应公司管理层必须确定所估计的外部融资需要量有无过高。如果答案是肯定的，那么，或者 R&E 供应公司不想借 140 万美元，或者银行不愿贷这笔巨款，管理层必须适应财务上的现实情况，修改原先的计划。唯有如此，经营计划与财务计划才能相容（否则，它们经常相互冲突），从而产生协调一致的策略。幸运的是，模拟财务报表为这样的反复预测提供了一个出色的模板。

为了说明这个过程，假设郊区国家银行认为 R&E 供应公司管理层在财务上明显不够敏锐，不愿意提供超过 100 万美元的贷款。假设不考虑向其他银行贷款或者发行新股的可能性，R&E 供应公司眼前的任务是调整经营计划，减少 40 万美元的外部融资需求。要完成这个任务，有许多方法可供选择，每种方法都涉及成长性、盈利性和融资需求之间的微妙平衡。尽管我们不能设身处地地像 R&E 供应公司管理者那样权衡得失，但可以举例说明其中的机理。假设在经过一番唇枪舌剑之后，管理层决定测试以下调整的经营计划：

- 严格管理应收账款，使收款期从 51 天缩短到 47 天；
- 要求信用购货条件略做改进，使付款期从原来的 59 天延长到 60 天。

由于更为严格的收款政策会失去一些客户，更长的付款期会牺牲一些及时付款的折扣，我们假设管理层认为调整的经营计划将会使销售增长率从 25% 下降到 20%，并使得行政、销售和管理费用占比从 12% 上升到 12.5%。

为了测试这个调整的经营计划，我们只要按照上述变动修改假设，就可以得出调整的模拟财务报表，表 3.4 列示了预测结果，对于 R&E 供应公司来说，好消息是外部融资需要量下降到 100 万美元这个目标值以下，坏消息是这个改进并不是免费的，调整的税后利润比表 3.3 显示的原计划数下降了 34%［（234-155）/234］。

R&E 供应公司调整的经营计划是最优的吗？它比其他可行的经营计划更好吗？我们不知道，这些都是最基本的经营战略问题，没有确定的答案；但是我们可以说，模拟预测对各种方案的预期成本和收益进行量化，针对各种方案的财务可行性做出说明，是评估备选方案的有效工具，对公司的财务规划安排具有不可忽视的作用。

表 3.4　调整的 R&E 供应有限公司模拟财务报表
2018 年 12 月 31 日　　　　　　　　　　　　　　　（单位：千美元）

	2018 年	说明
利润表		
销售收入	**24,736**	增加 **20%**
销售成本	21,273	销售收入的 86%
毛利	3,463	
费用：		
销售、行政与管理费用	**3,092**	销售收入的 **12.5%**
净利息费用	90	初始假设不变
税前利润	281	
所得税	126	税率为 45%
税后利润	155	
资产负债表		
资产		
流动资产：		
现金与有价证券	1,220	18 天的销售量
应收账款	**3,185**	**47 天的收款期**
存货	2,364	周转 9 次
预付费用	20	大致估算
流动资产小计	6,789	
固定资产净值	280	见正文
资产合计	7,069	
负债与所有者权益		
流动负债：		
银行借款	0	
应付账款	**3,497**	**60 天的付款期**
本期到期的长期负债	100	见正文
应付薪资	22	大致估算
流动负债小计	3,619	
长期负债	660	
普通股	150	
留存收益	1,657	见正文
负债与所有者权益合计	6,086	
外部融资需要量	**982**	

注：有调整的金额用粗体表示。

第三节 用电子表格进行预测

Excel 电子表格简单易用，任何具备一点点计算机技能的人都能够编制出精致的（偶尔也是有用的）模拟财务报表，并进行复杂的风险分析。为了说明用电子表格进行预测多么有效，表 3.5 摘录了 R&E 供应公司的一年期预测，与电子表格程序显示出来的一样。① 模拟屏幕上的第一个区域是一个假设箱，汇集了编制预测所需的所有信息和假设（一个计算机新手最好事先预留一定的空间，以便在未能及时想到所有的必要信息时，事后能够补进去）。如果你以后想要改变假设，事先收集好所有必要的信息输入假设箱可以节省时间。假设箱中 2018 年的数据与前面用于 R&E 供应公司手工简单预测的数据相同。

假设箱之下的便是预测。为了方便解释，我们在标记"2018 方程式"一列写上计算公式，这一列在常规的预测里是不会出现的。输入这些方程式，计算机便运算出显示在"2018 预测值"一列的数据，标记"2019 预测值"一列暂时空着。

从假设到完成预测包括两个步骤：

第一步，输入一系列连接输入值和预测的输出值的方程式，这些方程式显示于 B 列中，这里说明一下它们是什么意思。第一个方程式是销售净收入 = B3+B3 * C4，该方程式告诉电子表格从单元格 B3 中取出数据，将该数据及其与单元格 C4 的数据之乘积相加，也就是 20,613 美元+20,613 美元×25%。第二个方程式告诉电子表格用预计销售净收入乘以预计销售成本占销售净收入的百分比。第三个方程式是从销售净收入中减去销售成本以求得销售毛利，诸如此类。

有三个方程式较为复杂。第一个方程式是关于第 23 行的利息费用，是用利率与期初长期负债（包括即将到期部分）和预测的外部融资需要量之和相乘，正如前面讨论过的，这里的复杂之处在于利息费用与外部融资需要量存在相互依存关系（我们将在第二步做更多阐述）。相比之下，另外两个方程式较为简单，第 37 行的股东权益方程式是期末权益加上新增留存收益，第 40 行的外部融资需要量方程式为资产总额减去负债和股东权益总额。

第二步，解决利息费用与外部融资需要量之间的相互依存问题。如果不做调整，当你输入利息费用方程式时，电子表格就会显示"循环引用警告"，计算过程将终止。为避免这种情况，你要修改电子表格中的计算公式。在 Excel 中点击"文件"（File）中的"选项"（Options），再点击"公式"（Formulas），在"计算选项"（Calculation Options）部分勾选"启用迭代计算"（Enable Iterative Calculation），然后点击"确定"（OK）。你的预测工作现在应该完成了。

---

① 我们的例子用 Excel 生成，多数情况下，Calc 或 Google Sheets 等其他电子表格程序也具有类似功能。

这时有趣的事情发生了。要修改一个预测假设，只要改变假设箱中的某个输入值，电子表格便自动更新所有的预测值。若想接着再做一年的预测，仅须在假设箱中标记"2018预测值"列完成输入，复制或填制到右边一列。接着，对销售净收入和股东权益方程式做一些显而易见的修改，其余的工作就交给电子表格去完成吧。

表 3.5 用电子表格进行预测：R&E 供应公司 2018 年 12 月 31 日模拟财务预测

（金额单位：千美元）

	A	B	C	D
1				
2	年份	2017 实际值	2018	2019
3	销售净收入	20,613		
4	销售净收入增长率		25.0%	
5	销售成本/销售净收入		86.0%	
6	销售、行政、管理费用/销售净收入		12.0%	
7	长期负债	760	660	
8	本期到期的长期负债	100	100	
9	利率		10.0%	
10	税率		45.0%	
11	股利/税后利润		50.0%	
12	流动资产/销售净收入		29.0%	
13	固定资产净值		280	
14	流动负债/销售净收入		14.5%	
15	股东权益	1,730		
16	**利润表**			
17	年份	2018	2018	2019
18		方程式	预测值	预测值
19	销售净收入	=B3+B3*C4	25,766	
20	销售成本	=C5*C19	22,159	
21	毛利	=C19−C20	3,607	
22	销售、行政和管理费用	=C6*C19	3,092	
23	利息费用	=C9*(C7+C8+C40)	231	
24	税前利润	=C21−C22−C23	285	
25	所得税	=C10*C24	128	
26	税后利润	=C24−C25	156	
27	股利	=C11*C26	78	
28	留存收益	=C26−C27	78	
29				
30	**资产负债表**			
31	流动资产	=C12*C19	7,472	
32	固定资产净值	=C13	280	
33	资产合计	=C31+C32	7,752	
34				

（金额单位：千美元）（续表）

35	流动负债	=C14*C19	3,736
36	长期负债	=C17	660
37	股东权益	=B15+C28	1,808
38	负债与股东权益合计	=C35+C36+C37	6,204
39			
40	**外部融资需要量**	=C33−C38	**1,548**

为什么信贷员如此保守？

有人会回答"台上的共和党人（指保守的人）太多了"。不过还有一种可能：低回报。很简单，如果预期的贷款收益率很低，贷款人不可能接受高风险。

让我们来看一家有代表性的银行的利润表。该银行有100笔贷款，每笔金额为100万美元，贷款利率为10%。

（单位：千美元）

利息收入（10%×100×100万美元）	10,000
利息费用	7,000
毛利	3,000
营业费用	1,000
税前利润	2,000
所得税（税率=40%）	800
税后利润	1,200

其中，700万美元的利息费用表示银行为增加这1亿美元贷款，必须承诺向存款人和投资者支付7%的收益（按银行业的行话，这些贷款提供了3%的贷款毛利或利差）。营业费用包括位于市中心的办公楼费用、艺术品收藏的花销、薪资等。

这些数字意味着银行仅有1.2%[120万美元/（100×100万美元）]的微薄收益。我们从业绩杠杆可以看到，银行要想获取任何一种合理的权益收益率，都必须加大财务杠杆的作用。事实上，若要权益收益率达到12%，银行的资产权益比必须为10/1，相当于每增加1美元的权益相应地要增加9美元的负债。

不妙的是，由于忽略了并非所有贷款都能收回这一客观事实，我们对利润的估计太乐观了。一般情况下，银行只能收回违约贷款本金价值的40%，即一笔100万美元的违约贷款将损失60万美元。这意味着即使不考虑违约贷款造成的税收损失，这100笔贷款中假如每年有2笔违约，120万美元的预期利润都将化为泡影。换句话说，信贷员基本上要确保每笔贷款都能收回，才能刚好保证盈亏平衡；另一种选择是，这名信贷员必须确保能在贷款开始变为呆账前就能升职，离开信贷岗位。所以，为什么信贷员如此保守？因为激进的人早已破产了。

第四节　妥善处理不确定性

一、敏感性分析

实际工作中的财务计划必定存在不确定性，有一些技术可以帮助管理人员解决这个问题，最简单的方法就是敏感性分析。敏感性分析就是我们常说的"倘若……将会怎样"之类的问题。倘若 R&E 供应公司的销售按 15% 而非 25% 增长会怎样？倘若销售成本是销售收入的 84% 而不是 86% 会怎样？敏感性分析是通过有规律地改变模拟财务报表的某个假设来观察预测值的变化。这种分析方法至少有两个用途：其一，它提供有关可能结果范围的信息。举例来说，针对 R&E 供应公司初始预测所做的敏感性分析可能揭示，依据未来可达到的销售量，公司对外部资金的需求为 140 万—200 万美元。这等于告诉管理层，融资计划最好具有足够的灵活性，以便随着未来的发展能够提供 60 万美元的额外资金。其二，敏感性分析促进例外管理。它能使管理者判断出哪些假设对预测结果的影响最大，哪些次之，从而促使管理者在收集数据和进行预测时，把注意力集中于那些最为关键的假设；随后在实施财务计划的过程中，这些信息又促使管理层着重关注那些对于计划成功实施最为关键的因素。

二、场景分析

敏感性分析具有实用性，但是要知道，一项预测很少只是在一个假设上出错，任何使得某个假设变得不合理的事件都很可能同时影响其他假设。比如，我们想估计 R&E 供应公司的销售收入比预测值下跌 15% 情况下的外部融资需要量，敏感性分析只是简单地把预计销售增长幅度减掉 15%，然后重新计算出外部融资需要量。然而，这种做法无疑是假定销售收入的减少不会影响构成预测基础的任何其他估计。随着销售量跌破预期水平，存货会增加，一旦公司为维持销售量而大幅降价，销售利润率便随之下降。如果说这才是正确的假设的话，那么没有将这些相互作用考虑进去就会导致对外部融资需要量的过低估计。

场景分析法从更为广阔的视野看待一系列因某一特定经济事件而发生变化的假设，而不是一次只调整一个假设。第一步是对仔细挑选出的一系列可能会发生的事件或场景进行判别。通常的场景包括失去一个关键客户，成功推出一种新的主打产品，或者是一个有竞争力的新对手进入。对于每一个挑选出来的场景，第二步工作是重新认真思考初始预测中的各个变量，要么重新确认原来的假设，要么用更准确的新假设代替原来的假设。场景分析的第一步是对每个场景分别加以预测，最后得到有限的几个详细计划，它们概括了公司可能面临的各种情形。

三、模拟

模拟是敏感性分析在计算机支持下的一种延伸。在实施模拟时,一开始就赋予预测中的每个不确定因素一个概率分布。概率分布描述了可设定变量的可能数值,并对每个数值出现的概率进行说明;接下来,要求计算机为每个不确定变量随机任选一个与给定的概率分布相一致的数值,然后以所选数值为基础形成一套模拟财务报表。这就算做一次试算,重复多次最后一步,就会产生大量的试算值。模拟的输出结果是一张归纳了多次试算结果的表或图,以图更为常见。

举个例子,图3.1显示了常见的分析软件"水晶球"(Crystal Ball)对于R&E供应公司外部融资需要量的模拟结果。在最初的预测里,我们假设2018年的销售增长率为25%,当然,这只是一个猜测。图中显示了当估计销售增长率在10%—40%这一范围内时R&E供应公司外部融资需要量的直方图。为了绘制这张图,我们从图底部所示的"水晶球"提供的概率分布选项中选择正态分布进行销售增长率估计。至于正态分布的参数,我们输入25%作为均值,5%作为标准差,然后运用表3.5中的电子表格模型,让"水晶球"将1,000次试算结果显示为一个直方图。实际上,我们还可以相应地改变电子表格中的所有假设与其他假设。不过,只是为了说明模拟是如何操作的,以上这些试算就足够了。

相对于敏感性分析和场景分析,模拟的主要优点在于它允许所有输入的不确定变量同时变化。根据我们的经验,模拟的主要缺点在于往往难以解释所得到的结果,原因之一是极少有管理者习惯于依据概率来考虑将来的事情。图3.1的直方图显示,R&E供应公司外部融资需要量有2.00%的概率会超过183.4万美元。在这个案例中,是因为2%的概率太小,R&E供应公司可以放心地筹集少于183.4万美元的资金呢?还是应该审慎一点,筹集更多的资金呢?究竟概率要达到多少,公司才应该认为不能满足外部融资需要量呢,10%、2%还是0.02%?答案并不清楚。模拟方法在实际应用中的第二个困难令人回想起美国前总统艾森豪威尔的一句名言:"要紧的不是计划本身而是计划的制订过程。"采用模拟技术,计划制订的大部分内容由计算机完成,管理者通常看到的仅仅是结果。所以,模拟技术使得管理者不可能很深入地了解公司及其发展前景,要是他们使用简单的技术就不至于如此。

网站www.oracle.com/crystalball提供了完整版的"水晶球"软件30天的试用,关于如何运用这个程序建立模拟模型,请参见本章末习题17。本章末"专业网站"提供了更多的资源,包括可以替代"水晶球"的免费软件。

第五节 现金流量预测

现金流量预测仅仅是列举预测期内所有预计的资金来源和资金运用。预计资金来源和预计资金运用之间的差额就是外部融资需要量。表3.6显示了R&E供应公司2018年现金流量预测数据,有关假设与表3.3中用于编制R&E供应公司模拟财务报表的假设相同。

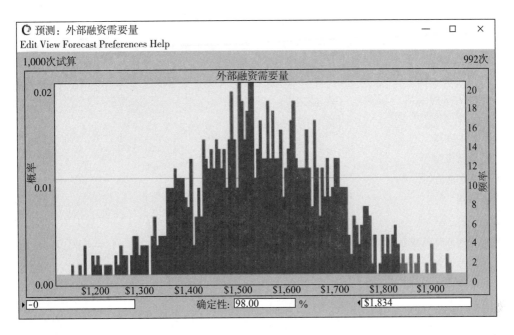
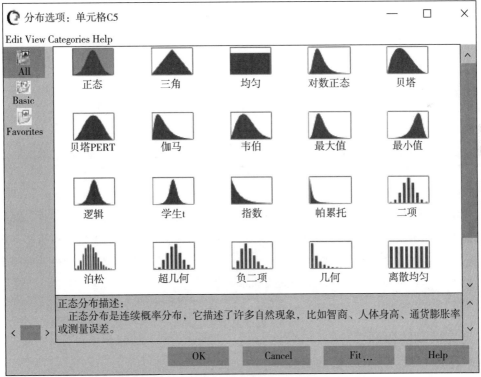

图 3.1 模拟 R&E 供应公司外部融资需要量：直方图和销售增长率的分布

资料来源：甲骨文。

表 3.6　R&E 供应公司 2018 年现金流量预测

(单位：千美元)

现金来源	
净利润	234
折旧	50
资产减少或负债增加	
应付账款增加	370
应付薪资增加	4
现金来源合计	658
现金运用	
股利	117
资产增加或负债减少	
现金与有价证券增加	859
应收账款增加	714
存货增加	195
待摊费用增加	2
固定资产投资	43
长期负债减少	100
短期负债减少	50
现金运用合计	2,080
外部融资需要量的确定：	

$$\text{现金来源合计} + \text{外部融资需要量} = \text{现金运用合计}$$

$$658,000\ \text{美元} + \text{外部融资需要量} = 2,080,000\ \text{美元}$$

外部融资需要量 = 1,422,000 美元

现金流量预测表直观、易懂又常用，与模拟财务报表相比，它的主要不足在于所提供的信息量较少。R&E 供应公司的模拟财务报表不但指出了外部融资需要量的多少，而且可用于评价公司筹措该笔资金的能力。因此，信贷员可以利用公司的模拟财务报表，运用标准的分析工具评估公司的贷款偿还能力。但他们利用现金流量预测做这种分析就要困难得多，因为现金流量预测呈现的只是金额数量的变化。

第六节　现金预算

当我们对自己的财务状况感到担忧的时候，就会想要做一个现金预算，我们会将未来月份的现金流入和现金流出情况列个表，并且热切地期待流入能够超过流出。当现金入不敷出，情况看起来不妙的时候，我们就会下决心节约开支，否则就要在将来背负新债。同样，一个企业的现金预算只不过是为了预测现金是短缺还是剩余而编制的一张列表，它列

示了预测期计划的现金收入和现金支出。很多公司使用不止一种财务预测方法，用模拟预测法规划经营活动和估计外部融资需要量，按周甚至按日编制现金预算来管理短期的现金。

公司编制现金预算的唯一困难在于，公司账目是基于应计制会计的，而现金预算则使用严格的现金制会计，这就要求将购销计划转换为相应的现金收付。对于信用销售，需要调整销售与收款之间的时间差；同样，对于信用购货，则需要调整购买物品和支付应付款之间的时间差。

为了说明其中的机理，表3.7提供了吉尔-克莱尔公司（Jill Clair Fashions）2018年第三季度的月现金预算。吉尔-克莱尔是一家生产和经销妇女服饰的中等规模的公司，销售具有很强的季节性，在盛夏时节达到顶峰，公司财务人员非常关注如何保持充足的现金以满足旺季来临时大量的现金需要。为简单起见，表3.7给出了月度现金预算，而在实务中，面对不稳定的销售量和有限的现金，财务人员往往更倾向于按周甚至按日编制现金预算。

表 3.7　吉尔-克莱尔公司 2018 年第三季度的月现金预算

（单位：千美元）

	实际		预计		
	5月	6月	7月	8月	9月
Ⅰ. 确定现金收款与付款					
预计销售收入	150	200	300	400	250
销售收入回收					
销售当月（0.3×0.98×本月销售）			88	118	74
销售次月（0.6×上月销售）			120	180	240
销售后第二个月（0.1×两个月前销售）			15	20	30
现金收款合计			223	318	344
购买（0.6×次月计划销售）		180	240	150	
现金付款（上月购买）			180	240	150
Ⅱ. 现金收入与支出					
现金收款			223	318	344
出售旧设备				79	
现金收入合计			223	397	344
现金付款			180	240	150
薪资和薪金			84	82	70
利息			8	8	8
租金			10	10	10
税费					12
贷款本金偿还					40
其他杂项支出			1	27	14
现金流出合计			283	367	304
净现金收入（支出）			(60)	30	40

(单位:千美元) (续表)

	实际		预计		
	5月	6月	7月	8月	9月
Ⅲ. 现金需要量的确定					
期初现金			220	160	190
净现金收入(支出)			(60)	30	40
期末现金			160	190	230
最低现金持有量			200	200	200
现金盈余(缺口)			**(40)**	**(10)**	**30**

预算表第一部分是"确定现金收款与付款",这部分是要实现应计制会计与现金制会计的转换。公司的信用条件是(2%/10,N/30),客户最迟应当在30天内付款,若能在10天内付款,他们将得到2%的现金折扣。根据以往的经验,财务人员预计30%的客户会在购买当月付款并要求折扣,60%的客户会在购买次月付款,而余下10%的客户会在购买后两个月内付款。从7月的数据我们可以看到,预计的销售收入是300,000美元,但应收账款只回收了223,000美元,其中大约88,000美元来自7月的销售收入,相当于7月销售收入98%的30%(98%指即期付款产生的2%现金折扣);大约120,000美元来自已于6月入账的销售收入,因为预计6月的购买者中有60%会在购买次月付款;15,000美元的回收款来自两个月前的销售,也就是5月销售收入的10%。

吉尔-克莱尔公司购买的原材料相当于下个月预计销售收入的60%,在8月预计销售收入为400,000美元的情况下,7月的购买额是240,000美元;不过,因为公司在购买之后30天付款,所以7月现金支出相当于6月的购买额,只有180,000美元。

表3.7第二部分为"现金收入与支出",记录了所有月份的预计现金流入和现金流出,以"净现金收入(支出)"标记二者的差额。从中可以看出,吉尔-克莱尔公司的现金收入主要有两个来源:一是第一部分列示的应收账款回收和79,000美元旧机器设备的出售,二是没有列示在表中的现金来源,如新增银行贷款、利息收入和员工股票期权行权的现金收入等。现金支出部分记录了各月份所有的预期现金支出,包括上文估计的应付账款支付以及薪资和薪金、利息、租金、税费、贷款本金偿还和其他杂项支出。对于每一项支出,财务人员都记录预计的当月现金支出,需要注意的是,折旧不会出现在现金支出中,因为现金预算不涉及任何非现金成本。

吉尔-克莱尔公司现金预算表的第三部分列示了预计的现金流入和现金流出对外部融资需要量的影响,逻辑很简单,一个月的期末现金余额就是次月的期初现金余额,每个月的现金随着现金的净流入量(或净流出量)而增加(或减少)。例如,8月现金流量表的期初数160,000美元是7月的期末数,8月现金净收入为30,000美元,当月末的现金余额增加到190,000美元。把各月末的现金余额与财务人员要求的最低现金持有量相比,就可以估计出各月的现金余缺。现金缺口表示预测日公司为应对预期现金支付并维持现金最低余额而必须募集的资金数额；现金盈余则意味着在满足预计的现金支付之外，还将有超过最低现金持有量的多余现金。换言之，现金预算中现金缺口完全等同于模拟财务报表和现金流量预测所得到的外部融资需要量，度量了企业未来的外部资金需求或者预计的现金盈余。

吉尔-克莱尔公司现金预算表明，公司财务人员 7 月需要借款 40,000 美元，但下个月要将贷款数额降到 10,000 美元，9 月末能够还清所有的贷款。实际上，到那时公司会有 30,000 美元的现金盈余，可以用来归还其他债务、购买有价证券、投资于其他业务等。

关于折旧的一个问题

XYZ 公司正在预测其下一年度的资金需求。最初预测的资金需要量为 1,000 万美元，在重新预测时，一个刚从会计研讨班回来的生产经理，建议将下一年的折旧额提高 100 万美元，这只是出于报告的目的，而非税收的目的。她解释说，这实属无奈，这样做将使固定资产净值减少 100 万美元，因为资产的减少属于现金来源，这将使外部融资需要量减少相同的数额。请解释为什么生产经理的说法不对。

答案：增加折旧将减少固定资产净值，然而，它将同样使应交税款和税后利润减少相同的数额。后两者均是负债账目（科目），负债减少属于现金运用，那么整个做法与外部融资需要量的确定毫不相关，这与现金预算完全忽略折旧的做法是一致的。下面举一个纯数字的例子。

（单位：万美元）

	原始折旧	折旧增加	负债账户变化
营业利润	10,000	10,000	
折旧	4,000	5,000	
税前利润	6,000	5,000	
预交税款（税率=40%）	2,400	2,000	-400
税后利润	3,600	3,000	
股利	1,000	1,000	
新增留存收益	2,600	2,000	-600
负债变化总计			-1,000

第七节 预测方法比较

本章介绍的预测方法在形式上各不相同，但可以确定的是，这些预测方法所产生的结果都是一致的。只要假设条件相同，没有计算和做账的错误，所有方法都将得出相同的外部融资需要量。而且，要是你的做账技巧能够胜任，完全有可能使一种形式与另一种形式相互兼容。你可以通过本章"课后练习"第10、11、12题，自己证明这个事实。

第二个可让人放心的是，不管采用哪种预测方法，对资金需求的估计结果都不会因通货膨胀而产生偏差。因此，即使在通货膨胀的情况下进行财务预测，也不必求助于精心推导的通货膨胀调整方程。这里倒不是说资金需求与通货膨胀无关，事实上，正如第四章将要看到的，大部分公司的资金需求都随着通货膨胀率的升高而增加。我们的意思是，即便存在通货膨胀，直接运用前述预测技术也能正确地揭示外部融资需要量。

因此，这三种预测方法在技术上是等效的，选择使用哪一种方法取决于预测目的。对于大多数预测目的或者信贷分析而言，我们推荐模拟财务报表，因为它提供的信息适合于进一步的财务分析。对于短期预测和现金管理来说，现金预算则比较适用。现金流量预测介于两者之间，与现金预算相比，它展示了一幅更为广阔的公司经营前景图；而对于财务新手而言，它又比模拟财务报表更易编制且更好理解，但比模拟财务报表提供的信息量要少得多。

无论采用哪种预测方法，请记住，正如本章开篇所言，财务预测仅仅是计划这座"冰山"的顶端。尤其是在大型、多部门的公司里，有效的财务计划通常涉及多个步骤：第一，总部高级主管和分部经理经过仔细斟酌制定出公司战略；第二，分部经理和部门员工将公司战略转化成帮助达成既定目标的一系列部门行动计划；第三，部门员工依据部门行动计划编制一套定量的计划和预算；第四，总部将这些详细的部门预算进行整合，编制出公司的财务预测。客观地说，财务预测是将有创意的想法和战略转化为切实可行的行动方案的一组技术方法，适当的方法虽不能确保成功，但缺少它们注定会增大失败概率。

内容摘要

1. 模拟报表
   - 是经营管理者预测其决策之财务后果的主要手段。
   - 是关于预测期期末公司财务报表的预计。
   - 常用于估计公司未来的资金需要量，是测试当前经营计划可行性的好方法。
   - 通常基于销售百分比预测，该预测假设很多资产负债表和利润表项目与销售收入之间存在固定比例。
   - 包括四个步骤：
     ▷ 回顾历史财务报表，找到与销售收入同比例变动的历史量化关系
     ▷ 仔细预测未来的销售收入
     ▷ 对与销售收入不存在历史比例关系的项目进行单独的预测，如固定资产
     ▷ 进行预测结果对预计销售收入的敏感性测试
   - 严格地应用于仅针对预测日的预计，在处理季节性业务时应当注意。
   - 包含涉及利息费用和总债务的循环估计，可以很容易地用计算机电子表格启动循环计算。
   - 是制订高效率财务计划的好平台，管理者应仔细地分析预测数字，以决定是否可以接受，或者是否必须做出改变以避免所识别的问题。

2. 现金流量预测
- 将所预计的预测期现金来源与现金运用之差作为预测的外部融资需要量。
- 在假设相同的情况下，能得出与模拟报表法相同的外部融资需要量。
- 信息含量低于模拟报表法，因为没有提供可用于评价如何最好地满足所需资金的信息。

3. 现金预算
- 将预计的预测期现金收入和现金支出之差作为预计现金余额的变化。
- 依赖于现金而非应计制会计。
- 在假设相同的情况下，能得出与模拟报表法相同的外部融资需要量。
- 常用于一天到一个月的短期预测。
- 信息含量低于模拟报表法，但会计新手比较容易理解。

4. 处理财务预测不确定性的三种方法
- 敏感性分析：每次改变一个不确定的输入项目，观察预测结果的反应。
- 场景分析：模仿诸如发生主要客户流失或重大衰退之类的特定场景，相应地改变几个输入项目。
- 模拟：为许多不确定输入项目设定概率分布，利用计算机产生可能结果的一个分布。

扩展阅读

Benninga, Simon. *Financial Modeling*. 4th ed. Cambridge, MA: The MIT Press, 2014. 144 pages.

介绍了许多财务模型，包括模拟预测、模拟技术以及一些更高级的模型，比如组合分析、期权、期限结构等。所有模型都使用 Microsoft Excel 运算。

Mayes, Timothy R. *Financial Analysis with Microsoft Excel*. 7th ed. Cengage Learning, 2014. 544 pages.

一本关于运用 Microsoft Excel 进行财务分析的入门读物，绝不像 Benninga 的书那么高深莫测、雄心勃勃。

专业网站

office.com/training

如果你是 Excel 新手，或需要重新学习技能，可以到这个网站进行互动式 Excel 训练。

Excel Tutorial Apps

如果你想在手持设备上学习 Excel，有许多 iOS 和安卓版教程可用（从苹果或谷歌应用商店搜索"Excel Tutorial"）。

youtube.com/user/MotionTraining

如果你想通过视频学习 Excel，使用这个链接可以找到受欢迎的系列教程。

exinfm.com/free_ spreadsheets.html

由一位财务咨询师汇编，可链接到分析各种财务问题的 121 个免费的 Excel 电子表格，以及其他 Excel 工具。

oracle.com/crystalball

"Crystal Ball"是一个功能强大的 Excel 插件，可用于模拟分析。访问这个网站，可下载功能齐全的 30 天试用版，选择"Oracle Crystal Ball Free Trail"，然后按提示进行操作。

tukhi.com；yasai.rutgers.edu

如果你想要一款 Excel 的"Crystall Ball"免费替代工具，可以从上述任一网站上查找。

课后练习

1. 假设你为一家公司编制了一份模拟资产负债表,该公司的外部融资需要量估计为负数,对此你应做何解释?

2. 按照定义,预测财务报表是对公司未来某个时点的财务报表的预测,为什么在编制预测财务报表之前分析公司的历史业绩很重要呢?

3. 假设你为一家公司编制了同一期间的资产负债表和现金预算表,模拟财务报表得出的外部融资需要量超过现金预算表估计的现金缺口,应做何解释?

4. 判断正误,并简要说明理由。

a. 在其他条件不变的情况下,财务预测中预计的应收账款金额增加会导致外部融资需要量增加。

b. 用现金流量预测法估计的外部融资需要量通常高于模拟财务报表法的估计。

c. 2018 年度财务预测显示无外部融资需要量即确保公司在 2018 年不会出现现金缺口。

5. 环球(Universal)公司 2018 年模拟财务报表接近完成,显示如下:

环球公司
2017 年财务报表和 2018 模拟财务报表

(单位:千美元)

利润表		
	实际	预测
	2017 年	2018 年
销售收入	5,000	5,500
销售成本	4,000	4,400
营业费用	500	550
折旧费用	250	260
利息费用	50	50
税前利润	200	240
所得税	70	84
净利润	130	156

(单位:千美元)(续表)

资产负债表		
	实际	预测
	2017 年	2018 年
流动资产	2,500	2,750
固定资产净值	2,000	
资产合计	4,500	
流动负债	1,050	1,155
长期负债	500	500
股东权益	2,950	
负债与股东权益合计	4,500	

a. 假设环球公司 2018 年计划购置 50 万美元的固定资产,无固定资产处置,其 2018 年的固定资产净值预计是多少?

b. 假设环球公司 2018 年计划的股利支付率为 50%,既不出售也不回购股份,其 2018 年的股东权益预计是多少?

c. 给定 a 和 b 中的假设,环球公司 2018 年预计外部融资需要量是多少?

6. 红杉(Sequoia)家具公司的一半销售为现金销售,过去三个月的销售收入如下:

(单位:美元)

3 月	4 月	5 月
400,000	650,000	520,000

a. 如果红杉公司的应收账款回收期为 60 天,5 月的现金收款额是多少?5 月底的应收账款余额是多少?

b. 如果红杉公司的应收账款回收期为 45 天,5 月的现金收款额是多少?5 月底的应收账款余额是多少?

7. 表 3.3 是 R&E 供应公司 2018 年 12 月 31 日的模拟资产负债表和模拟利润表。模拟资产负债表显示 R&E 供应公司需要从银行筹集外部资金 140 万美元,公司拥有将近 130 万美元的现金与短期证券。为什么 R&E 供应公司在拥有差不多等额现金的情况下还要向银行申请那么多资金呢？

8. 表 3.5 提供了用于估计 R&E 供应公司 2018 年外部融资需要量的电子表格。正文曾提及只要将权益方程式和销售净收入公式做适当修改，该预测就可以很容易地扩展到 2019 年。请写出修改过的权益和销售净收入公式。

9. 表 3.5 所示的 R&E 供应公司 2018 年模拟财务预测电子表格可以从麦格劳-希尔的 *Connect* 或任课教师处下载。利用这个电子表格、以下所列数据以及第 8 题修改过的公式，将表 3.5 中 R&E 供应公司的预测扩展到 2019 年。

R&E 供应公司 2019 年的假设

销售净收入增长率（%）	30.0
销售成本/销售净收入（%）	86.0
销售、行政、管理费/销售净收入（%）	11.0
长期负债（千美元）	560
本期到期的长期债务（千美元）	100
利率（%）	10.0
税率（%）	45.0
股利/税后利润（%）	50.0
流动资产/销售净收入（%）	29.0
固定资产净值（千美元）	270
流动负债/销售净收入（%）	14.4

a. R&E 供应公司 2019 年预计外部融资需要量是多少？与 2018 年的数额相比如何？

b. 对这一预测进行敏感性分析。如果销售成本与销售净收入之比从 86.0% 下降到 84.0%，预计外部融资需要量有何变化。

c. 对这一预测进行场景分析。如果 2019 年公司经营状发生严重衰退，预计外部融资需要量有何变化？假设销售净收入下降 5%，由于降价，销售成本占销售净收入之比上升到 88%，管理层不能相应地削减采购额，使得流动资产增加到销售净收入的 35%。

第 10、11、12 题说明，如果不出差错，模拟财务报表预测、现金预算和现金流量预测都会得出相等的外部融资需要量估计值。在第 10、11、12 题中，可以忽略借款增加对利息费用的影响。

10. 西马克（Westmark）工业公司是一家家居用品批发商，公司财务人员想估计 2018 年前三个月的现金余额。请利用以下信息，为该公司编制一份 2018 年 1—3 月的月现金预算。西马克公司的销售中 20% 为现金销售，其余为 30 天信用期的赊销，采购有 60 天的信用期。根据预算，你认为公司财务人员应考虑将多余的现金用于投资，或者寻求银行贷款？

西马克工业公司的部分资料

（单位：千美元）

	2017 年（实际）			2018 年（预计）		
	10 月	11 月	12 月	1 月	2 月	3 月
销售	360	420	1,200	600	240	240
采购	510	540	1,200	300	120	120
每月应付薪资				180		
3 月到期本金部分				210		
3 月应付利息				90		
3 月应付股利				300		
2 月应付税款				180		
3 月新增累计折旧				30		
2018 年 1 月 1 日现金余额				300		
最低现金持有量				150		

11. 接第10题，西马克工业公司2017年12月31日的利润表和资产负债表如下，会计方法以及财务人员对2018年第一季度的预期等附加信息见表注。

（单位：千美元）

利润表	
销售收入	6,000
销售成本[1]	3,900
毛利	2,100
销售、行政与管理费用[2]	1,620
利息费用	90
折旧[3]	90
税前利润	300
所得税（税率=33%）	99
税后净利润	201

资产负债表	
资产	
现金	300
应收账款	960
存货	1,800
流动资产小计	3,060
固定资产原值	900
累计折旧	150
固定资产净值	750
总资产	3,810
负债	
银行借款	0
应付账款	1,740
其他应计费用[4]	60
到期长期负债[5]	210
应付税款	300
流动负债小计	2,310
长期负债	990
股东权益	510
负债与股东权益合计	3,810

注：[1]销售成本包括第一季度全部的采购成本；[2]销售、行政与管理费用包括全部的薪资；[3]每季度折旧3万美元；[4]预期第一季度的其他应计费用不变；[5]21万美元债务将于2018年3月到期，本年度其余时期无债务偿还。

a. 利用这些信息并结合第10题，编制2018年第一季度的模拟利润表和2018年3月31日的模拟资产负债表。你估计3月31日的外部融资需要量是多少？

b. 你估计的2018年3月31日的外部融资需要量是否与第10题中根据现金预算得出的同日现金盈余（缺口）相等？是否应该相等？

c. 关于西马克工业公司的财务前景，模拟报表预测是否比现金预算提供了更多的信息？

d. 根据你编制的模拟利润表和模拟资产负债表，西马克工业公司2018年2月28日的外部融资需要量是多少？

12. 根据第11题的答案，为西马克工业公司编制2018年第一季度的现金流量预测。

13. 儿童玩具公司（Toys-4-Kids）生产塑料玩具，其销售具有高度的季节性，以下是公司为2018年所做的季度模拟预测表，有关的假设列在括号中。

儿童玩具公司
2018年季度模拟预测

（单位：千美元）

	第一季度	第二季度	第三季度	第四季度
销售收入	300	375	3,200	5,000
销售成本（销售收入的70%）	210	263	2,240	3,500
毛利	90	113	960	1,500
营业费用	560	560	560	560
税前利润	(470)	(448)	400	940
所得税	(188)	(179)	160	376
税后利润	(282)	(269)	240	564
现金（最小余额=200,000美元）	1,235	927	200	200
应收账款（季销售收入的75%）	225	281	2,400	3,750
存货（2017/12/31余额=500,000美元）	500	500	500	500
流动资产	1,960	1,708	3,120	4,450
厂房和设备净值	1,000	1,000	1,000	1,000
资产合计	2,960	2,708	4,100	5,450

(单位：千美元）（续表）

	第一季度	第二季度	第三季度	第四季度
应付账款（季销售收入的 10%）	30	38	320	500
应交税费（按季计）	(188)	(179)	160	376
流动负债	(158)	(142)	480	876
长期负债	400	400	400	400
股东权益（2017/12/31 余额＝3,000,000 美元）	2,718	2,450	2,690	3,254
负债与权益合计	2,960	2,708	3,570	4,530
外部融资需要量	0	0	530	920

a. 你如何解释前两个季度所得税为负值？

b. 为什么前三个季度现金余额大于最低现金需要量 200,000 美元？这些数值是如何确定的？

c. 预测表底部的"外部融资需要量"是如何确定的？

d. 儿童玩具公司能借到预测所要求的外部融资需要量吗？

14. 接第 13 题，儿童玩具公司的生产经理好几年来一直认为，按照季节性安排生产的效率低下，公司应当全年均衡生产，将前两个季度完成的产品库存起来，以备后两个季度销售高峰时用。她认为均衡生产可使公司的销售成本从 70% 降到 65%（记住，只要能降低成本，生产经理巴不得只生产左脚的鞋）。

a. 假设均衡生产，请编制一份修订的模拟预测表。按照你的预测，假设均衡生产时每季度应付账款等于年度内平均季销售收入的 10%。可用以下两个公式估计每季存货：

存货$_{期末}$＝存货$_{期初}$＋季生产量－季销售成本

季生产量＝年销售成本/4

其中，期末和期初分别指季末和季初。请忽略额外的筹资对利息支出的影响。

b. 从季节性生产改为均衡生产对年利润有何影响？

c. 这种改变对公司的期末存货有何影响？对公司的外部融资需要量有何影响？

d. 如果均衡生产，你认为公司能借到所要求的资金数额吗？根据对未来销售的预期建立库存，会遭受怎样的产品淘汰风险？债权人会考虑这个问题吗？

15. 本题要求你为水产品（Aquatic）供应公司编制 1—5 年的财务预测，并进行敏感性分析和场景分析。从麦格劳–希尔的 Connect 或任课教师处下载包含公司 2017 年财务报表和管理层预测的电子表格，利用这些信息回答电子表格里的问题。

16. 诺博（Noble）设备公司的财务报表和附注信息从麦格劳–希尔的 Connect 或任课程教师处下载，其财政年度截止于 9 月 30 日。公司管理者想要估计 2017 日历年度的最后三个月（即 2018 财政年度的前三个月）的现金余额。电子表格附带的问题是请你编制一个月度现金预算、模拟财务报表以及此期间的现金流量预测。

17. 请构建一个简单的模拟模型。如果你没有模拟软件，可以从"专业网站"选择下载一个模拟软件。

a. 第 9 题让你将包含在表 3.5 中的 R&E 供应公司的预测扩展到 2019 年，基于以下假设，用同样的电子表格模拟 R&E 供应公司 2019 年的外部融资需要量。

i. 假设销售净收入增长率在 25%—35% 区间内为均值 30% 的三角分布。

ii. 假设利率在 9%—11% 区间内为均匀分布。

iii. 假设税率为均值 45%、标准差 2% 的对数正态分布。

b. 假如财务人员想要有 95% 的把握在 2019 年筹集足够的资金，他应该融资多少？（拖住直方图下面的右边三角往左移，直到 95.00 出现在"Certainty"窗口）

第四章　管理增长

> 通往成功之路总是坎坷不平的。
>
> ——无名氏

　　增长及其管理是财务计划中的特殊难题，部分原因在于许多高级管理人员只把增长看作利益最大化。他们的理由很简单，随着增长的提高，企业的市场份额与利润也必将增加。然而，从财务角度看，增长不总是上帝的恩赐。快速的增长会使一个公司的资源变得相当紧张。因此，除非管理层意识到这一结果并且采取积极的措施加以控制，否则快速增长可能导致公司破产。公司可能走向破产，这毫不夸张。令人痛心的事实是，因增长过快而导致破产的公司数量与因增长太慢而导致破产的公司数量几乎一样多。同样让人痛心的是，我们了解到，那些增长过快的公司提供人们所需要的产品，已通过市场的考验，它们之所以失败仅仅是因为缺乏管理公司增长的财务智慧。

　　同时，增长太慢的公司也有不同种类但同样迫切的财务利害关系。正如以后会变得浅显易懂的道理所表明的，要是这些公司没能意识到缓慢增长的财务意义，它们将遭受来自不安分的股东、愤怒的董事和潜在的收购者的压力。在上述两种情形下，增长的财务管理都是一个值得仔细分析的主题。

　　通过定义公司可持续增长率，我们先从增长的财务方面看起。可持续增长率是指在不需要耗尽财务资源的情况下，公司销售所能增长的最大比率。然后，我们再看当一个公司的目标增长率超过可持续增长率时，或者相反，当实际增长率低于可持续增长率时，可供管理层选择的方法。一项重要的结论将是：增长不是一件非要达到最大化不可的事情。对于很多公司而言，限制增长以便在财务上养精蓄锐可能是必要的。对于其他一些公司而言，用于为无利可图的增长提供资金的钱可能最好是还给股东。限制增长的必要性对于那些习惯上认为产量越多越好的生产主管来说是一个难以接受的教训；但这是一个至关重要的问题，因为生产主管承担了管理增长的主要责任。

第一节　可持续增长

我们可以想象成功的公司正经历一个可预测的生命周期。这个周期始于创业期，在这一阶段，公司因产品开发和建立市场立足点而损失金钱。这之后紧接着是快速成长期，在这一阶段，公司有利可图，但增长太快，需要经常注入外部资金。第三阶段是成熟期，其特征是增长减缓以及从吸收外部资金转变为能够产出多于公司有利可图的再投资的现金。最后一个阶段是衰退期，在这一阶段，公司可能只有边际利润可图，产生的现金多于内部再投资，且销售减少。成熟和衰退的公司经常要花相当多的时间和金钱去寻找新产品或投资于还处在成长期的企业的机会。

我们先着眼于筹资需要最为迫切的成长期开始讨论，稍后会考虑成熟和衰退企业的增长问题。我们整个讨论的中心是可持续增长的概念。直观上说，可持续增长只是"钱能生钱"这句古老格言的正式表达方式。销售的增加要求更多的所有类型的资产，这些必须付现购买。留存收益和附加的新借款项带来的仅仅是数量有限的现金。除非公司准备发售普通股股票或借入过多的资金，否则在不过度使用公司资源的情况下，资金限量会封住公司所能取得的增长率上限。这就是可持续增长率。

可持续增长方程式

我们先从一个表达增长依存于财务资源的简单的方程式开始，为此假设：

- 公司已经有目标融资结构或资本结构，希望能够保持目标股利政策；
- 管理者不可能或不愿意发售新股。

我们很快还要更多地讨论这些假设条件。现在必须认识到，尽管这些假设条件或许不是对所有公司都适用，但它们描述了绝大多数公司的情况。

图 4.1 显示了快速成长公司的境况。它用两个长方形代表企业资产负债表，其中一个表示资产，另一个表示负债与股东权益。两个长方形中的阴影部分代表年初的资产负债表。当然，因为资产必须等于负债加股东权益，所以这些长方形的高度是一样的。现在，假如公司要在接下来的年度增加销售，它就必须同样增加诸如库存、应收账款等资产以及提高生产能力。图中资产方的阴影部分代表用于支持新增销售所必需的新增资产的价值。因为我们已经假设公司不准备发售新股，所以增加资产所需的现金支出必须来自留存收益和新增债务。

我们想要知道到底是什么限制了图 4.1 中公司销售增长所能达到的速度。实际上可以假设，企业经营的各个方面就像一个气球以精确的比例扩张。那么，是什么限制了扩张速度呢？要知道这一点，先从图中表示股东权益方的右下角开始。在不改变资本结构的情形下，随着权益的增长，公司可以借入更多的资金，负债的增长和权益的增长一起决定了资产所能扩张的速度。后者反过来限制了销售增长率。拂去蒙尘之后始知，限制销售增长率的原来是股东权益所能扩张的速度。因此，一个公司的可持续增长率无非就是股东权益增长率而非他物。

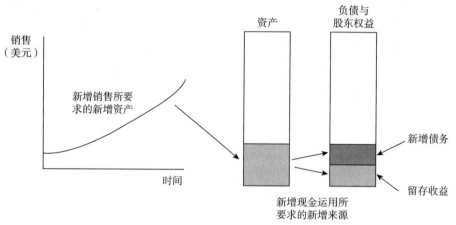

图 4.1　新增销售所要求的新增资产（后者必须依靠筹资）

可持续增长率 g^* 的表达式为：

$$g^* = \frac{\text{股东权益变动值}}{\text{股东权益}_{\text{bop}}}$$

其中，bop 表示期初权益。

由于公司如假设条件那样不发售新股，那么新增权益的唯一来源将只能是留存收益，我们可以将以上表达式重写为：

$$g^* = \frac{R \times \text{利润}}{\text{股东权益}_{\text{bop}}}$$

其中，R 为公司的"留存比率"，是指利润中留存于企业的部分或等于 1-股利支付率。如果一家公司的目标股利政策是将利润的 10% 作为股利分配出去，则留存比率为 90%。

该表达式中的"利润/股东权益"似曾相识；它就是公司的权益收益率，即 ROE。因此有：

$$g^* = R \times \text{ROE}_{\text{bop}}$$

最后，记得第二章讨论的业绩杠杆水平，我们可以再次把以上表达式改写成：

$$g^* = PRA\hat{T}$$

其中，P、A 和 $\hat{T}$ 为经营杠杆，它们都是在第二章见过的老朋友了。记住，P 是利润率，A 是资产周转率，$\hat{T}$ 是资产权益比。这里，资产权益比加上一个帽子符号是作为一个提示，就像第二章所定义的一样，它等于资产除以期初股东权益而不是期末股东权益。

以上就是可持续增长方程式①，让我们看看它告诉我们什么。在给定刚才提到的假设条件下，该方程式说明一个公司销售的可持续增长率等于 P、R、A 和 $\hat{T}$ 四个比率的乘积。这当中的两个比率（P 和 A）概括了企业生产过程中的经营业绩，而其他两个比率则描述了企业主要的财务政策。例如，留存比率 R 反映了管理层对待股利分配的态度，而资产权益比 $\hat{T}$ 反映了企业关于财务杠杆的政策。

可持续增长方程式的一个重要意义在于 g^* 只代表与四个比率的稳定价值相一致的销售增长率。要是一个公司的销售按不同于 g^* 的任何比率增长，方程式中的一个或更多个比率就必须改变。这意味着当一个公司以超过可持续增长率增长时，它最好能够改善经营（以提高利润率或资产周转率为代表）或准备改变财务政策（以提高留存比率或财务杠杆为代表）。

第二节　增长太快

对于快速扩张的企业来说，增长过快是可持续增长问题中的关键：因为提高经营效率并不总是可行的，而改变财务政策也不总是明智的，一个公司完全可能只从自身利益考虑而增长得太快。这对那些财务计划制订得不充分的小公司来说尤其如此。这些公司把销售增长看作必须予以最大化的事情，而太少考虑财务后果。它们没有认识到快速增长将使公司骑虎难下；即使是在有利可图的情况下，增长越快，公司需要的现金也越多。虽然可以通过提高债务杠杆来满足这种需要，但最终公司会达到负债的极限，贷款人拒绝追加信贷的请求，公司发觉自己已没有现金来支付账单了。要是管理人员能理解到：对于超过公司可持续增长率之上增长所带来的财务挑战，必须事先预计并加以解决，所有这一切都可以避免。

此处请理解，我们并非主张一家公司的实际增长率总是等于可持续增长率，或者极其接近可持续增长率；相反，我们是说管理层必须预计到实际增长率和可持续增长率之间的不一致性，并且应备有处理这种不一致的方案在手。挑战在于：第一，认识到不一致性；第二，制定一个切实可行的策略来加以处理。

一、平衡增长

以下是考虑可持续增长的另一种方式。记得一个公司的资产收益率可以表示为利润率与资产周转率的乘积，我们把可持续增长方程式改写为②：

---

① 我要克制自己不去告诫你避免漏掉 "$PRA\hat{T}$" 上方的 "^"。
② 严格说来，这个方程式应该用投入资本收益率而不是资产收益率来表示，但由此得到的精确性太小，以至于不足以补偿所增加的复杂性。见 Gordon Donaldson, *Managing Corporate Wealth*. New York: Praeger, 1984, Chapter 4, 里面有更严密的讲解。

$$g^* = R\hat{T} \times \text{ROA}$$

其中，R 和 $\hat{T}$ 反映公司的财务政策，而 ROA 概括公司的经营业绩。假如一个公司的留存比率为 25%，而资产权益比为 1.6，则它的可持续增长方程式可简化为：

$$g^* = 0.4 \times \text{ROA}$$

这个方程式说明在给定的稳定财务政策之下，可持续增长率与资产收益率呈线性变动关系。图 4.2 以图形表示了这种关系，以销售增长率为纵轴，以资产收益率 ROA 为横轴，而可持续增长方程式如那条上斜对角实线。这条线被命名为"平衡增长线"，因为公司自我筹资只能解决落在这条线上的销售增长-ROA（收益）的组合。所有偏离这条线的增长-收益组合，要么产生现金逆差（缺口），要么产生现金顺差（盈余）。如此，快速增长、仅有边际收益的公司将被绘制在图中左上部分，以表示现金逆差；而缓慢扩张、高盈利的公司将被绘制在右下部分，以表示现金顺差。需要强调的是，"自我筹资"不是指不变的负债，而是指不变的负债权益比，即负债与权益等比例增加。

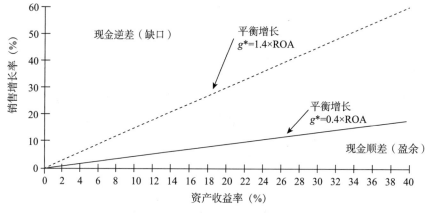

图 4.2 可持续增长

一个公司不管是经历了顺差变化还是逆差变化等不平衡增长，它均可以通过任何三种方式趋向平衡增长线：改变增长率、转变资产收益率或者修正财务政策。为说明最后一种选择，假设根据图 4.2 所描绘的平衡增长线，公司处于图形的逆差区域，并且想要减少逆差。一种可能策略是提高留存比率（比如说从 25% 提高到 50%）和资产权益比（比如从 1.6 提高到 2.8），公司的可持续增长方程式变为：

$$g^* = 1.4 \times \text{ROA}$$

在图 4.2 中，这相当于把平衡增长线向左上方旋转，如虚线所示。现在，任何盈利能力都将比以前更能支持一个更高的增长率。

从这个角度看，可持续增长率是一组产生平衡增长的所有增长-收益组合的联结物，而可持续增长问题就是管理由不平衡增长所引起的顺差或逆差。在考虑一个算术题后，我们将回到管理增长的策略上。

二、诺比利提公司的可持续增长率

为了说明业务快速增长的企业所面临的增长管理挑战,让我们来看看诺比利提(Nobility)公司。诺比利提公司是一家生产预制房屋的小型厂家,销售遍布美国佛罗里达州。表4.1显示诺比利提公司2012—2016年的实际销售增长率和可持续增长率。每年,我们都把相关年份所要求的四个比率填进可持续增长方程式以计算公司的可持续增长率。此处没有提供财务报表,我们基于诺比利提公司财务报表数据计算这些比率。注意在此期间内,诺比利提公司的平均年销售增长率超过20%,几乎是其平均可持续增长率的4倍。

表 4.1 诺比利提公司 2012—2016 年的可持续增长率分析

所要求的比率	2012 年	2013 年	2014 年	2015 年	2016 年
利润率（P, %）	0.30	4.00	5.90	10.50	17.50
留存比率（R, %）	100.00	100.00	100.00	100.00	100.00
总资产周转率（A, 次）	0.44	0.50	0.54	0.66	0.67
财务杠杆（T, 倍）	1.04	1.08	1.11	1.16	1.30
可持续增长率（g^*, %）	0.10	2.20	3.60	8.00	15.30
实际销售增长率（g, %）	17.90	17.00	14.20	31.60	22.30
		倘若……将会怎样			
		利润率 20.0%	财务杠杆 1.5 倍	两者同时发生	
2016 年的可持续增长率（%）		17.4	17.6	20.1	

注：数据经过四舍五入处理。

那么,诺比利提公司是怎样处理实际增长率高于可持续增长水平的问题呢?从四个所要求的比率可知,公司的应对就是除已经达到1.00上限的留存比率之外,提高每一个影响可持续增长率的比率。在运营方面,ROA从几乎不值一提跃升到强劲的11.7%(17.5%×0.67);同时在财务方面,财务杠杆提高了25%。毫无疑问,管理层对利润的提高感到心满意足,但同时也要注意负债的增加并非解决快速增长的长远之计。

图4.3以图形说明了同样的事情。它显示了诺比利提公司2012年和2016年的平衡增长线,以及公司每年所能取得的增长-收益组合。尽管通过前述财务杠杆的提高,公司平衡增长线的斜率得到有利可图的提升,但诺比利提公司每年仍然深陷在现金逆差区域里。在整个期间,诺比利提公司的年增长-收益组合与平衡增长线之间持续存在的鸿沟证实了如下现实:诺比利提公司在增长管理方面的挑战始终存在。这就是此类预制房屋建造商在成长阶段的生命周期特征。

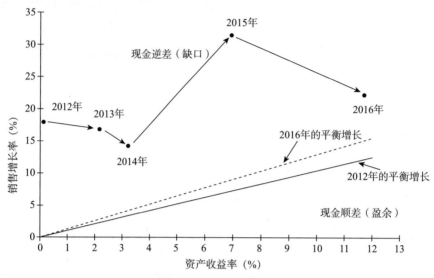

图 4.3 诺比利提公司 2012—2016 年可持续增长的挑战

三、"倘若……将会怎样"的问题

当管理人员面临可持续增长问题时，可持续增长方程式在寻求解决方案时可能有所帮助。这可以通过如表 4.1 底部一系列"倘若……将会怎样"的问题来完成。举例来说，我们看到，将利润率提高到 20.0%，诺比利提公司可在即将到来的年度里进一步将可持续增长率提高到 17.4%。还有一种方法，它可以把财务杠杆比率提升到 1.5 倍，从而将可持续增长率提高到 17.6%。两种方法同时实行将使可持续增长率提高到 20.1%，但还是低于最近的实际销售增长率。

第三节 当实际增长超过可持续增长时怎么办

现在我们已经展开了可持续增长方程式，并阐释了它对快速增长公司的用处。下一个问题是：当实际增长超过可持续增长时，管理人员该怎么办？第一步要判定这种状况将会持续多久。假如公司随着成熟期的接近，增长率在不远的将来极有可能会下降，那么这只是一个过渡性问题，通过多借款可能就可以解决。未来，当实际增长率跌落在可持续增长率之下时，公司将从曾经的现金吸收者转变为现金创造者，从而可以偿还贷款。而对于长期的可持续增长问题，以下策略的某些组合将是必不可少的：

- 发售新股；
- 提高财务杠杆；
- 减小股利支付率；
- 削减收益仅数支出的活动；

- 分流部分或全部生产；
- 提高价格；
- 与"现金牛"公司合并。

 戴尔公司的成长

  即使像科技巨头——戴尔计算机公司这样著名的成功企业也经历过生死攸关的增长阵痛。戴尔公司年轻的创始人迈克尔·戴尔（Michael Dell）现在亦承认戴尔公司在 1993 年的增长冲刺是通过牺牲良好的财务状况来实现的。戴尔感叹道，公司的现金储备一度跌到 2,000 万美元。"对于像我们这种规模的公司来说，这些钱在一两天内就可能会花光。这种事情太不可思议了。我认识到我们必须改变优先发展顺序。"

  要是戴尔的优先发展顺序还是停留在"增长、增长、再增长"上，它可能就不会有今天。迈克尔·戴尔不到 20 岁就创办了戴尔计算机公司。在经历了数年惊人的增长后，戴尔公司身处财务险境，公司缺乏懂得管理增长的专门人才。幸运的是，戴尔深谙用人之道，他聘请了临时性的管理者，他们得以使证券分析师冷静下来，把戴尔公司引导到稳健发展的方向上。这批管理者力促戴尔把重点放在盈利和流动性方面，而不是放在销售增长方面。1994 年，公司增长放慢了，公司在证券市场上的股票为此付出了代价，但也帮助戴尔公司把一年前的亏损扭转为 1.066 亿美元的利润。公司同时建立了规范的计划和预算流程。今天，戴尔公司已是全球最大的、具有良好的资产负债水平的计算机制造商之一。2017 年，戴尔公司持有现金余额为 170 亿美元，大约是总资产的 15%。

一、发售新股

  要是一个公司愿意且有能力通过发售新股来筹集新的权益资本，它的可持续增长问题就会迎刃而解。所增加的权益资本，加上无论多少由此可能增加的借贷，都为更进一步增长的融资需求提供了现金来源。

  这种策略的问题在于，许多公司无法加以利用，而对另外一些公司它又没有吸引力。在全世界大部分国家，资本市场不发达或根本不存在。要在这些国家发售新股，公司必须完成一项劳力伤财的工作，即挨个寻找新股的买主。这是一项困难的任务，因为缺乏活跃的股票交易市场，新的投资者只能成为不流通证券的少数股东。结果，那些有兴趣购买新股的投资者主要局限在原有股东的家人和朋友圈子里。

  甚至在股票市场很发达的国家里，例如美国和英国，许多公司也发现非常难以募集新股。对于小规模公司来说更是如此，除非它们能有一种非常有吸引力的产品，否则难以保证会有投资银行愿意提供发售新股服务。没有这方面的帮助，企业可能就像在没有发达市场的国家里一样，缺乏股票交易将再次把潜在的买主限制在家人与朋友圈子里。

最后，甚至许多有能力发售新股的公司宁愿不这样做。表4.2给出这个证明，该表显示2007—2016年美国非金融公司的资本来源。观察内部来源可知，留存收益和折旧是非常重要的公司资本来源，几乎占总资本来源的2/3以上。在另一个极端，新股已经根本不是资本的一种来源而是一种用途，这意味着在此期间，美国公司平均赎回的股票多于发售的股票。

表4.2 2007—2016年美国非金融公司的资本来源

内部来源	比例（%）
留存收益	23.4
折旧	45.5
小计	68.9
外部来源	
新增负债	47.5
发售新股	-16.3
小计	31.1
总计	100.0

资料来源：美国联邦储备体系，美国资金流动账户，下载于 www.federalreserve.gov/releases/z1/current/data.htm。

为何公司不再更多地发售新股，我们在本章末会再回到这个令人困惑的问题上。现在，我们暂时假定很多公司无法或不愿意发售新股，转而考虑管理不可持续过度增长的其他策略。

二、提高财务杠杆

要是发售新股不是公司可持续增长问题的解决方案，另有两种可能的财务补救办法：一种是减小股利支付率，另一种是提高财务杠杆。减小股利支付率通过增加生产经营中的留存比率来提高可持续增长率，而提高财务杠杆则通过增加公司每一美元留存收益所能增加的负债数量。

就字面上的两层含义而言，我一般将财务杠杆的提高想象成一份"违约"的期权。从计算机编程的角度来说，财务杠杆的提高相当于在没有事先计划的情况下，管理层违约所导致的那些问题。随着时间的推移，公司将发现手边的现金如此之少，以至于无法按时偿付给债权人，而应付账款也将以违约的方式增加。从财务意义来说，提高财务杠杆同样也是一种违约期权，债权人最终会阻止负债水平的提高，迫使公司陷入违约境况——这是通往破产之路的第一步。

关于财务杠杆，我们在之后的两章里将会做详细阐述。不过，公司负债筹资的使用有一个上限，这一点应该是已经很明显的了。增长管理富有挑战性的一部分工作就在于为公司确定一个适当的财务杠杆，且确保这个上限不会被突破。

三、减小股利支付率

如同财务杠杆存在一个上限，公司股利支付水平则有一个零下限，而绝大部分公司已经达到这个下限。比如，从标准普尔 Compustat 数据库获得的超过 6,000 家上市公司中的半数在 2016 年根本就没有支付任何股利。[①] 通常，股东对股利支付的兴趣与他们对公司投资机会的感觉反方向变化。要是股东相信留存收益可以有效地用于赚取令人满意的收益，他们将会很乐意放弃现有的股利以获取未来更高的股利（脸书公司股东就很少抱怨不分配股利）。同时，假如公司的投资机会无法保证令人满意的回报，股东就会对削减股利感到气愤，从而引起股票价格下跌。对于封闭型控股公司来说，另外一件还要考虑的事情是股利变动对股东收入及其税负的影响。

四、有益的剥离

除了财务政策的调整，公司还可能做出几方面的生产经营调整来管理快速增长，其中一方面就是所谓的"剥离"。过去，一些财务专家强调产品多元化的优点。这种想法认为公司可以对不同产品市场上生产经营的收益流量进行组合以降低风险，并认为只要这些收益流量不完全相同地受到经济事件的影响，那么与其他收益流量结合后，每一种流量内部固有的变动性就可能被"平均"。现在，我们认识到这种大企业集团的多元化策略存在两方面问题：第一，尽管它可能减少管理层能看得到的风险，但对股东毫无用处。要是股东需要多元化，他们只要买入不同公司的股票就可以做到多元化。第二，公司资源有限且管理不同活动的能力也有限，它们在同一时间里不可能在许多产品市场上都成为重要的竞争者；反之，它们在很多市场上易于成为追随者，无法与主导企业进行有效竞争。到目前为止，该法则的一个特例是亚马逊公司，它似乎轻而易举地征服了一个又一个不同的市场领域——从线上零售、云计算到智能对讲系统。

有益的剥离与大企业集团的兼并恰好相反。这种策略认识到，当一个公司把资源分散到太多产品上时，它可能没办法在任何市场上进行有效的竞争。所以，最好是卖掉收益仅敷支出的经营，再把钱投资于余下的生产经营。有益的剥离可以从两个方面减少可持续增长问题：一是出售收益仅敷支出的生产经营，可以直接产生现金；二是摒弃某些增长资源，从而减少实际的销售增长。近年来，包括得克萨斯州的大型公司库珀实业（Cooper

---

[①] 这并不意味着股利在美国经济中不重要。在不到半数的公司支付股利的同一年度，标准普尔 500 指数所代表的全美最大的公司中超过 80% 向股东分配了 4,350 多亿美元，其总和大约等于利润的一半。另外，还有 5,310 亿美元用于股票回购，总共支付给股东的钱超过这些公司一年的净利润。对此的合理推断是，小型、年轻的公司倾向于不支付股利，大型、成熟的公司则支付股利；而在经济体中，小型、年轻的公司远远多于大型、成熟的公司。

Industries）在内的许多企业已经成功地运用了这种策略。从20世纪70年代开始，库珀实业卖掉了几块经营业务，不是因为它们无利可图，而是因为库珀实业认为它们缺少使自己成为所进入市场里占支配地位代理商的资源。

对于产品单一的公司而言，这一技巧也是可行的，即剥离付款缓慢的客户或周转缓慢的库存。这样做可以从三个方面减轻可持续增长问题：释放用于支撑新的增长所急需的现金；提高资产周转率；减少销售。比如，信用条款变得苛刻以及库存选择减少而赶走了一些客户，致使销售减少了。

五、外包

外包涉及是厂内自制还是从外部购买的选择。通过减少自制和增加外包，公司可以提高它的可持续增长率。外包会将在自制生产活动中被套住的资产解套，因而会提高资产周转率。两方面的结果消除了增长难题。这种策略的一个极端例子是特许经营商实际上把公司所有的资本密集型生产活动发包给特许经营接受者，结果，特许经营商只需付出很少的投资。最近的案例包括诸如Lyft、Uber等共享出行服务，它们把驾驶和交通工具的所有权外包给独立的合同方。确实，对于大部分新的共享经济来说，外包是核心。

有效外包的关键在于确定公司独特的能力，或者如公司顾问们爱说的"核心能力"在哪里。要是一定的生产活动在不危及企业核心能力的情况下能够让其他人来做，这些生产活动就应该成为外包的备选对象。

六、定价

价格和数量存在一种明显的反向关系。当一个公司的销售增长相对于筹资能力而言太高时，可能就必须提高价格以减少增长。假如较高的价格提高了利润率，那么价格的提高同样提高了公司的可持续增长率。

实际上，此处给出的建议在于让增长本身成为一项可以变动的决策。倘若过快的增长成为问题，最直接的应对方法就是减少增长。每隔一个星期三就提早歇业或者将每第十位客户推掉或许能解决问题，通常来说，最有效的方法就是提价。

七、合并是答案吗

当其他所有的方法都失败时，可能就要找一个腰包鼓鼓的伙伴。两类公司有能力提供所需的现金：一类是在交易中以"现金牛"出名的成熟期企业，它们正为多余的现金流量寻找有利可图的投资；另一类是相对保守但能够给双方的结合带来变现能力和借贷能力的财务公司。收购其他公司或被其他公司收购都是解决增长问题的一剂猛药，不过，最好是在公司仍然有较强的财务能力时就当机立断，而不是为过度增长所迫使。

第四节 增长太少

缓慢增长的公司——可持续增长率超过实际增长率的公司——同样存在增长管理问题，只不过问题的类型不同。缓慢增长的公司面临的问题不是搜罗新的现金、不断努力地为增长火上加油，而是怎样处理超过公司需要的盈利的两难境地。这似乎是一个琐细或令人忌妒的问题，但对于越来越多的企业而言，这是一个非常现实、有时让人害怕的问题。

为了更加仔细地考察增长不足所产生的难题，让我们再看一看孩之宝公司。这个公司的特点在前几章已有介绍。表4.3列出关于孩之宝公司五年可持续增长的分析（孩之宝公司2015年和2016年的财务报表参见第一章的表1.2和表1.3，其他相关财务比率参见第二章的表2.2）。从上述资料可以看到，2012—2016年，孩之宝公司每年的可持续增长率均超过实际增长率，平均超幅约为1/3。在此期间，公司利润率和留存比率的提高拉动了公司可持续增长率的上升，由此也加大了对公司的挑战。公司管理层如何处置那些冒出来的剩余现金？他们采用现金股利和股票回购的方式将其归还给股东。核算下来，孩之宝公司在此期间共分红10.73亿美元，回购股票8.98亿美元，总计占到收益的97%。幸运的是，2016年，尽管现金盈余仍然令人烦恼，但公司销售的增长已经把可持续增长和实际增长之间的差距拉到近五年来的最低水平。

表4.3 孩之宝公司2012—2016年可持续增长率的分析

所要求的比率	2012年	2013年	2014年	2015年	2016年
利润率（P, %）	8.20	7.00	9.70	10.20	11.00
留存比率（R, %）	32.90	45.40	47.90	50.00	54.90
总资产周转率（A, 次）	0.95	0.93	0.94	0.94	0.99
财务杠杆（T, 倍）	3.05	2.92	2.69	3.22	3.06
孩之宝公司可持续增长率（g^*, %）	7.80	8.60	11.80	15.40	18.20
孩之宝公司实际增长率（g, %）	(4.60)	(0.20)	4.80	4.00	12.90

注：数据经过四舍五入处理。

图4.4用图形说明了同样的道理。孩之宝公司在此期间提升了平衡增长线，主要是通过提高留存比率，它始终在现金盈余区间运营。整个期间的销售增长已经很显著地改善了公司现状，但是可持续增长率和实际增长率之间的那道"鸿沟"依然存在。

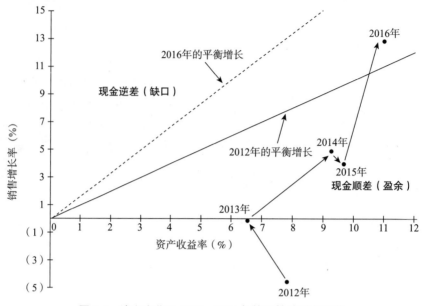

图 4.4　孩之宝公司 2012—2016 年的可持续增长挑战

第五节　当可持续增长超过实际增长时怎么办

解答增长不足问题的第一步是判断这种情况是暂时的还是长期的。如果是暂时的，管理层只需简单地继续积累资源以期盼未来的增长即可。

如果困难是长期的，问题就变为：增长不足是整个行业——成熟市场的自然结局——还是公司独有的情形？假如是后者，那么就应该在公司内寻找不充分增长的理由和新增长的可行渠道。要是这样，管理层就必须仔细地考虑绩效，以发现和消除对公司增长的内部制约，这是一个包括组织变革以及开发费用增加在内的可能很痛苦的过程。在这样一个寻找灵魂的过程中，让人非常伤脑筋的是，旨在提高增长的策略在头几年就必须硕果累累，否则管理层将会被迫转向其他的、经常是更为极端的解决方法。

当一个公司无法从自身创造出充分增长时，它有三种选择：忽略问题、把钱还给股东、买入增长。让我们简要地考虑每一种方式。

一、忽略问题

这种响应采取以下两种形式之一：尽管缺乏吸引人的盈利，管理层仍可以继续投资于它的核心业务；或者可以简单地置之不理，拥有越来越多的闲置资源。这两种响应的问题在于，闲置的资源令不怀好意的人垂涎三尺。没有妥善利用的资源压低了公司股票的价格，从而使公司成为收购者心中一个确实可实现和有吸引力的目标。要是一个收购者算计准确的话，就可以更有效地重新调配目标公司的资源，从而在这个过程中获得巨大的利益。在这样的收购中，第一项要重新调配的资源就是臃肿的管理层，突然间，管理人员发现自己已在浏览求职广告了。即便恶意收购没有发生，董事会也越来越有可能解雇经营不善的管理人员。

另外一种刻画投资与增长之间关系特征的方法就是区分良性增长与其邪恶的双胞胎兄弟——恶性增长。当公司投资活动所产生的收入超过包括所动用资本的成本在内的成本时，即出现良性增长。良性增长对股东有利，股东既得到了较高的股票价格作为褒奖，又减轻了被收购的威胁。恶性增长牵扯那些收入等于或低于成本的投资活动。由于蒙人的活动总是随处可见，恶性增长策略简便易行。假如其他方法皆不管用的话，公司总还可以支付高价购买其他企业的业务与资产。此种策略既能处置富余的现金又能做大公司，不过如此包装的效果只是掩盖了如下事实：恶性增长浪费了有价值的资源，况且股票市场在区分良性增长与恶性增长方面越来越在行；加之，股票市场会惩罚后者。那时，整个故事的教训就是低增长的公司没有足够的资本达成快速的增长，它们必须以有利于股东的方式行事。所有其他形式的增长都是一种圈套和一种错觉（在第七章和第八章里，我们将在关于创造价值的投资活动方面做更多的评论）。

二、把钱还给股东

解决闲置资源问题最为直接的办法就是通过增发股利或回购股票来简单地把钱还给股东。尽管这种解决办法越来越普遍，但是它仍然不在一些高级管理人员的策略选择范围内。最主要的原因是，尽管增长没有带给股东任何的或者只是很少的价值，但高级管理人员似乎对增长有一种偏爱。就个人而言，许多管理人员对支付大量股利和回购股票的做法有抵触心态，因为这种做法暗示着失败。股东把资本投资获利的责任委托给管理人员，而管理层把钱还给股东则让人认为他们无力执行基本的管理职能。同样的事情，直截了当地说就是股利和股票回购缩小了管理层的控制领域，这是与人类本性背道而驰的一种行为。

戈登·唐纳森（Gordon Donaldson）和其他学者均证明，组织层面上确实存在一种对增长的偏爱。在一份关于12个大公司资深高级管理人员的决策行为的综合研究里，唐纳森注意到，即便不划算，高级管理人员通常也选择增长，并未顾及组织的长期生存能力。正如资深管理人员所察觉的，当增长为雇员创造了职业发展机会从而对公司士气起到重大作用时，企业规模为他们应付市场的反复无常提供了某种程度的保护；而当增长松弛下来时，企业就要面临失去经营管理精英的风险。

三、买入增长

消除缓慢增长问题的第三条途径是买入增长。受有能力成为管理人员的自豪感的激励，出于挽留人才精英和对收购者的惧怕等考虑，管理人员对过多现金流量的反应经常是进行多元化经营。他们有计划地在其他更有活力的行业里寻找物有所值的增长机会。考虑到时间因素，他们的做法通常包括收购现有的企业而不是从头做起。

设计和执行一项适当的公司收购方案是富有挑战性的工作，它不应在这里妨碍到我们的叙述。然而，有两点值得我们注意：第一，在许多重要的方面，成熟或衰退公司的增长管理问题正好是那些面临快速增长公司的前车之鉴。特别是，增长缓慢的企业通常要为富余现金寻求有效用途,而快速增长的企业则在寻求额外的现金为无法持续的快速增长提供资金。很自然地,高增长公司和低增长公司经常通过兼并来解决各自的增长管理问题,从而使一个企业产生的富余现金能够用于为其他快速增长的企业提供资金。第二,经过20世纪60年代和70年代早期的盲目乐观之后,逐渐累积的证据显示,从股东的角度来看,买入增长明显不如把钱还给股东。大多数情况下,潜在收购的超常增长前景完全反映在目标公司股票的价格上,所以在支付了一大笔溢价给其他公司后,买主就只剩下平平常常或者更差的投资了。管理人员和股东在这方面的冲突是第九章要探讨的课题。

第六节 可持续增长和模拟预测

正确地观察这里所提供的材料是很重要的。我们发现,一个公司的实际增长率和可持续增长率的比较揭示了高级管理人员面临的大量基本财务事项。当实际增长超过可持续增长时,管理层的注意力应该集中在如何取得现金以便为扩张提供资金;相反,当实际增长低于可持续增长时,理财的议事日程就会180度大转弯到如何有效地支配富余的现金流量。可持续增长方程式好像同样描述了许多高级管理人员对各自工作的看法:避免外部权益筹资,力争取得经营策略、增长目标和财务政策的平衡,从而使实际增长与可持续增长的差距可控。最后,对于非财务类型策略,可持续增长方程式是强化公司的增长率与财务资源之间联系的有用方式。

然而,可持续增长方程式基本上只是模拟财务报表的简化样本。如果你确实想要仔细研究公司的增长管理问题,那么我们建议你花点时间去编制模拟财务报表。可持续增长方程式对于在森林里搜索可能很有帮助,但当你要研究单独的树木时,它就不是那么有用了。

第七节 新股筹资

一、发售新股

在本章前面的内容里,我们特别声明可持续增长的一个基本假设,即公司不能或不会发售新股。与此假设相一致,在表4.2里,我们同样注意到过去十年来,新股已经成为美国公司现金的一个用途,而不是一种来源。这意味着美国公司赎回的股票比发行的股票还多。现在是更加细致地考察这个现象的时候了,重点放在解释为何公司在发售新股上如此节制。

图4.5显示了1980—2016年美国非金融公司逐年发行的新股扣减股票回购后的净值。1983年,新股发行净值飘忽不定地升高到约280亿美元,然后急剧下跌,自此以后基本上为负数。当公司利用健康的内部现金流量和较低的借贷利率积极地回购公司股票时,该数值在2007年达到创纪录的-7,060亿美元的低点。然而,严重的经济衰退削减了公司内部现金流量,市场增强了对公司流动性重要性的认识,回购狂潮在随之而来的年度戛然而止。

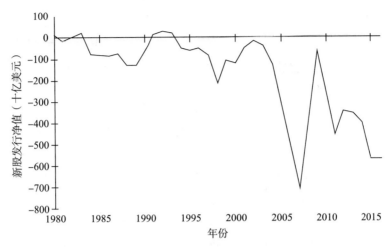

图 4.5　1980—2016 年新股发行净值

资料来源：联邦储备体系，美国资金流动账户，federalreserve.gov/releases/z1/current/data.htm[2015-05-12]。

公司可通过两种方式减少发行在外的普通股股票：回购自身股票，以现金或负债收购其他公司的股票。现有的最佳证据表明，近几十年股票发行量锐减，最初是由法律法规变化所引起的。这些法律法规变化对股票回购和恶意收购采取宽容的态度，以至于这些资本活动在 20 世纪 80 年代的后半段时间里横扫整个经济。

在最近的几年里，作为向股东分派现金和管理账面每股收益或盈利（EPS）的做法，股票回购日益普及，导致美国股票的减少。如果证券分析师预计每股收益有 15% 的增长，但管理层相信他们只能让利润增长 10%，达到证券分析师的目标的方法之一就是回购 5% 发行在外的股票。当公司追求实现以每股收益为基准的业绩表现目标时，或者为了弥补因员工股票期权的施行而引起的股份稀释时，也可用同样的道理来解释。在各种情况下，告诉经纪人买入几千股股票总比为了创造理想的结果而必须有组织地营造增长氛围容易得多。

股票回购盛行的第二个解释指出了股利作为现金派发形式所存在的问题。许多投资者将股利看成是管理层对公司前景之看法的一个重要信号。当股利增加时，投资者会买入公司股票；当股利减少时，投资者会卖出公司股票。与之相关，公司通常会遵循稳健的股利政策，将股利保持在一个适当的可持续水平上。只有当股利的增加在未来能够得以维持时，公司才会提高股利。股利减少要尽一切可能予以避免。调查显示，当增长会威胁到公司分红或者达到分析师盈利预测时，很多高级管理人员甚至准备牺牲增长。[1]

由于股票回购没有诸如此类的信息包袱，公司把它看作一种灵活性更强、破坏性更小的现金分配方式。长期而言，回购股票好过于被套牢在高股利里。如此的灵活性也解释了为何股票回购没有出现在可持续增长表达式里。与现金股利相当之不同，作为可自由支配

---

[1] Alon Brav, John R. Graham, Campbell R. Harvey, and Ron Michaely, "Payout Policy in the 21st Century", *Journal of Financial Economics*, September 2005, pp. 483-527.

的支出,股票回购需要的现金从来不会对公司可持续增长产生制约。

关于新权益资本并不是美国公司筹资来源的数据与经验证据是完全一致的。这些证据表明在一个平均年度里,美国仅有5%的上市公司追加出售普通股股票。这意味着一个典型的上市公司每20年才在公开市场上筹集一次新的权益资本。①

回想起一个统计学家的警示故事,平均来说,一对男女每人只有一个睾丸。此处我们要切记,这里提供的股票数据是新股发行和股票回购的净结果。图4.6显示了1980—2016年这一期间内,平均股票新增发行712亿美元,峰值出现在2000年,总金额为2,954亿美元。为让数字更细化,非金融机构过去10年的新股发行总收入相当于公司总资金来源的3%和全部外部资金来源的10%。

图4.6同样显示了1980—2016年从普通股首次公开发行(IPO)中筹集到的资金数额。从中可以看到,所筹集的资金总额相对比较适中,相当于整个期间内全部新股发行收入的三分之一左右。在IPO达到峰值的2000年,全部所筹集资金只相当于公司全部外部资金来源的5%。

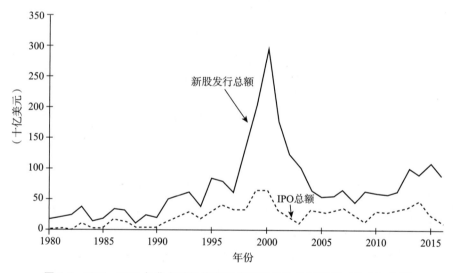

图4.6 1980—2016年非金融机构新股发行和首次公开发行(IPO)总额

注:1995年之前,发行总额为公司总发行金额减去不动产公司和金融机构的发行金额;1995年之后,发行总额为非金融机构的发行金额。新股为包括优先股在内的公开发行股票。IPO不包括超额选择期权部分,但若有国际部分则包括在内。

资料来源:U.S. Federal Reserve Bulletin, Table 1.46, "New Security Issues U.S. Corporations", Federalreserve.gov/publications/bulletin/htm; Jay Ritter, "Initial Public Offerings: Tables Updated Statistics", Table 8. bear.warrington.ufl.edu/ritter.

---

① Aydoğan Alti and Johan Sulaeman, "When Do High Stock Returns Trigger Equity Issues", *Journal of Financial Economics*, January 2012, pp. 61-87。尽管公开发行股票不是很频繁,但公司通过其他方式向资产负债表注入权益,例如私募或施行员工持股计划。通常,通过这种方式募集的资金是适当的。Eugene Fama and Kenneth French, "Financing Decisions: Who Issues Stocks", *Journal of Financial Economics*, June 2005, pp. 549-582。

我们将这些图看作美国经济动力的一部《圣经》。在这部《圣经》里，在许多公司正忙着赎回股票的同时，其他公司正急于发售新股。两相权衡，贴切的结论是：总量上看，股票市场并不是在美国创立公司的重要资本来源，但它对某些公司而言可能是至关重要的。大量利用新股市场的多半是那些被股票经纪人称为"纸上谈兵"的潜在高增长企业，它们拥有可以让股票经纪人用来欺骗极易上当的投资者的特别产品或概念（"高科技"和"生物技术"等词汇立刻闪过脑海）。

二、为什么美国公司不发行更多的股票

为什么美国公司不发行更多的股票？这里我们只考虑其中的几个原因，其他原因放到第六章，我们在更详细地回顾筹资决策时再讨论。

- 总量上看，公司不需要新的权益资金，留存下来的利润和新的借债已足矣。
- 股票发行的代价很高。一方面，发行成本通常为所筹集金额的5%—10%，而小规模发行甚至更高，这些数字至少为相同规模债务发行成本的2倍多；另一方面，股票可能一直处于发行状态，年实际发行成本并没有那么沉重。
- 许多管理人员，特别是美国公司的管理人员对每股收益（EPS）怀有一种情结。他们把一个复杂的世界演绎为一个简单的概念——不管怎样，提高EPS就是好事，降低EPS就是坏事。这个观点认为，新股发行是坏事，因为至少从直观上看，发行在外的股票数量增加了，但盈利并没有增加。据说EPS被稀释了，随着公司富有成效地利用所筹集的钱，盈利应该有所提高，而与此同时EPS却受到损害。就像我们在第六章将要看到的，当债务筹资优于股权筹资时，EPS几乎总是较高的。
- 存在"市场厌恶"综合征。当一个公司的股票按每股10美元出售时，管理层会倾向于认为一旦现行策略开花结果，未来的股票价格应该会上升。当价格升到每股15美元时，管理层开始坚信这只是开端，价格还会更高。管理层对公司前景发自内心的热情营造了一种感觉，即不管公司股票现在是什么价格，它们都是被低估了。这种观点还导致了应该一再推迟新股发行这种偏见。杜克大学的学者在2001年对美国371家公司的高级主管进行的一项调查揭示了这种"市场厌恶"综合征。尽管在该项调查进行之时，道琼斯工业平均指数实际上正朝着新的纪录逼近，但约1/3的被调查人员认为股票市场正确地估计了公司股票价格；仅有3%的被调查人员相信公司股票价格被高估了；足足有69%的高级主管觉得公司股票价格被低估了。[①]
- 许多管理人员觉得股票市场是一个不可靠的资金来源。公司除了对新股价格毫

---

① John R. Graham and Campbell R. Harvey, "The Theory and Practice of Corporate Finance: Evidence from the Field", *Journal of Financial Economics*, May-June 2001, pp. 187–243.

无把握，还面临在未来某个时期股票市场不再接受新股发行的任何合理条款的可能。用理财术语来表述就是，"窗户"在这些时候被关掉了。很自然地，高级管理人员不愿意去开发基于这样一种不可靠的资本来源的增长策略；相反，他们的态度是系统地制订能够由留存收益和与之相适应的借款构成的增长计划，而把新股筹资降为一种次要的、后备的角色。以后各章对此会有更多的讨论。

内容摘要

1. 公司可持续增长率
   - 提醒管理人员更多的增长并不总是福事，公司真的会像"失去控制的野马"。
   - 这是公司在不募集新的权益资本或提高财务杠杆的情况下，能够增加其销售的最大比率。
   - 假定公司负债按照与权益相对应的一定比例增加。
   - 等于以下四个比率的乘积：
     - 利润率
     - 留存比率
     - 资产周转率
     - 财务杠杆（财务杠杆被定义为总资产除以期初股东权益）
   - 同时也等于公司留存比率乘以（期初）股东权益收益率。

2. 公司实际增长率超过可持续增长率
   - 导致一个或多个比率产生变化。
   - 必须有所预计和予以筹划。
   - 可以经由以下途径进行管理：
     - 发售新股
     - 提高财务杠杆
     - 减小股利支付率
     - 剥离薄利的业务、产品或客户
     - 外包部分或全部生产
     - 提高价格
     - 与"现金牛"合并

3. 公司实际增长率低于可持续增长率
   - 创造富余现金，可以提高公司成为被收购目标的吸引力
   - 迫使管理层为富余现金寻找有效率的用途，例如：
     - 降低财务杠杆
     - 把钱还给股东
     - 降价
     - 收购使快速成长急需现金的公司实现"买入增长"

4. 新股筹资
   - 在过去35年里，平均而言，新股已经成为美国公司现金的用途之一，这意味着公司回购的股票比发行的股票还要多。
   - 是一些规模较小、增长快速且前景令人激动的公司重要的现金来源。
   - 新股筹资很少使用的原因在于：
     - 总体而言，公司不需要多余的现金
     - 相对于债务的发行成本，权益发行成本畸高
     - 新股导致每股收益减少，这是管理层最痛恨的事
     - 管理层通常相信公司现在的股票价格低得不合理，他们可以等来一个更好的价格
     - 权益被看作一种很不可靠的融资来源，而不是谨慎的管理者能够依靠的东西

扩展阅读

Higgins, Robert C. "Sustainable Growth Under Inflation", *Financial Management*, August 1981, pp. 36-40.

本文考察了公司可持续增长对通货膨胀的依存度。文章的结论是，只有存在"通货膨胀幻觉"，通货膨胀才会降低可持续增长率。"通货膨胀幻觉"极有可能存在。

专业网站

dividend.com

网站涵盖了与股利有关的诸多方面：新闻、数据、教育及其他。

fred.stlouisfed.org

网站包括很多关于利率、就业等方面的数据，是一座可以发现当前和历史经济数据的宝藏，还有可运行于 iOS 和安卓系统的免费软件（在苹果应用商店或 Google Play 里搜索"FRED Economic Data"）。

pages.stern.nyu.edu/~adamodar

纽约大学 Aswath Damodaran 教授的个人主页。网站包括令人眼花缭乱但并非无章可循的财务数据库和空白表格，以及相当数量的学术性和普及性材料；数据库包括公司债券评级、利率差价和利息偿债比率，历史上的股票、债券和票据收益率，以及行业的权益收益率和业绩表现水平。

课后练习

1. 在何种程度上，你赞同或反对下面的表述："高层管理者的重要工作之一是弄清楚公司的实际增长率与可持续增长率是否尽可能地接近。"

2. 本章区分了好的增长和坏的增长。如何区别它们？为何这一区别很重要？

3. 以下表述是对还是错？请解释。

a. 公司能够以高于现有可持续增长率的比率增长的唯一途径是发售新股。

b. 当公司出现巨额亏损时，股票市场是现成的新资本来源。

c. 股票回购通常可提高每股收益。

d. 由于管理层相信公司股票被低估了，公司经常回购股票。

e. 只有快速增长的公司才会产生增长管理问题。

f. 不断地增长可提高股票价格。

4. 第三章的表 3.1 提供了 R&E 供应公司 2014—2017 年的财务报表，表 3.5 提供了 R&E 供应公司预测的 2018 年的财务数据，利用表格中的数据回答下列问题：

a. 计算 2015—2018 年 R&E 供应公司的年可持续增长率。

b. 比较 R&E 供应公司这些年的可持续增长率与实际增长率和预计销售增长率，在此期间，公司面临什么样的增长管理问题？

c. 公司如何应对这些问题？对于公司在此期间应对增长问题的方法，其中是否有难处？如果有，难在哪里？

d. 对于未来增长的管理，你将会给管理层提出哪些建议？

5. 参见图 4.5，请描述过去 35 年美国权益筹资的趋势。对于美国公司在权益筹资的使用上，这一趋势说明了什么？

6. 参见图 4.6，请描述过去 35 年美国股票公开发行总额和首次公开发行总额的趋势。给定你从图 4.5 中所见，你如何解释这种趋势？请给出理由。

7. Medifast 是一家减肥餐、其他健康和减肥产品的生产与销售商，以下是公司 2006—2010 年的财务数据摘要：

a. 计算 2006—2010 年该公司的年可持续增长率。

b. 比较 Medifast 公司的可持续增长率与实际销售增长率，在此期间公司面临什么增长管理问题？

c. 公司是怎样应对这些挑战的？

年份	2006	2007	2008	2009	2010
利润率（%）	6.0	7.0	4.6	5.2	7.2
留存比率（%）	99.5	100.0	100.0	100.0	100.0
资产周转率	1.3	2.0	1.9	2.1	2.6
财务杠杆	1.6	1.7	1.6	1.6	1.6
销售增长率（%）	46.8	84.6	13.1	25.9	57.1

资料来源：Medifast 公司 2006—2010 年财务报告。

8. Under Armour 公司是美国一家运动服装和便装的供应商，以下是公司 2009—2013 年的财务数据摘要：

年份	2009	2010	2011	2012	2013
利润率（%）	5.5	6.4	6.6	7.0	7.0
留存比率（%）	100.0	100.0	100.0	100.0	100.0
资产周转率	1.6	1.6	1.6	1.6	1.5
财务杠杆	1.7	1.7	1.9	1.8	1.9
销售增长率（%）	18.1	24.2	38.4	24.6	27.1

资料来源：Under Armour 公司财务报告。

a. 计算 2009—2013 年 Under Armour 公司的年可持续增长率。

b. 在此期间，Under Armour 公司是否面临增长管理的挑战？请简要解释。

c. Under Armour 公司是如何应对这一挑战的？

d. 假设 Under Armour 公司的利润率为 8.0%，计算公司 2013 年的可持续增长率。假设公司的财务杠杆为 2.40 倍，计算公司 2013 年的可持续增长率。假设利润率和财务杠杆都发生变化，计算公司 2013 年的可持续增长率。

9. Bank 公司是一家男性服装的直销商，在全美 42 个州拥有超过 800 家零售商店。2014 年，Bank 公司被 Men's Wearhouse 收购。以下是 Bank 公司 2009—2013 年的财务数据摘要：

年份	2009	2010	2011	2012	2013
利润率（%）	7.9	8.3	8.4	9.2	10.0
留存比率（%）	100.0	100.0	100.0	100.0	100.0
资产周转率	1.5	1.4	1.4	1.4	1.0
财务杠杆	2.4	2.1	1.9	1.7	1.7
销售增长率（%）	17.6	10.5	15.2	10.7	11.4

资料来源：Bank 公司财务报告。

a. 计算 2009—2013 年 Bank 公司的可持续增长率。

b. Bank 公司在此期间面临怎样的增长管理方面的挑战？

c. Bank 公司如何应对这一挑战？

10. Stryker 是一家领先的医药技术公司，总部坐落在美国密歇根州卡拉马祖，是纽约证券交易所上市公司。以下是 Stryker 公司 2009—2013 年的财务数据摘要：

年份	2009	2010	2011	2012	2013
利润率（%）	16.5	17.4	16.2	15.0	11.2
留存比率（%）	82.1	81.3	79.3	75.0	60.1
资产周转率	0.7	0.7	0.7	0.7	0.6
财务杠杆	1.7	1.7	1.7	1.7	1.8
销售增长率（%）	0.1	8.9	13.5	4.2	4.2

资料来源：Stryker 公司财务报告。

a. 计算 2009—2013 年 Stryker 公司的年可持续增长率。

b. Stryker 公司在此期间面临怎样的增长管理方面的挑战？

c. Stryker 公司如何应对这一挑战？

11. 一份包括 Tournament Sporting Goods 公司财务数据摘要的表格可以从麦格劳-希尔的 *Connect* 或任课教师处下载。使用表格信息，回答关于公司增长管理挑战方面的问题。

12. 第三章习题 15 要求你给 Aquatic 供应公司构建一份以 2018 年为起始点、5 年期的财务模拟预测表。基于你的预测或者从麦格劳-希尔的 *Connect* 或任课教师处下载参考答案，请计算公司的可持续增长率和实际增长率。这些数据有何参考意义？

13. 一份包括 Ottawa 公司财务数据摘要的表格可以从麦格劳-希尔的 *Connect* 或任课教师处下载。你的任务是利用模拟财务报表分析公司的增长管理挑战问题并提出解决方案。请回答表格里列示的各类问题

第三部分

筹资运作

第五章　金融工具与市场
第六章　筹资决策

第五章 金融工具与市场

> 不要告诉妈咪我已成为一个投资银行家,她始终以为我还在妓院里弹钢琴呢。
>
> ——无名氏

一个高级财务主管的大部分工作就是筹钱,为公司现在的经营和未来的增长提供资金。从这方面能力来说,财务主管像市场高级主管一样行事。他同样拥有一种产品——对公司未来现金流量的所有权,这种所有权必须进行包装和出售,以便使公司股票价格达到最高。财务主管的客户包括债权人和投资者,他们因预期企业未来会产生现金流量而把钱投入企业经营。作为交换,这些客户取得一张诸如股票、债券或者贷款协议的凭证,这类凭证说明客户对企业未来现金流量所有权的性质。当这些凭证可以在金融市场上买卖时,它们通常被称为金融证券。

在包装产品时,为满足公司的需要以及吸引潜在的债权人和投资者,财务主管必须对证券进行选择或设计。这就要求他们具备金融工具方面的知识,了解他们所要交易的市场以及对发行公司而言各种金融工具的优点。本章我们先考虑前两个问题,即金融工具与市场。下一章我们再探讨一个公司如何选择合适的筹资工具。

虽然公司筹资决策一般由公司高层与财务人员负责制定,但多个原因表明各个层级的管理者都需要理解制定这些决策的逻辑所在。首先,在个人生活中,无论是借钱买房、买车还是回学校"充电",我们都需要做出类似的筹资决策。其次,作为投资者,我们常常购买公司发行的金融证券,多了解一些情况总是明智的。最后,对于当前的目标来说最重要的是,合理的筹资决策是有效财务管理的中心,这从以下事实可以得到证明:财务杠杆是生产主管借以追求竞争性收益的业绩杠杆之一,也是公司可持续增长率的一个主要决定因素。缺乏对推动公司筹资决策背后逻辑的正确评价,将剥夺生产主管完全了解自己公司及其所面临挑战的权利。

在开始之前,关于本章不应涉及的内容再啰唆几句。"金融市场"是一个流动的、不同种类的分配系统的名称,现金冗余的实体通过它为现金不足的实体提供金钱。企业不可能是唯一甚至不是最突出的市场参与者,其他活跃的参与者包括国家、州和地区政府及其代理机构、养老基金、捐赠基金、个人、商业银行、保险公司……继续写下去的话，这个名单可能会很长。本章不是对金融市场的一个面面俱到的总结，而是有的放矢地对大多被非财务公司所使用的筹资工具以及这些工具的销售方法的研究。对本章内容更进一步的限制是，我们将不考虑短期工具。当谈到金融市场时，我们一般将它分为货币市场与资本市场，前者仅交易到期期限短于一年的证券，而后者是投资者买卖长期工具的市场。因为非财务企业更依赖于资本市场进行筹资，所以虽然货币市场规模较大、流动性较强，但我们将不涉及货币市场（为了更均衡、全面地了解资本市场，请参考本章末推荐的书籍）。

第一节 金融工具

　　幸好，律师和立法者还没有完全剥夺筹集资金的所有乐趣与创造力。在选择一种金融工具准备在证券市场上出售时，公司并未受到法律和法规的重大限制。只要金融工具能够满足公司的需要并对投资者富有吸引力，公司就有相当大的自由可以选择或设计任何一种金融工具。美国证券市场主要受到美国证券交易委员会（SEC）的监管，在更小范围内也受到州政府的管制。SEC 的监管不可避免地会产生官僚主义和拖延，不过，SEC 并没有对每一种证券的优劣妄下结论。它只要求让投资者在购买某种证券之前，充分获得与评估这种证券价值有关的所有信息，以及保证投资者有足够的机会进行评估。SEC 在管制上的这种自由导致产生了一些不同寻常的证券，例如富特矿业（Foote Minerals）的累积可转换优先股（若盈利则可累积 2.2 美元）、阳光矿业（Sunshine Mining）白银指数债券等。2016 年，瑞士信贷银行发行付息债券，只有当瑞士信贷银行因受欺诈交易或网络犯罪影响而出现损失，其价值才可能下跌。我个人最喜欢的证券是 1983 年一家匈牙利企业发行的一种票面利率为 6% 的债券，除支付利息外，企业还承诺在三年内提供电话服务。在当时的匈牙利，安装一部电话最长通常可能要等 20 年。第二个相似的例子是一种叫作"里亚尔"（Lial）或"里特"（Liter）的债券，它是由一群俄罗斯伏特加酒制造商所推销的一种债券，这种债券每年以硬通货支付 20% 的利息或者以伏特加酒支付 25% 的利息。按照一个推销商的话说，"伏特加酒被当作货币已经有长达一千年的历史。我们只不过使这种关系恢复正常"。

　　但是，千万不要让花样百出的证券混淆了下面的逻辑。当我们设计一种金融工具时，财务主管必须考虑三个变量：投资者对企业未来现金流量的所有权、投资者参与公司决策的权利投资者对公司清偿时资产的索取权。我们现在就根据这三个变量来介绍一些更普通的证券种类。在阅读我们的介绍时，请记住某一种特定筹资工具的特征完全是由发行人和购买者之间的合同条件所决定的，而不是由法律或者法规所限定的。因此，理应把下面的介绍当成是对一般的证券种类的说明，而不是对特定筹资工具的准确定义。

一、债券

经济学家喜欢区分有形资产和金融资产。有形资产指其价值依附于物理特征，比如一座房屋、一个企业或者一幅油画。金融资产只是一纸证明，或者更正式一点，是代表对未来现金流量法律所有权的证券，承诺支出的一方被称为发行人，接受的一方被称为投资者。根据对未来支付的所有权是固定还是剩余的特征，我们经常按照其对未来支付的索取权是否为固定的或剩余的将金融资产进一步分类。固定指金额固定以及定期支付，剩余指投资者只能在所有优先固定索取权都得到偿付后才能取得剩下的现金。债务工具提供固定索取权，而权益工具或者普通股则提供剩余索取权。人类一向是足智多谋的，当你听说还有一些诸如可转换优先股的证券之类的话，应该不会惊奇吧。这类证券既不是鱼，也不是熊掌；它们提供的既不是纯粹的固定索取权，也不是纯粹的剩余索取权。

衍生品构成第三种基本类型的证券。衍生证券的独特之处在于如下事实，即它对未来收益的索取权取决于若干其他所依附资产的价值。例如，购买 IBM 公司股票的期权就是一种衍生证券，它的价值取决于 IBM 公司股票的价格。自费希尔·布莱克（Fisher Black）和迈伦·斯科尔斯（Myron Scholes）在 1973 年首次提出评估期权价值的精确方法以来，衍生品的普及性和重要性得到极大的提高。本章附录简要讨论了衍生品，作为对财务风险管理讨论的一部分。第八章再回到这个题目，在投资机会评价的框架内进行讨论。

像任何其他形式的负债一样，债券是一种固定收益的证券。债券持有人每年得到确定的利息收益，到期得到确定的本金数额——不多也不少（除非公司破产）。债券与诸如商业信用、银行贷款以及私募发行等其他负债形式的差别在于：债券是按照小金额的增量出售给公众，通常为每张 1,000 美元；债券发行后可由投资者在有组织的证券交易所进行交易。

历史上看，以留存收益和折旧的形式存在的内部筹资满足了美国公司约 69%的资金需求。再看外部筹资，总量数据表明过去二十多年中公司债券是最大的来源，提供了约 44%的资金。来自银行和其他企业的贷款和预付账款提供了余下 10%的资金。在暂不考虑银行贷款之前，我们该记住的是，虽然对总筹资而言银行贷款并不是主要来源，但对于小型企业来说它们是非常重要的。例如，2016 年，对于资产规模在 10 亿美元以上的制造企业，银行存款仅占总负债的 8%；而对于资产规模在 2,500 万美元以下的小型制造企业，相应比例是 36%。[1]

构成债券特征的三个变量是面值、票面利率和到期日。例如，一张债券可能面值是 1,000 美元，票面利率为 7%，到期日是 2027 年 12 月 31 日。面值指债券持有人在债券到期日所能得到的金额。按照惯例，在美国发行的债券的面值通常是 1,000 美元。票面利率是发行人承诺每年按面值的一定百分比支付给投资者作为利息收入。在我们所举的例子里，

---

[1] U.S. Federal Reserve, "Financial Accounts of the United States", federalreserve.gov/ releases/z1. U.S. Census Bureau, "Quarterly Financial Report for Manufacturing, Mining, Trade, and Selected Service Industries: 2016 Quarter 4", Tables 1.1 and 80.1, census.gov/econ/qfr.

债券每年支付 50 美元（5%×1,000）的利息，通常每半年支付一次，每次支付 25 美元。在到期日，公司按每张 1,000 美元的数额支付给债券持有人，从此不再支付利息。

公司在发行日总是试图把新发行债券的票面利率定在与其他具有相似的到期日和品种的主要债券的利率相等的水平上。这样可以保证债券新的市场价格大致上等于它的面值。债券发行后，随着市场利率的变化，债券的市场价格可能大幅地偏离面值，信用风险也会变化，就像我们在第七章所要看到的，当利率上升时，债券价格将会下跌；反之亦然。

许多形式的长期负债要求定期偿还本金。这部分要偿还的本金被称为偿债基金。学过很多会计知识的读者都知道，从技术上说，偿债基金是指预先保留以应付未来债务的资金总额。但这是债券过去的运作方式，现在不再有效。现在债券的偿债基金是直接支付给债权人以减少本金。凭借债券契约的约定，企业履行偿债基金的义务有好几种途径。它可以在证券市场上回购一定数量的债券，或者向债券持有人还清面值本金以收回一定数量的债券。当公司能够有所选择时，很自然地，只要债券的市场价格低于面值，公司就会回购债券。

在进行国际投资时，你的所见并非总是你的所得

一张以美元为货币单位、利率为 6% 的债券与一张以日元为货币单位、利率为 3% 的债券或者一张以英国英镑为货币单位、利率为 8% 的债券之间是不可比的。为什么呢？让我们计算 1,000 美元从今天到一年后的收益率。英国英镑债券的利息收益为 8%。假设今天的汇率是 1 英镑对 1.25 美元，一年后的汇率是 1 英镑对 1.20 美元。

1,000 美元今天可以兑换 800 英镑（1,000 美元/1.25＝800 英镑），一年后，英镑债券利息与本金的总额为 864 英镑［800 英镑×（1+0.08）＝864 英镑］。将此金额兑换为美元，一年可得 1,036.80 美元（864 英镑×1.2＝1,036.80 美元）。所以，以美元计量的投资收益率仅为 3.68%［（1,036.80 美元－1,000 美元）/1,000 美元＝3.68%］。

为何美元收益如此之低？因为投资外国资产实际上相当于两部分投资：购买外国货币资产和投机未来该种外国货币的美元价值变动。本例中，外国资产收益率高达 8%，但英镑对美元贬值 4%［（1.25 美元－1.20 美元）/1.25 美元］。所以，收益率合计大约是两部分投资的差额，它们之间的确切关系是：

（1+收益率）＝（1+利率）×（1+汇率变动幅度）

（1+收益率）＝（1+8%）×（1－4%）

收益率＝3.68%

附带提一句，我们看到一年来英镑对美元贬值了，因为年底的英镑比年初的英镑的成本来得低。

刚刚介绍的是固定利率债券。另一种比它更普遍的贷款方式是盯住诸如 90 天美国国库券利率等短期利率的浮动利率债券。如果某种浮动利率工具承诺支付高于 90 天国库券 1 个百分点的利息，那么在每一个支付日应该支付的利息要根据当时的 90 天国库券利率加上 1 个百分点重新计算。正因为浮动利率工具的利息支付与每一时点的利率变动总是相一致的，所以这类筹资工具的市场价值总是接近于它的本金价值。

1. 赎回条款

实际上，一些公司债券包括赎回条款，它给予发行公司在债券到期日前提前收回债券的选择权。提前收回的赎回价格经常按高于债券面值一个适当的溢价来确定；或者，债券也可以包括延期赎回条款，该条款意味着发行人只有在它已发行一段确定的时间（通常为 5—10 年）后才能赎回债券。

公司之所以要在债券上加入赎回条款是基于两个显而易见的原因。一个原因是，假如利率下调，公司可以偿还原有债券并以较低的利息成本发行新债券。另一个原因是，赎回选择权给公司提供了一种灵活性：要是市场条件发生变化或者公司改变战略的需要，则赎回选择权使管理层能够重新安排公司的资本结构。

乍看起来，赎回选择权似乎完全只对公司有利。如果利率下调，公司就赎回债券，然后以较低的利率再筹资。但如果利率上升，投资者并没有相同的选择权利。他们要么必须接受低利息收入，要么出售他们的债券，承受亏损。从公司的角度看，赎回条款看起来就像"赢的永远是我，输的永远是你"，只不过投资者并非如此天真。作为一项惯例，越是对发行人有吸引力的赎回条款，债券的票面利率就越高。

2. 保护条款

正常情况下，包括债券持有人在内，债权人在公司决策中没有直接的发言权。债券持有人以及其他长期债权人主要是通过债务契约协定所确定的保护条款进行控制。典型的保护条款包括对公司流动比率的最低限制，对负债-权益比率的最高限制，或许还有对公司未经优先债权人同意不能购买或出售主要资产的要求。只要公司现在还能支付它应付的利息以偿债基金款项，且没有违反任何保护条款的规定，债权人就不能对公司的经营发号施令。要是公司拖欠给付或者违反某一项保护条款，公司即违约，此时债权人可取得相当的权利。在极端情形下，债权人可以强迫公司破产以及进行清算。在清算时，要由法院监督出售公司的资产以及将出售所得在不同债权人之间进行分配。

3. 清算中的权利

公司破产清算所得的分配取决于所谓的绝对优先权。第一次序自然是政府，公司必须偿还过去拖欠的税收。在投资者当中，首先得到赔偿的是优先债权人，其次是普通债权人，然后才是从属债权人和优先股股东，普通股股东位居末席。由于每一等级的债权人都要在下一等级的债权人得到任何赔偿之前如数全额地予以偿还，因此股东在清算时经常得不到任何东西。

4. 担保债权人

担保债权指以特定的一项或一组公司资产作抵押的贷款，它是优先债权的一种形式。在清算时，出售这部分资产的所得只能还给担保债权人。假如出售这部分资产所能产生的现金超过所欠担保债权人的债务，那么多余的现金就会流入普通债权人的钱罐里以供分配。要是现金不够，担保债权人可凭借普通债权人的身份要求赔偿剩下的债务。抵押贷款是一种普通的担保债权，抵押贷款时，用于担保贷款的资产包括土地或建筑物。

5. 作为投资的债券

许多年以来，投资者认为债券是一种最安全的投资。毕竟，利息收益是确定的，而公司破产的可能性极小。然而，这种推理忽略了通货膨胀对固定收益证券的致命影响。因为，尽管固定利率债券的名义收益是确定的，但当通货膨胀率很高时，支付给投资者的利息和本金的最终价值减少了许多。这意味着投资者本身需要关心的是一种资产真实的或者说经通货膨胀调整的收益。按照这一标准，甚至无违约风险的债券在攀升和易变的通货膨胀时期也是相当危险的。

表 5.1 显示在 1928—2016 年，投资者从所挑选的一些证券中获得的名义收益率。先看长期公司债券，可以发现，如果投资者在 1928 年买进一组有代表性的公司债券组合，一直持有到 2016 年（同时把所有的利息收入和偿还的本金再投资于类似的债券），那么在整个 89 年间，他的年收益率应该有 5.7%。比较之下，在相同的期间里，投资长期政府债券的年收益率可能达到 5.2%。我们可以把这 0.5% 的差价当作"风险报酬"。这也是公司债券投资者能比政府债券投资者多挣的收益，作为公司债务违约或提前赎回债券等风险的补偿。

表 5.1 1928—2016 年投资者所挑选的美国证券的年收益率

（单位:%）

证券	收益率
普通股股票	11.4
长期公司债券	5.7
长期政府债券	5.2
短期政府国库券	3.5
消费者物价指数	3.1

注：年度算术平均收益率忽略税收及所有利息和股息的再投资。

资料来源：Professor Aswath Damodaran's website：pages.stern.nyu.edu/~adamodar; Bureau of Labor Statistics, "CPI Detailed Report", Table 24.

表 5.1 最后一行记载的内容包含同一期间内消费者物价指数变动的百分比。从这些名义收益率中减去 1928—2016 年 3.1% 的通货膨胀率，可以得到真实的或经通货膨胀调整的收益率，公司债券和政府债券分别为 2.6% 和 2.1%。[①] 长期债券收益率确实稍高于同期的通货膨胀率。

---

① 这些数字是近似值。确切的方程式是：$i_r = (1+i_n)/(1+p) - 1$，其中 i_r 是实际收益率，i_n 是名义收益率，p 是通货膨胀率。采用这一方程式计算，公司债券和政府债券的实际收益率分别为 2.5% 和 2.0%。

6. 债券评级

不少公司对许多公开交易债券的投资品质进行分析并且以债券评级的方式发表研究成果。债券评级是给每次发行的债券指派字母（例如 AA）作为等级，用以反映分析家对该债券违约风险的评价。分析家在决定这些评级时使用了我们在前几章所讨论的许多方法，包括对公司资产负债表上的负债率和偿债比率与相关竞争对手进行比较分析。表 5.2 总结了从主要评级机构之一标准普尔公司中挑选出的关于债券评级的定义。下一章的表 6.5 反映了主要业绩比率在不同评级分类上的差异。

标准普尔公告的信用评级是基于对以下三方面考量的分析结果：债权人偿债的能力与意愿、特定债务条款以及债权人在公司破产时所处的优先地位。诸如穆迪之类的其他主要债券评级机构也遵循类似的规则。

表 5.2　标准普尔公司债券评级定义

评级符号	定义摘要
AAA	极强的偿债能力
AA	很强的偿债能力
A	较强的偿债能力
BBB	充足的偿债能力，但易受不利条件的影响
BB	充足的偿债能力，但会受不利条件的重大影响
B	充足的偿债能力，但在不利条件下可能会无法偿还债务
CCC	目前容易出现无法偿还债务的情况
CC	目前极容易出现无法偿还债务的情况
C	目前极容易出现无法偿还优先债务的情况
D	违约

注：从"AA"到"CCC"的评级可以通过增加一个加号（+）或减号（-）可显示其在主要评级级别里的相对地位。

资料来源：标准普尔全球长期信用评级，见 www.standardpoors.com。

7. 垃圾债券

公司债券的评级是很重要的，因为它影响到公司必须支付的利率。而且，许多机构投资者被禁止投资于那些评级结果低于"投资等级"的债券，通常"投资等级"指 BBB-及以上的等级。结果曾经有一段时间，具有低评级债券的公司很难在公开市场上举债筹资。低于投资等级的债券有不同的称谓，如投机债券、高收益债券或更简单地被称为垃圾债券。

在 20 世纪 80 年代一个活跃的投机等级债券市场出现之前，公开债券市场主要是大型、热门公司的领地。除公开债券市场之外，不出名的小公司在需要债务筹资时，只能被迫依靠银行和保险公司的贷款。尽管对小公司来说，债券市场仍然可望而不可即，但对于许多中等规模以及新成立的公司而言，它们发现公开发行债券是传统银行筹资的一种富有吸引力的替代方式。对于公司收购者和私人权益投资者而言，垃圾债券市场已经成为高杠杆交易的重要筹资来源。

评级机构因其在加剧 2008 年金融危机中的作用而饱受批评，当时它们对各类复杂的以抵押为基础的证券所做的评级被证明过于乐观了。它们似乎犯了两个异乎寻常的错误：第一，基于对快速变化市场里有限的历史经验的评估，评级机构看低了全国性房价下跌的可能性。相关模型让它们相信房价的任何下降都可能只是地区性的，而不会是全国性的。正如穆迪评级机构的前高级主管马克·阿德尔森（Mark Adelson）后来指出的，评级机构的方法"就像是通过观察南极洲一百多年的气象来预测夏威夷的气候"①。第二，评级机构百密一疏，忽视了信贷的初始标准可能会不适用，反而假定证券所依附的抵押品的信贷质量在不同的时间会保持一致。在分析师看来里，他们的工作是就证券而不是抵押品的质量进行评级，所以分析单笔贷款的档案资料是不适当的。用一个在穆迪工作超过二十年的老手克莱尔·鲁滨逊（Claire Robinson）的话来说："我们又不是信贷官员。我们的专长是作为统计学家，以总量分析为基础。"②

● 关于违约率，债券评级告诉投资者什么了？

请看下表的数据，它显示了不同评级类别和投资期的债券违约率。数据跨度为 1981—2016 年，来自标准普尔公司。注意，比如平均而言，得到 AAA 评级的债券，在 10 年持有期间，其违约率只有 0.72%；而在同样的情况下，所有得到 C 评级的债券的违约率是 51.03%。在低评级的债券里，无论它们具有多高的利率，违约的可能性是显而易见的。

1981—2016 年债券违约率的历史平均累计值

（单位:%）

债券评级	时间跨度（年数）		
	1	5	10
AAA	0.00	0.35	0.72
AA	0.02	0.33	0.77
A	0.06	0.53	1.41
BBB	0.18	1.78	3.76
BB	0.72	7.45	13.33
B	3.76	18.32	25.43
CCC/C	26.78	46.42	51.03

资料来源：标准普尔全球公司，《2016 年度全球公司违约研究与评级之转型报告》。

---

① Roger Lowenstein, "Triple-A-Failure", *New York Times Magazine*, April 27, 2008.
② 同上。

随着债券评级的下降，违约率持续上升，这一事实提供了令人信服的证据，即评级确实是有用的违约预测器。也请同样注意，投资等级的债券和投机等级的债券之间有着截然不同的差距。比如说五年的投资期，对于投资等级最低的 BBB 债券而言，其违约率也小于 2%；而在同样的环境下，对于投机等级最高的 BB 债券而言，其违约率则超过 7%。

二、普通股

普通股是一种剩余收益债券。股东对支付完包括债务利息在内的所有债务后剩下的任何收益享有所有权。如果公司繁荣，股东就是最主要的受益者；如果公司萎缩，股东就是最大的输家。股东每年能得到的钱取决于公司决定支付的股利；然而，每季度做出股利支付决策的董事会根本没有一定要支付股利的义务。

1. 股东控制权

至少从理论上说，股东可以通过选举董事会的权力对公司事务实行控制。在美国，股权分布的分散性和董事会选举的法律性有时会结合起来，以减少股东的这种权力。在某些公司，只要拥有诸如 10% 的股份这么少的股权就已经足够控制整个董事会。在其他很多公司里，根本没有占统治地位的股东群体，甚至不拥有公司任何股份或者只有很少股份的管理人员就可以控制董事会。

当然，这并不意味着在这样一些公司里的管理人员就可以随心所欲，完全不顾股东的利益，因为他们的行为至少要受到两方面的潜在制约：一方面的制约是他们必须在产品市场进行竞争的需要所催生的，如果管理人员没有办法有效地制造产品或提供劳务并以有竞争力的价格出售，公司将会被更有进取心的对手夺去市场份额，最终会被挤出本行业。而管理人员在产品市场采取的有效竞争行动与股东的利益是一致的。

证券市场形成了对管理人员处事行为的另一方面制约。一个公司将来想要举债或筹集权益资本，它就必须维持一定的盈利能力以吸引投资者的资金；而且，如果管理人员忽视股东的利益，股票价格将会受到影响，公司就可能变成恶意收购的目标。即使不曾面临被收购，受大机构股东的不时鼓动，公司董事会成员在某些时候也会更勤于监督管理人员，更换表现差的管理人员。2000—2008 年，每年平均有 37% 的 CEO 被董事会强制离职，而 2009—2016 年，该数字仅为 18%。① 在第九章我们将会更多地讨论有关公司收购以及董事会在其中的推进作用。

比起美国或英国，某些国家的股东理论上对公司管理人员实行更直接的控制。例如在德国，银行通常是很多企业的控股股东，在企业董事会拥有董事席位，对企业在举债和募集权益资金方面能够进行有效控制。在日本和韩国，企业经常被一群企业控制——在日本

---

① Strategy & 2016 CEO Success Study.

被称为财团,在韩国被称为财阀。作为巩固其重要商业利益关系的手段之一,这些企业相互之间持有相当比例的股份。不过有证据表明,这类更为直接的企业控制手段正日益变得不普及了。

2. 普通股投资

普通股股东得到两部分的投资收益:股利和股票价格可能的上涨。假如 d_1 为当年每股股利,p_0 和 p_1 分别为年初股票价格和年末股票价格,则股东获得的年收益为:

$$d_1 + p_1 - p_0$$

上式除以年初股票价格,得到年收益率为:

年收益率 = 股利收益率 + 股票价格变动百分比

$$= \frac{d_1}{p_0} + \frac{p_1 - p_0}{p_0}$$

1928—2016 年,大公司普通股权益投资者得到平均 3.7% 的股利收益率和平均 7.5% 的资本升值率。2007—2016 年,上述数字分别是 2.1% 和 6.4%。

普通股股票主要是一种对真实或有生产能力资产的所有者权利。要是公司在通货膨胀时期还能维持利润率的话,经通货膨胀调整的利润应该不会受到通货膨胀的影响。许多年来,这个道理变成一种信仰,即普通股是防范通货膨胀的一种保值方法,但是在 20 世纪 70 年代高通货膨胀时期,事实并非如此。请再看一看表 5.1,我们可以看到,假如有位投资者在 1928 年年初买入一个有代表性的普通股股票组合,而且把所有的股利再投资于同一个组合,经过 89 年,到 2016 年,他的年平均收益率应该是 11.4%。可是,1973—1981 年,当物价平均每年增长 9.2% 时,普通股股票的年平均名义收益率仅为 5.2%。这意味着大约 4% 的负真实收益率。这一期间公司债券的类似数字是 2.5% 的名义收益率和大约 6.7% 的负真实收益率。

比较一下 1928—2016 年普通股股票 11.4% 的收益率与同期政府债券 5.2% 的收益率,两个数字之间的差异为 6.2%,这可以看成是风险报酬,即普通股股东所获得的、作为他们多承担风险而要求得到补偿的额外收益。把普通股股票收益率与消费者物价年变动百分比相比较,我们可以看到此期间内普通股股票投资者的真实收益率为 8.3%(11.4%-3.1%)。

股利真的增加年收益吗?

上述等式看起来好像是年收益率随着股利的增长而增长,但事实并非如此简单。当期股利的增加意味着以下两个方面中的一个:公司可用于投资的资金减少了;为了继续原来的投资,公司不得不从外部筹集更多的资金。不论哪一个方面,增加当期股利都减少了股东对未来现金流量的所有权,因而减少了股票价格的上涨。随着股利的增长,年收益率可能会提高也可能不会提高,这取决于哪一种影响起主导作用。

图 5.1 更形象地呈现了同样信息的大部分内容，它表明投资者于 1928 年年初投资在各种资产上的 1 美元在 2016 年年底能得到的财富。这里，普通股股票是最明显的赢家。到了 2016 年，最初投资于普通股股票的 1 美元已增加到令人咋舌的 3,286 美元。相比之下，投资于长期政府债券的 1 美元在 2016 年将只值 71 美元。考虑通货膨胀效应之后，投资于普通股股票相应的实际数字是 238 美元，投资于政府债券的是 5 美元。不管怎样，正如图 5.2 所示，普通股股票已经被证明是一种比债券变动性更大的投资。

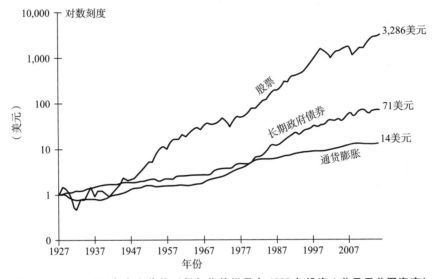

图 5.1　1928—2016 年名义收益（假如你的祖母在 1928 年投资 1 美元于美国资产）

注：假设 1927 年年底的初始投资额为 1 美元；各年数据含收益的再投资。

资料来源：Professor Aswath Damodaran's website：pages.stern.nyu.edu/~adamodar；Bureau of Labor Statistics，CPI Detailed Report，Table 24.

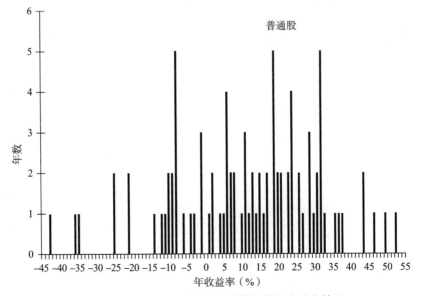

图 5.2　1928—2016 年股票和债券年收益率分布情况

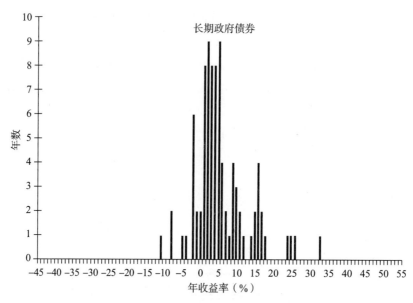

图 5.2 1928—2016 年股票和债券年收益率分布情况（续）

资料来源：Professor Aswath Damodaran's website：pages.stern.nyu.edu/~adamodar.

三、优先股

优先股是一种嫁接证券：某些方面像债务，某些方面像权益。如同债务，优先股是一种固定收益证券，它承诺每年固定付给投资者相当于证券票面利率乘以面值的股利。如同权益，除非自己选择，否则董事会无须一定支付优先股股利。与权益一样，优先股股利支付款项不可作为以抵免公司所得税为目的的费用。对于相同的票面利息，上述原因使得债券的税后成本远比优先股税后成本少得多了。与权益的其他相似之处在于：尽管优先股可能拥有赎回权利，但它经常是没有到期日的；除非公司愿意赎回，否则优先股是无限期公开流通的。

累积优先股

公司董事会支付优先股股利是出于两方面的强烈动机：一方面，在股利支付上优先股股东比普通股股东有优先权，除非优先股股东全部得到给付，否则普通股股东不能得到任何股利；另一方面，实际上，所有的优先股股票都是累积优先股，要是公司错过一次股利支付，欠付款项则往后累积，而这些累积股利必须在公司重新恢复普通股股利支付之前全部付清。

优先股股东对经营管理决策的控制因人而异。在一些场合，主要决策必须取得优先股股东的首肯已成为一种例行公事；而在另一些场合，除了应付股利被拖欠的情况，优先股股东对经营管理是没有发言权的。

优先股股票不是一种常用的筹资方式。目前标准普尔 500 中大约只有 16%公司的资产负债表里还有优先股。有些管理人员把优先股看作便宜的权益资本，他们注意到在股利支付和到期日等方面，优先股股票比起普通股股票能够给经营管理提供更多的灵活性。然而，因为优先股股东没有权利分享未来成长的好处，所以他们发现优先股股票比普通股股票更便宜。不过，绝大多数人把优先股股票视为没有税收好处的债券。因为除了被强迫，很少有公司曾经遗漏过优先股股利支付。大部分管理人员认为优先股股票所具有的灵活性价值甚微，对于他们来说，重要的事实在于支付给债券的利息是可以抵减税收的，而支付给优先股股票的股息却不能。

第二节　金融市场

在复习了有关证券基本类型的知识后，现在让我们转到证券发行和交易市场上。其中，我们特别感兴趣的是市场效率这个有争议的概念。

广泛地说，筹资市场是投资者为企业提供资金的渠道。由于涉及的公司和证券的性质不同，这些渠道也存在巨大差异。最好能够考虑三类有代表性的公司——刚成立的公司、准备首次公开上市的公司和跨国公司——的筹资需求来描述这些渠道。这种简单的分类当然无法覆盖整个主题，但是我们希望它们能提供一种对筹资市场，更为重要的是对市场参与者来说有用的总体看法。

一、风险资本融资

珍妮特·霍姆斯（Janet Holmes）发明了一种有发展前景的新的医疗设备，她想马上开一家公司把自己的研究市场化，问题是到哪里去筹资。通过简单的市场调查，她得知不可能利用像银行贷款和公开发行股票或债券这样的传统渠道筹到钱。她的创业风险太大，不符合银行贷款条件；规模太小，又吸引不到公共基金。一位银行家对以应收账款、机器设备以及她的个人资产作抵押的小额贷款表示了兴趣，但是这远远不够。相反，看起来似乎霍姆斯女士将不得不主要依赖于企业创业融资传统的 4F 来源——创始人（founders）、家族（family）、朋友（friends）和傻瓜（fools），其他可能的融资来源包括战略投资者、创业资本家。从这些人那里，霍姆斯女士可以合理地募集到 1,500 万美元；作为交换，战略投资者或创业资本家可以获得公司相当大的股权比例甚至是控制权。

战略投资者是经营中的公司——通常为潜在的竞争者，这些公司对刚成立的公司进行重大的权益投资，以使自己可以获得有前景的新产品或新技术，包括微软、英特尔和思科在内的一些战略投资者开始把对新企业的风险投资当作一种外包研发之路。它们不是闭门造车，而是花钱资助有前景的新成立公司，预期获得以后成功的产品或技术。

风险投资家分为两类：一类是富有的个人，通常被称为"天使投资者"；另一类是专业的风险资本公司。风险资本公司是对增长快、收益高的个人公司进行高风险权益投资的金融投资者。它们买下公司相当大的一部分股份并且积极介入公司管理，目标是在五六年后公司上市时清算这些投资或卖给别的公司。在进行每笔投资前，风险资本公司一般要考察几十个候选公司，每一项成功的投资背后都有好几项失败的投资。作为回报，它们要求成功的投资收益要比初始投入高5—10倍。根据全美风险资本协会（National Venture Capital Association）的资料，在美国，风险资本公司2016年共投资大约690亿美元，涉及8,000起交易。这一金额远低于2000年互联网刺激下创纪录的1,050亿美元的交易金额，但远高于过去十年里的大部分年头，那些年每年的平均交易金额为480亿美元，大多投资于一两种类型的科技企业。

互联网金融

急需资金的初创公司越来越多地转向互联网，在这里，它们接触到潜在的投资者群体。众筹，就是从众多的小投资者手中筹集资金的行为。高盛称之为"可能是所有新金融模式中最具破坏性的一种"。2016年之前，美国法规禁止向小投资者出售股票或债券，因此到目前为止，大多数众筹通过诸如提供打折产品的形式为投资者提供回报。近年来，回报型众筹网站（如Kickstarter和Indiegogo）每年为全球的创业公司筹集数十亿美元的资金。与传统的股票和债务市场的筹资额相比，这不算多；但是对于某些类型的公司而言，回报型众筹似乎是一种可行的融资选择，这些公司的资金需求不大，产品受到社交媒体的欢迎。例如，2015年，Baubax为附带内置充气式颈枕的旅行夹克筹集了超过1,000万美元的资金。

尽管如此，但回报型众筹有时看起来还是不公平的。例如，Oculus在2012年为虚拟现实耳机筹集了240万美元，在两年后以几乎1,000倍的价格卖给了Facebook，而没有给原本的捐助者一分钱。因此，众筹的新领域是在线筹款的扩展，包括将股票出售给小投资者，这通常被称为股权众筹或监管众筹。《乔布斯法案》（2012年）允许在美国进行监管众筹，但在2016年美国证券交易委员会（SEC）的最终规定生效之前，面向对小投资者的众筹是不合法的。SEC在长达685页的文件中明确指出，为了保护投资者利益，限制投资者的年度投资额只能力求净现值和收入的很少一部分，限制公司每年筹集的资金不超过100万美元。此外，所有监管众筹投资都必须通过在SEC注册、被称为筹资门户的在线中介机构。在监管众筹合法化的第一年内，在SEC注册了超过两打资金门户网站，一些初创公司的筹资额达到100万美元，其中包括Beta Bionics——一种可穿戴设备的制造商，这种设备可自动管理糖尿病患者的血糖水平。

和众筹相似，点对点（P2P）由在线市场组成，这些市场在不使用银行作为中介的情形下匹配借款人和放款人，这一过程可以潜在地降低交易成本和融资成本。与众筹一样，P2P借款对缺乏传统融资渠道的小公司更有用。Lending Club 和 Funding Circle 等 P2P 市场在 2015 年共筹集了 250 亿美元的贷款，市场观察家预计，到 21 世纪 20 年代初，每年的筹资总值将达数千亿美元[b]。尽管众筹和 P2P 借贷市场相对较新，而且仍面临挑战（包括如何保护粗心的投资者免受欺诈之害），但在线金融的融资额可能很快超过传统风险资本的融资额[c]。

资料来源：[a] Health Terry, Debra Schwartz, and Tina Sum, "The Future of Finance", *Goldman Sachs Equity Research*, March 13, 2015. [b] Prableen Bajpai, "The Rise of Peer-to-Peer (P2P) Lending", Nasdaq, September 27, 2016. The totals include other types of loans in addition to business loans. [c] Chance Barnett, "Trends Show Crowdfunding to Surpass VC in 2016", *Forbes*, June 9, 2015.

二、私募权益筹资

风险资本公司是一系列"私募权益"公司的突出例子。虽然私募权益公司广泛投资于各种机会，包括刚成立的公司、杠杆收购以及财务困境企业，但它们有一个共同的特点——都使用私募权益合伙人这种特别的组织形式。私募权益投资在特定的期间内构建形成一种有限的合伙人形式，而不是传统的公众公司形式，一般持续 10 年。作为一般合伙人，私募权益公司从最初由机构投资者（如养老基金、大学捐赠机构和保险公司）组成的有限合伙人手中募集一笔钱。作为有限合伙人，这些机构投资者享受与传统的股东一样的有限责任保护。随后，私募权益发起人把募集到的资金进行投资，在一段时间内积极参与管理、清算，最后把收益返还给有限合伙人。作为索取的回报，私募权益公司向有限合伙人收取一定的费用，大约是初始投资的 2%，作为每年的管理费用；此外，还要加上一笔所谓的"运营收益"，通常为投资所获资产增值的 20% 或更多。例如，10 亿美元的投资在清算后得到 30 亿美元，产生的运营收益为 4 亿美元 [20%×（30-10）]。私募权益公司可以同时管理好几个不同规模、不同到期日的有限合伙人。

私募权益市场过去数年内日益流行，其中若干原因为：某些公司的管理者将私募权益筹资看作一种有别于公开权益市场的引人入胜的途径。私募基金让它们可以避免作为公众公司所带来的那些麻烦和代价，例如与分析师的见面会、新增的信息披露要求，以及对季度盈利的过度关注。此外，私募权益合伙制看起来能解决传统投资形式中牢不可破的多个激励问题。

- 合伙人形式使所有者和管理者之间的分歧最小化。作为有经验、积极的所有者，私募权益投资者明确知道管理的目标不是鼠目寸光地追求短期目标，而是为所有者创造价值。
- 合伙关系的固定生命周期造就一批态度积极、讲求实际的管理者，敦促他们采取决定性的行动。

- 就像幽默大师戴夫·巴里（Dave Barry）会做的一样，有限的投资期限同样确保投资者最后可以拿回自己的投资，而不是在管理出现问题时站在一旁袖手旁观。

私募权益市场到底有多大？马尔科姆·格拉德韦尔（Malcolm Gladwell）在登载于《纽约客》（*New Yorker*）杂志上的关于拯救通用汽车的故事里指明，"过去25年里，私募权益已经从默默无闻变成美国经济中最强的力量之一"[1]。而根据《经济学家》（*The Economist*）的报告，私募权益控制了美国大约四分之一中等规模的公司和十分之一的大公司。作为最大的两家私募权益公司，凯雷（Carlyle）和KKR在其组合所控股的公司里，每家都雇用了超过700,000名的员工。如果只被看作单一雇主，那么凯雷和KKR的投资组合将是美国上市公司的第二大和第三大的雇主，仅次于沃尔玛。[2]

三、首次公开发行

纪诺米克设备（Genomic Devices）公司六年前成立，当时它从三家风险资本公司筹集了1,500万美元，在两轮以上的风险融资后总共筹集了400万美元资产。纪诺米克2016年的销售额为1.25亿美元、年增长率超过40%的全国性企业。为了快速增长，管理层估计该公司还需要引入2,500万美元权益。同时，公司创始人和风险资本投资者也急于看看他们这些年的辛苦能够换回多少现金，这使公司积极考虑首次公开发行（IPO）普通股。IPO意味着为公司股票创造公开市场，在向公司提供必需的资金的同时，也将为现有股东提供变现机会。

投资银行

纪诺米克公司走向IPO的第一步是进行被行业命名为"食品烘焙比赛"的工作，包括阅读多家投资银行提交的关于如何销售新股票以及它们将多么胜任这一工作的计划书。投资银行家可以说是保持金融市场顺利运转的润滑油，是帮助公司筹集资金的金融专家。此外，他们的活动包括股票和债券的经纪业务、投资计划、兼并与收购分析、公司咨询等。一些像美洲银行这样的投资银行雇用了数千个经纪人，并在世界各地拥有办事机构；另一些如瑞德（Lazard）集团善于运作公司和证券交易，较少抛头露面。至于投资银行所能提供的服务范围，H. F. 赛因特（H. F. Saint）在他所写的华尔街惊险小说《一个无影人的回忆录》（*Memoirs of an Invisible Man*）里说得最为绝妙："投资银行家从事所有类型的有意思的服务和行动——其实，任何服务或行动只用一套西服即可撑起脸面，这就是这一行业的职业道德所能强加的限制。"[3]

当一个公司准备筹集新的资本时，投资银行家的任务与他索取的费用如出一辙：多如牛毛且花样百出（依惯例和法律而定，资本筹集技术在各国多有不同。为节省篇幅，这里的评论将只限于美国情景，为此特向非美国读者致歉）。"食品烘焙比赛"的胜出者得到一

---

[1] Malcolm Gladwell, "Overdrive: Who Really Rescued General Motors", *The New Yorker*, November 1, 2010.
[2] "The Barbarian Establishment", *The Economist*, October 22, 2016.
[3] H. F. Saint, *Memoirs of an Invisible Man*, New York: Dell, 1987, pp.290.

个"承销商"的名头，并且马上开始就即将发行的证券的具体设计向公司提出建议。然后，投资银行家将协助公司在 SEC 进行发行注册。这个过程需要 30 天到 90 天的时间，包括关于公司财务状况、管理人员报酬、各类计划等详细信息的公开披露。这些信息有些是管理层宁愿秘而不宣的。根据 2012 年通过的《乔布斯法案》，年销售收入少于 10 亿美元的公司现在可以在 IPO 申请过程中保密此信息。

当注册快要被批准时，承销商在纽约和其他金融中心组织"路演"，由公司高层执行经理向机构投资者介绍本次发行。承销商还要把销售辛迪加（Syndicate）和承销辛迪加合为一体。辛迪加是指由多达 100 个或 100 个以上的投资银行公司组成的团队，它们在短期内联合力量促销新发行的证券。销售辛迪加的每位成员要接受向投资者出售确定比例的新发行证券的任务。承销辛迪加的成员实际上充当批发商，它们按照事先保证的价格从公司手里买入所有的发行证券，而后试图以较高的价格将证券卖给公众。全国证券交易商协会的"公平实践法则"严禁承销商以高于原先向公司报出的价格向公众推销证券。不过，假如必要的话，辛迪加倒是可以按较低的价格出售证券。

考虑到证券市场的变动性和完成注册所要求的时间跨度，当承销商向公司保证以一个固定价格销售这些股份时，看起来似乎承销商承担了相当高的风险。然而，事实并非如此。不到销售前的最后一刻，承销商决不会对一种新证券的确定价格做出表态。假如一切依计划而行，全部证券在发售的第一天就会卖给公众。所以，正是公司而不是承销商，承担了注册期间证券出售条款改变的风险。

辛迪加的存在期间很短，往往是为了"询价圈购"或预售证券而在发行前几个月成立，一旦证券售罄就立刻解散。对于失败的发行，辛迪加也是在发行日后的数周内解散，而由承销商自行处理卖不掉的股票。我将多讲讲有关发行成本和 IPO 定价的内容。

四、增发

我们的第三个急需筹资的公司代表是特莱雷诺公司（Trilateral Enterprises），它是年销售收入达到 900 亿美元的跨国消费品公司。特莱雷诺想筹集 2 亿美元的新债务，并把筹资限制在美国进行货架登记，或者通过公司在荷兰安德列斯群岛的分支机构进行跨国发行。

1. 货架登记制

货架登记制（shelf registration）准许经常发行证券的公司就决定要发行的证券的主要条款申请进行一项有效期为两三年的一般意义上的登记，以免去传统登记过程冗长的档案提交工作。一旦登记获得 SEC 的准许，除了需要定期更新，公司可以把登记束之高阁。特莱雷诺公司或许会对货架登记制下的债券发行感兴趣，但货架登记制式的股票发行同样非常盛行。数据显示，它们占到全部增发募集资金约一半的样子。股票增发或简称 SEO，指已经上市交易的公司所发行的股票，它与私人企业的 IPO 形成对比。而且"通用"货架登记制既包括债券也包括股票发行，该发行方式允许发行人将发行债券或股票的选择推迟到最后一刻。

货架登记制把一次证券发行从做出决定到收款的时间差从几个月压缩到最短只要 48 个小时。因为 48 个小时对投资银行家来说即便是匆忙拼凑一个辛迪加也还是太短,货架登记制倾向于做"大宗交易",即由单个投资机构买入全部的发行证券,希望以后能化整为零地转售出去获利。由于发行人从两个投资机构得到报价与从一个投资机构得到报价一样容易,因此货架登记制增加了投资银行之间进行竞争性报价的可能性。研究表明,货架登记制的发行成本最多可比传统登记制的发行成本低 15%—20%。①

2. 私募

如果它愿意,特莱雷诺公司只把债务私下发行给一个或几个大型的机构投资者,这样就可以完全避开 SEC 的注册要求。SEC 没有对此类私募进行任何管制,寄希望于诸如保险公司和退休基金之类的大型投资者不需要政府的保护就可以照顾好自己。在 2008 年金融危机之前,债券私募相对普遍,就其提供的总金额而言,占到了全美上市公司债务市场大约一半的规模。然而,近年来,私募债只提供了公开市场上大约十分之一的资金。私募权益发行同样是可行的,但只占到整个资本市场上更小的比例。②

私募对那些规模较小、不甚知名的公司以及所谓"存在信息问题"的公司特别有吸引力。后者复杂的组织结构或财务需求使得它们很难让个人投资者进行评估。私募还可以根据公司需要进行客户定制,筹资安排快速,以及在必要时重新谈判相对容易。

传统上,私募最主要的不利之处在于作为未注册的证券,SEC 禁止其在公开的金融市场进行买卖。其结果是,发行人从历史角度发现它们必须为私募提供比公开发行的证券更为优惠的条款,以补偿其流动性不足。1990 年,SEC 发布 144A 规则,允许在大型机构投资者之间进行私募证券交易,至少对没有"存在信息问题"的公司来说,这一情况已经开始改变。144A 规则是 SEC 下定决心尝试的部分工作,旨在鼓励从根本上为公司证券建立两个平行的市场:一个管制非常严密的个人投资者的公开发行市场和一个监督较为松弛的机构投资者的私募市场。

3. 国际市场

大公司可以从以下三种市场中的任何一个筹集资金:国内市场、国外市场和国际市场。国内金融市场指公司母国所在的市场,而国外金融市场指其他国家的国内市场。因此,美国金融市场对 IBM 公司和通用汽车公司来说是国内市场,对索尼公司和英国石油公司来说却是国外市场;日本市场对索尼公司来说是国内市场,对 IBM 公司、通用汽车公司和英国石油公司来说却是国外市场。

基于各种原因,公司会觉得在国外市场筹集资金相当有吸引力。当国内市场很小或者不发达时,公司可能会觉得只有国外市场才大到足以吸收它打算发行的证券,也可能公司

---

① Don Autore, Raman Kumar, and Dilip Shome, "The Revival of Shelf-Registered Corporate Equity Offerings", *Journal of Corporate Finance*, February 2008, pp. 32-50.

② SIFMA Research Department, *2016 Fact Book*.

需要以外国货币而非本国货币为货币单位的债务。例如，当华特迪士尼公司扩张到日本时，为了减少日元收益产生的汇率风险，它就寻求以日元为货币单位的债务。考虑到预期的汇率变动，发行人可能相信以外国货币为货币单位的债务确实会比本国货币债务更便宜。

国际金融市场是公司筹集资金的第三个市场，就它对国内市场和国外市场流行的法规管制的反应来看，国际金融市场最被看好的自由市场。无论何时，如果交易中所使用的货币不受该货币发行当局的控制，这笔交易就可以说是发生在国际金融市场上。一家位于伦敦的美国公司的一笔以美元为货币单位的贷款，或者一家位于新加坡的日本公司的一笔欧元贷款，以及由一家荷兰公司发行但在德国法兰克福承销的英镑债券，都是国际金融市场交易的实例。每一例交易的发生地点都在货币发行当局的直接法律管辖范围之外。事情发展到如此程度，连美国联邦储备委员会（以下简称"美联储"）在管理与美国公司有关联且以美元为货币单位，但在伦敦发生的银行业务活动时也会遇上麻烦。同样，欧洲中央银行也难以管理发生在新加坡的欧元交易活动。

国际金融市场于第二次世界大战后不久在伦敦出现，最初仅限于欧洲的美元交易。从那时开始，该市场得到巨大的发展，已经囊括大部分主要的货币，交易中心遍布全球。今天，国际金融市场使公司能以非常有竞争力的价格、最少的管制或信息披露要求进入庞大的资本库。

国际金融市场之所以能够提供比国内金融市场更低筹资成本的两个重要原因在于：国际银行的存款没有存款准备金要求，具备以不记名形式发行债券的能力。在美国和其他许多国内市场，银行必须遵守存款准备金要求。这一要求规定银行必须把每笔存款的一部分转存在中央银行一个特别的、通常不计利息的账户上。这部分存款准备金由于受限制不能挪作他用且又没有产生适度的回报，为了创造相同的利润，国内贷款就必须索要比国际贷款更高的利率。

不记名债券的主要吸引力在于它们让投资者更容易逃避支付利息所得税。发行不记名债券的公司从来不知道债券的所有者是谁，而只是将利息和本金支付给任何能在适当的时间提供适当的债券息票的人。相反，已注册证券的发行人保存着所有者及其支付款项的记录。因为不记名证券为税收逃避提供了便利，所以它们在美国是非法的。这就是为何特拉特尔（Trilateral）公司想到要通过它在荷兰安德列斯（Antilles）的子公司向非美国的居民发行债券。不记名债券能够在国际金融市场流通意味着国际债券可以带有低于类似的国内债券的利率，并且仍然能产生相同的税后收益。

国际金融市场从国内市场拉走生意的能力制约了国内强行立法的做法。公司和投资者只要简单地转移到国际市场就可以逃避烦琐的国内法规，管理当局也被迫要考虑新的立法在多大程度上会因将生意拱手让人而伤害到国内市场。有人担心，由于当前的立法意图强化美国公开发行市场，反而将生意赶到国外。其担忧之处在于，包括《2002年萨班斯-奥克斯利法案》（Sarbanes-Oxley Act of 2002）和《2010年多德-弗兰克华尔街改革和消费者保护法案》（Dodd-Frank Wall Street Reform and Consumer Protection Act of 2010）等立法动议的长期效应将是简单地把企业赶到海外和私募市场。尽管在很大程度上带有偶然性，与这些担心相关的证据正在不断增加，这类证据包括将 IPO 业务转移到非美国的市场①，而在小型上市公司中，私有化显然正变得越来越普遍②，未受管制的私募市场正在成长。这类市场是所谓的"影子市场"，投资者在其中可以买入和转让私募公司的股票，另外会减少有意在美国股票交易所上市的小规模外国公司的数量。

当然，并非所有的法规都是糟糕透顶的。对金融市场的法律监管和政府与金融恐慌作斗争的意愿在过去七十多年间已经极大地稳定了市场和经济。现在的问题在于，这波新的立法浪潮是否改善了公开发行市场或者将企业推向不受束缚但迷雾重重的地方。这一点尚待观察。

五、发行成本

对于金融证券，发行人会涉及两类成本：年费（如利息费用）和发行成本。我们稍后再考虑更重要的年费。发行成本指发行公司及其股东在初始发售时所发生的成本。对于私下谈判的交易来说，唯一重要的成本是投资银行家根据他作为代理人的能力而索要的费用。对于公开发行，则有法律、会计和印刷费用，再加上付给投资银行家的费用。承销商以差价的形式表示他索要的费用。举例来说，假设 ABC 是一家公开上市的公司，它打算按照传统登记制发售 1,000 万股新的普通股股票。ABC 公司的股票现在纽约股票交易所（NYSE）以每股 20 美元交易。在公开发售前几个小时，承销商可能会通知 ABC 公司的管理层说："按照现在市场价格的情况，我们能够以每股 19 美元的发行价格售出新股，差价为每股 1.5 美元，公司每股净收款计 17.5 美元。"这意味着投资银行家打算每股压低 1 美元（市场价格 20 美元－发行价格 19 美元）发行，而且他提供的服务每股要收取 1.5 美元的费用，或者说总额 1,500 万美元。这笔费用将在常务承销商和辛迪加成员之间根据每个银行在辛迪加中的重要性，按事先的商定进行瓜分。

压低价格发行指以比现在低的价格出售新股，或者在 IPO 的例子里，在完成发行后很短的时间内，低于市场价格发行新股。投资银行家压低价格的一个明显的动因是压低价格使得投资银行家本身的工作变得更容易。以 19 美元的价格推销价值 20 美元的东西远比以 20 美元的价格推销容易得多。但是现实中显然还有更多原因。在任何一次证券公开销售中，掌握信息较多的内部人正把价格不确定的证券推销给掌握信息较少的外部人，而减轻外部人对于是否上当的本能怀疑的方法之一就是始终持续低估新证券的价值。这让信息不完全的买方预期到股票价格在发行后更可能上涨而不是下跌。低估股票价值对公司来说并没有

---

① Craig Doidge, George Karolyi, and Rene Stulz, "The U.S. Left Behind: The Rise of IPO Activity Around the World", *Journal of Financial Economics*, December 2013, pp. 546-573.

② Ellen Engel, Rachel Hayes, and Xue Wang, "The Sarbanes-Oxley Act and Firms' Going-Private Decisions", *Journal of Accounting and Economics*, September 2007, pp. 1-23.

把钱掏出来,不算成本,但是对股东来说却是成本。价格被低估得越厉害,为了筹集给定数额资金,公司需要发行的股份越多。如果是债券,就会导致更多的利息费用;如果是股票,就会导致现有股东持有股份比例下降。

关于发行成本的实证研究证实了两种重要的模式:第一,股票成本远比债券成本高。各种在公开市场筹集资金方式的成本,其中有代表性的是,不考虑折价发行的部分,一般公司债券的发行成本平均大约为所得的 2.2%,可转换债券为 3.8%,公开交易公司股票为 7.1%。对 IPO 来说,平均成本上升为 11%。第二,各种类型证券的成本随发行规模的减小而急剧提高。以股票总所得的百分比计,对于超过 1 亿美元的发行,发行成本低到 3%;而对于 50 万美元以下的发行,发行成本则提高到 20% 以上。与债券筹资相类似的数据是从大规模发行的 0.9% 以下到非常小额发行的 10% 以上。[①]

第三节　有效市场

在筹集新资本的过程中,一个常被人们挂在嘴边的问题就是时机。当价格高的时候,公司自然很急切地要出售新的证券。结果,管理人员在日常工作中要花费相当多的时间和金钱去预测金融市场上的未来价格走向。

关心证券发行的适当时机是很自然的事情,但在许多学者和市场专业人士中存在一种观念,即预测金融市场未来价格的企图都是输家的游戏。这种悲观主义者信奉有效市场概念,这是最近几年出现的辩论最多、争议最大的一个话题。详细地讨论有效市场问题难免会使我们离题千里,但由于这个话题的含义深远,值得我们稍加注意。

有效市场问题之所以有争论,很大程度上是因为许多赞成者过于夸大支持有效市场的证据,而且歪曲它的含义。为了避免这种错误,我们现在先就以下两件事达成共识:第一,有效市场不是一个非黑即白的问题,而是一个灰色地带问题。一个市场不是有效或无效,而是多有效或多无效。况且,有效的程度是一个实证问题,不可能通过只研究某一个特定市场就可以回答得了。第二,有效市场是一个视觉观点的问题。对于一个在得梅因(Des Moines)的连承销商(underwriter)和殡仪员(undertaker)都分不清楚的牙科医生来说,纽约股票交易所可能是有效的;然而,对于一个掌握每只股票买方和卖方的详细信息及其价格行情的交易所场内专业会员来说,纽约股票交易所可能就是一个非常无效的市场。

[①] Wayne H. Mikkelson and M. Megan Partch, "Valuation Effects of Security Offerings and the Issuing Process," *Journal of Financial Economics*, January-February 1986; Inmoo Lee, Scott Lockhead, Jay Ritter, and Quanshui Zhao, "The Cost of Raising Capital", *Journal of Financial Research*, Spring 1996; Securities and Exchange Commission, "Report of the Advisory Committee on the Capital Formation and Regulatory Process", Washington, DC: U.S. Government Printing Office, July 24, 1996.

一、什么是有效市场

有效市场描述在竞争性市场上价格是如何对新信息做出反应的。在一个竞争市场上，可以将新信息的到来比作一块羊肉扔给一群食肉鱼，在这里，投资者可能很像肉食性鱼锯齿鲑，在羊肉刚触及水面的一瞬间，鱼儿们狼吞虎咽，场面混乱不堪。很快，肉吃完了，只剩下毫无用处的骨头，水面马上又恢复正常。与之极为相似，当新信息传到一个竞争市场上，投资者对信息做出反应，有买有卖，乱成一团，造成价格变动。一旦价格调整过后，所有残留下来的信息就如同鸡肋，食之无味。对过时信息再进行研究将不会产生任何更有价值的情报。

所以，一个有效市场是指在这个市场里，价格能根据新的信息迅速调整，且现有市价能充分反映所交易资产所有可获得的信息。所谓"充分反映"，指投资者能迅速把握新信息，分析这些信息，由此修正他们的预期，然后相应地买入或卖出证券。投资者不断地买入或卖出证券，直到价格的变动消除了他们进一步交易的动机。在这样一个环境里，现有市价反映了投资者逐渐累积的判断，即充分反映了所有可获得的信息。

一个特定市场所表现的有效程度取决于价格对消息的调整速度以及它们所要反映的消息类型。通常要提到信息有效性的三个层次：

- 如果现有市价能充分反映有关过去价格的所有信息，市场就是弱式有效的；
- 如果现有市价能充分反映所有公开可得的信息，市场就是半强式有效的；
- 如果现有市价能充分反映所有公开可得或私人拥有的信息，市场就是强式有效的。

对许多金融市场广泛进行的实证检验表明，除了有限的少数例，绝大部分的金融市场都处于半强式有效而非强式有效的状态。换句话说，通常你无法靠公开信息进行交易来赚钱；不过，依赖内部信息进行的内幕交易却能够有利可图。这个表述必须从两个方面再加以描述。首先，这里存在视觉角度的问题。上述表述只适用于典型的投资者，这类投资者必须交纳经纪费用但同时缺乏收集信息的专门工具。它不适用于做市商。其次，不可能对公开信息的每一种可想象的类型及其组合都进行有效性检验。我们所能说的只是，利用大多数复杂可行的技术，对绝大部分可能的信息类型进行检验后表明市场是有效的。这并不排除一个市场对于某些尚未检验的信息来源会出现无效的可能性，也不排除有学者会发现无效的套利市场的证据，他们选择利用这一发现赚钱，而不是公布这一发现。

● 股票价格对新消息做出调整有多快？

图5.3展示了普通股股票针对新消息的调整速度，即所谓的事件研究结果。此处，学者研究收购要约对标的公司股票价格的影响。图5.3绘制出标的公司股票价格从收购要约公告前40天到后10天这段时间的累计百分比变动情况，所显示的价格变动为1980—2008年在

美国发生的 6,150 次收购公告的平均值。每次公告日定义为第 0 天，如此，全部公告日均可显示在同一时间轴上。

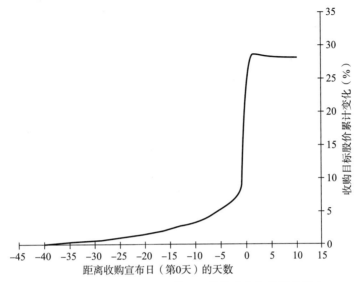

图 5.3 股价对 6,150 家标的公司的收购公告的平均反应

资料来源：Sandra Betton, Espen Eckbo, Rex Thompson, and Karin Thorburn, "Merger Negotiations with Stock Market Feedback", *Journal of Finance*, vol. 69, no. 4, 2014.

由于收购要约给出的价格总是远高于公司股票现有的市场价格，对于标的公司股票来说，收购要约总是好消息，我们预计可以看到标的公司的股票价格在公告后会上升。问题是：上升有多快？从图中可以很明显地看到答案：非常之快。我们看到股票价格在公告前向上漂移（或许可归功于即将公告前的传闻），在公告日飙升。然后，在公告日之后又小幅调整。显而易见，如果某天你从推特推送给你的信息里看到公告，随后从在线经纪人那里买入股票，你将错过最大幅度的股价变动。市场总是要对新的信息做出反应。以前，学者们做过大量的事件研究，涉及不同的市场和不同的事件，这些研究的主要发现显示金融市场对新的、公开可得信息的反应非常之快。

不过，事件研究只使用了每日的股票价格数据，如图 5.3 所概括的那样。它没有讲好整个故事。在今日的金融市场上，股票价格对信息的反应最好是用秒，甚至百分之几秒来衡量。例如，2013 年 9 月，美联储公告将继续执行买入债券的计划——这对股票市场是始料未及的好消息，股票市场在信息公布的几微秒内出现井喷式行情。[a]是不是觉得这非人力所为，实际上的确不是，至少在没有自动交易系统（系统中的高速计算机会根据信息自动提交买卖订单）帮助的情况下是做不到的。在一种自动交易系统中，新闻分析提供商使用文本分析来处理发布的新闻，然后将估计对特定公司有影响的信息传递给高频交易者[b]，所有这一切大概耗时 1/3 秒。高频交易者的自动化程序会立即执行交易以尝试从新闻中获利。

因此，如果你想在金融市场上根据新闻进行交易以赚钱，那么最好快点做。你不一定必须是从新闻中获利的交易者中最快的那一个，但是你越快，潜在利润就越高。为了追求速度，高频交易者已在尖端的硬件和软件上进行了大量投资，甚至还向股票交易所支付了资金，以获得权利将自己当作服务器的计算机与交易所的计算机"共同放置"在同一建筑物中，从而节省了宝贵的毫秒级传输时间。试一试利用家用计算机与他们竞争。

资料来源：[a] Maureen Farrell, "High Speed Traders Reacted Instantly to Fed", CNN Money, September 19, 2013. [b] Bastian von Beschwitz, Donald Keim, and Massimo Massa, "First to 'Read' the News: News Analytics and High Frequency Trading", CEPR Discussion Paper, October 2015.

二、有效市场的意义

如果金融市场处于半强式有效，那么下列表述是正确的：
- 可获得的公开信息对预测未来价格没有帮助；
- 在缺乏私人信息时，现有市场价格（或许再经长期趋势调整）是对未来价格的最好预测；
- 没有私人信息，一个公司无法通过选择出售良机来试图改善其出售证券的条款；
- 没有私人信息或接受高于平均值之上风险的意愿，投资者不要奢望获得高于市场平均水平的收益率。

没有私人信息的投资者个人可以有两种选择：一是承认市场是有效的，然后打消预测证券价格的企图；二是尝试从自己的角度使市场看上去无效。其方法包括通过获取最好的信息收集系统以期先于他人知道事件真相；一种变通的方法是寻求内幕消息，但这通常是非法的。或者，如同中餐馆的幸运签语饼里的传统格言："市场里的朋友好于钱包里的钞票。"某些投资者采取的第三种以退为进的策略是购买权威的咨询公司的预测报告。这种方法的主要优点在于，一旦事情搞砸了可以有人做替罪羊。毕竟，要是它们的预测确实有用，咨询公司自己就能够通过交易来赚钱，没有必要讨好潜在客户。

有效市场的信念对金融危机有贡献吗？

有效市场在2008年金融危机中表现不佳。类似的评论将此概念贴上"'令人难以置信的不准确''学术上的江湖药方'，它导致'资产泡沫、松弛的控制、有害的激励，是造成我们现有困境的那些邪恶的复杂工具'"的标签。[a]

此类尖刻的话是否有根据？有效市场的信念对危机有贡献吗？在我的头脑里，答案是"既对也错"。正如圣塔·克拉拉大学（The University of Santa Clara）的迈尔·斯塔特曼（Meir Statman）所指出的，至少有两个普遍使用的有效市场定义。[b] 此处所用的中性定义表明，在风险调整的基础上，平均而言，由于投资者难以持续地比市场表现得更好，因此有效市场是不可胜的。在不可战胜的市场里，价格对新信息的反应非常之快，而且这类反应既不会持续地过大也不会过小；但如果这些条件中的任何一个没有达到，市场就不再是不可战胜的了。更重要的是，有效市场的中性定义并没有说明价格对新信息的反应是否必须正确；相反，它只是表明价格反应体现了投资者的普遍情绪，而这些情绪很可能被误导了。这意味着价格在有效市场里很可能偏离它们的内在价值，而凸显价格泡沫。

相比之下，激进定义认为有效市场不仅不可战胜，而且从某种意义上说，它是理性的，即证券价格总是等于内在价值。其结果是，有效市场里的价格永远是"正确的"，不会出现泡沫。尽管大量的证据与之相反，但激进定义让金融市场非管制化的拥护者欣喜若狂，他们显然相信非管制化的市场必然也是理性的市场。

有效市场的概念要为金融危机承担多少罪责？事实上，有效市场的早期拥护者确实倾向于理性市场的假设，所以，对于最初过度解读其研究成果的重要性，他们必须承担起一定的责任。但那是十年前。现在财务学家普遍赞同有效市场为中性的、不可战胜的定义。实际上，日益流行的所谓"行为金融"学科，基本上是在研究市场情绪如何导致证券价格系统性地偏离其内在价值。

更多的责难与那些继续相信有效市场等同于理性市场的人相关。无论是出自学术上的懈怠，还是对非管制化压倒一切的哲学而信奉，非管制化的市场必定是理性的。这一被广为接受的判定很有可能对各类因素的危险组合起了坏作用，从而导致2008年的金融恐慌。

资料来源：[a] Jeremy Grantham quoted by Joe Nocera, "Poking Holes in a Theory of the Markets", *The New York Times*, June 5, 2009, and Roger Lowenstein, "On Wall Street, the Price Isn't Right", *The Washington Post*, June 7, 2009. [b] Meir Statman, "Efficient Markets in Crisis", *Journal of Investment Management*, 2nd Quarter 2011, pp. 4-13.

正如前面评论所提示的，有效市场是一个微妙的、有争议的概念，无论是对投资者还是对公司来说都有重要的意义。在这里，我们对这一主题的处理已经是简明扼要的了，不过还是要充分说明，除非高级管理人员掌握内部信息或高质量的信息收集和分析系统，否则他们预测金融市场价格的企图可能会所得甚微。这一结论适用于许多公司参与的金融市场，包括政府证券市场、公司证券市场、外币市场及商品市场。

然而，这里还有一个防止对上述结论产生误解的重要说明。由于管理者显然拥有关于他们所在公司的私人信息，他们应该具备一定的预测所在公司证券价格的能力。这意味着管理者根据有关公司的私人信息及公司前景来掌握新证券发行时机的努力是适宜的。但要注意以下区别：因为总裁认为公司在来年的经营业绩将会显著好于分析师的预期，从而决定推迟股票的发行，这在一个半强式有效的市场上是完全合乎情理的；但财务总监认为股票市场总体上很快会回升，因而作出推迟发行的决定却不是合乎情理的。前一个决定是以私人信息为根据的，而后一个却不是。

本章附录　利用金融工具管理公司风险

没有关于金融衍生品的介绍，对金融工具的讨论将是不完整的。如本章前面所述，衍生工具是指这样一类金融工具，其价值取决于其他资产的价值或从中"衍生"而来。多年来，关于衍生品的负面报道层出不穷，这也许是正确的。沃伦·巴菲特（Warren Buffett）在伯克希尔-哈撒韦公司2002年的年度报告中指出："衍生工具是大规模杀伤性金融武器，虽然现在它们只是潜在的危险，但仍是致命性的危险。"事实上，衍生品与2008年金融危机中许多令人遗憾的事件交织在一起。

然而，指责衍生品造成了金融危机有点像指责棒球棍破坏了店面。滥用衍生品可能会带来损害，但在正确的人的手中，衍生品可帮助财务经理减轻风险，从而为公司创造可观的价值。实际上，一些高管的观点是，现代企业的一个要素是：聪明地从所承担的风险中获得回报，同时巧妙地规避其他风险。根据这个观点，钢铁厂商能够很好地应对变幻莫测的钢铁需求的变化，但在对付变化不定的利率或汇率方面难以胜任。那么，一个符合逻辑的反应是，为了使公司能够系统性地利用金融工具来规避不想要的风险，最好聚焦在那些它所擅长的活动上。

尽管衍生品有时很复杂，但至少有如下三个原因说明实际操作的管理人员应当了解利用衍生工具进行财务风险管理的基本知识：

- 衍生品市场巨大，统计数据估计，2016年各种类型未结清的衍生品合约的总价值为600万亿美元。① 尽管处于风险之中的金额实际上只有"区区"30万亿美元，但是无论用哪一种方法来衡量，市场都是巨大的，单是市场规模就值得略知一二。相比之下，2016年全球所有交易所交易的股票总价值为70万亿美元。

- 大多数大公司都使用衍生工具。对世界500强公司的一项调查发现，有94%的公司使用衍生品进行风险管理。从事财务经理职业的人很可能迟早会遇到某种类型的衍生品。

- 滥用衍生品可能很危险。许多经验老到的公司报告称，原本旨在降低风险的活动损失了数百万美元。此外，尽管财务风险管理是一项无可争议的有价值的活动，但它不是万能药。整个公司的管理人员必须清楚要有效使用这项技术，他们可以做什么和不能做什么。

本附录着重于使用衍生工具来实现一种简单风险管理的技术，我们称之为套期保值。套期保值是指通过在工具中持有可以减少或消除现有风险的头寸来减少或消除风险。套期保值的一个简单示例，假设你在冲动下重新抵押房屋并在曼联投注100,000美元，赌即将

---

① 国际清算银行，见 www.bis.org/statistics。

到来的欧冠联赛中曼联击败皇家马德里。得知你的投注后，你的配偶很不高兴，除非你立即取消投注，否则可能造成严重后果。但是，投注当然很难取消。

你会怎么做？你可以对冲你的赌注。承认你妈妈多年前就错了——两个错误刚好构成一个正确的事情。你下了第二笔赌注，但这一次是赌皇家马德里击败曼联。现在，无论谁赢了，你下注的收入将弥补你输掉的费用，除了博彩公司的抽成，就好像你从未下过注一样，你对你的赌注进行了套期保值。同样，公司使用金融市场"套期保值"来规避风险。衍生工具提供了使套期保值成为可能的工具。我们将在高管的风险管理工具箱中考虑三种重要的衍生工具类型：远期（或期货）、互换和期权。

一、远期市场

大多数市场是即期市场，在市场上今天确定价格并立即交换。在远期市场中，价格是今天设定的，但交换和付款发生在规定的未来的一个时间。在杂货店购买牛奶是即期市场交易，而保留要稍后支付的酒店房间是远期市场交易。在远期市场上交易的大多数资产也交易现货。为了说明这些市场，假设今天1蒲式耳的小麦现货价格为4.40美元，这意味着支付此金额将购买1蒲式耳的小麦并立即交货。相比之下，假设六个月期的远期合约为4.60美元，这意味着在六个月后支付这个较高金额将购买1蒲式耳小麦并在那时交割。远期合同是不可撤销的，交易双方在当日设定价格，在特定的未来日期，他们将用小麦和美元进行交易。

二、利用远期合约套期保值

远期合同如何帮助公司管理风险？假设小麦种植公司（Amber Waves Inc.，AWI）正在种植小麦，六个月后收获并出售。AWI知道，今天小麦的现货价格为每蒲式耳4.40美元，但面临六个月后（当准备出售小麦时）现货价格会降低的风险。实际上，如果出售小麦时的价格低于4.00美元，公司将没有足够的收入来支付开支，并可能会导致当年的经营亏损。

同时，MBI（Midwest Bread Inc.），一个烘焙公司，知道公司需要在六个月后购买小麦，但面临六个月后的现货价格更高的风险。MBI估计如果为每蒲式耳小麦支付超过5.00美元，公司将无法从面包产品中获利。在这种情况下，AWI和MBI都可以使用远期市场管理风险。两家公司可以签订一份远期合同，MBI同意在六个月内从AWI购买100,000蒲式耳小麦，价格为每蒲式耳4.60美元或总计460,000美元。这样，两家公司都能确保以两者均可获利的价格进行交易，财务预测变得更加确定。这样，两家公司都对冲了小麦价格波动的风险。

三、利用期货合约套期保值

上述方案的一个潜在困难是AWI和MBI可能很难找到对方，其中的关键是任何合作伙伴都要和自己有相同数量和交割时间但交易方向相反的远期合约。因此，对于希望套期保值的公司来说，在期货交易所寻求匹配的交易对象就是另外一个选择，这种情况下的远期合约称为期货合约。期货合约本质上与远期合约相同，但其条款（即数量、到期时间等）经过了标准化，使其更容易在不同的交易方之间进行买卖。

假设 MBI 在 3 月知道 9 月需要购买 100,000 蒲式耳小麦，并决定利用芝加哥期权交易所（CBOE）——美国最大的期权交易所——对冲小麦价格波动的风险。CBOE 以每份合约 5,000 蒲式耳为增量买卖小麦期货合约，CBOE 提供一年中各个月份（包括 9 月）为交割日的期货合约。为了对冲风险，3 月，MBI 会买入（即多头）9 月 20 日为交割日的小麦期货合约。如果 3 月时的 9 月期货价格为每蒲式耳 4.60 美元，这意味着 MBI 有效地锁定了 9 月的价格，即以 460,000 美元购买 100,000 蒲式耳的小麦（20×5,000×4.60 美元）。这个多头头寸使得 MBI 可以在 9 月以确保利润的成本获得小麦。

同时，AWI 可以在 3 月前往 CBOE 出售（即空头）9 月 20 日的小麦期货合约，价格为每蒲式耳 4.60 美元。这个空头头寸使得 AWI 锁定 9 月出售小麦的卖价为 460,000 美元。CBOE 充当中介以匹配买卖双方，满足了 AWI 和 MBI 彼此交易的需要。AWI 甚至不需要知道一家名为 MBI 的公司存在，反之亦然。

重要的是要认识到公司可以使用期货对冲价格风险，而无须持有合同直到到期日，也无须通过交易所交付或接受标的资产。不像远期合约那样，公司可以（并且几乎总是这样做）在交货前的某个时间结束期货合约，收取在那个时间点上已产生的利润或损失；然后，公司只需像平常那样在即期市场上买卖标的资产即可。如果套期保值设置得合理，当即期市场价格对其不利时，公司就可以从期货合约中获利；而当即期市场价格对其有利时，公司就会因期货合约而遭受损失。无论价格走势如何，该公司最终都会支付或获得大致相同的净额。

为了说明套期保值工作原理，考虑 MBI 在 9 月 20 日的小麦期货合约中的多头头寸，该合约于 3 月以每蒲式耳 4.60 美元的价格购买。假设到 9 月，MBI 需要购买小麦时，恶劣的天气条件导致 9 月小麦的期货价格上涨至每蒲式耳 5.10 美元。价格上涨使得 MBI 的期货合约有利可图，因为公司以每蒲式耳 4.60 美元的价格购买的合约现在价值每蒲式耳 5.10 美元。公司从期货中的获利可以计算如下：每蒲式耳期货价格的变动乘以合约蒲式耳的数量。

期货收益 =（5.10 美元 - 4.60 美元）×100,000 蒲式耳 = 50,000（美元）

然后，MBI 从首选供应商处以每蒲式耳 5.10 美元的即期价格购买小麦，合计 510,000 美元。值得注意的是，如果 9 月的期货价格为 5.10 美元，那么 9 月的即期价格也必须为 5.10 美元左右。这是因为，在 9 月份，MBI 可以立即执行购买 9 月小麦的期货合约，这与即期市场上交易相同。当被从期货市场上获得的利润抵消后，MBI 的 100,000 蒲式耳小麦净成本为 460,000 美元（510,000 美元 - 50,000 美元），这是 MBI 在 3 月锁定的价格。相反，如果 9 月小麦期货价格跌至每蒲式耳 4.35 美元，那么到 9 月，MBI 的期货合约将产生亏损。

期货收益 =（4.35 美元 - 4.60 美元）×100,000 蒲式耳 = -25,000（美元）

然而，这个坏消息被 MBI 可以在现货市场上以每蒲式耳 4.35 美元的低价购买小麦的好消息抵消。MBI 的小麦净成本仍然为 460,000 美元（435,000 美元 + 25,000 美元），与期货价格上涨时相同。这样，MBI 的期货合约可确保其在现货市场上为小麦支付的净成本为 460,000 美元，而且不必通过 CBOE 交货。当然，通过 CBOE 交货总是有可能的，但是公司避免这样做，以免不得不在不方便的地点与陌生的供应商打交道所产生的风险。

四、期货合约和远期合约的类型

上面的例子着重于对冲小麦价格波动，但也可以着重于对冲其他许多资产固有的风险。以下是公司用于对冲目的的、最常见的期货合约和远期合约类型：

在商品期货中（小麦期货就是这样的例子），公司可以锁定买卖任何数量商品的期货价格。有组织的交易所促进了许多类型商品的期货交易，包括牛奶和糖等食物、黄金和铜等金属、猪和牛等牲畜，以及石油和天然气等能源产品。当然，如果公司想对冲交易所没有的商品的价格风险，它仍然有可能找到相关商品远期合约的交易对手。

在货币期货或外汇期货中，公司可以在未来的一个时间以预定汇率将一种货币兑换为另一种货币。例如，假设波音公司（Boeing）与全日空航空公司（All Nippon Airways）签订合同，一年后出售一架 787 飞机，价格为 300 亿日元。即期汇率为 100 日元/美元，这将为波音公司带来 3 亿美元的收入。但是，波音公司面临在付款前美元贬值的风险，这会减少波音公司以美元衡量的利润。为了对冲这种风险，波音公司可以使用日元期货锁定一年的固定汇率。如果一年期远期汇率也为 100 日元/美元（实际上可能比即期汇率更高或更低），波音公司就可以提前一年出售 300 亿日元，并确保一年后收到 3 亿美元。

利率期货中，公司可以签订合同买卖某项金融工具的利息，比如一种国库券未来日期预定的价格，从而有效锁定借贷利率。例如，如果英特尔公司需要在六个月内借款 1 亿美元建立新工厂，六个月内，利率可能上涨，导致借贷成本增加。为了对冲这种风险，英特尔公司可以适当买入国债期货，当利率上升时，国债期货价值将上升（与债券一样，债券期货的价格也对利率变化敏感）。英特尔国债期货价值的上升可以弥补借款成本的上升。

五、利用互换进行套期保值

另外一种衍生证券是互换，互换改变了许多财务主管对发行和管理公司债务的看法。互换是两方之间的协议，任何一方均承诺支付一系列现金流给对方，并收到对方的另外一系列现金流。两种最常见的互换是利率互换和货币互换。利率互换是固定利率支付和浮动利率支付互相交易，而货币互换涉及以不同货币计价的负债交易。互换如此普遍，以至于像股票和债券那样，存在交易标准化互换的活跃市场。

1. 利率互换

就市场价值而言，利率互换是所有衍生品中的王者。在 600 万亿美元未偿还衍生品总价值中，超过一半属于利率互换。最常见的互换为纯利率互换，一方支付给另一方固定利率以获得浮动利率的支付，通常为 LIBOR（伦敦银行间同业拆借利率）。这些付款是在指定的日期、按名义的本金指定数量进行付款。交易双方从不互换本金，他们只互换本金的利息。

例如，假设 BP 公司与互换交易商（也许是一家大型银行，如汇丰银行）联系，希望以固定利率付款以获得 1 亿美元本金的名义利率付款。汇丰银行将 BP 公司利率互换定为 5 年内，每年以 2.1% 的固定利率的代价，换取按照 LIBOR 支付的利息。如果互换是在 2017 年 5 月 15 日开始的，那么在每年的 5 月 15 日，BP 公司都将支付 1 亿美元的 2.1% 并获得按年初 LIBOR 支付的 1 亿美元利息。收益取决于 LIBOR，最终的支付如下表所示：

BP 公司利率互换收付明细

日期	LIBOR 利率（%）	BP 公司支付的（美元）	BP 公司收到的（美元）
2017/5/15	1.75		
2018/5/15	1.95	2,100,000	1,750,000
2019/5/15	1.89	2,100,000	1,950,000
2020/5/15	2.18	2,100,000	1,890,000
2021/5/15	2.31	2,100,000	2,180,000
2022/5/15		2,100,000	2,310,000

利率互换如何帮助 BP 公司进行风险管理呢？假设 BP 公司几年前以 LIBOR 借了 1 亿美元债务。当时，BP 公司选择浮动利率；现在，债务还剩 5 年，BP 公司不再希望承担浮动利率。这可能是因为管理层认为利率有上升的趋势，他们不希望冒承担更高利息支出的风险。利率互换解决了这个问题。结合原始债务和上述利率互换，BP 公司实际上以固定利率支付 1 亿美元的利息。BP 从汇丰银行收到的 LIBOR 利率付款"抵消"了它对原始债务支付的 LIBOR 利率付款，只剩下它向汇丰银行的固定利率付款。通过利率互换，BP 公司可以轻松摆脱利率风险，而无须偿还现有债务和发行新债务，这可能是实际借债不易或成本过高的选择。

除风险管理外，利率互换还可帮助公司降低成本。在互换出现之前，公司决定发行何种债券时必须在公司需要和投资者偏好之间做权衡。例如，假设 BP 公司想发行 1 亿美元固定利率债券，但因为投资者更偏好浮动利率，最终 BP 公司发行了浮动利率债券。利率互换使 BP 公司既得到了鱼，也得到了熊掌。它可以发行浮动利率债券并互换为固定利率。实际上，互换使得发行债券的公司做决策时可以不考虑公司需要什么样的债券和投资者偏好什么样的债券，这样就大大简化了发行决策，减少了借款成本。

2. 货币互换

尽管不像利率互换那样普及，但货币互换非常受需要管理外汇风险的公司欢迎。例如，假设麦当劳公司的一款香肠主菜在德国意外地很受欢迎，受此鼓舞，公司决定大规模扩张在德国的业务。公司知道这将产生大量的欧元收入，在将欧元兑换为美元时会面临汇率风险。因此，麦当劳公司联系德意志银行，获得 5 年期的、金额 1 亿美元的货币互换，1 亿美元按当时汇率价值 9,000 万欧元。德意志银行的货币互换报价是麦当劳公司 1 亿美元每年

2.5%的利息，代价是支付 9,000 万欧元每年 3%的利息。与利率互换不同，货币互换在开始和结束的时候都要交换本金。如果互换是在 2017 年 5 月 15 日开始的，那么付款将如下表所示（负号表示麦当劳公司付出的现金，正号表示麦当劳公司收到的现金）：

麦当劳公司货币互换收付明细

日期	美元现金流	欧元现金流
2017/5/15	-100,000,000	+90,000,000
2018/5/15	+2,500,000	-2,700,000
2019/5/15	+2,500,000	-2,700,000
2020/5/15	+2,500,000	-2,700,000
2021/5/15	+2,500,000	-2,700,000
2022/5/15	+102,500,000	-92,700,000

请注意，上述互换对麦当劳公司的效果有多大。在交换开始时，麦当劳公司向德意志银行付款 1 亿美元，可获得 9,000 万欧元用于在德国扩张业务。此后的每一年，麦当劳公司都会用在德国产生的欧元现金流，通过德意志银行换取固定数额的美元。五年内，麦当劳公司 270 万欧元的汇率风险得到了对冲。互换结束的时候，麦当劳公司进行最后一次利息支付交易，并将 9,000 万欧元换回 1 亿美元。

你可能会注意到，每个单独年度的付款交易看起来就像麦当劳公司和德意志银行的货币期货合约一样，即德意志银行同意在未来的某个时间点将固定数额的欧元以预定汇率兑换成美元。事实上，一种有用的观点是把互换看作一系列的期货，以帮助公司对冲一连串的现金流风险，而不是单纯的一笔钱。

货币互换相比上文提到的利率互换，在风险管理和减少成本方面为公司提供了更多的便利。贵公司是否现有瑞士法郎债务，但你担心美元贬值从而增加美元计价债务的负担？没问题，将瑞士法郎互换为美元即可。你是否需要日元计价的债务，但发现发行美元计价的债务条件会更好？很简单，发行美元债务，再将它互换为日元。

六、利用期权进行套期保值

远期合约是在未来某个确定时间按一个确定价格买卖资产的协议，而期权是给持有人在未来某个确定时间按确定价格买卖资产的一项权利而非义务。期权分两种：看涨期权赋予购买标的资产的权利，而看跌期权赋予出售标的资产的权利。期权在股票、一般商品、利率、汇率方面都可以起到套期保值的作用。

我们用股票期权来展示一下看涨期权和看跌期权的工作原理。假设今天 Snap 股票的价格是每股 25 美元，而你只需花 5 美元就可以购买（或多头）看涨期权，有权在未来 60 天内随时以 30 美元的价格购买 Snap 股票。30 美元被称为期权的执行价格或行权价格，60 天为到期期间，支付的 5 美元是期权费。

图 5A.1（a）显示了在 Snap 的不同股价下，看涨期权在到期日的收益。图中虚线包括 5 美

元的期权费，实线则不包括。首先关注实线，我们发现当到期日的股价低于行权价时，期权没有任何价值。在公开市场可以买到更便宜的股票，行使期权——以每股 30 美元的价格购买股票，显然不具有吸引力。在这个例子中，期权到期后变得一文不值，你花的 5 美元期权费打了水漂。但如果到期日的股价超过行权价，结果会有很大的不同。比如，如果股价升高到 40 美元，期权就值 10 美元。因为你可以行使期权——以每股 30 美元购买股票，并立刻在市场上以每股 40 美元出售，扣掉期权费 5 美元，你的净利润为 5 美元。

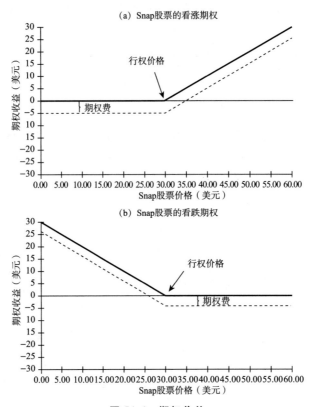

图 5A.1 期权收益

看跌期权的收益图与看涨期权的收益图恰好相反。假设 Snap 股票的 60 天看跌期权的行权价为 30 美元，期权费为 4 美元。如图 5A.1(b) 所示，除非股价低于行权价，否则到期日的期权将一文不值——以比市场价格还低的价格出售股票的权利没有任何价值。但是市价一旦低于行权价，看跌期权的价值就随着股价的上涨而下降。例如，如果股价跌至 25 美元，你可以以每股 25 美元的价格购买股票并行使期权，以每股 30 美元的价格出售。这笔收益为 5 美元，扣除初始成本 4 美元，则产生 1 美元的净利润。在最佳情境下（前提是你不是 Snap 员工），Snap 股票变得一文不值，你将获得 26 美元的净收益，这对于 4 美元的投资来说还不错。

为了比较期权合约和远期合约在套期保值中的作用，让我们回到刚才那个例子——波音公司一年后从全日空公司收到 300 亿日元。假设一年远期汇率为 100 日元/美元，波音公司利用远期合约一年后确定有 3 亿美元的收入。现在我们假设，波音公司可以选择购买一份价格为 200 万美元的看跌期权，这份期权一年后附有按 100 日元/美元的汇率出售 300 亿日元的权利。

首先，考虑即期汇率在一年内降至 95 日元/美元的情况。在远期合约的情境下，波音公司的 300 亿日元可以换得 3 亿美元，但公司可能会后悔，因为如果没有期货的话，现在它在市场上简单兑换就可以收到 315,789,474 美元（30,000,000/0.95）。如果公司购买了期权，它可以选择让期权失效，并以 315,789,474 美元的价格在现汇市场上出售日元，扣除期权费后得 313,789,474 美元。

接下来，考虑即期汇率在一年内升至 105 日元/美元的情况。在远期合同的情境下，波音公司将按计划将 300 亿日元换成 3 亿美元，并且对签订远期合同感到满意，否则它将只能收到 285,714,286 美元（30,000,000/1.05）。在期权情景中，波音公司将行使看跌期权，出售 300 亿日元，换取 3 亿美元，扣除期权费后净得 2.98 亿美元。

对于波音公司而言，哪种方式作为套期保值工具更好，期权合约还是远期合约呢？答案通常是"看情况"。远期合约不要求付出期权费，但也放弃了价格变动带来的任何收益；期权要求先付出期权费，但以后可以根据价格的变化选择是否执行期权，保留了获取价格变动收益的机会。波音公司是选择期权还是选择期货，取决于它对汇率变化的预期、风险偏好和当前现金的可获得性。

七、金融市场套期保值的局限性

在套期保值的世界里，新手常常过高地估计技术的力量。下面依次列举了反映金融市场套期保值局限性的一些提示。

首先，如果创造风险的资产在金融市场上没有活跃的交易，那么进行套期保值就会更困难。以商品市场为例，对冲小麦价格风险很简单，因为芝加哥期权交易所提供小麦期货合约。对冲芦笋价格风险更加困难，这需要找到愿意与之签订远期合约的交易对手，或者找到与之密切相关的期货合约——可以作为"替代"的套期保值工具。在货币市场上，对常见的货币（如欧元）进行套期保值，就比不太常用的货币（如赞比亚克瓦查）容易。

其次，如果风险的程度和时间都无法合理确定，套期保值就变得更加复杂和不精确。例如，当外汇风险中现金流量是国外的应收账款或应付账款时，套期保值相当简单；但如果是经营性现金流量，如预期的销售收入、销售成本或者利润，公司就必须想办法对冲数量和金额都不确定的现金流。此外，如果对冲的现金流量预计会持续到可预见的未来，公司就必须应对远远超出明年销售收入或利润所带来的风险。

最后，我们关于金融市场套期保值的一则以防被误解的说明稍有些哲学味道。实证研究认为外汇市场、商品市场和债券市场都是"公平游戏"，意即从这些市场里不可预期的价格变动中获利的概率与损失的概率大致相等。如果真是这样的话，持续面临风险的公司，或者那些在不同市场里面临风险的公司，可能有理由完全放弃套期保值。因为从长远看，无论如何，损失将大约等于收益（股东甚至比经理更不关心套期保值，因为对股东来说，公司的风险可以被公司的其他投资抵消）。根据这种哲学观点，只有当公司偶尔面临特殊风险以及潜在的损失大到公司无法妥善处理时，或者当风险的消除能产生管理收益（诸如更准确的计算、更好的业绩评价与更高的雇员士气）时，套期保值才有必要。

● 套期保值的起起伏伏：西南航空

给飞机加油要花很多钱。在航空业，运营成本主要由燃油成本和人工成本组成。燃油成本可能非常不稳定，因此航空公司购买的燃油的价格通常会增加或减少利润。在这种环境下，航空公司自然会考虑使用远期合约、期货、互换或期权对冲燃油价格上涨的风险。

21世纪初期，西南航空制定了对冲大部分燃油成本的策略，而且效果出色。随着燃油价格的上涨，西南航空通过套期保值获得数亿美元利润，抵消了较高的燃油价格带来的损失。因为其他专业航空公司没有积极进行套期保值，西南航空持续从中获利，而其他航空公司蒙受了损失。[a]

到了2008年下半年，燃油价格一落千丈。西南航空在套期保值上损失了数亿美元，这是其17年来首次出现季度亏损。[b] 曾经称赞西南航空对冲策略有先见之明的投资者，现在认为这一策略事与愿违。最近，这个策略似乎再次适得其反，西南航空报告2016年的燃油套期保值带来了更大的损失。[c]

西南航空的重要教训是，套期保值在事前事后会很不一样。事前来看，套期保值是一项消除迫在眉睫的风险的谨慎措施。但事实上，事后来看，投资者和高管会有其他想法。毕竟，大约有一半的可能性，套期保值会保护公司免受价格变动的伤害；但公司有另一半的机会发现，如果没有套期保值，结果本来会更好。在后一种情形下，尽管公司做的是套期保值而不是投机，投资者也可能会抱怨公司"猜错了"或"赌错了"。经理需要对套期保值策略保持高度自信，这样才能承受住别人事后来看这个策略"搞错了"而施加的大量批评。

资料来源：[a] Jeff Bailey, "Southwest Airlines Gains Advantage by Hedging on Long-Term Oil Contracts", *The New York Times*, November 28, 2007. [b] Jim Jelter, "Southwest's Treacherous Fuel Hedges", *Market Watch*, October 16, 2008. [c] Adam Levine-Weinberg, "Southwest Gets Burned by Fuel Hedges—Again", *The Motley Fool*, July 25, 2016.

八、期权价值评估

由于期权在公司财务中日益得到广泛应用，包括从薪酬激励到投资机会分析，一个关于期权价值评估的简要入门介绍正合时宜。

假设易趣公司（eBay）的股票正以每股25美元的价格出售，你得到一份可以用每股

27 美元的价格购买 100 股股票的 5 年期的期权合约，你想知道这样一份期权合约现在值多少钱。显然，从所述条款可见，倘若现在立刻执行期权，你的期权合约是毫无价值的。当某件东西按 25 美元的价格随处可得时，让你用 27 美元的价格去买下它可不是一个好的奖励。你的期权合约此时被称为"虚值期权"（out of money）。所幸的是，你不必马上就得执行期权。你尽可以在动手前等待 5 年，况且，你极有可能在一段时间内被禁止执行这份合约。展望未来，期权合约到期前仍有好运多多的时光，易趣公司股票将以高出 27 美元的价格出售，那时的期权合约可是"实值期权"（in the money），在这种情境下，你可以执行期权，卖出股票，从中获取利润。我们由此得出结论，今天一份期权合约的价值从根本上取决于两件事：易趣公司股票价格在期权合约到期前高过期权执行价格的概率，以及这两个价格之间的潜在差额。期权价值评估的挑战性就在于决定这两件事值多少钱。

期权的出现虽已有很多年头，但直到 1973 年，费希尔·布莱克（Fisher Black）和迈伦·斯科尔斯（Myron Scholes）才提出解决期权价值评估难题的第一个可行的方法——布莱克-斯科尔斯期权定价公式。他们的解决方法所包含的因素和所忽略的因素同样突出。[①] 布莱克和斯科尔斯证实了期权价值取决于五个变量，其中四个变量在报纸上唾手可得。这四个可观察到变量是：

- 期权所依附资产（本例中即为易趣公司的股票）的现行价格；
- 期权的到期期限；
- 期权的执行价格；
- 利率。

看涨期权的价值通常随着标的资产价格的提高而增加。当易趣公司的股票价格为每股 50 美元时，它的看涨期权就比股票价格为每股 25 美元时更值钱。看涨期权的价值随行权价的增加而减少。对于易趣公司看涨期权来说，行权价为 40 美元时的价值就小于行权价为 27 美元时的价值。看跌期权刚好相反，标的资产股价越低，行权价越高，看跌期权价值就越高。距离到期日越长，看涨期权和看跌期权的价值均越高，因为持有人有更长时间去行使期权。

决定期权价值的一个不可观察的因素是期权所依附资产收益率的预期波动率。或者说，易趣公司股票的价值取决于投资者认为易趣公司股票在期权有效期内的收益率的不确定性。标准方法是估计股票过去价格的波动率，用股票历史收益率的标准差加以衡量（标准差是一种广泛使用的衡量分散性的统计方法，我们在第八章会更多地考虑这方面的细节）。假如易趣公司股票收益率的标准差在过去几年内达到 25%，这就是关于它未来波动率大致合理的估计。

关于波动率的蹊跷之处在于期权价值随着波动率的增加而增加。换句话说，投机性股票的看涨期权实际上比一成不变的蓝筹股期权更有价值。此话不假，期权与直觉和大部分

[①] 罗伯特·默顿（Robert Merton）也致力于解决期权估值问题，其贡献具有突破性意义。默顿与斯科尔斯共获 1997 年诺贝尔经济学奖（当时布莱克已去世）。

金融学知识正相反，在直觉和金融学里，波动率意味着风险，而风险是必须避免的东西。但对于期权来说，波动率却是一个好东西。为了看看究竟为何如此，请回想一下，期权允许它的持有人在情况不妙时抽身而走且毫发无损。在我们的例子里，要是易趣公司价格股票从未高过每股 27 美元，所能出现的最糟糕的事情莫过于你得到了一些新的糊墙纸。这意味着期权持有人只关心其上升的潜力，而波动率越高，这种潜力越大。假设在棒球赛里，每次全垒打你可得到 1 美元，难道你就不会出其不意地回出一记飘忽不定的击打，而只是机械地一下一下地击打吗？道理于期权而言同样正确。不确定性对期权来说是个好东西。

令人奇怪的是，布莱克-斯科尔斯公式忽略了期权所依附资产的预期未来价值这个应加入的变量。在我们的例子中，由于市场预测已经包含在现行价格里了，因此评估期权的价值根本无须预测易趣公司股票此后 5 年的价值。

一旦布莱克-斯科尔斯期权定价公式在手，评估期权价值即成为直截了当的三步骤过程：第一步，找出四个可观察变量的现有价值；第二步，一般通过测定期权所依附资产收益率的历史波动率来估计其未来波动率；第三步，把这些数据填入布莱克-斯科尔斯期权定价公式，然后计算出答案。举例来说，假设易趣公司股票期权在下列条件下的价值为：

期权执行价格	27 美元
期权到期期限	5 年
易趣公司股票现行价格	25 美元
5 年期政府债券利率	2.0%
易趣公司股票价格波动率	30.0%

我们不是自己来运算布莱克-斯科尔斯公式——这是一项冗长乏味的工作——而是使用在线期权价格计算器。你可以通过谷歌搜索"布莱克-斯科尔斯计算器"，就可以很容易地找到。我们在 erieri.com/blackscholes 上找到一个简单、好用的计算器。把所要求的五个数据代入期权价格计算器，我们即得知 100 股易趣公司股票期权的估计价值为 678 美元。在 45% 的波动率下，期权价值跃升为 981 美元。①

自布莱克-斯科尔斯定价模型产生后，期权行业的发展真是令人想起一句流行语："假如你仅有的工具是一把锤子的话，很快全世界看起来就会像一枚铁钉。"以合理的准确性来确定期权价格的能力，导致交易性期权在交易量和品种上出现显著增长，包括诸如那些依附在利率、股票、股票指数、外汇及大量不同的实物商品上的期权。除交易性期权外，我们还发现出现了很多混合在诸如房屋抵押及商业银行贷款等普通金融工具之内的期权。在过去，这些期权要么被忽视，要么仅仅粗略地体现在金融工具的定价上。而现在，我们能够单独地评估每一种期权的价值，并进行相应的定价。从发现混合在普通金融工具内的期

---

① 需要说明的是，技术上讲，布莱克-斯科尔斯公式只有在欧式期权中才是准确的，欧式期权是指只有在到期日才能执行的期权。事实上，大多数股权期权是美式期权，即在到期日之前的任何时间都可以执行公司股票系美式期权，它在到期之前都可以执行，通常欧式期权和美式期权的价格差别不大，因此，我们这里忽略了这一点。

权开始,在创造包括迄今为止尚未可行的全新的金融工具方面,我们已经迈出一小步。最后,我们已经认识到很多包含混合期权在内的公司投资决策,诸如是否引进新产品等,至少在理论上可以用前述的技术方法进行定价,大家熟知的例子(如实物期权)就包括扩大生产、终止生产或改变产品组合中的选择。能够给这些期权定价为极大地改进公司投资决策提供了保证(关于这一话题我们在第八章将有更多的说明),一旦我们知道如何给它们定价,全世界看起来确实就像一种期权。

内容摘要

1. 金融工具
   - 是对公司现金流和资产的求偿权,旨在满足公司经营的融资需求及吸引投资者。
   - 并没有受到法律或规定的极大约束,但要遵守信息充分披露的要求。
   - 通常被划分为四个类别:
     - 固定收益证券,如债券
     - 剩余收益证券,如普通股股票
     - 混合证券,具有债券和股票两方面的特征
     - 衍生证券,其价值取决于所依附的若干资产

2. 自1928年以来,美国公司普通股股票已实现的收益率:
   - 每年平均为11.4%。
   - 每年平均超过通货膨胀率8.3%。
   - 比起债券的收益,普通股股票的收益变动性更大,也更具风险性。
   - 每年平均超过政府债券收益率6.2%。

3. 金融市场
   - 公司向投资者出售金融工具的渠道。
   - 包括以下分市场:
     - 私募权益筹资:以有限合伙形式组织起来的收购和风险资本公司,经常进行高风险的中期投资
     - 首次公开发行:非股份制公司在投资银行的帮助下向公众投资者出售股权
     - 增发:大型上市公司利用诸如私下协议、货架登记制和144A条例下发行等通常的专业化技术募集资金
     - 跨境融资:大型上市公司在其他国家的金融市场或国际市场募集资金,最好可以想象成在一个自由的市场上,该市场是对国内市场法律管制的回应

4. 有效市场
   - 指价格对新信息反应如此之快,以至于现有价格充分反映了对所交易资产一切可获得的信息。
   - 通常以秒计,将新信息纳入价格中。
   - 经常被划分为以下三类:
     - 弱式有效:现有价格充分反映过去价格的所有信息
     - 半强式有效:现有价格充分反映所有公开可得的信息
     - 强式有效:现有价格充分反映所有公开可得或私人拥有的信息
   - 是一个相对的术语,因为同一市场可以同时对散户投资者有效而对市场行家无效。

5. 在一个半强式有效的市场里,当缺乏私人信息时,
   - 公开可得的信息无助于预测未来的价格。
   - 对未来价格最好的预测就是现行价格,或许是经长期趋势修正的价格。
   - 一家公司无法通过把握发行时机的做法来改善其发行证券的条件。
   - 投资者无法在不接受超过平均风险的情况下持续获取高于均值的收益。

扩展阅读

Allen, Steven. *Financial Risk Management: A Practitioner's Guide to Managing Market and Credit Risk.* 2nd ed. New York: John Wiley & Sons, 2012. 579 pages.

我们在附录中对财务风险管理的讨论很简单,可以进一步阅读以上书籍。

Dimson, Elroy, Paul Marsh, and Mike Staunton. *Global Investment Returns Yearbook.* Credit Suisse Research Institute, 2017.

1900年到现在23个国家金融工具收益率的权威来源。摘要版在网上可以免费得到,并且每年都会更新。

Fox, Justin. *The Myth of the Rational Market: A History of Risk, Reward, and Delusion on Wall Street.* New York: Harper Paperbacks, 2011. 416 pages.

讲述了有效市场假设起起伏伏的历史;一部优秀的现代财务学的思想史。《纽约时报》2009年优秀图书。

Lewis, Michael. *Flash Boys: A Wall Street Revolt.* New York: W. W. Norton & Company, 2015. 320 pages.

并非所有人都同意作者的观点,但是这部《纽约时报》排名第一的畅销书借助当今世界的高频交易洞见了市场的效率。

Malkiel, Burton G. *A Random Walk Down Wall Street: The Time-Tested Strategy for Successful Investing.* 11th ed. New York: W. W. Norton & Company, 2016. 496 pages.

介绍有效市场理论和个人投资的经典畅销书,作者不但了解学术界的故事,还了解实务界的故事。

Mishkin, Frederic S., and Stanley G. Eakins. *Financial Markets and Institutions.* 8th ed. Pearson Education, 2015. 704 pages.

专业网站

cboe.com

芝加哥期权交易所的主页,包括期权价格、市场信息和免费在线课程。CBOE可以在苹果或安卓系统上免费安装App(在苹果App商店或者Google Play上搜索"CBOE Mobile")。

erieri.com/blackscholes

期权价格在线计算器。输入五个必要的信息,计算器会根据布莱克-斯科尔斯公式给出期权价格。

IPO

适用于iOS的免费应用程序,可为即将到来的IPO提供最新的定价信息和新闻。由资金管理公司Renaissance Capital提供(在苹果App商店中搜索"IPO Renaissance Capital")。

课后练习

1. 表5.1显示,在美国,普通股股票的平均年收益率在很多年内均超过政府债券收益率。为何我们可以观察到这一趋势?

2. 假设有一年政府债券的可实现收益率超过普通股股票。你如何解释这个结果?

3. 什么对投资者来说最重要:他们所拥有的公司股票的数量、公司股票的价格,还是公司权益的比例?为什么?

4. 两只期限同为 20 年的债券各方面条件都完全一样，除了一只债券允许发行人在发行 5 年后任意时间内以 1,000 美元的价格赎回，而另一只债券没有包含任何可赎回条款，这两只债券的到期收益率是否不同？如果不同，哪一只较高？为什么？

5. 一个投资者在一定时间内从债券上获得的收益被称为持有期收益率，定义为利息收入加上或减去债券价格变动部分，再除以债券持有期期初的价格。

　　a. 假如一张面值为 1,000 美元、票面利率为 6% 的债券在年初的价格为 1,050 美元，而在年末的价格为 940 美元，请问这张债券的持有期收益率是多少？假定利息按年支付。

　　b. 你能否给出两个理由，说明为什么债券价格在年内可能会下跌。

6. 三只股票的相关信息如下：

（单位：美元）

	年初价格	年末价格	利息/股利支付
股票 1	42.50	46.75	1.50
股票 2	1.25	1.36	0.00
债券 3	1,020	1,048	41.00

　　a. 假设利息和股利按年支付，计算每种证券的年持有期收益率。

　　b. 在这一年里，股票 2 公司的管理层花了 1,000 万美元或每股 0.50 美元回购 770 万股公司股票。如果真的这样做，这一信息如何影响股票 2 的持有期收益率的计算？

7. 某公司想要发行新股募集 5 亿美元。其投资银行家表示，新股销售需要 8% 的折价和 7% 的价差（提示：折价为股票现价的 8%，价差为发行价格的 7%）。

　　a. 假设公司股票价格保持每股 75 美元的现价不变，公司必须发售多少股给公众？价格是多少？

　　b. 销售这些股票，投资银行辛迪加可以赚到多少钱？

　　c. 8% 的折价是现金流吗？是成本吗？如果是的话，对谁而言？

8. Magenta 公司希望通过增发筹集 5,000 万美元。Magenta 股票目前的价格为每股 10 美元。承销商要求每股价差 0.50 美元，并指出发行价格必须低估 5%。除了承销商的费用，Magenta 公司还将产生 100 万美元的法律、会计和其他费用。那么，Magenta 公司必须出售多少股？

9. 你在报纸上看到一篇文章，其详细叙述了过去 5 年内共同基金的业绩。该研究发现，5,600 家活跃的共同基金中，104 家在过去 5 年的每一年里都比市场表现得更好。文章的作者争辩说，这些共同基金就是市场无效的实例。"如果市场是有效的，你当然可以期望看到共同基金在短时间里的表现好过市场；但当超过 100 家共同基金在过去 5 年的每一年里都比市场表现得更好时，你不会再认为市场是真正有效的。很显然，这 100 多家基金管理者每年都找到了击败市场的途径。"你认为这是市场无效的证据吗？

10. 假设在图 5.3 里，收购中标的公司的股票价格对收购公告的反应期超过 3 天，而不是立即做出反应：

　　a. 你能将这样一个收购市场描述为有效市场吗？为什么？

　　b. 你能想出任何一种交易策略以利用延迟的价格反应吗？

　　c. 如果你和其他很多人都追寻这种交易策略，价格对收购公告的反应会发生什么变化？

　　d. 有些人争辩说市场无效包含了自我毁灭的种子。如果你认可这一观点，用何种方式回答能阐明该论点的逻辑？

　　e. 在兼并公告宣布之后，标的公司的股票价格即刻跳到比要约价格还高的水平上。这是否证明市场不是有效的？可用什么原理来解释这一价格图形？

11. a. 假设 Liquid Force 公司的股票价格持续以相当于其在股利支付日所支付股利一半的幅度下跌。不考虑税收，你能否想出一种交易策略以利用这一信息。

　　b. 如果你和其他很多人都追寻这个交易策略，预测一下，Liquid Force 公司的股票价格在股利支付日会发生什么变化。

c. 假设 Liquid Force 公司的股票价格持续以双倍于其在股利支付日所支付股利的幅度下跌。不考虑税收，你能否想出一种交易策略以利用这一信息？

d. 如果你和其他很多人都追寻这个交易策略，预测一下，Liquid Force 公司的股票价格在股利支付日会发生什么变化？

e. 在一个有效市场上，不考虑税收和交易成本，股票价格在股利支付日会发生什么变化？

f. 给定投资者是以股利和资本利得两种方式从普通股股票中获得收益的，在没有税收和交易成本的情况下，增加股利会给投资者带来好处吗？

12. 如果美国股票市场是有效的，如何解释某些人赚取了很高的收益这一事实？假如同样这些人年复一年地赚取超常收益，是否更难以让非常高的收益和有效市场相互自圆其说？

13. 为什么小公司倾向于银行信贷融资，而大公司更愿意在金融市场上发行债券？

下面检查你对本章附录的理解。

14. Kansas 是一家美国公司，一年后需要付给 Tuscany 公司应付款项 500 万欧元。以当前的 0.90 欧元/美元的即期汇率计算，这项付款的成本为 5,555,556 美元，但 Kansas 公司面临美元贬值的风险，这导致以美元计价将支付更高的金额。为了对冲这种风险，Kansas 公司有两种可能的策略。策略 1：今天以 0.89 欧元/美元的一年远期汇率购买 500 万欧元远期合约。策略 2：购买 500 万欧元一年期看涨期权，期权费为 100,000 美元，行权汇率为 0.88 欧元/美元。

a. 假设一年后的即期汇率为 0.85 欧元/美元。在各种策略下，Kansas 公司应付款项的净成本用美元支付是多少？

b. 假设一年后的即期汇率为 0.95 欧元/美元。在各种策略下 Kansas 公司应付款项的净成本用美元支付是多少？

c. 你会向 Kansas 公司推荐哪种对冲策略？为什么？

15. Yosemite 公司的未偿债务为 1,000 万美元，每年需支付 5% 的固定利息。Yosemite 公司刚刚支付了今年利息，债务到期还剩下三年。Yosemite 公司认为，利率未来三年内将下降，浮动利率债务能够降低整体借贷成本。一家银行向 Yosemite 公司提供为期三年的利率互换并按年付款，Yosemite 公司将按目前 5.1% 的 LIBOR 支付利息，并以 1,000 万美元的名义本金获得 4.8% 的固定利率。假设 1 年期 LIBOR 为 4.7%，2 年期为 4.4%。包括 Yosemite 公司未偿债务的利息支付和互换的利息支付，Yosemite 公司未来三年的净利息支付是多少？

16. 假设推特（Twitter）公司的普通股在纽约证券交易所的价格为每股 18.50 美元。你拥有的员工股票期权可以按每股 16 美元的价格购买 1,000 股推特股票，期权有效期为三年。假设推特股票的年波动率为 85.4%，利率为 2.5%（假定这些期权是欧洲期权，只能在到期日行使）。

a. 请问该员工股票期权是看涨期权还是看跌期权？

b. 使用期权定价计算器（例如网址 erieri.com/blackscholes）估计推特股票期权的价值。

c. 如果期权到期期间不是三年，而是六个月，那么期权的价值是多少，为什么期权价值随到期期间的缩短而减少？

d. 如果期权的到期期间为三个月，但推特股票的波动率为 60%，期权价值是多少？为什么期权价值随着波动率下降而降低？

17. 有些人将存在未偿还债务公司的普通股作为公司资产的期权。你觉得这种说法有道理吗？如果有，道理是什么？

第六章 筹资决策

> 权益资本：所有者可投资于生意且能获得信贷的最小货币金额。
>
> ——迈克尔·斯佩里（Michael Sperry）

在上一章，我们通过观察金融工具及其交易的金融市场来考察企业筹资。在本章里，我们要考察公司对适当筹资工具的选择问题。

选择适当筹资工具的过程包括两个步骤：第一步是决定需要多少外部资本，这通常是第三章阐述的预测和预算编制的直接结果。管理层估计销售增长率、所需的新资产和内部可用资金，之后留下的任何资金缺口都必须由外部来源填补。然而，这常常只是解决问题的开端，接着要应对金融市场，以及慎重考虑公司可能为之筹集资本的项目。假如公司不相信自己能在可接受的条件下筹足所需的资金，就应着手修订经营计划，以将这些项目纳入预算约束。

一旦要筹集的外部资本金额已经确定，第二步是选择——或更准确地说是设计——要出售的证券。这是筹资决策的核心。正如上一章所指出的，发行者可以在极大量的金融证券类型中进行选择。恰当的选择将为公司有吸引力的项目提供必需的资金，而不当的选择将导致成本过高、风险过大或无法售出证券。在这部分内容中很重要的是，要记住大多数经营中的公司是依靠创造性地获取和配置资产，而不是依靠梦想巧妙的筹资途径来挣钱的。这意味着筹资决策一般应该支持公司的经营战略，而且应该小心避免那些实施时看起来很适当但偏离经营战略的筹资选择。宁可让公司开展对经营战略有潜在服务作用的筹资，也不要让战略冒险去追求更低的边际筹资成本。对于快速成长、激进的筹资选择带来特别高的成本的公司尤其如此。

为简便起见，我们将着重讨论单个筹资选择：ABC公司今年需要筹资2亿美元，它应发售债券或股票吗？注意，不要让这个狭窄的视角淡化本论题的复杂性。首先，债券和股票只是整个可能的证券类型系列中的极端例子。幸运的是，由这种极端例子得出的结论经调整将适用于该类型系列中的其他证券。其次，许多企业，特别是那些小企业，经常无法或不情愿发售股票。对于这些公司来说，相关的筹资问题不是究竟是发售债券还是发售股票，而是要发售多少债券。正如本章稍后变得显而易见的道理一样，没有能力筹集权益资本迫使公司把筹资决策当成是广义上的管理增长挑战来加以解决。最后，也是更为重要的，筹资决策很少是一次性事件。其实，在任一时点上的资金筹集仅仅是渐次形成的筹资战略过程中的一个事件。不错，ABC 公司今年需要 2 亿美元，但它在两年后可能需要 1.5 亿美元，而在未来各年度所需的又是不确定的金额。因此，影响 ABC 公司当前筹资决策的一大要素是今天的选择将对公司未来筹集资本能力所起的作用。归根结底，公司的筹资战略是与其长期竞争目标及其欲采取的控制增长的方式紧密联系在一起的。

在开始前有一句忠告——对如何最好地给企业筹集资金的疑问令人回想起在案例讨论课上教授对学生的训诫："你们将发现对这些案例来说没有正确的答案，却有很多错误的答案。"在本章的学习过程中，你将认识到对于如何最好地给企业筹集资金的疑问没有一个正确的答案，不过，你将会找到某些能够帮助你避免许许多多错误答案的重要指南。

本章阐述了财务的一个中心议题，它被称为 OPM——别人的钱（other people's money）。我们首先看看 OPM 如何从根本上影响到某个风险资产所有者面临的风险和收益。然后我们考察了几个用于衡量这些风险-收益在公司层面发挥作用的实用工具，回顾总结现有关于使公司负债最优化的决定因素的思考。在回顾的过程中，我们将考虑各种筹资工具与税收之间的关联，当公司太过依赖 OPM 时所带来的财务困境成本、高杠杆的刺激效应、公司面临的无法售出新权益的挑战，以及我们所知道的信号效应。上述这些指明了公司股票的价格对公司试图销售某种特定筹资工具的消息是如何反应的。本章附录主要介绍了在财务学领域常被称为无关论定理（或 M&M 定理）的相关概念。

第一节　财务杠杆

在物理学中，杠杆是用于通过移动更多距离来增加力的一种工具。在工商业界，OPM（一般被称为财务杠杆）是通过增加风险来为股东增加收益的工具。机械地说，财务杠杆引入了固定成本的负债筹资来代替所有者权益，并且因为这种替代增加了固定的利息费用，它也加大了所有者收益的变动性。所以，财务杠杆是谚语中所说的双刃剑，它既增加了所有者的收益，也增加了风险。

表 6.1 以一个非常简单的风险投资的形式说明了这个基本观点。不考虑税收，这笔投资需要在今天支出 1,000 美元以取得一个 50% 对 50% 的机会，一年后或者获得 900 美元，或者获得 1,400 美元。我们感兴趣的是当筹资类型发生变化时，所有者的预期收益率和风险是如何变化的。A 部分中假设完全采用权益筹资。这笔投资承诺同等的机会获得 -10% 或 40% 的收益率（1,000 美元投资获得 400 美元利润意味着 40% 的收益率）。考察 A 部分中加粗的数字，我们看到这些数字表明，可能的收益率范围在 -10% 和 40% 之间，这笔投资的预期收益率是 15%。

表 6.1　负债筹资增加了所有者的预期收益率和风险

投资：现在支付 1,000 美元换取一年有 50%对 50%的机会获得 900 美元或 1,400 美元。				
A 部分：100%采用权益筹资；所有者投资 1,000 美元				
投资产出（美元）	概率	所有者获得（美元）	所有者收益率（%）	概率加权收益率（%）
900	0.5	900	**−10**	−5
1,400	0.5	1,400	**40**	20
				预期收益率=**15%**
B 部分：80%采用负债筹资；1 年期贷款利率为 10%，所有者投资 200 美元				
投资产出（美元）	概率	还给贷款人（美元）	所有者剩余（美元）	所有者收益率（%） 概率加权收益率（%）
900	0.5	880	20	**−90**　　　　　−45
1,400	0.5	880	520	**160**　　　　　80
				预期收益率=**35%**

现在我们逐渐增加负债，看看会发生什么。假设我们投入同一笔投资的成本有 80%来自借贷，贷款 800 美元一年的利率是 10%，这使得所有者的投入减少到 200 美元。表 6.1 的 B 部分显示，当投资现金流不变时，所有者的剩余现金流显著变化了。因为在取得收益前，所有者必须向债权人支付 880 美元本金和利息，现在摆在他们面前的是投入 200 美元，赚取 20 美元或者 520 美元。再来看看 B 部分加粗的数字，预期收益率变成了更吸引人的 35%，可能的收益率范围变得更为惊人——从−90%到 160%。

这个例子清楚地表明，负债筹资给所有者带来了两样东西：增加了他们的预期收益率，同时也增加了他们的风险。这个例子同时也说明，一个投资可以通过简单地改变筹资方式形成一个变化多端的风险-收益组合。想要最小化投资风险-收益吗？采用权益筹资。愿意冒点险吗？同样去投资，不过采用一些负债筹资。想要像真正的掷骰子一样吗？那就加大杠杆吧。这些观察结果同样可以应用到公司和个人投资中：财务杠杆增加了股东的预期收益率和风险，公司通过改变筹资方式能够产生一系列股东组合和风险-收益组合。顺便说一句，如果你担心表 6.1 B 部分中所有者留下的 800 美元，那么大可不必。如果我们假设所有者把他们的 1,000 美元与 4,000 美元的负债组合投资到一个 5,000 美元的风险资产上，结果是一样的。B 部分中各项目的美元数增加，但收益率仍然不变。

观察财务杠杆的第二个方式是注意到它与经营杠杆是近亲，经营杠杆是生产中固定成本法对变动成本法的替代。把小时工换成机器增加了经营杠杆，因为机器的初始成本使固定成本增加，而机器有更长的工作时间且无须增加额外工资使变动成本减少。这产生了两种效应：销售额必须补偿固定成本的增加额，而一旦达到盈亏平衡点，利润将随销售额的增加而较快地增长。类似地，用债务取代权益的筹资方式以支付较高利息和本金的形式使固定成本增加，但由于债权人并不分享公司利润，财务杠杆又能使变动成本减少。因而财务杠杆的增大也有两种效应：一是需要有较多营业利润以补偿固定的筹资成本；二是一旦达到盈亏平衡点，利润将随营业利润的增加而较快地增长。

为了更清楚地看到这些效应，我们来看看财务杠杆对权益收益率（ROE）的影响。回顾第二章的内容，若忽略某些问题，则 ROE 是应用广泛的衡量财务业绩的统一尺度，它被定义为税后利润除以所有者权益。按照我们的用途，ROE 可以记作：

$$ROE = ROIC + (ROIC - i') D/E$$

其中，ROIC 是公司的投入资本收益率（在第二章中定义为税后 EBIT 除以必要收益的全部现金来源）；i' 是税后利率，被定义为 $(1-t)i$；D 是有息负债；E 是权益的账面价值。① 你可将 ROIC 视为在考虑财务杠杆作用之前的公司收益率。观察 i'，回想一下：由于利息是可抵税费用，因此每当公司的利息费用增加时，它的税款就相应减少——i' 反映了这种作用。

为了对这个方程式加以说明，我们可将孩之宝公司 2016 年的 ROE 写成：

$$ROE = 17.5\% + (17.5\% - 4.4\%) \times 17.21/18.63$$
$$29.6\% = 17.5\% + 12.1\%$$

其中，4.4% 是孩之宝公司的税后借款利率，17.21 亿美元是公司的生息债务，而 18.63 亿美元是公司权益的账面价值。孩之宝公司在其资产上获得 17.5% 的基本收益率，通过将资本结构中的权益换成 17.21 亿美元的债务，它使基本收益率在杠杆的作用下变为 29.6% 的权益收益率。

这个修正后的 ROE 表达式令人一目了然。它清楚地表明，财务杠杆对 ROE 的影响依赖于 ROIC 相对于 i' 的大小。若 ROIC 大于 i'，则以 D/E 度量的财务杠杆使 ROE 增加；反之亦然，若 ROIC 小于 i'，财务杠杆使 ROE 减少。这说明当公司在借来的钱上所赚到的钱比它为此所支付的利息还要多时，权益收益率将会上升；反之亦然。如此而言，当事态发展良好时，杠杆作用使财务业绩得到改善；而当事态发展欠佳时，杠杆作用使财务业绩变得糟糕。财务杠杆是典型的不能共患难的朋友。

为了避免你认为赚一笔高于借款成本的收益是一件容易的事，请注意，2016 年只有 63% 的非金融上市公司完成了这样的业绩。即便在销售额超过 2 亿美元的大公司中，这个数字也只有 71%。做生意与其他人生历程一样，期望常常无法实现。

图 6.1 展示了上述 ROE 表达式。陡峭隆起的实线表示全部权益公司的可能得到的 ROE 的典型分布。已知预期 ROE 为 10%，可能产出的范围是从约损失 12% 到获利 35%。平坦稀疏的虚线同样表示可能得到的 ROE 的典型分布，此时公司的负债权益比为 2.0，税后借款利率是 4%。负债撬动预期 ROE 的范围为 [10%，22%]，同时也极大地扩大了结果可能落到的范围。现在，多达 40% 的损失和 80% 的利润都很可能发生。

---

① 把税后利润记作 (EBIT-iD)(1-t)，其中 EBIT 是息税前利润，iD 是利息费用——利率 i 乘以发行在外的有息负债 D，t 是公司所得税税率。这个等式反映了会计师基于 EBIT 计算税后利润的步骤。下面是代数推导，它与正文中的公式等价。

$$ROE = \frac{(EBIT - iD)(1-t)}{E} = \frac{EBIT(1-t)}{E} - \frac{iD(1-t)}{E} = ROIC \times \frac{D+E}{E} - i'\frac{D}{E}$$

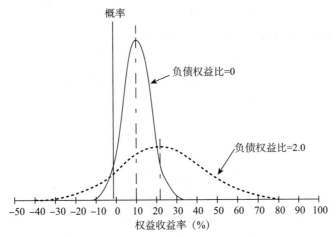

图 6.1 财务杠杆加大了预期收益率和风险

至少基于两个理由，将 ROE 可能值的范围作为衡量风险的尺度是适宜的：其一，较大的可能结果范围意味着公司将取得多少 ROE 存在较大的不确定性；其二，较大的可能结果范围意味着较大的破产概率。观察两个分布的左侧尾部，可以明显地看到，零杠杆公司的最坏结果是损失约 12% 的权益，但是对于负债权益比为 2.0 的公司，同样水平的营业收入将产生约 40% 的亏损，损失扩大为 3 倍多。在这种场合，营业收入不足以偿还利息费用，负债放大了这种损失。假如损失足够大或持续得足够久，破产就会发生。总之，我们再次看到，财务杠杆既使所有者的预期收益增加，也使其风险增大。

第二节 衡量杠杆对企业的作用

为了具体考察债务筹资的风险及收益的度量问题，我们回顾一下孩之宝公司在 2017 年所面临的问题。从第二章中可知，孩之宝是一家稳定的公司，相较于同行业公司，其盈利能力更强。尽管公司账面价值杠杆率高于行业平均水平，但市场价值杠杆率显示其筹资是保守的，公司主要的财务挑战是如何处置多余的现金。

以下是我们虚构的公司所面临的一项重要筹资决策的内容。假设在 2017 年年初，孩之宝公司达成一项临时协议，以 18 亿美元的协议价格收购中国一家独立的玩具制造商，以扩大其在亚洲的市场份额。孩之宝公司首席财务官黛博拉·托马斯（Deborah Thomas）必须决定如何为其提供最优筹资。投资银行家指出，公司筹集所需的资金有以下两种方式：

- 第一种方式：以每股净价 90 美元发售 2,000 万股普通股新股。
- 第二种方式：发售利率为 5%、期限为 10 年的 18 亿美元债券。该债券每年将转记 1 亿美元的偿债基金，剩下的 8 亿美元本金在到期日一次性还清。

孩之宝公司的资产负债率在过去五年中保持相对稳定。按账面价值计算，孩之宝公司的资产负债率为 63%（行业平均水平为 51%）；按市场价值计算，资产负债率为 25%（行业平均水平为35%)。资深管理层中若干个较为年轻的成员支持较高的负债率,他们更倾向于通过发行债券来筹集收购所需的资金。用他们的话来说:"我们只是把钱放在桌子上,没有用财务杠杆撬动企业而少给股东好处。"他们对债务筹资的热情部分缘于一种观念:较高的财务杠杆将增加每股收益,而每股收益是决定公司高层管理人员奖励的一个关键因素。

然而,托马斯女士担心,为这种规模的收购进行债务筹资,会使未偿负债总额增加一倍以上,给公司带来巨大的财务压力。然而,董事会认定现有的投资计划非常重要以至于无法推迟,因此董事会严令托马斯女士准备一份可供考虑的筹资计划书。这批年轻的高层管理人员把当前的局面看成是通过债务筹资来拨乱反正的机会。

展望未来,托马斯女士相信收购将使孩之宝公司的息税前利润(EBIT)在2017年增加到约10亿美元。如下表所示,在刚过去的几年里,孩之宝公司的EBIT一直在稳定地增长。托马斯女士进一步预计,除非出现其他的收购机会,否则孩之宝公司在今后若干年内对外部资金的需求不会太多。2017年公司预计将按每股2.35美元支付年度股利,托马斯女士相信将来要减少股利支付数额,董事会对此将相当不情愿。

(单位:百万美元)

年份	2009	2010	2011	2012	2013	2014	2015	2016	2017F
EBIT	591	590	575	545	445	636	706	807	1,000

注:F表示预测值。

资料来源:孩之宝公司年度报告和Compustat数据库。

孩之宝公司的投资银行家建议托马斯女士,由于固定发行成本很高,通过一次发行债券或股票来筹集全部资金是有道理的。孩之宝公司最终可能会选择使用部分现有现金来帮助支付收购费用,但托马斯女士在分析交易时最初打算假设全部收购款项都由外部融资。

表6.2提供了两种筹资选择的信息摘要。表6.2设置了基于假设的分析。假设交易在2017年年初完成,最左边一栏的信息代表孩之宝公司截至2017年年初的当前假设。表6.2显示,在没有任何新的筹资时,孩之宝公司将有未偿债务17.21亿美元、利息费用9,700万美元和5,000万美元的本金偿还。所有这些数据在新增18亿美元的债务筹资后急剧上升。同时,除了将发行在外的普通股股票从1.245亿股增加到1.445亿股,以及将股利支付总额从2.93亿美元增加到3.4亿美元(1.445亿股×每股2.35美元),发行新股将保持这些数据不变。

表6.2 孩之宝公司2017年两种筹资选择的信息摘要

(单位:百万美元)

	新筹资之前	股票筹资	债券筹资
发行在外的有息负债	1,721	1,721	3,521
利息费用	97	97	187
本金偿还	50	50	150
股东权益(账面价值)	1,863	3,663	1,863
发行在外的普通股票(百万股)	124.5	144.5	124.5
股利支付(每股2.35美元)	293	340	293

资料来源:孩之宝公司年度报告和Compustat数据库。

一、财务杠杆与风险

在分析可供孩之宝公司采用的筹资选择方面，托马斯女士的首要任务应当是决定公司能否安全地承受新债务所施加的财务负担。完成这件事的最好方法是将公司所预测的经营性现金流量与债务所施加的财务负担加以比较。可行的方法有两种：编制如第三章所讨论的模拟财务预测，或许再加上敏感性分析与模拟，或者更为简单，只是计算出几个偿债比率。考虑到如果牵涉真实的金钱，就必须将详细的财务预测摆上议事日程，此处我们集中讨论偿债比率。由于第二章介绍过这些比率，这里只作简短的讨论。

在两种筹资选择下，孩之宝公司的税前与税后财务责任见表6.3。由于希望将这些财务责任与公司 EBIT 进行对比，我们必须把税后数额和税前相应数额加以汇总。这涉及把税后数额除以 $(1-t)$，其中 t 为公司所得税税率（对于此项分析，$t=30\%$）。

表 6.3 孩之宝公司 2017 年财务责任与偿债比率

（金额单位：百万美元）

预期 EBIT = 1,000 百万美元；$t=30\%$				
	股票		债券	
财务责任	税后	税前	税后	税前
利息费用		97		187
本金支付	50	71	150	214
普通股股利	340	486	293	419
偿债比率	比率值	EBIT 可能降幅（%）	比率值	EBIT 可能降幅（%）
利息倍数	10.6	90	5.3	81
债务负担倍数	6.0	83	2.5	60
普通股负担倍数	1.5	35	1.2	18

对应于表 6.3 内每种财务责任的累加，紧跟在假定的 10 亿美元之后有三个偿债比率。以下说明这些比率的计算，"普通股负担倍数"等于 10 亿美元的 EBIT 除以全部三种财务责任涉及的税前项目之和，比如对于债券融资选择，$1.2 = 1,000/(187+214+419)$。注意，此处的分析不是递增的那一类方法，我们感兴趣的是新增与现有债务累加的总负担，而不仅仅是新增的借款。

冠以"EBIT 可能降幅"的两列给出了第二种解释偿债比率的方法。它是偿债比率降至 1.0 之前 EBIT 的预期水平可能减少的百分比数值。例如，债券筹资下的利息费用是1.87亿美元，因而在债券筹资的利息倍数等于 1.0 之前，EBIT 可能从 10 亿美元降为 1.87 亿美元，即减少 81%。1.0 的偿债比率是临界值，因为任何较低的偿债比率表明营业利润将不足以偿还考虑之中的债务负担，因而必须取得另外的现金来源。

不出所料，这些数字证明了债务筹资固有的较大风险。在每种情态下，孩之宝公司的偿债比率在债务筹资时比在权益筹资时要糟糕得多。事实上，在债务筹资时，只要EBIT从预期水平下降18%就将陷公司的分红于危险之中。虽说大家公认付不起股利不像付不起利息或本金那样会招致大祸，但它仍然是绝大多数公司避之唯恐不及的不测之事。与此同时，对于孩之宝公司来说，就前面所知的经营稳定性而言，风险也许是完全可以控制的。2013年，孩之宝公司的EBIT确实下降了18%，但在随后的几年里，其EBIT稳步增长。

为了把这些数字形成上下连贯的文字，托马斯女士下一步要把它们与各类行业数据进行比较。举例而言，表6.4的上半部分提供了过去十年间标准普尔500指数中非金融公司的负债率和利息倍数，下半部分则显示2016年所选行业的相同信息。请注意，这两个指标都显示债务在增加，尤其是最近几年。托马斯女士可能会对孩之宝公司所在的"非必需消费品"行业的数据特别感兴趣。孩之宝公司如果进行债务筹资，那么预计其利息倍数应为5.3倍，稍微低于8.1倍的行业水平；如果进行权益筹资，那么预计其相应的数值为10.3倍，远在行业水平之上。

表6.4　2007—2016年非金融公司平均负债率与2016年行业负债率

标准普尔500指数中的非金融公司和行业组成，按照规模加权平均										
年份	2007	2008	2009	2010	2011	2012	2013	2014	2015	2016
标准普尔500指数中的非金融公司										
利息倍数	8.4	7.1	6.5	8.5	9.2	8.7	9.2	9.4	8.0	7.2
负债率*（%）	22.7	24.9	23.4	23.0	23.2	24.8	25.1	26.3	30.2	30.3

	2016年行业偿债比率	
	利息倍数	负债率（%）
能源（35）	NM	29.7
材料（25）	5.3	30.8
工业（67）	8.4	30.1
非必需消费品（81）	8.1	32.8
必需消费品（32）	11.1	30.7
卫生保健（55）	8.9	29.0
信息技术（58）	14.4	23.5
通信服务（5）	2.5	43.7
公用事业（28）	3.3	35.9

注：*负债与总资产的比率，负债包括全部有息负债；所有数值以账面价值衡量。括号内是样本中的公司数，NM表示无意义（行业EBIT的中位数为负值）。

资料来源：整理自Compustat数据库。

表6.5提供了某种程度上更受欢迎的比较。它显示了2016年标准普尔债券评级类别中关键绩效比率的变化。注意，在所有评级类别内，利息倍数的中位数持续下滑，从AAA级别公司的20.9的最高点掉到B级别公司的1.1。用这一尺度来衡量，孩之宝公司预计得到的利息倍数（5.3）可以让它处于BBB级别范围内，正好在投资等级和投机等级的界限上。

表 6.5　标准普尔评级类别中关键比率

(2016年非金融公司的中位数) 评级	AAA	AA	A	BBB	BB	B	CCC
利息倍数	20.9	15.7	6.7	4.7	3.3	1.1	NM
负债/总资产（%）	23.4	24.2	28.9	31.7	39.3	48.4	67.9
投入资本收益率（%）	14.9	10.4	6.9	5.2	4.2	-2.1	-8.3
公司数（家）	2.0	28.0	190.0	418.0	357.0	245.0	46.0
样本公司占比（%）	0.2	2.2	14.8	32.5	27.8	19.1	3.6

注：债务与总资产之比以账面价值计算，包括所有有息债务；NM 表示无意义（2016 年类别的 EBIT 中位数为负值）。

资料来源：整理自 Compustat 数据库。

二、财务杠杆与收益

我们在两种筹资选择下对孩之宝公司偿债比率的简要讨论表明，用债务筹资 18 亿美元无论如何是可行的。下一个任务就是看看两种筹资计划将如何影响财务报告所披露的利润和权益收益率。托马斯女士可以通过考察两种计划下孩之宝公司的模拟利润表来完成此任务，此时先忽略公司筹资选择影响销售或营业利润的可能性。托马斯女士可从预计 EBIT 开始分析。表 6.6 显示了在萧条和繁荣的情境下，孩之宝公司 2017 年模拟利润表的下半部分。与萧条对应的 EBIT 是 2 亿美元，而繁荣对应的是 12 亿美元的 EBIT。

表 6.6　2017 年在萧条和繁荣情境下孩之宝公司的部分模拟利润表

	萧条		繁荣	
	股票筹资	债券筹资	股票筹资	债券筹资
EBIT（百万美元）	200	200	1,200	1,200
利息费用（百万美元）	97	187	97	187
税前利润（百万美元）	103	13	1,103	1,013
所得税（税率=30%）（百万美元）	31	4	331	304
税后利润（百万美元）	72	9	772	709
股票数量（百万股）	145	152	145	125
每股收益（EPS，美元）	0.50	0.07	5.34	5.70
权益账面价值（百万美元）	3,663	1,863	3,663	1,863
权益收益率（ROE,%）	2.0	0.5	21.1	38.1

这些数字揭示了若干值得注意的情况。其一包含着债务筹资在税收上的优势。注意，比起股票筹资，孩之宝公司在债券筹资下的税单总是少了 2,700 万美元，留下了更多的现金可供股东和债权人瓜分。这就好像是政府以减税形式奖赏给公司的一种补贴，以鼓励它们运用债务筹资方式。设 t 为公司所得税税率，I 为利息费用，政府补贴等于每年 $t \times I$ 美元。

在孩之宝公司案例中,这一补贴将是股票筹资情况下的 2,910 万美元(9,700 万美元×30%),或债券筹资情况下的 5,610 万美元(1.87 亿美元×30%)。这两个数字之间的差额就是前面提到的 2,700 万美元。许多人相信,这种源于债务筹资的、常被称为利息税盾的补贴是债务筹资的主要利益之所在。它对任何利用债务筹资的公司都行之有效,唯一的前提是公司有足够多的应税收入可避。

还有一种情况是债务筹资减少了税后利润,这是其明显的不利之处。然而,重要的是要认识到这只是故事的一半,因为债务筹资确实减少了税后利润,但它同时也减少了股东在公司中的投资。就个人而言,比起从 1,000 美元的投资中赚 100 美元,我更愿意从 500 美元的投资中赚 90 美元。为了体现两方面影响,考察每股收益和权益收益率这两个被广为关注的权益业绩指标是很有用的。首先,在表 6.6 内的繁荣情态下,我们看到财务杠杆的预期影响:债券筹资下的 EPS 比股票筹资下的 EPS 高出 7%,而 ROE 则远远高出 81%。然而,在萧条情态下则恰好相反:困难时期,股票筹资比债券筹资产生较高的 EPS 和 ROE。这和前面的例子正好相对应,当时投入资本收益率(ROIC)低于税后利率。

为了更丰富地展示这一信息,托马斯女士可以构造一张收益范围图,要么是 ROE 与 EBIT,要么是 EPS 与 EBIT。利用 ROE 来制图,她只需以表 6.6 中算得的 EBIT-ROE 数值对在图上描点,再用直线将适当的点连接起来。图 6.2 显示了已绘制好的孩之宝公司的收益范围,它给出了在两种筹资选择下孩之宝公司在任何 EBIT 水平下将报告的每股收益。请注意:债券筹资线经过 2 亿美元 EBIT 下 0.5% 的 ROE 以及 12 亿美元 EBIT 下 38.1% 的 ROE;而股票筹资的相应数字则分别是 2.0% 和 21.1%。这与我们的繁荣-萧条模拟报表相一致。

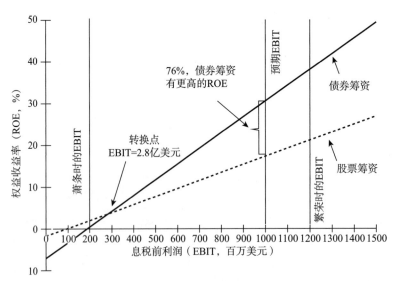

图 6.2 孩之宝公司的收益范围

托马斯女士对这个收益范围图的两个方面感兴趣:其一是如果孩之宝公司选择债券筹资而不选择股票筹资,那么它在预期 EBIT 水平上的 ROE 将会增加。如图 6.2 所示,这个增加幅度在 10 亿美元的预期水平上将是极为吸引人的 76%。托马斯女士还注意到,除了使

ROE 快速增加，债券筹资还将孩之宝公司置于较快增长的轨道上——债券筹资线较陡峭的上斜表明了这一点。对于孩之宝公司追加到 EBIT 上的每一美元，ROE 在债券筹资时比在股票筹资时增加得更多。不幸的是，反之亦然：对于 EBIT 所减少的每一美元，ROE 在债券筹资时比在股票筹资时减少得更多。

收益范围图令托马斯女士关注的第二个方面是，债券筹资并不总是产生较高的 ROE。如果孩之宝公司的 EBIT 落到约 2.8 亿美元的临界转换值以下，那么采用股票筹资时的 ROE 实际上比采用债券筹资时的 ROE 来得高。孩之宝公司预期 EBIT 将大大高于转换值，过去的 EBIT 已经相当稳定，但以后并不保证——债券筹资带来的较高的 ROE 显然是不确定的。

第三节　借贷额度

偿债比率、模拟预测和收益范围图带给我们关于孩之宝公司在维持不同金额债务以及不同债务水平及其对股东收益的影响等方面能力的很重要的信息。有了这些基础，是时候提出本章的中心问题了：如何决定公司最优的债务筹资水平？托马斯女士如何判断孩之宝公司应该发售债券还是股票？一般认为，公司筹资决策的目的在于提高股东价值。但是在具体筹资决策中，这一目的隐含什么意义？正如前面提到的，现有技术水平下不可能给这个难题提供一个确定的答案。不过，我们还是可以识别关键决策变量，同时提出切实可行的指导性意见供托马斯女士考虑。

一、无关论

广泛地说，筹资决策通过两条可能的渠道影响公司价值：一是给定经营性现金流，增加投资者加于其上的价值；二是增加现金流量本身。几年前，两位经济学家排除了显然更有前景的第一条渠道。弗兰科·莫迪利安尼（Franco Modigliani）和默顿·米勒（Merton Miller）——一般称为 M&M，证明了当预期经营性现金流为常数时负债水平不影响公司价值，从而管理者和股东在追求价值最大化时无须关注公司的负债水平。用他们富有挑战性的论述，当现金流为常数时，"资本结构决策是无关的"。在风险与收益方面，M&M 证明了重要的是每次融资的总量，而不是它们在股东和债权人之间如何分配。

注意这里的讽刺之处。风险与收益的问题对个人而言是重要的核心问题。高度风险厌恶的个人偏好权益筹资，而风险中性的个人则偏好债务筹资。如果筹资选择在个人层面非常重要的话，看上去它对企业自然也应该很重要。但是，结果并非如此。事实上，M&M 提出的天才的无关论定理是为了证明在某些条件下，筹资选择不影响价值——无论在个人生活中筹资选择有多么重要。

直观来看，M&M 无关论是关于：公司拥有自己的实物资产（例如卡车和建筑物），拥有自己的权利证券（例如股票和债券）。公司的实物资产是价值的实际创造体，只要这些资产产生的现金流保持不变，难以想象如何能够仅仅重新命名具有现金流要求权的纸质凭证来创造价值。公司不再因为发行一系列纸质凭证而比同类公司更有价值。

仅仅是为了更好地进行度量，此处是第二个支持M&M无关论的直观看法，基于所谓的"自制"杠杆。它依赖于如下的观察，即投资者有两个途径来为一项投资提供杠杆。他们可以依靠公司来借钱，还可以自己借钱，然后利用保证金买入股票。就像一条船有两个舵，无论采用什么杠杆，投资者都可以跟着公司的财务决策顺风转舵，把"自制"的决策搁在一边。不过，如果投资者乐意用"自制"杠杆替代公司杠杆，为什么他们要在意公司使用了多少债务呢？债务又如何影响公司价值呢？（更多的无关论和自制杠杆的内容，包括一个计算的例子，请参见本章附录。）

没有哪个理性的高管相信M&M无关论确实是正确的，但大多数人认为它是在现实中考虑筹资决策如何影响公司价值的出发点。通过论证重新命名具有公司现金流索取权的纸质凭证一事无法影响公司价值，M&M将我们的注意力引向第二条渠道——筹资决策可能会影响公司价值。如此，他们证实公司筹资决策的重要程度在于它们影响到的现金流量数额，所以，能够最大化这些现金流量的资本结构就是最优的资本结构。为了决定孩之宝公司是发行债券还是股票，托马斯女士需要考虑债务的变动将如何影响公司的现金流。

接下来，我们将检验公司的筹资决策影响其现金流的五种方式。类似于战略专家、五力模型创始人迈克尔·波特（Michael Porter）的理论，图6.3概述了我谨慎地命名的希金斯筹资决策五因素模型。图6.3也表明了单独考虑每个因素时的直接影响。单独考虑税收利益会鼓励债务筹资，而考虑财务困境成本会促进权益筹资。托马斯女士的工作是根据孩之宝公司所处的具体环境考察每个因素，并得出它们对公司现金流的共同作用的合理判断。

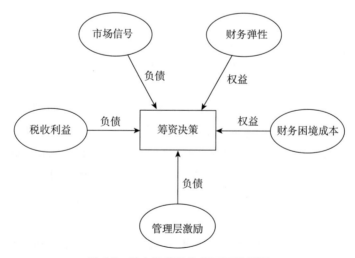

图6.3　希金斯筹资决策五因素模型

注：从技术上看，市场信号影响投资者预期的公司现金流而非自身的现金流，但是对现在的目的而言这不太重要。

二、税收利益

债务筹资的税收利益显而易见。正如在表 6.6 中看到的,当孩之宝公司增加 18 亿美元的债务时,它每年的税单少了 2,700 万美元——带给公司及股东的明显的利益。或者,就如同在实行 48% 的公司所得税税率的那些年头里,沃伦·巴菲特轻车熟路所做的那样,"要是你能够把联邦政府当成是占有 48% 股份的合伙人那样从你的企业中消灭掉,你的企业当然应值更多的钱"。随着税单的减少,能够分给股东和债权人的现金流就会逐渐增加。通用电气(General Electric)是美国非金融公司中利息税盾的最大受益者之一。2016 年,通用电气的利息支出约为 50 亿美元,公司所得税税率为 25%(通用电气 2014—2016 年的均值),其利息税盾约为 12.5 亿美元,大约为通用电气年净收入的 15%。

三、财务困境成本

关于选择合适的债务水平的一种流行观点,是把财务决策看成是先前提到的债务筹资的税收利益与公司过度使用债务所产生的不同成本之间的一种权衡。整体而言,这些成本被当作财务困境成本。根据这一观点,在较低的债务水平上,债务筹资的税收利益占绝对优势;但随着债务的逐渐增加,财务困境成本被提高到某一转折点,并于此点后超过税收利益。于是,合适的债务水平涉及在这些相互抵消的成本与利益之间的审慎权衡。

比起增加利息的避税利益,财务困境成本更不容易定量,但它并非对财务决策不重要。财务困境成本至少有三类,我们依次在题为破产成本、间接成本和利益冲突三部分中简要评论。

1. 破产成本

预期破产成本等于破产发生的可能性乘以破产带来的成本。粗略看一眼孩之宝公司的偿债比率即可证实,与冒进型债务筹资相关的一个显著问题就是,升高的债务水平增大了企业无力履行财务义务的概率。在高负债的情况下,原本只是利润略为下降的状况也会因为公司发现其无法及时在一定程度上还本付息而演变成一场让人争论不休的破产。

这里我不想对破产法律和判决做完整的评述,但是有两点值得提出:第一,破产并不一定意味着清算。许多破产的公司能够继续经营,只要它们经过业务重组最终摆脱破产困境回到正常经营中。第二,在美国,破产是一个高度不确定性的过程。因为一旦陷入破产,公司的命运就掌握在处理破产的法官及一大批律师手中,每个律师都代表一个伤心欲绝的当事人,且每个人都下定决心要追讨自己的最大利益,直到法官满足他们的要求或者公司资产被拿光为止。如此一来,今天美国的公司破产像极了一场高额下注的牌局,局中仅有律师是唯一的赢家,而管理者和股东要么带走一个恢复了元气的公司,要么一无所有,就看他们的运气了。

增加债务显然增大了破产的可能性,不过这不是故事的全部内容。要考虑的其他重要因素是,倘若破产真的发生了,企业的成本有多大。因而,要是破产牵涉的只是与债权人讨论债务重组的几次气氛和谐的会议而已，那就没有必要限制借贷以避免破产；同时，要是破产立马导致减价清算，那么冒进型的借贷显然是有勇无谋的举措。决定公司破产成本的一个关键因素是所谓的资产"转卖"价值。两个简单的例子即可说明这个概念。

首先，假设 ACE 公司的主要资产为一栋公寓大楼，鉴于当地过度建设及公司使用债务筹资过于冒进等原因，ACE 公司被迫陷入破产。公寓大楼很容易就可以卖掉，破产程序最有可能的结果是把大楼卖给一位新的主人，然后把所得分给各债权人。这种情况下，破产成本相对较低，包括一些显而易见的费用，如法律、评估和法庭上的费用，加上为售出大楼无论如何在价格上都必须作出的让步。总体来说，由于破产对公寓大楼的营业收入产生的影响很小，因此，破产成本相对较低，ACE 公司可以为冒进型的债务筹资找到正当的理由。

注意，在这里，破产成本没有包括 ACE 公司及其债权人当初认为的公寓大楼的价值与大楼破产之前的价值之间的差异。这方面的损失应归咎于过度建设而不是破产，是公司自己招致的结果，与公司如何筹资或是否宣告破产毫无关系。即使全部通过权益筹资，尽管那样能够防止破产，也无法消除这方面的损失。

对破产的不同看法

历史上，破产一度被看成一个黑洞，其中债权人为各自利益笨手笨脚地瓜分公司，而股东则输得精光。今天，高层管理人员把它当作一个平静的避难所，管理者在处理公司的难题时，法庭把债权人隔离在外。在破产清算（第七章中通常称为破产）中，公司通常会关闭业务，并出售资产以偿付债权人。近年来，零售业频繁实行第七章阐述的破产程序，受来自在线零售竞争等因素的冲击，一度受欢迎的商店（如 Borders、Circuit City 和 Mervyns）退出了市场。

然而，在破产重组（见第十一章）过程中，公司通常会继续经营，并希望从破产中浴火重生，比初创时更为健康和更有价值。多年来，航空业因动用破产保护而闻名。美国四大航空公司中的三家——达美航空（Delta）、美国航空（American）和联合航空（United）以及加拿大最大的航空公司——加拿大航空（Air Canada）都在 2004—2013 年间成功摆脱了破产。破产的航空公司的一个潜在优势是能够降低劳动力成本。大陆航空公司在 1983 年首次采用了这一策略，利用破产保护废除了它视为灾难性的劳动合同。研究表明，1992—2006 年，破产的航空公司平均每年减少薪资支出约 10%。[a] 破产还有其他潜在优势。一些公司发现，在与产品责任诉讼或大量法律判决纠缠时，破产保护是一个诱人的天堂。然而，我们预先警告：尽管大公司的成功重组上了头条，但大多数公司的破产重组以失败告终。希望你的公司永远不会走上这条路。

资料来源：[a]Efraim Benmelech, Nittai Bergman, and Ricardo Enriquez, "Negotiating with Labor under Financial Distress", *Review of Corporate Finance Studies*, September 2012, pp. 28-67.

在另一个极端，莫瑞特克（Moletek）是一家遗传工程公司，它的主要资产为一支杰出的研究团队以及非常吸引人的增长机会。要是公司陷入破产，破产成本极有可能会非常之高。由于莫瑞特克公司的大部分资产是无形资产，在破产清算中，把公司资产一项一项分开出售将得不到多少现金；同样，无论是作为一家独立的公司还是落入新主人的手中，即使是作为一家完好无损的公司，在这样动荡不定的环境中，既难以挽留关键人才，也难以筹集开发增长机会的资金，也就很难认清莫瑞特克公司的价值。本质上，由于破产会对莫瑞特克公司的营业收入产生负面效应，破产成本极有可能会很高，因而莫瑞特克公司在使用债务上还是要精打细算为好。

总之，我们关于破产成本的简要总结表明：破产成本随公司资产特性的不同而不同。无论是破产清算还是完好无损地卖给新主人，要是资产的转卖价值很高，破产成本相对就较少，可以想象诸如此类的公司会大手大脚地使用债务筹资。相反，由于绝大部分资产属于无形资产，当其转卖价值很低且难以完好无损地卖出时，破产成本相对较高，符合这种条件的公司应该更多地使用保守的筹资方式。

表述同样事情的另一种方式是将公司的价值看作由两类资产构成：有形资产和成长选择。成长选择是指一家公司已筹划准备在来年进行的令人兴奋的投资机会。有形资产在陷入财务困境时可以保留价值，成长选择显然无法做到。其结果是，有成长选择价值的公司被错误地劝说去使用过度的债务筹资。

2. 间接成本

除直接的破产成本外，随着破产可能性的增大，公司还经常会发生一系列更难以捉摸的间接成本。这些成本可能会相互作用，某一类成本将助长另一类成本，从而引起连锁反应。就内部而言，间接成本包括随着管理层为保留现金而减少投资、研究与开发及营销所丧失的获取利润的机会。从外部来说，间接成本包括：因潜在的客户关注未来从公司获得零部件和服务的可能性而丧失的现有销售，投资者担心未来支付而要求更高的筹资成本，以及随着供货商变得不愿意答应长期承诺与提供商业信用而增加的经营成本。丧失销售和增加成本反过来又迫使管理层变得更保守，以避免遭受更大损失的风险。如果这还不够的话，落井下石的竞争者倾向于挑起价格战，并且为了挖走客户而更为激烈地展开竞争。

在某些行业，商业信用提供者在逃离"破船"时表现出一种特别强烈的从众心理。在管理一个或许由数以千计的小份额应收账款构成的组合时，这些供货商无心与出问题的客户纠缠；相反，他们一感到问题出现征兆就会逃之夭夭。与保守的管理层、永不满足的客户、反复无常的供货商纠缠在一起，财务健康状况与破产之间的斜率关系可就是捉摸不定的了。

3. 利益冲突

在健康发展的公司里，管理者、股东和债权人通常有一个共同的基本目标：看到企业的繁荣。然而，当一家公司陷入财务困境时，各方当事人开始更多地为自己而不是企业操心,这种和谐就不见了,由此产生的利益冲突成为冒进型债务筹资的第三类潜在成本。这里有一个利益冲突的例子,即著名的过度投资难题,可更贴切地称之为"孤注一掷"难题。

假设某家公司因过度借债而处于严重的财务困境之中,股东权益几乎毫无价值。考虑到股东即将被清除,一个投机的银行家提出一个激进的极具风险的投资计划。在正常情况下,公司从来不会考虑这类投资,但它现在具有令人难以抗拒的吸引力——以小博大。股东看了这个计划,他们想到的是:"这真是一项很坏的投资,但如果我们无所作为,我们的股票最终可能会一文不值。如果我们做这项投资,至少还有一个小概率可以中头彩。之后我们可以偿清债务,然后自己也可以带点小钱脱身而去。我们总不会吃亏吧?让我们孤注一掷吧!"这一想法准确地描述了20世纪80年代后期美国储蓄与信贷行业的情形,当时很多股东都面临其权益很快会被清除的状况,所以用储户的钱冒不确定的风险做笔大买卖。①在一个不寻常的案例中,联邦快递创始人弗雷德·史密斯(Fred Smith)在联邦快递陷入困境的早期,用公司的钱进行赌博。在意识到公司没有足够的现金支付燃料费后,史密斯带着最后的5,000美元去了拉斯维加斯,玩21点赢了27,000美元——足够支付燃料费,公司可再运行一周。②

那么,关于税收和财务困境成本之相对重要性的这些苦思冥想对于如何给企业筹资到底意味着什么呢?我们的分析表明当管理层在作筹资决策时应该考虑以下三个与企业相关的特定因素:

其一,公司在整个债务年限内利用利息税盾新增利益的能力;
其二,由任何新增杠杆所产生的财务困境成本的增加概率;
其三,一旦发生,财务困境成本的规模。

把这份清单应用到孩之宝公司,我们可以断言,公司看起来有充足的利润能够利用新增的税收利益,首先考虑到的是,它可以增加尽可能多的债务。同样,公司历年利润的稳定性也表明,因新增较高的债务水平而增加财务困境的产生概率不会太大。一旦孩之宝公司在偿还新债上出现困难,所产生的困境成本看起来似乎也就不大了。公司业务季节性不强,不会出现被潜在的令人不安的供应商左右的情况。因为孩之宝公司的产品与竞争对手的产品不同,所以不太可能出现价格战。此外,作为一家以低技术产品为主的成熟公司,孩之宝公司的价值中可能只有相对较小的一部分来自增长期权。最后,消费者在购买产品时可能不会担心孩之宝公司的财务困境程度,因为消费者购买玩具和游戏很少会关注长期服务或保修。

---

① 濒临破产的公司同样会出现投资不足的问题,当太多的利益被划给债权人而不是股东的时候,管理层会故意放弃有利可图的投资机会。
② Roger Frock, *Changing How the World Does Business: FedEx's Incredible Journey to Success——The Inside Story*. San Francisco: Berrett Kohler, 2006.

四、财务弹性

税收利益-财务困境成本的观点把财务决策当成是一次性发生的事件来处理。孩之宝公司今天应该发售债券还是股票来筹集现金呢？另一个更广泛的观点是在长期财务战略的框架里看待这样的个别决策，长期财务战略中的大部分是根据公司的增长潜力和它多年来对资本市场的进入情况来规划的。

一个极端方面是假如一家公司具有总是能够按可接受的条款来筹集债务或权益资本的稀有珍贵能力，那么决策就是直截了当的。公司只要简单地基于长期税收利益-财务困境成本的考虑，挑选一个预定的目标资本结构，然后把特定的负债与权益的选择建立在近似于目标资本结构的公司现有资本结构的基础上。所以，假如公司现有债务水平在目标之下，债务筹资将成为显而易见的选择；假如目前债务水平远在目标之上，那该是发行权益的时候了。

对于那些持续进入资本市场没有得到保证的更为现实的案例，决策变得更加复杂。现在，管理层必须担心的不仅是长期目标，还包括关于今天的决策如何影响公司未来进入资本市场。这就是财务弹性的概念：它所关心的事情是今天的决策不会危害到未来的筹资抉择。

为了说明财务弹性对某些公司的重要性，请考虑XYZ公司所面临的挑战：快速增长的业务和对外部资金的持续性需求。即使当下债务发行看起来很有吸引力，XYZ公司的管理层也必须了解大量的依赖债务筹资最终将"关掉天窗"（天窗在这里指美国式资产负债表负债方的上半部分。英国式的资产负债表将权益列示于负债之上，不过，它们随后也是错向行驶的）。一旦达到公司债务极限后，XYZ公司就会发现以后几年里自身的任何新增外部资金都要依赖股票市场。这是一种危险的状态，因为权益可能是一种变幻无常的筹资来源。权益依赖于市场条件和公司近期业绩，它可能达不到合理的价格，甚至卖不出去，而那时XYZ公司将会因缺乏现金而被迫放弃有利可图的投资机会。没有能力进行有竞争力的托管投资将会导致市场份额的永久丧失，这将被证明是代价很高的。在个人名望上，公司财务总监坦承XYZ公司因无法筹资而必须放弃有利可图的投资机会，这种坦白将不会得到他的同行的热烈祝贺。因而，出于对未来增长筹资的关心，建议XYZ公司避免过于依赖债务筹资，维持财务弹性以满足将来的应急之需。

一些公司，尤其是一些处于技术飞速发展行业的公司，似乎将财务弹性置于各种考虑因素的首位。脸书是一家几乎没有债务的公司，尽管它有大量的利润（2016年超过100亿美元）和大量的现金（2016年约300亿美元）。当然，脸书至少可以发行一些债务，从利息税盾中受益，并且仍然不会产生哪怕是最轻微的财务困境成本。但脸书巨大的财务灵活性让它有能力进行任何想要的收购（截至2016年，它已经进行了60多笔收购，包括价值190亿美元的WhatsApp），或者有能力对任何竞争威胁进行有针对性的必要投资。

不能或不愿意发行新权益对大多数小公司和许多大公司来说是比较极端的情形。对于这些公司来说，筹资决策不是是否发行债务或权益，而是是否发行债务或限制增长。这些公司就必然需要把筹资决策归入管理增长的大范围内。记得在第四章里，当公司无法或不愿意发售新股时，它的可持续增长率是：

$$g^* = PR\hat{A}\hat{T}$$

其中，P、R、$\hat{A}$和$\hat{T}$分别是利润率、留存比率、总资产周转率和财务杠杆。在这个方程式里，P和$\hat{A}$取决于企业的生产经营。对这些企业而言，筹资的挑战在于制定股利策略、筹资策略和增长策略，这些策略能够使企业在不使用过多的债务筹资或诉诸普通股筹资的情况下仍然能以适当的增长率进行扩张。

我的一个担任财务执行官的学生曾经告诉我，他永远不会做任何企业家的工作，因为"你知道太多关于什么是错的"。在债务筹资方面，我倾向于认可他的观点。太多的企业家深信自己的努力终将成功，似乎认为负债是一种无尽的祝福。在他们眼里，负债的作用在于使他们能够扩大自己帝国的规模，超过自己公司的净值。因此，他们的增长管理策略就变成只要债权人愿意就尽可能多地借入资金。换句话说，企业家把上述方程式中的$\hat{T}$最大化了。把筹资决策委托给债权人当然使事情更简化了，但是同时也不明智地把危机管理决策交到自利的外部人手中。较为明智的办法是，选择一个保守的资本结构并且把公司的增长率置于资本结构的制约之下。

● 反向操作资本结构决策

绝大多数公司挑选或偶然找到一个特定的资本结构，然后祈祷评级机构在评定债务等级时会善待它们。然而，越来越多的公司却与这个过程反向：先选择它们想要的债券评级，接着向后推——反向操作，进而估计与所选择等级相符合的最大数量的债务。好几个咨询公司通过推销可用于预测不同债务水平上一个公司所能得到的债券评级等级的模型（获得专利），促进了这种做法。这类模型以其观察到的评级机构过去的决策模式为基础。

资本结构决策的反向操作有两方面的吸引力：第一，它揭示了在遭受被降低评级等级之前，公司还可以举借多少债。这对于那些关心过度使用债务的企业和那些对增加与债务相关的避税感兴趣的企业是非常重要的信息。第二，它消除了对债权人会就某一项筹资决策如何反应的所有揣测，反而使公司主管能够集中关注诸如在给定现有前景与策略下哪一种信用等级对公司最为适宜之类的具体问题。

五、市场信号传递

对未来财务弹性的关注习惯上会偏爱正在进行中的股票筹资。然而，一种反对股票筹资的有说服力的论点是关于股票市场的可能反应。在第四章，我们发现美国公司总的来说没有过度使用新股筹资，然后我们就这个显而易见的偏见提出了若干个可能的解释。现在是讨论其他解释的时候了。

学者们已经考察了股票市场对公司未来筹资的各类公告的反应，研究结果让人着迷。研究人员对数千只普通股发行进行与我们在第五章所描述的极为相似的事件研究，他们一致发现，大多数公司的股价平均下跌了 2%—3%，而这些下跌现象不能合理地归咎于随机概率。[1]

表面上看，损失 2%—3% 的市值听起来可能并不多；但用相对于要筹集的资金数额来衡量，损失是相当惊人的。保罗·阿斯奎斯（Paul Asquith）和戴维·马林斯（David Mullins）对 531 家公司的普通股出售进行了开创性研究，结果显示公告损失平均超过新股发行规模的 30%。[2] 更为直观地展示这个数字，30% 的损失意味着公告 1 亿美元权益发行的公司在它宣布发行 1 亿美元新股的那一天，预计将要承担 3,000 万美元现有股票市场价值的永久损失。在阿斯奎斯和马林斯的研究中，对于最糟糕的 6% 的案例，不良公司实际上从公告效应中损失的市场价值比其希望从问题本身中获得的更多。2016 年 10 月，云通信公司（Twilio）不幸跌入这一类别，当时公司宣布发行 4 亿美元股票。一天之内，公司的股价下跌超过 14%，市值损失约 7.2 亿美元，是发行规模的 180%。

为描述完整起见，关于债务发行公告的类似研究并没有观察到股票筹资所发现的反向价格反应。此外，股票发行公告似乎是双向可行的，即公司公布回购部分股票的意向也深受欢迎，股票价格显著上升。为何会出现这种价格反应？这有几个解释。其中一个最经常由管理主管和市场从业者提出的解释把所观察到的价格反应归因于稀释效应。根据这种推理，一次新股发行把公司这个大馅饼切割成更多的小块，从而会减少现有股东所拥有的每块饼的份额。很自然地，现有股东所拥有的股票价值变少了。相反，当公司回购股票时，剩下的每一份股票代表了公司更大的一部分所有权，因而它的价值更高。

其他仍然没有被这一推理说服的评述者（肯定包括你）指出：虽然股票发行可能类似于把馅饼切成更多的小块，但这块馅饼也因发行股票而变大了。所以，没有理由认为一块大馅饼中的一小块价值就必然要小些，同样也没有任何理由能预计剩余的股东必然会从股票回购中有所获利。回购后每一份股票代表着更大一个比例的公司所有权，但回购同样缩减了公司的规模。

一个更有趣的解释涉及所谓的"市场信号传递"。可以合理地假设孩之宝公司的高层管理人员比外部投资者更了解公司情况，因而再考虑一下图 6.2 所示的孩之宝公司的收益范围。假如你是孩之宝公司的财务副总裁，对公司的未来极为乐观，你将会推荐哪一种筹资选择？在对孩之宝公司的产品市场及其竞争者进行一番全面透彻的分析之后，你确信公司

---

[1] Michael Lemmon and Jaime Zender, "Debt Capacity and Tests of Capital Structure Theories", *Journal of Financial and Quantitative Analysis*, October 2010, pp. 1161–1187.

[2] Paul Asquith and David W. Mullins, Jr., "Equity Issues and Offering Dilution", *Journal of Financial Economics*, January-February 1986, pp. 61–89.

的 EBIT 在下一个十年极有可能会快速增长。要是你已经觉醒，你将会懂得在这种情况下的逻辑选择应是债务筹资。现在债务可以产生较高的 EPS，使公司进入更急剧上升的增长轨道，而且增加的收益将使公司更容易支撑较高的债务负担。

现在反过来做这个练习，假如你对孩之宝公司的前景相当担忧，担心其未来的 EBIT 很可能会减少，那么，你将会推荐哪一种筹资选择呢？在这种情况下，由于在较低经营水平上能有超强的偿债能力和较高的 EPS，股票筹资显然是首选。

不过，如果是那些对公司在前景光明时将会举债筹资、在前景不妙时将会通过权益筹资情况了如指掌的人，权益发售公告会告诉他们什么呢？毫无疑问，它向市场传递了一个信号——管理层很担心公司未来，公司选择了最为安全的筹资抉择。到那时，股票价格在公告日会下跌，许多公司甚至都不情愿提到"E"（权益）这一术语，无论多少，一概卖掉，这还有什么可怀疑的呢？

股票回购公告所传递的市场信号正好相反。高层管理人员对公司未来前景相当乐观，他们察觉公司现有股票价格低得莫名其妙，价格如此之低以至于股票回购都成了一个不可阻挡的议价交易了。因此，股票回购公告向投资者传递了好消息，股票价格自然会上升。

一种更有狡猾欺诈味道不过仍然得出同样结论的观点把管理人员看作自私自利的投资者，他们采取机会主义行为，在股票定价过高时发售股票，而在股票定价过低时回购股票。然而，无论管理人员是否出于对公司未来的担心或欺骗投资者而选择发售新股，信号都是一样的：新股发行公告是坏消息而股票回购公告是好消息。

折价发售权益是经济学家所谓的"柠檬问题"的一个例子。每当资产的卖方比买方对资产更了解时，买方就会担心她拿到的是一个"柠檬"（次品——编者注），所以她只会以廉价买入这类资产。卖方和买方之间信息不一致性越大，折价就越大。你的邻居试图卖掉他那辆一个月前买的奔驰车，他说卖掉这辆车的原因是他不喜欢车的颜色，或许他说的是真话。但他也可能没说真话，也许这辆车存在他没有透露的严重问题。或许它是一个"柠檬"，为了防备这一可能性，一个聪明但又不知情的买家只会按照最初价格的较大折扣买入这辆车。同时，聪明的卖家知道他只能按照较大的折扣出售这辆几乎全新的小车，将选择习惯于车的颜色，这反过来会增加剩下的几乎全新待售车确实是"柠檬"的概率。

麻省理工学院的斯图尔特·迈尔斯（Stewart Myers）认为，"柠檬"问题促进公司在筹资时采用被他称为"优序融资"的方法。[①] 在等级次序的最上端，最受偏好的筹资工具是由留存收益、折旧和历年利润留存累积的多余现金所组成的内部资金来源。公司偏好内部资金来源是因为它们可以完全避免"柠檬"问题。外部资金来源在偏好排序上列第二位，其中债务筹资与股票筹资相比占有压倒性优势，因为它比较不可能传递负面信号。或者换句话说，债务优于股票的原因在于，债务的卖方和买方之间的信息不一致性较小，所产生的"柠檬"问题也较小。因而，筹资决策基本上是按照这个等级次序渐次下行，寻找第一

---

① Stewart C. Myers, "The Capital Structure Puzzle", *Journal of Finance*, July 1984, pp. 575-592.

可行的资金来源。迈尔斯也注意到,在这样一些有等级次序的公司里所观察到的债务与权益比率很少是在债务相对于股票的优劣之间的理性权衡产物,更多的是公司历年盈利能力相对于投资需求的总体结果。因此,高利润率、适度增长的公司可以侥幸少负债或不负债,而低利润率、更快速扩张的公司可能要被迫与更高的财务杠杆比率共存。

六、管理层激励

激励效应与大多数筹资决策不相关,但是一旦相关,其影响可能是决定性的。在许多公司里,管理者在所有者那里享受到一定程度的自治。而在人类天生的本性下,管理者倾向于利用这点自治权去追求自身的利益,而不是所有者的利益。所有权与控制权的这种分离使管理者纵容自己对某些方面的偏好,例如把收益留在公司而不是发放给所有者,以盈利性为代价追求成长性,以及安于合格业绩而不追求卓越。

激进型债务筹资的益处在于,它在某种程度上能减少所有者与管理者之间的利益鸿沟。作用机制很简单。当公司利益和基本支付压力很大时,即使是最顽固的管理者也明白他必须有足够的现金流,否则就会失去事业和工作。有债权人追在身后,管理者很快会发现投资时不动脑筋及稍微不尽全力就没有生存空间了。金融家约瑟夫·佩雷拉(Joseph Perella)相当直率地解释了债务与效率之间的关系:每家公司都有一些无所事事的人,他们的收入与工作报酬无关,如果公司承担了大量的债务,就将迫使他们削减开支。正如在第九章中详细讨论的,杠杆支配下的公司发现,激进型债务筹资能够创造出促进业绩增长的有效激励,特别是当其与重要的管理所有权相结合的时候。这种高杠杆公司的所有权就像一根胡萝卜对突出的业绩给予鼓励,而高负债水平则像一根棍棒对差的业绩给予惩罚。

杠杆的国际差异

最近的研究揭示了公司融资实践中巨大的地理差异。研究报告称,全球39个国家的上市公司的债务比率(以有息负债/公司市值衡量)中位数从韩国公司的50%以上到澳大利亚的10%以下不等。虽然也有例外,但总的趋势是,总部位于发达国家(如加拿大和英国)公司的负债率较低,而总部位于发展中国家(如印度尼西亚和巴基斯坦)公司的负债率较高。

该研究还表明,公司使用的债务期限在各国之间差异很大。稳定的发达经济体的企业倾向于长期债务,而发展中经济体的企业则更多地依赖短期融资。极端情况下,新西兰企业的长期债务与总债务比率的中位数几乎是90%,而中国企业的这一数字不到10%。

为什么不同国家的杠杆比率差异如此之大?原因当然有很多,但研究表明,大部分差异归结于投资者和公司对该国法律和司法制度的反应。换句话说,这里讨论的希金斯五因素的相对重要性因东道国的法律和监管做法而异。因此,如果一个国家的税法倾向于债务融资,那么该国的公司将使用更多的债务。这并不奇怪。同样,如果一个国家在执行债务合同方面松懈，那么该国的贷款人将坚持短期贷款，以保持对其投资的更多控制。总之，即使两家公司在不同的国家经营完全相同的业务，也不要认为它们一定会有类似的财务结构。

资料来源：Joseph P. H. Fan, Sheridan Titman, and Garry Twite, "An International Comparison of Capital Structure and Debt Maturity Choices", *Journal of Financial and Quantitative Analysis*, April 2012, pp. 23-56.

七、筹资决策与增长

我们已经检验了筹资决策影响公司价值的五种方法。筹资决策的艺术在于，针对特定的公司权衡这五种力量的相对重要性。为了说明这个过程，让我们来考虑这些力量所揭示的负债水平应该如何变化以适应公司增长。

1. 快速增长和保守主义者的美德

关于五种力量对快速增长的公司可能之效用的回顾有力地表明，高增长和高负债是一个危险的组合。首先，在快速增长的公司里，推动价值创造最有力的引擎是新的投资，而不是利息的避税利益或可能伴随着债务筹资的激励的影响。因此，最好争取保持进出筹资市场的自由，把筹资当成是被动服务于增长的仆人。这就意味着适度的债务筹资。其次，极端地看，高增长公司的收入是不稳定的，当利息偿债比率下降时，发生财务困境的机会就会快速升高。最后，因为高增长公司的大部分价值由整体的成长机会来体现，这类公司的预期破产成本是很高的。

这些原因意味着高增长的公司应该采取下面的筹资政策：

- 维持一个保守的财务杠杆比率，它具有可以保证公司持续进入金融市场的充分的借贷能力；
- 采取一个适当的、能够从内部为公司绝大部分的增长提供资金的股利支付政策；
- 把现金、短期证券和未使用的借贷能力用作暂时的流动性缓冲产品，以便在那些投资需要超过内部资金来源的年份里能够提供资金；
- 如果非采用外部筹资不可，除非财务杠杆比率威胁到财务弹性，否则就采用债务筹资；
- 当其他所有的方法都已经黔驴技穷后，可以把出售股票而不是限制增长当作最后一招。

2. 低增长和积极筹资的吸引力

与快速增长的公司相比，低增长公司在筹资决策上的日子好过得多了。因为公司主要的财务问题在于摆脱多余的经营性现金流量，财务弹性、反向市场信号传递等对它们而言极为陌生。然而，除了解决问题，这种局面还会创造出一些公司已经成功地加以利用的机会。这当中的逻辑是这样的：针对公司没有多少吸引人的投资机会以及寻求通过大胆利用债务筹资为股东创造价值的现实，利用公司良好的经营性现金流量作为借入尽可能多的钱的一块磁铁,然后使用这些收入去回购股票。

这样一种策略可以向股东保证至少有三种可能的报酬:第一,增加利息避税,减少所得税,把更多的钱留给投资者;第二,股票回购公告将产生积极的市场信号;第三,高财务杠杆比率会显著强化管理人员的激励动机。如此一来,高杠杆的债务负担强制管理人员要么创造大量不间断的利息和本金偿付,要么面临破产,这可能正好作为用于鼓励管理人员从生产经营中榨取更多现金流量的长生不老药。

总而言之,银行借款人有一句古谚:"只有那些不需要钱的公司,银行才愿意借钱给它们。"现在,我们在借款人这边也看到极为相似的动态。不需要外部筹资的低增长企业可能发现它受积极筹资的引诱,而需要外部资金的高增长企业则发现它被维持一个保守的资本结构吸引。

实证检验的成果支持了这种看法的明智之处。在关于公司价值和债务筹资之间关系的研究里,约翰·麦康奈尔(John McConnell)和亨利·瑟维斯(Henri Servaes)发现对于高增长企业,提高财务杠杆会减少企业的价值;而对于缓慢增长企业,一切正好与之相反。[①]

● 积极的筹资策略

多年来,对于提高财务杠杆来提高公司价值,各个公司表现出不同程度的积极性。早在1986年,科尔特工业公司(Colt Industries)增长缓慢,决定是时候"变大或回家"了。科尔特公司向股东提供"85美元现金+重组后公司的一股股票"换取股东持有的一股旧股,从而完成了资产重组。为了支付85美元的现金付款,科尔特公司举债14亿美元,将长期债务总额提高至16亿美元,并将股东权益的账面价值减少至−1.57亿美元,这意味着科尔特公司的负债超出资产的账面价值1.57亿美元。我们在这里谈论财务杠杆的严重后果。科尔特公司的股东是如何看待这件事呢?很好,谢谢。在宣布要约之前,科尔特公司的股票交易价格为67美元,而在交易完成后,这家注资公司的股票交易价格为10美元。因此,报价变成了这样:85美元现金+每股价值10美元的新股两股换来的是每股价值67美元的一股旧股。这给所有者带来了意外收获,每股收益28美元(85美元+10美元−67美元),即42%。

最近的例子并不那么引人注目,有公司使用积极的筹资策略取得了良好的效果。2017年4月,好市多(Costco)宣布派发每股7美元的股息,总计31亿美元;公司同时发行38亿美元的债务,以筹集支付给股东的资金。这笔债务使好市多的未偿还长期债务增加了50%以上。然而,尽管杠杆比率有所提高,但好市多首席财务官理查德·加兰蒂(Richard Galanti)强调"交易不会危害好市多的财务灵活性"。股东们似乎喜欢这种策略,因为宣布

[①] John J. McConnell and Henri Servaes, "Equity Ownership and the Two Faces of Debt", *Journal of Financial Economics*, September 1995, pp. 131–157.

派息时好市多的股价上涨了约3%。近年来，许多其他公司采用了债务支持的股息发放或股票回购，包括天狼星XM（Sirius XM）卫星广播、纳森连锁餐饮（Nath's Famous）和麦格劳-希尔教育出版公司（McGrawHill Education）——这是一家知名的图书出版商，就是你现在正在阅读的书籍的出版商。

资料来源：Maxwell Murphy and Mike Cherney, "Bond-Funded Dividends, Buybacks Draw Skeptics", *Wall Street Journal*, June 26, 2015.

所有这些对于孩之宝公司的决策意味着什么？基于所能获得的信息，经全面考虑之后，我的建议是发行债务。除非管理层预计很快就会恢复快速增长或进行更多的大型收购，否则灵活性似乎不会成为主要问题，而5.4亿美元（30%×18亿美元）的权益信号成本却相当令人痛苦。与此同时，债务第一年带来的2,700万美元利息税盾将是不错的选择。新增债务所增加的利息和本金偿还要求会促进管理层更努力、更明智地工作。至于风险，孩之宝公司历年非常稳定的现金流说明，即使债务筹资所产生的利息倍数较低，预期的困境成本仍可保持适度的水平。最后，债务筹资将帮助解决一直困扰孩之宝公司的问题——如何处置不断产生的多余现金，在未来，公司可以用多余现金偿还新的债务。总之，这是一个不错的一揽子方案。

第四节　选择到期期限结构

当一个公司决定举债时，下一个问题就是：债务的到期期限应该多长？公司是否应该还清1年期的贷款，发售7年期的票据，或推销30年期的债券？看一看企业整个的资本结构，只有当债务的到期期限等于资产的相应期限时，才会出现到期期限结构的最小风险。因为在这种结构中，未来数年从经营中产生的现金在到期时应该足够还清现有债务。换句话说，债务本身可以自我清偿。假如债务的到期期限短于资产的相应期限，公司会产生再筹资风险，因为某些到期债务将不得不用新筹集资金的收入来偿还。同样，正如在第五章所提到的，到期期限的展期并不是资本市场的自动特征。当债务的到期期限大于资产的相应期限时，经营所能提供的现金应该是远远足以清偿到期的现有债务。这提供了一种附加的安全界限，但同样表明企业在某些时期可以拥有多余的现金。

要是到期期限的匹配就是最小风险，还要做其他事情干什么呢？为什么要允许债务的到期期限短于资产的相应期限呢？公司让到期期限不匹配或者是因为无法按照可接受的条款取得长期债务，或者是因为管理人员预计不匹配将会减少总借贷成本。例如，要是财务总监确信利率在未来将会降低，一种显而易见的策略就是现在只使用短期债务，然后希望未来能以较低的利率再展期为长期债务。当然，有效市场的拥护者以财务总监没有根据相信他能预测未来的利率为理由对这种策略加以批评。

通货膨胀与筹资策略

财务学中有一个古老的格言：在通货膨胀时成为借债人总是好事，因为借债人是用贬值后的美元来偿还贷款。然而，重要的是要理解，这一说法只有当通货膨胀是始料未及时才是正确的。要是债权人预见到通货膨胀，他们索要的利率就会上升以补偿贷款本金购买力的预期下跌幅度。这意味着在通货膨胀时期借债并不是必然有利的。实际上，要是在一项贷款期内，通货膨胀率出乎意料地下跌，反倒会对借债人起到不利作用。因此，财务学这个古老格言的最适合的表达方式是：在没有预期通货膨胀时成为借债人总是好事。

本章附录　无关论定理

附录论证本章提到的资本结构无关论定理，并较为详细地阐明为什么利息对税收的减免作用让债务成为人们青睐的筹资方法。无关论定理宣称，当预期现金流不变时，公司为其经营提供资金的方式不影响公司或股东的价值。从股东角度来看，一家公司利用90%的债务筹资与利用10%的债务筹资是一样的。

无关论定理的意义重大不是因为它描述了现实情况，而是因为它直接关注了筹资决策的关键：理解筹资决策如何影响现金流。定理本身也是一道令人感兴趣的富有智慧的谜题。

一、无税的情况

据说曾有个女招待问约吉·贝拉（Yogi Berra）希望将他的比萨切成几块，他回答道："你最好把它切成6块，我今天不太饿，恐怕吃不下8块。"当没有税负时，公司的财务决策宛如切割贝拉的比萨：无论你将公司的现金流怎么分割，公司还是这个公司，获利能力不变，因而具有相同的市场价值。高财务杠杆带来的股东回报升高的利益恰好被风险增加完全抵消了，即市场价值与财务杠杆无关。

这里有一个例子来说明这一主张。你的股票经纪人提供了两项可能的投资——胆小公司（Timid Inc.）与胆大公司（Bold Company）。胆小公司没有使用任何债务而胆大公司80%依赖于年利息成本为10%的债务筹资，除此以外，两家公司碰巧在每个方面都完全一致。两家公司各拥有1,000美元的资产，且可以用永续年金的方式产生400美元的预计年息税前利润。为简单起见，我们假设两家公司每年都把它们的所有利润（收益）作为股利派发。

表6A.1显示了在无税和有税的情况下，两家公司模拟利润表的下半部分。注意，胆小公司因没有利息费用而显示出较高的利润。把胆小公司400美元的年利润与你预期的1,000美元投资额相比产生40%的年收益率。不坏嘛！不过，你的经纪人推荐胆大公司。他指出，由于公司积极地使用债务筹资，你可以只用200美元就能买入公司的所有权益。比较胆大公司320美元的年利润与200美元的投资额，得到160%（320/200）的预期年收益率。哇！

表 6A.1 无税时，债务筹资既不影响收益也不影响公司价值；有税时，适度负债使收益和公司价值上升

	无税		公司所得税税率为40%	
	胆小公司	胆大公司	胆小公司	胆大公司
公司收益				
EBIT（美元）	400	400	400	400
利息费用（美元）	0	80	0	80
税前利润（美元）	400	320	400	320
公司所得税（美元）	0	0	160	128
税后利润（美元）	400	320	240	192
投资额（美元）	1,000	200	1,000	200
收益率（%）	**40**	**160**	**24**	**96**
个人收入				
分红收入（美元）	400	320	240	192
利息收入（美元）	80	0	80	0
总收入（美元）	320	320	160	192
权益投资（美元）	200	200	200	200
收益率（%）	**160**	**160**	**80**	**96**
个人所得税（税率为33%）				
税前收入（美元）			160	192
个人所得税（美元）			53	63
税后收入（美元）			107	129
权益投资（美元）			200	200
收益率（%）			**54**	**64**

但你已有了足够的财务知识，知道权益的预期收益率基本上是随债务的上升而增加，因此这个结果也并非特别令人惊讶。并且，转眼间你就能想到，两笔投资的风险不同，这样比较收益率是不正确的。如果 A 投资的收益率高于 B 投资的收益率，并且它们具有相同的风险，A 投资就是较好的选择。但如果 A 投资有较高的收益率却同时有较高的风险，就像上例一样，情况就变了。爱玩扑克牌和游戏机的人会青睐 A 投资而不理会其高风险，而较胆小的投资者可能会做出相反的决策。

再多说一点，注意你并非依赖胆大公司来取得财务杠杆，这点很重要。你可以用自己的账户来支付购买胆小公司股票的款项。依此行事可以准确无误地复制出胆大公司的数据。表 6A.1 栏目标题为"个人收入"的部分显示，你以 10% 的利率借入 800 美元给购买胆小公司的股票提供资金的结果。扣除 80 美元的利息，然后将你的总收入与 200 美元的权益投资相比，我们发现经杠杆调整后，你在胆小公司股票上的收益率现在同样是 160%。在你愿意用个人债务替代公司债务的前提下，你完全可以准确地在两项投资上产生相同的收益率。

那么，我们证明了什么呢？我们已说明，在没有税收的情形下，当投资者可以用自制财务杠杆替代公司财务杠杆时，公司的筹资方式并不影响对股东的总收益率；进而，如果股东收益率不受影响，公司价值也就不受影响。公司价值与筹资方式无关。倘若投资者个人可以用自己的账户复制公司借贷的财务杠杆效应，那么没有理由要他们为有财务杠杆公司支付比没有财务杠杆公司更多的钱（此处的逻辑看起来似乎颠倒直觉，若你得知弗兰科·莫迪利安尼和默顿·米勒因最早解释这个观点而获得诺贝尔经济学奖，相信你的精神会为之一振）。

二、有税的情况

在一个包括税收在内的更精彩的世界里，让我们重复上面的长篇大论。表 6A.1 右侧的数字表明当存在税率为 40% 的公司所得税时胆小公司和胆大公司的税后利润。与前面相同，不考虑你自己那部分的任何借贷，与胆小公司 24% 的收益率相对，胆大公司继续提供更为吸引人的 96% 的收益率。但与无税时相反，用个人借贷替代公司借贷无法消除两者间的差别；甚至在借了 800 美元为购买胆小公司股票提供资金时，相对于胆大公司股票 96% 的收益率，你的收益率也仅为 80%。有财务杠杆公司现在提供了更高的收益率，如此一来就比没有财务杠杆公司更有价值。

在存在税收的情形下，为什么债务筹资会增加公司的价值？看一看两家公司的税单吧。胆小公司的应纳税款为 160 美元，而胆大公司的应纳税款仅为 128 美元，节省了 32 美元。有三方面的当事人分享了公司成功的果实：债权人、股东与收税者。我们的例子显示，由于利息费用的抵税作用，债务筹资减少了收税者拿走的部分，迎合了股东。换句话说，筹资决策增加了股东的预期现金流。

表 6A.1 的下半部分是为那些仍有疑虑的读者准备的，他们认为上述结果也许是缘于没有考虑个人所得税。在这里你可以注意到，在收入上附加 33% 的个人所得税后，债务筹资所获得的税后利益由 32 美元降至 22 美元，但并没有消失。还要注意，无论个人所得税税率是多少，只要对所有公司都是一样的，这个结论仍然成立。由于许多投资者（如共同基金和养老基金）并不支付个人所得税，因此，为了避免定义一个合适的个人所得税税率，常用的惯例是只针对公司税后和个人所得税前的收益。我们将遵循这个惯例。

应当指出，我们发现税法使债务筹资较为有利只是来自美国的结果。在其他大多数工业化国家，公司所得税和个人所得税至少是部分相结合的，这意味着投资者获得的股利至少有部分是免税的，因为公司已为所分配的利润缴了税。就与上文的无税例子一样，当公司所得税与个人所得税完全一体化时，债务筹资就不存在税收利益了。

当美国式的公司税存在时，对资产的账面要求权变为债务增加时确实创造了价值——至少从股东的角度来看是这样的，如果不是从美国财政部的立场来看的话——因为它增加了个人投资者的收入。债务筹资所创造的股票年收入增加量等于公司所得税税率乘以利息费用，即前面述及的利息抵税作用。在本例中，公司年税后利润加利息支出每年增加 32 美元（192 美元+80 美元-240 美元），也等于 40% 的税率乘以利息费用 80 美元。

用符号表述，设 V_L 是有债务时的公司价值，而 V_U 是没有债务时的公司价值，本例可表述如下：

$$V_L = V_U + (tI \text{ 值})$$

其中，t 是公司所得税税率，I 是以美元表示的利息费用，而（tI 值）表示所有未来的利息抵税在今天的价值。在下一章，我们把最后一项称为未来利息抵税的"现值"。简而言之，上面的等式表明：有利用财务杠杆公司的价值等于没有利用财务杠杆公司的价值加上利息抵税的现值。

以账面价值来说，本附录表明了一个让人不安的结论：当企业完全用债务筹资时，企业的价值最大。不过，阅读本章之后，你知道这只是我们故事的开头部分。因为正如利息的抵税作用会引起企业价值随着财务杠杆的提升而增加一样，财务困境成本也会导致企业价值下降。加上一点对财务弹性、市场信号传递以及激励效应的关注，用一小撮可持续增长率调一下味，你即得到一份关于公司财务决策现代观点的菜单。或许不是满汉全席，不过毫无疑问，这是丰盛的第一道菜。

内容摘要

1. 财务杠杆
   - 是一个影响权益收益率和可持续增长的基本财务变量。
   - 涉及用债务筹资的固定成本替代权益的变动成本。
   - 如同经营杠杆增加了盈亏平衡的销量一样。一旦盈亏平衡已经达到，财务杠杆就可以提高每股收益增长率。
   - 增加股东的预期收益和风险。
   - 增加预期的 ROE 和 EPS 及其波动率。
   - 根据所使用的财务杠杆总量，在单一的风险投资里创造出大批量的风险-收益组合。
2. 为了衡量杠杆对公司风险的影响
   - 强调应检验模拟预测。
   - 在不同的债务水平上估计偿债比率。
   - 根据营业利润的变动情况、同行的偿债比率和不同债券评级类别解释公司的偿债比率。
3. 为了衡量杠杆对公司利润（收益）的影响
   - 在不同的经济条件下评估预估的利润表。
   - 准备一张收益范围图，请注意 ROE 和 EPS 在预估的 EBIT 水平上的增加，以及预期 EBIT 与"转换"价值的近似性。
4. 无关论
   - 认为在理想化的条件下且假设杠杆不会影响营业利润，筹资决策不会影响企业或股东的价值。
   - 意味着筹资决策在影响营业利润的程度上具有重要性。
5. 希金斯五因素模型
   - 确认公司筹资可以影响营业利润的五个途径：
     - 税收利益：归因于利息的税收减免
     - 财务困境成本：当对公司履行财务责任的能力表示担心时，各方当事人强加的成本
     - 财务弹性：高债务水平限制未来融资选择的可能性
     - 市场信号传递：当管理层选择一种融资方式来替代另一种筹资方式时所传递的信息
     - 管理层激励：增加创造现金流以满足更

- 高偿债义务的压力
- ▶ 强调融资决策涉及要根据公司所处的特定场合仔细地评估每个因素。
- ▶ 提出高增长企业要聪明地保持稳健的资本结构,而低增长企业可能需要考虑相反的战略。

扩展阅读

Andrade, Gregor and Steven N. Kaplan, "How Costly is Financial (Not Economic) Distress? Evidence from Highly Leveraged Transactions that Became Distressed", *Journal of Finance*, October 1998, pp. 1443–1493.

作者考察了31笔高度杠杆化的交易——这些交易皆因负债太高而陷入困境,估计出财务困境成本为公司价值的10%—20%。

Asquith, Paul, and David W. Mullins, Jr. "Signaling with Dividends, Stock Repurchases, and Equity Issues", *Financial Management*, Autumn 1986, pp. 27–44.

一份关于衡量资本市场对与股票发行相关主要公告的反应的实证分析总结,写得非常优美。它也是关于市场信号传递的一部出色的入门指南及概述。

Hovakimian, Armen, Tim Opler, and Sheridan Titman, "The Debt-Equity Choice", *Journal of Financial and Quantitative Analysis*, March 2001, pp. 1–24.

现在证据表明资本结构决策与融资优序理论短期内是一致的,但长期来看税收利益与财务困境成本的权衡更为重要。

Parsons, Christopher A., and Sheridan Titman, "Empirical Capital Structure: A Review", *Foundations and Trends in Finance*, 2008, 92 pages.

一项易于理解的、学术导向的、关于资本结构决策实证研究的调查。它分为三个部分:与不同资本结构相关的公司特征,影响公司偏离其资本结构目标的因素,以及公司杠杆选择行为的后果。

Stern, Joel M., and Donald H. Chew, Jr. (Eds.) *The Revolution in Corporate Finance*, 4th ed. Malden, MA: Blackwell Publishing, 2003, 631 pages.

这是一些实务导向文章的合集,许多文章最初发表于 *Journal of Applied Corporate Finance*,由学术大家撰写。特别应该参看"The Modigliani-Miller Proposition after 30 Years," by Merton Miller; "Raising Capital: Theory and Evidence", by Clifford W. Smith, Jr.; and "Still Searching for Optimal Capital Structure", by Stewart C. Myers.

专业网站

abiworld.org

美国破产学会的网站,上面有关于公司和个人破产各方面的新闻与统计数据。

khanacademy.org

有关资本结构、破产和相关主题的简明教程,请选择经济和金融>金融和资本市场>股票和债券的查询路径。也可作为 iOS 或 Android 的免费应用程序。

careers-in-finance.com

该网站允许你探索金融领域的不同职业选择,包括所需技能、工作环境和薪资方面的信息。

ifa.com/articles/An_Interview_with_Merton_Miller

对默顿·米勒关于M&M定理及其个人投资哲学的采访记录。另见对其他诺贝尔经济学奖得主吉恩·法玛和比尔·夏普的采访记录。

课后练习

1. 请查看表6.4，为何公用事业有如此低的利息倍数？为何该比率对信息技术公司来说又如此之高？

2. 何谓经营杠杆？如果有的话，它在多大程度上与财务杠杆相类似？如果一家公司具有高的经营杠杆，你预计它会有高的还是低的财务杠杆？请给出你的理由。

3. 请解释为何提高财务杠杆会增加股东所承担的风险。

4. 请解释公司如何招致财务困境成本而又永远不会破产。这些成本的本质是什么？

5. 本章的建议之一是有投资机会的公司应该努力保持一个稳健的资本结构。然而，很多有前途的小公司却负债累累。

   a. 为何有投资机会的公司应该努力保持一个稳健的资本结构？

   b. 为何很多有前途的小公司无法遵从该建议？

6. 为何一个成熟、增长缓慢的公司有高的负债率？

7. 作为Adirondack设计公司（以下简称"Ad设计"）的首席财务官，你掌握了下面信息：

预期新筹资前的下年税后净利润	4,200万美元
现有负债下应支付的年偿债基金	1,500万美元
现有负债下年的到期利息	1,000万美元
普通股每股价格	28美元
发行在外的普通股股数	2,000万股
公司所得税税率	30%

   a. 假设Ad设计通过发行新债募集资金5,000万美元，利率为4%，计算公司下一年的利息倍数。

   b. 假设Ad设计为偿还新债的年偿债基金为500万美元，计算公司下一年的偿债倍数。

   c. 假设Ad设计发行新债募集了5,000万美元，计算公司下一年的每股收益。

   d. 如果Ad设计以每股25美元的价格发行200万股新股而不是筹集新的债务，计算公司下一年的利息倍数、偿债倍数和每股收益。

8. 一位经纪商打算向客户兜售一个投资项目，项目需投资100美元，一年内预期收回106美元。客户表示6%的收益率没有太大的吸引力。经纪商在回复里提议，向客户以4%的利率借90美元来帮助支付该笔投资款。

   a. 如果该客户借出这笔钱，其预期收益率是多少？

   b. 借这笔钱会使投资项目更有吸引力吗？

   c. 是否借这笔钱让投资项目更有吸引力？无关论对此有何说法？

9. 请解释以下每一个变化将如何影响公司的收益范围图。相对于股权融资的增加，每一项变化将如何影响债务融资相比股权融资的吸引力？

   a. 提高准备募集新债的利率。

   b. 提高公司股票价格。

   c. 增加发行公司未来盈利的不确定性。

   d. 增加普通股股票所支付的现金股利。

   e. 增加公司已发行在外的债务金额。

10. FARO技术公司的产品包括便携式3D测量设备，最近有1,700万股发行在外的股票，每股交易价为35美元。FARO公司公告将发行新股筹集2亿美元。

    a. 市场信号传递的研究表明，在公告日FARO公司的股票价格会如何变化？为什么？

    b. 市场信号传递的研究表明，在公告日以美元计，FARO公司现有股东会获得多大收益或蒙受多大损失？

    c. 相对于筹集到的资金，FARO公司的预期收益或损失占了多大比例？

    d. 相对于FARO公司公告之前原有权益的价值，它的预期收益或损失占了多大比例？

    e. 在公告之后，FARO公司预期现有股份应该立刻以什么价格出售？

11. 这是个更难但内容更丰富的问题。Brodrick

公司正快速增长，如果有可能，它打算不依靠发售新股为增长提供资金。以下是从公司五年财务预测中筛选出来的信息。

年份	1	2	3	4	5
税后利润（百万美元）	100	130	170	230	300
投资（百万美元）	175	300	300	350	440
目标账面价值的负债权益比（%）	100	120	120	120	120
股利支付率（%）	?	?	?	?	?
有价证券（百万美元）	200	200	200	200	200

第0年有价证券=2亿美元

a. 根据这份预测，公司在不必筹集新的权益资本同时保持2亿美元有价证券余额的情况下，每年能够派发多少股利？每年的股利支付率是多少？记住：现金来源在任何时候都必须等于现金使用。

b. 假设公司打算设定一个长期稳定的股利支付率，并且计划使用有价证券组合作为一个缓冲体来吸收年复一年的利润和投资的变动额。假设公司每年股利支付率等于问题a中所支付股利的五年之和除以总利润。求解每年公司有价证券组合的规模。

c. 假设利润每年都低于预测水平。公司有何种选择可继续为投资提供资金？

d. 关于管理层在对这些选择进行排序方面，融资优序理论是如何说明的？

e. 什么原因使管理层倾向于服从优序融资？

12. 一家无任何负债的企业有1亿股发行在外的股票，每股20美元。管理层认为利率低得不合理，于是决定执行杠杆式资本重构。它将募集10亿美元债务，回购5,000万股股票。

a. 杠杆式资本重构前，公司的市场价值是多少？公司权益的市场价值是多少？

b. 假设无关论成立，杠杆式资本重构后，公司的市场价值是多少？公司权益的市场价值是多少？

c. 股东是从杠杆式资本重构中得到了收益还是遭受了损失？请予以解释。

d. 现在假设杠杆式资本重构增加了公司总的现金流量，为公司价值追加了1亿美元。现在公司的市场价值是多少？公司权益的市场价值是多少？

e. 在这个修正方案里，股东是从杠杆式资本重构中得到了收益还是遭受了损失？

13. 近年来，Haverhill公司每年的净销售额为1亿美元，平均每年的净利润为1,000万美元。它目前没有长期债务，但正在考虑发行500万美元的债务，利率将是6%。Haverhill公司目前面临35%的有效税率。如果Haverhill公司完成债券发行，它的年度利息税盾将是多少？

14. 分析HCA公司（全球最大的健康保健设施的私营生产商）的资本结构。2006年，一家私人权益辛迪加以316亿美元买入HCA公司并将其私有化。2010年11月，市场利率创历史新低，公司公告股利资本重构，包括派发20亿美元的特别股利，其中绝大部分是15.3亿美元债券提供的融资。你可以从表格劳-希尔的Connect或任课教师处下载包含HCA 2005—2009年财务报表和特定问题的电子表格。

15. 评价诺娃化妆品有限公司（Nova Products Inc.）在财务杠杆方面主要的增加情况。公司2015—2017年的财务报表和具体的问题可以从麦格劳-希尔的Connect或任课教师处下载。

16. 第三章习题15的f部分请你为水产品供应公司（Aquatic Supplies）构造一个从2018年起为期5年的筹资计划。根据你的预测或者麦格劳-希尔的Connect给出的答案，回答下面的问题。

a. 计算公司2017—2022年的利息倍数。

b. 利息偿债比率为1.0以下之前，计算2017—2022年每年公司息税前利润下降的百分比。

c. 参考表6.5，如果仅仅按照公司的利息偿债比率对债券进行评级的话，2017年水产品供应公司的债券可以评到什么等级？

d. 根据评级，财务杠杆的显著增加对水产品供应公司是否为一个稳健的策略？

第四部分

评估投资机会

第七章　现金流量贴现技术
第八章　投资决策的风险分析
第九章　公司估值与重组

第七章 现金流量贴现技术

> 眼下的一分钱抵得上遥不可及的一块钱。
>
> ——佚名

公司将来会变成什么样子取决于它今天所做的投资。投资反反复复都遵循类似的模式：短期先支出现金，预期未来可以得到诱人收益。每一笔投资的挑战在于，判断未来的回报是否足以补偿当前的支出。

对于一个新手而言，如何选择投资可能非常简单直接：只要把所有的成本和所有的收益各自加总，然后看看总收益是否大于总成本即可。这看起来相当简单，但如果考虑货币的时间价值就不是那么回事儿了。眼下就能收到的1美元，远比很久以后的1美元更值钱，因此需要把每笔成本和收益放在各自发生的时间点来比较，这绝非易事。

本章及后续几章要讨论的现金流量贴现（DCF）技术解决了这个难题。DCF是公司理财和商业的核心，值得你特别关注。这是因为：第一，大量的公司决策都符合成本和收益随时间推移而变化的投资模式，包括做一些看起来互不相关的决策（比如股票和债券的估值、设备购买和销售的决策分析、在互斥投资项目中做出选择），以决定是否投产新产品，对拟并购或出售的公司分部或者整体进行估值，评估市场活动和研发项目，甚至设计公司战略。

第二，DCF对投资现金流量的调整非常重要。把这件事当作学术性粉饰而不当回事或视为次等重要的事，都会贻误战机。下面的箴言请牢记：当贴现率达到7%，货币每10年就会贬值一半。也就是说，10年后的1美元在今天只值50美分。在公司层面，更有代表性的贴现率应该是15%，此时货币贬值一半只需5年的时间。因此货币的时间价值绝非小事或者次等重要。

第三，有句老话说"如果你不知道自己将去往何方，随便哪条路都会指引你到终点"，或者引用约吉·贝拉（Yogi Berra）① 的语录"你可能会随风飘去任何地方"。不管怎样，这里要介绍的DCF技术提供了公司理财（当然也包括商业分析）中必要的方向。如接下来

---

① 美国著名哲学家。——译者注

的章节所述，DCF模型蕴含着"经济价值"的实际定义，使得"股东价值创造"在竞争性经济环境下作为公司的目标更为合理，并且指出众所周知的"净现值"（NPV）是鉴别哪项活动会产生价值、哪项活动不会产生价值的标杆。

本章依赖于一个常用的表达式技术，我们通常称之为"有限截断归纳法"，更通俗地说叫"实例证明"，探索一系列的数字实例，我们也会适时地从实例中归纳有关创造价值或破坏价值的概念。

第一节 价值指标

对于任何一种投资机会，财务评估都包含以下三个相对独立的步骤：

第一步，估计相关的现金流量；

第二步，计算投资方案的价值指标值；

第三步，比较该价值指标与可接受标准。

价值指标是指综合一项投资经济价值的指标。收益率是最常用的价值指标。与后文将要讨论的其他价值指标一样，收益率把投资繁杂的现金流入量与流出量综合在一起，转换成单个数值。可接受标准则是指用于比较的基准，它帮助分析者确定一项投资的价值指标值是否有足够的吸引力。就像捕鱼者只会留下长于10英寸的鱼那样，对捕鱼者而言，鱼的长度是相关的价值指标，而10英寸则是可接受标准。

确定价值指标及其可接受标准，是进行投资评估最先遇到的难点。但与相关现金流量的估计相比，后者才是投资机会评估中最具挑战性的问题。计算价值指标与可接受标准遇到的基本上是技术问题，而估计现金流量则更具"艺术性"，并且要求评估者全面了解公司的市场竞争地位与长期战略。从折旧、筹资成本、营运资本投资这些日常性的问题，到资源约束、产能过剩、互斥投资机会那些更晦涩难懂的问题，现金流量预测的难点无处不在。此外，还有许多重要成本与收益无法以货币形式加以衡量，只能进行定性评价。这种情形在本章的讨论中随处可见。本章暂时先将有关现金流量与可接受标准的问题搁置一边，以便集中讨论价值指标，之后再回到现金流量估计的问题上。可接受标准问题将在下一章"投资决策的风险分析"中阐述。

要讨论投资评估的价值指标，先来考虑一个简单的例子。环太平洋海岸资源（Pacific Rim Resources，PRR）公司正在西雅图建造一个集装箱装载码头。公司预计码头的建设与经营周期约为10年，期间现金流量如表7.1所示。

表7.1 集装箱装载码头方案的现金流量

（单位：百万美元）

年数	0	1	2	3	4	5	6	7	8	9	10
现金流量	(40)	7.5	7.5	7.5	7.5	7.5	7.5	7.5	7.5	7.5	17

图 7.1 以现金流量图（cash flow diagram）的形式展示了相同的信息，描绘了码头投资各期发生的成本和收益。你是否发现，尽管很简单，但这种图形能有效帮助投资者避免许多常犯的错误，包括一些在最基本的投资中也容易犯的错误。我们看到，建造这个码头将消耗 4,000 万美元，之后的 10 年内，它每年将产生 750 万美元的现金流入量。此外，公司有望在码头运营期结束时获得 950 万美元的资产处置价值（也叫残值），这样第 10 年的现金流入量将达到 1,700 万美元。

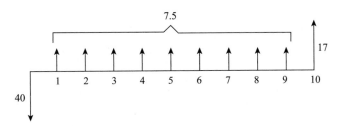

图 7.1　集装箱装载码头方案的现金流量（单位：百万美元）

一、回收期与会计收益率

PRR 公司的管理层想要知道，与码头的预期收益相比，4,000 万美元的建设成本是否划算。我们很快就会看到，要回答这个问题，必须考虑货币的时间价值（time value of money）。不过，在此之前，我们先来看看两个不太精确的价值指标，二者都是常用的，但缺点也相当明显。第一个是投资回收期（payback period），它是指公司在收回初始投资之前所要等待的时间。码头项目的回收期是 $5\frac{1}{3}$ 年（40/7.5），这意味着公司要收回初始投资金额必须等上 $5\frac{1}{3}$ 年。

第二个被广泛应用但也有缺陷的价值指标是会计收益率（accounting rate of return），它的定义为：

$$会计收益率 = \frac{年平均现金流入量}{现金流出总量}$$

码头的会计收益率是 21.1%〔(7.5×9+17)/(10×40)〕。

会计收益率的缺点在于，它对现金流量发生的时间不敏感。例如，PRR 公司的集装箱装载码头项目的所有现金收益都延至第 10 年才流入公司，这显然会降低项目的价值，但不会影响会计收益率。当使用回收期指标时，在回收期内，现金流量具体发生的时间不影响该指标；在回收期后出现的现金流量，对该指标更是毫无影响。因此，假设码头的残值由 950 万美元增至 9,050 万美元，那么该投资项目肯定更有吸引力，但这对回收期没有任何影响；同样，第 7 年至第 10 年任何现金流量的变动对回收期也毫无影响。

对于回收期，公平地说，虽然会计收益率看起来不是一个特别好的投资价值指标，但用来粗略地衡量风险还是可行的。在大多数情况下，收回初始投资所需的时间越长，风险也就越大。尤其当身处高科技行业时，管理者仅能对未来几年进行预测，此时回收期法尤其有用。如果高科技行业的项目不能在可预测的周期内收回投资，那么就如同拉斯维加斯没有歌舞表演的夜晚一样令人乏味。

二、货币的时间价值

一个真正准确的价值指标，必须能反映这样一个事实：今天的 1 美元比未来的 1 美元更有价值。这就是货币的时间价值概念，它的存在至少有三个理由：其一，通货膨胀降低了未来美元相当于当前美元的购买力。其二，多数情况下，随着收款日的推迟，收回款项的风险增大。比如，承诺 30 天内支付 1 美元比承诺 30 个月内支付 1 美元更有价值，因为前者通常更为确定。其三，涉及机会成本这一重要概念。根据定义，任何投资的机会成本（opportunity cost）是人们可以从下一个最佳替代方案中所能获得的回报。今天的 1 美元远比一年后的 1 美元更有价值，因为它可进行有效投资并在一年后增值到 1 美元以上。而下一年才能收到的 1 美元，其机会成本就是在本年被迫放弃的、潜在投资的收益。由于投资增值机会始终存在，因此所有投资均涉及机会成本。

1. 复利与贴现计算

由于货币具有时间价值，我们就不能像计算投资回收期和会计收益率那样，将发生在不同日期的现金流量直接加总。但是，我们可以利用复利与贴现的概念，把不同时间点上的现金流量调整为同一时间点上的价值。任何一个开立过银行账户的人都对复利有直观的认识。假定你有一个年付息 10% 的账户，年初你存入 1 美元，到年底它值多少？当然是 1.10 美元。若将这 1 美元存在该账户两年，到期它值多少呢？大多数人都知道，还可以从利息上赚到利息，这个计算稍微有点难，答案是 1.21 美元。复利（compounding）是确定当前金额的未来价值的过程。以下两个简单的现金流量图总结了这个问题。注意，随着年数的增加，（1+0.1）这一项的幂也相应增加。同理可知，在年利率 10% 的账户内存入 1 美元，19 年后这 1 美元的未来价值应为 $F_{19}=1\times(1+0.10)^{19}=6.12$ 美元。

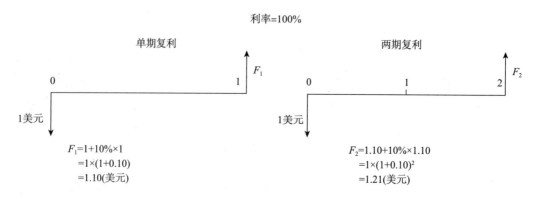

贴现（discounting）只是复利的逆运算，是求出未来金额之现值的过程。尽管与复利计算有明显的相似之处，但许多人总觉得贴现更为神秘。偏巧人们的习惯是利用贴现而不是复利来分析投资机会。

我们接着解释贴现是如何计算的。假定你的投资能赚取10%的收益，且一年后能收到1美元。这项承诺今天的价值是多少？你的直觉告诉你，该价值少于1美元，但确切的数值恐怕不会立刻在你脑海里浮现。实际上，答案是0.909美元。这是一年后的1美元在当下的现值（present value），因为假如你今天有0.909美元，把它按10%的利率进行投资，一年后它将增值至1美元 [0.909×(1+0.10)]。

现在，假使问题稍微复杂些，两年后收到的1美元今天价值几何？多数人对这个问题毫无直觉可言。我们只知道答案必定小于0.909美元，此外则是一头雾水。答案是0.826美元。用这笔钱按10%的利率投资，两年后将增值（以复利计算）至1美元。下面的现金流量图描述了这个贴现问题。请注意，它在形式上与复利计算非常相似。差别只在于，在复利计算中，我们已知现在的金额（现值）而求解未来的价值（终值）；而在贴现计算中，我们已知未来的金额（终值）而求解现在的价值（现值）。

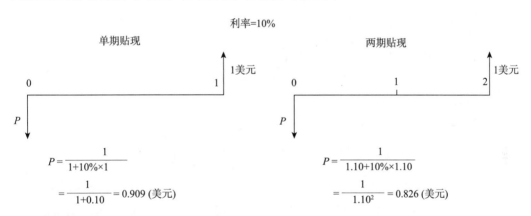

2. 现值计算

贴现结果是如何得出的呢？至少有以下三种计算方法：（1）根据现值与终值对照表中的公式手算或用简单计算器计算；（2）将这些数字输入财务计算器；（3）使用电子表格，如Excel。三种方法的计算结果是相同的。财务计算器和电子表格这两种方法本质上就是一类现值公式，都是由你输入信息、然后由设备完成计算。贴现问题越复杂，简单又好用的电子表格方法就显得越有吸引力。

财务计算器需要输入五个基本变量来计算现值，其中四个与现金流量相关，另一个则表示利率。每个变量对应计算器上一个单独的按键。这四个现金流量变量分别是：n，周期数；PV，当前现金流量；PMT，各期出现的相同的现金流量，也叫年金；FV，未来的现金流量。下图显示了变量之间的关系。

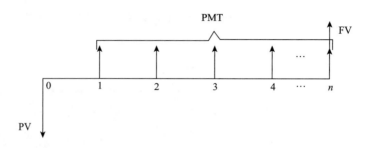

第五个变量是利率，在计算中起着关键的作用，理应简要地补充说明。现值计算中的利率，通常也被称为贴现率。① 它可以有两种解释。当一家公司使用自有现金时，贴现率表示风险接近投资的回报率，即公司资本的机会成本；当一家公司必须出售证券来筹集现金时，贴现率是证券购买者期望的回报率，即投资者资本的机会成本。与我们将在第八章中看到的相似，贴现率经常被用于调整投资的现金流量风险，因此也被称为风险调整贴现率。

要使用财务计算器计算贴现问题，首先是确定要计算哪个变量，输入其他四个已知变量（按任意顺序），然后让计算器计算剩下的那个未知变量。例如，要解决上面的单期贴现问题，首先输入周期数（1）、利率（10）和终值（1），由于没有定额现金流入项目（PMT），故输入 0；然后，命令计算器计算 PV，它会返回 -0.909 的答案。答案中的负号表示只有在期初支付 0.909 美元，才能在一段时间后收到 1 美元。

下图展现了用财务计算器解决这个问题的具体操作。

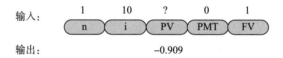

遇到两期贴现问题也很简单，只要用 2 替换存储在 n 键中的 1，并重新计算 PV 即可。

接着来看一个更有挑战性的例子。当利率为 7% 时，100 美元投资 22 年后的价值为多少？在财务计算器中输入这些值并计算 FV（终值），答案是 443.04 美元。这表明，当利率仅为 7% 时，这项投资的价值在 22 年后居然增长至四倍多。耐心真的是一种美德！

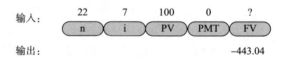

当使用计算机的电子表格重现这些计算过程时，我们首先更改两个描述现金流量的符号。具体来说，用 nper 代替 n 来描述周期数，用 rate 代替 i 来表示利率。下面的蛋形图内显示的就是单期贴现问题的计算公式。操作步骤是：第一步，打开 Excel 或类似的电子表格程序，将光标置于希望显示答案的空白单元格中；第二步，就像用财务计算器一样，确定

---

① 也可译为折现率。——译者注

要计算哪个变量,本例要求解的是现值 PV。当你如所显示这样开始在输入框内键入 PV 函数的前几个字符时,

$$= PV\ (\dots$$

电子表格会立即识别你的意图,并在输入框的下一行提示 PV 这个函数的参数选项。按照该提示,逐一输入指定参数的数值,函数录入完成后回车。电子表格随即就会算出答案($0.909)。是的,就是这么简单。试一试。要解决两期贴现问题,只需将函数中的参数"nper"变量值从 1 更改为 2,结果将变为($0.826)。

$$=PV(.1,1,0,1)=(\$0.909)$$
$$PV(rate,nper,pmt,[fv],[type])$$

提醒一个细节,这里的利率显示为一个小数,而不像在财务计算器中显示为一个百分比。还要注意,在电子表格的智能提示中有时会出现方括号,这表示方括号中的变量是可选的,如果忽略不填,电子表格会将它们默认为 0。PV 函数中有一个可选变量[type],允许用户自己指定付款期是在期初还是期末,若忽略不计则默认为期末。①

为了便于说明,随后的现金流量贴现计算,我们都用这个蛋形图表示贴现,但这不表示只能用电子表格进行这些计算。

三、约当值

我们下一步要讨论的话题是约当值(equivalence),这也是一个很重要的概念。举一个例子,假定 Cincinnati Reds 棒球队给一个年轻有为的球员提供这样一份薪水合同:为期 4 年、年薪 200 万美元。投资该球员的风险报酬率大约为 15%/年,他的经纪人想要弄清楚这份合同在当下价值几何。

该合同的现金流量(单位:万美元)如下:

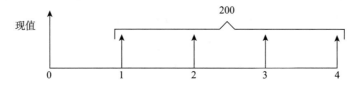

确定合同当前价值的图标如下:

$$=PV(.15,4,2)=(\$5.71)$$
$$PV(rate,nper,pmt,[fv],[type])$$

---

① Excel 包含超过 50 个财务函数,用于各种艰涩的计算。要了解更多关于本书涉及的少数函数及其他函数的相关信息,请打开 Excel 并选择"公式"选项下的"财务"。

尽管这个棒球运动员预计在未来 4 年里总共能得到 800 万美元，但这些款项的现值仅为 571 万美元。这就是复利的力量！

这其中最重要的事实是，当下的 571 万美元（现值）与合同承诺的、未来的 800 万美元的现金流量完全等价。两者之所以等价，是因为假定球员现在持有 571 万美元，就可以按 15% 的贴现率进行投资，从而在未来对应的时期获得总计 800 万美元。

为了解释清楚这个重要的事实，下表列示了如何将今天的 571 万美元转换成棒球运动员 4 年间、每年 200 万美元的合同所涉及的现金流量。初始投资的 571 万美元，我们按 15% 计息。第一年结束时，投资增长到 656 万多美元，此时从中支取第一笔 200 万美元的年薪，本金随之减少到 456 万多美元。第二年，投资增长到 525 万多美元，此时支取第二笔年薪，本金下降到 325 万多美元。这样一直持续到四年结束，此时支取的最后一笔 200 万美元的年薪刚好花光了账户里的钱。因此，从棒球运动员的角度来看，今天的 571 万美元相当于 4 年间、每年 200 万美元的价值，因为他可以很容易地以 15% 的投资贴现率把前者转换为后者。

（单位：美元）

年数	期初本金	按 15% 的利率计息	期末本金	取出
1	5,710,000	856,500	6,566,500	2,000,000
2	4,566,500	684,975	5,251,475	2,000,000
3	3,251,475	487,721	3,739,196	2,000,000
4	1,739,196	260,879	2,000,075*	2,000,000

注：*表示账户里最后剩下的 75 美元系前述计算中四舍五入所致。

四、净现值

现在你已经掌握了复利、贴现和约当值，我们可以利用这些概念来分析集装箱码头的投资问题。具体来说，我们把图 7.1 中所有的未来现金流量转换为单个现金流量数值——当期约当值，也叫作现值。这个转换过程让我们把时间因素直接纳入了现金流量数值，因而可以在同一时间维度上直接比较现金流入量价值与流出量价值。①

这里我们给出算法：假设其他风险相当的投资机会能够产生 10% 的年利率，则码头投资之现金流入量的现值为 4,975 万美元。

=PV(.10,10,7.5,9.5)=($49.75)
PV(rate,nper,pmt,[fv],[type])

---

① 既可以转换为现值，也可以转换为终值。——译者注

注意，第 10 年的现金流量由两个部分组成，最后一笔 750 万美元的年金和 950 万美元的残值，共计 1,700 万美元。

下面的现金流量图示意了这一贴现计算逻辑。现值计算现在将左侧凌乱的原始现金流量转换成右侧的两笔约当的现金流量（现值），都处于初始时间点 0。这样我们的决策就变成一项非常简单的比较。PRR 公司应不应该投资 4,000 万美元以换取现值为 4,975 万美元的一系列未来现金流量呢？显然应该。支付 4,000 万美元换取价值 4,975 万美元的东西是十分明智的。

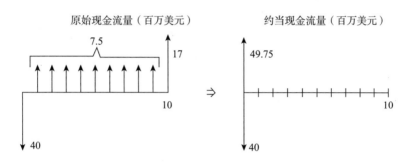

我们刚刚所做的就是计算码头项目的**净现值**（NPV）——一个重要的投资价值指标：

净现值（NPV）= 现金流入量的现值-现金流出量的现值

集装箱码头的 NPV 为 975 万美元。

净现值与价值创造

若你宣称"某项投资的 NPV 为 975 万美元"，也许你会发现，周围的人置若罔闻，没人觉得这是让人兴奋的消息。所以，NPV 这个概念需要一个更直观、更富煽动性的说辞。其实，一项投资的 NPV 就是投资后你能增加的财富值。在本例中可以说，PRR 公司支付 4,000 万美元建造码头，将使公司财富增加 975 万美元，因为它获得了一项价值 4,975 万美元的资产。

认识到这一点非常重要。多年来，众多学者、管理学权威和高管界的通行口号一直是：管理者存在的意义是为企业所有者创造价值。财务学最完美的成就，恐怕就是将这句迷人的管理口号转变为实际行动——不但指明哪些活动创造价值，而且估计出新创的价值量。想为所有者创造价值吗？你只需抓住净现值为正的活动并且净现值越高越好，避免净现值为负数的活动。净现值指标以 0 为临界点，因为此时的经营活动既不创造价值也不损毁财富，用符号表示就是：

- 当 NPV>0 时，接受投资方案；
- 当 NPV<0 时，拒绝投资方案；
- 当 NPV=0 时，投资方案是两可的。

五、效益成本比

净现值是一种非常值得称道的投资价值指标。假如你只想了解一种分析投资机会的方法，那么选择净现值就够了，可以直接跳到本章的第二节"确定相关现金流量"。当然，假如你希望能了解其他方法以及不同但同样可接受的价值指标，又或者你希望减少某类投资分析的工作量，那就坚持阅读下列内容。

第二种经时间调整的投资价值指标在政府管理领域内很流行，这就是效益成本比（BCR），也称盈利能力指数，其定义为：

$$BCR = \frac{现金流入量的现值}{现金流出量的现值}$$

前述集装箱码头项目的 BCR 为 1.24（4,975 万美元/4,000 万美元）。从 NPV 指标的判断准则可以推断，BCR 的临界值为 1.0，则：

- 当 BCR>1.0 时，投资具有吸引力；
- 当 BCR<1.0 时，投资则不具有吸引力。

六、内部收益率

最受经理人欢迎的价值指标，无疑是投资方案内部收益率（IRR），它也和 NPV 联系紧密。为了阐释 IRR 并证明它与 NPV 的关系，我们来看看 PRR 公司的例子。为了赢得集装箱码头项目的投资许可，PRR 公司西雅图地区经理是这样分析项目业绩的：先以 10% 的贴现率计算码头项目的 NPV，确认为正值之后将分析报告发送给财务主管，请求批准。财务主管回复道，她对该经理的分析方法印象不错，但认为以当前的利率环境而言，12% 的贴现率更为合适。因此，西雅图地区经理就以 12% 的贴现率重新计算项目 NPV，得出 NPV 为 544 万美元（4,544 万美元的现值-4,000 万美元，如下图所示），虽仍为正值，但远小于原先的 975 万美元（随着贴现率的提高，NPV 呈下降趋势，这一点并不出人意料，因为码头的所有现金流入都出现在未来，而较高的贴现率会大大降低未来现金流量的现值）。

=PV(.12,10,7.5,9.5)=($45.44)
PV(rate,nper,pmt,[fv],[type])

面对这一结果，财务主管勉强同意了该方案，并转发给财务总监。

财务总监甚至比财务主管更保守，他认同 NPV 这种分析方法，但辩称，考虑到投资的风险与筹资的困难，贴现率必须定为 18%。地区经理只好第三次计算 NPV，然后沮丧地发现，贴现率为 18% 的 NPV 是-448 万美元（3,352 万美元的现值-4,000 万美元，如下图所示）。

=PV(.18,10,7.5,9.5)=($35.52)
PV(rate,nper,pmt,[fv],[type])

由于 NPV 为负值，财务总监暗自窃喜地否决了这个方案。与他原先做银行授信经理大不一样的是，过去否决项目可不会让他这么开心。尽管地区经理的努力看似徒劳，但在这一过程中，他帮助我们弄懂了 IRR。

表 7.2 总结了地区经理的计算结果。从这些数据可以看出，在贴现率从 12% 增大到 18% 的过程中，集装箱码头项目的价值指标（NPV）穿越了临界值（0），由正转负。在这一系列贴现率的某个位置上，NPV 由正值变为负值，投资方案由可接受变为不可接受。此时，使 NPV＝0 的贴现率就是投资方案的 IRR。

表 7.2　集装箱码头项目在不同贴现率下的 NPV

贴现率	NPV
10%	975 万美元
12%	544 万美元
	← IRR＝15%
18%	−448 万美元

通常，投资方案的 IRR 被定义为：

$$IRR = 投资项目净现值等于零的贴现率$$

IRR 也是另一种价值指标。用 IRR 评估投资项目时，可接受的判断标准就是看 IRR 是否超过投入资本的机会成本。若投资方案的 IRR 大于资本的机会成本，则投资项目具有吸引力；反之亦然。若 IRR 恰好等于资本的机会成本，则投资项目是两可的。

用符号表示，K 为资本成本，则：

- 当 IRR＞K 时，接受投资方案；
- 当 IRR＜K 时，拒绝投资方案；
- 当 IRR＝K 时，投资方案是两可的。

让人稍感宽慰的是，在大多数（遗憾的是并非全部）情况下，用 IRR 和 NPV 得到的投资建议通常是一致的。也就是说，如果一项投资的 IRR 是有吸引力的，它也会有正的 NPV；反之亦然。图 7.2 标绘了表 7.2 的数据，展现了集装箱码头的 NPV 和 IRR 的关系。请注意，当码头项目的 NPV＝0 时，贴现率约为 15%，这就是项目的 IRR。当资本成本低于 15% 时，NPV 为正，IRR 也超过资本成本，因此不论使用两种方法中的哪一种，投资方案都是可接受的。当资本成本高于 15% 时，情况正好相反，根据这两个标准，投资方案都是不可接受的。

图 7.2 给出了解释投资 IRR 的几种有用的方法。第一，IRR 是盈亏平衡时的收益率。若资本成本低于 IRR，则投资是有吸引力的；若资本成本高于 IRR，则投资没有吸引力。第二，更重要的是，IRR 是投资项目留存资金的增长率或复利率。因此，内部收益率与银行贷款利率或存款利率可以在各方面进行比较。这意味着你可以将一项投资的 IRR 直接与投入资本的必要收益率进行比较。而其他更简单的收益率指标（如会计收益率）则不满足这个要求，因为它们未反映货币的时间价值。

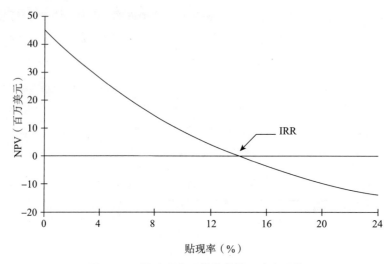

图 7.2 不同贴现率下的集装箱码头净现值

集装箱码头投资在经济上等价于一个每年获息 15% 的银行账户

为了明确一项投资的内部收益率是否等同于银行账户的利率,假设 PRR 公司没有修建码头,而是将 4,000 万美元的投资资金存入一个假想的银行账户,每年赚取 15% 的利息。下表显示 PRR 公司可以利用这个银行账户精确地复制码头投资项目的现金流量,账户资金将在 10 年内耗尽。换句话说,如果忽略风险的差异,码头的 IRR 是 15%,意味着投资在经济上相当于利率为 15% 的银行储蓄账户。

(单位:百万美元)

年数	期初本金	按 15% 的利率计息	期末本金	取出(投资现金流)
1	40.0	6.0	46.0	7.5
2	38.5	5.8	44.3	7.5
3	36.8	5.5	42.3	7.5
4	34.8	5.2	40.0	7.5
5	32.5	4.9	37.4	7.5
6	29.9	4.5	34.4	7.5
7	26.9	4.0	30.9	7.5
8	23.4	3.5	26.9	7.5
9	19.4	2.9	22.3	7.5
10	14.8	2.2	17.0	17.0

下图确认了集装箱码头的 IRR 确实等于 15%。此处大可忽略可选变量［guess］的取值。通常需要在计算机上进行多次试错计算，找到正确的 IRR 结果，而［guess］变量可以通过定义一个合理的起点来简化试错任务。但除了极少数情况，一般不用如此大费周章。

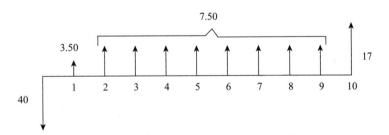

七、不平稳的现金流

敏锐的读者可能已经注意到，到目前为止，我们谈到的内容存在以下问题：示例中的所有现金流量都可以使用前面定义的四个变量来描述，那么当现金流不这么平稳时，又会发生什么？当现金流的波动无规律时，又会发生什么？为了说明这些问题，我们稍微修改一下集装箱码头示例：假设 PRR 公司的集装箱码头预计需要运营一段时间后才能满负荷运转，并且第一年的现金流量只有 350 万美元，而不是最初预计的 750 万美元。修改后的现金流量（单位：百万美元）如下：

我们现在有点儿犯难了，因为已经不可能仅仅用最初的四个变量（nper、pv、pmt 和 fv）来描述投资的现金流了。

幸运的是，以 Excel 为代表的电子表格为这个问题提供了便捷又准确的解决方法——使用两个新函数：IRR 和 NPV。表 7.3 向我们展示了如何使用 Excel 电子表格。左侧的数据是修改后的集装箱码头现金流量。两个新函数的图标显示在右侧。首先查看 IRR 图标，注意函数的变量提示符，采用一个名为 "values" 的新变量取代通常的 pv、pmt 和 fv 变量，并指向一组包含投资现金流量的单元格范围。这里，现金流量数值存储在 B3 到 B13 单元格中，即公式 values 的取值存于（B3：B13）中。要计算任意数据列表的 IRR，只需在 " = IRR" 函数中输入包含这些数据的单元格范围。

" = NPV" 函数也是类似的。它要求输入一个利率和一列现金流量范围，其中至少包含一个非零值，然后据此返回现金流量的净现值。我们在这里输入 B4 到 B13 的现金流量。"但是等等，"你惊呼道，"为什么你在这个范围内忽略 B3 中的现金流量呢？"答案是，根据定义,"=NPV"函数计算的是指定范围内第一个现金流量的前一期①的净现值。若输入的函数是"NPV(C15,B3:B13)",则计算机会计算出投资在 B3 前一期的净现值。为了避免如此,本例计算第 1 年到第 10 年的现金流量的 NPV,此时计算机将把现金流量序列贴现到 0 时点计算现值,然后再单独加上 0 时点发生的现金流量。只要记住这个函数默认的期数特点,"=NPV"函数使用起来就非常方便。

表 7.3　不稳定现金流的运算

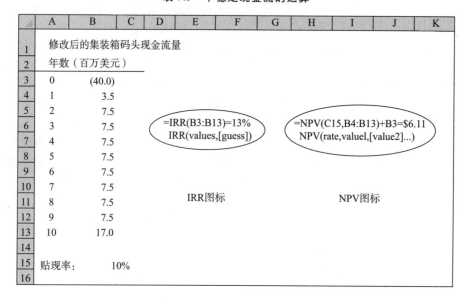

八、若干个应用和扩展

贴现现金流量概念是许多财务和金融实务的基础。为了说明这一概念的通用性并加深你的理解,并为本书后面谈及的主题做些铺垫,我们先谈谈几个有用的应用和扩展。

1. 债券估值

投资者经常使用现金流量贴现技术为债券估值。举例来说,假设 ABC 公司的债券年利率为 8%,票面价值为 1,000 美元,9 年后期满。一名投资者期望获得至少 7%的收益率,他就得确定债券买入价的最高上限是多少。本例问题的现金流量(单位:美元)为:

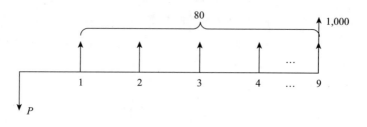

---

① NPV 函数默认第一个现金流量出现的时间是第一期期末,因此计算出的净现值结果是第一期期初(即前一期期末)的净现值。——译者注

本质上，投资者都想要找到一个价格 P，它恰好等于未来现金流入以 7% 贴现的现值。计算并发现它等于 1,065.15 美元，这意味着当投资者按这个金额购买债券时，9 年后他的收益率恰好为 7%。

$$=\text{PV}(.07,9,80,1000)=(\$1,065.15)$$
$$\text{PV(rate,nper,pmt,[fv],[type])}$$

我们还知道，当投资者支付的金额高于这一价格时，收益率将降至 7% 以下；而当投资者以较低的价格买入债券时，收益率将升至 7% 以上。

更多的时候，投资者已经知道债券的价格，但更想知道它能带来多高的收益率。例如，ABC 公司的债券以 1,030 美元的价格出售，投资者想知道，购买这些债券并持有至到期将获得多高的收益率。用行业术语来说，投资者想知道债券的到期收益率。在完成必要的计算之后，我们得到债券的到期收益率（或 IRR）为 7.53%。

$$=\text{RATE}(9,80,-1030,1000)=7.53\%$$
$$\text{RATE(nepr,pmt,pv,[fv],[type],[guess])}$$

2. 永续年金的内部收益率

一些金融工具（包括英国和法国的某些政府债券）没有到期日，只是承诺每年支付规定的利息直到永远。无限期持续支付的年金被称为永续年金。许多优先股就是永续年金。在本书第九章中，你会发现将公司的现金流量看作永续年金是很方便的。

如何计算永续年金的现值呢？这一步简单得令人咋舌。第一步，你要明白，年息为 1 美元、年利率为 12%、持续 100 年的年金，其现值只有 8.33 美元！

$$=\text{PV}(.12,100,1)=(\$8.33)$$
$$\text{PV(rate,nper,pmt,[fv],[type])}$$

想想看，虽然该年金的持有人总共将得到 100 美元，但现值却小于 9 美元。为什么？如果投资者今天把 8.33 美元存入一个年利率为 12% 的银行账户，那么他就可以无限期地每年提取约 1 美元（12%×8.33 = 0.9996）的利息而不必动用本金。因此，今天的 8.33 美元与 1 美元永续年金的现值大致相等。

这就为永续年金的现值计算提供了一条简单的思路。令 A 等于年收益，r 是贴现率，P 是现值，则：

$$P = \frac{A}{r}$$

或

$$r = \frac{A}{P}$$

举例来说，假设一份优先股以 480 美元的价格出售，并承诺派发 52 美元/年的股息直到永远，则它的 IRR 为 10.8%（52/480）。上述公式如此简单，在许多教科书的例子中，永续年金常被用来评估长期资产的价值。

3. 约当年成本

在大多数贴现现金流量计算中，我们要求解的是现值或内部收益率，但也有例外。例如，假设 PRR 公司正考虑将价值 4,000 万美元的集装箱码头租给韩国的一家大型航运公司，租期为 12 年。PRR 公司认为，在租期结束时，码头的后续价值约为 400 万美元。在出租前，公司需要知道每年该收取多少租金，才足以补偿集装箱码头的投资和所付出资金的机会成本。本质上讲，PRR 公司需要的是一个年金数值，将初始支出和残值转换为等值的年金——不考虑税收，按 10% 的利率计算，每年需要支付 568 万美元的租金。

=PMT(.10,12,−40,4)=($5.68)
PMT(rate,nper,pv,[fv],[type])

这个数值也被称为投资的约当年成本①，是一个经时间调整的、有效的码头年成本。计算结果告诉我们，如果 PRR 公司将租金设定为码头的年成本，那么它将获得 10% 的投资收益率。关于约当年成本，更详细的说明见本章"约当值"一节。

关于不同复利期的说明

为简单起见，前文中我们假设所有贴现现金流量的复利期均为 1 年。但情况并不总是如此。在美国和英国，债券利息一般每半年计息和支付一次，许多信用卡发卡机构按月计算复利，而一些储蓄工具宣称按天计算复利。

不同复利间隔的存在，迫使我们区分两种利率：一种是报价利率，通常称为名义年利率（annual percentage rate）或 APR；另一种是真实利率，又称为实际年利率（effective annual rate）或 EAR。

我们观察两者的差别。如你所知，当利率为 10%、复利期为 1 年时，1 美元的投资额 1 年后将值 1.10 美元。但是当复利期为半年时，它的价值是多少呢？为了找出答案，我们需要将设定的利率除以 2，并将复利期的数目加倍。这样一来，6 个月后投资将值 1.05 美元，而年底它将值 1.1025 美元（1.05+0.05×1.05）。当按半年计算复利时，第一个复利期内

---

① 约当值的英文为"equivalence"，即等价数值，在此例中意为"为期 12 年、每年 568 万美元的收入与初始投资的 4,000 万美元在 10% 的贴现率下具有相同的现值"。——译者注

赚得的利息在第二个复利期又赚得利息，从而使期末价值略高。因此，尽管名义利率是为10%，半年复利一次将实际收益率提高到了 10.25%。该账户的 APR 为 10%，但它的 EAR 是 10.25%。

令 m 等于一年的复利期数目，我们可以把这个例子一般化，并给出下面的表达式：

$$\text{EAR} = \left(1 + \frac{\text{APR}}{m}\right)^m - 1$$

因此，以日为复利期、年利率为 6% 的储蓄账户的实际年利率为 $(1+0.06/365)^{365}-1 =$ 6.18%，而以月为复利期、年利率为 18% 的信用卡贷款的实际年利率为 $(1+0.18/12)^{12}-1 =$ 19.56%。

这件事情蕴含两层道理：第一，当一个金融工具的复利期短于一年时，它的真实利率是它的 EAR，而不是它的 APR；第二，当比较不同复利期的金融工具时，你必须看它们的 EAR，而不是它们的 APR。实践中，人们习惯强调 APR 而忽视 EAR，若不是《美国联邦诚信借贷法案》(Federal Truth in Lending Law) 以 EAR 为法定计算依据，恐怕 EAR 永远逃不掉被忽视的命运。

九、互斥选择和资本限额

我们现在简要地考虑两种经常使投资选择复杂化的情况。第一种称为互斥选择。实现一个目标的方法通常不止一种，而投资的前要问题是选择最佳途径。在这种情况下，不同路径的投资方案是相互排斥的。互斥方案的例子比比皆是，包括：建造房屋是采用混凝土结构还是木质结构，上班是开车还是坐公交车，大楼是建 40 层还是建 30 层……即使每个方案都能完成工作，而且单看每个方案都很有吸引力，但从经济上讲，同时选择多个方案是没有意义的。

如果你决定坐公共汽车去上班，那么同时开车去上班就难以做到。当面对互斥的备选方案时，仅仅确定每个方案本身是否有吸引力是不够的，你必须判断哪个是最好的。互斥投资与独立投资恰好形成对照，后者的资本预算问题仅仅是接受或拒绝单一投资方案。

投资方案是独立的，那么前面介绍的三个价值指标——NPV、BCR 和 IRR 将产生相同的投资决策。但如果投资方案是互斥的，此结论就不再成立。在前面的所有例子中，我们都隐含地假设投资方案的独立性。

在许多投资评估中使问题复杂化的另一种情况是资本限额。到目前为止，我们一直隐含假设：公司有足够的资金应付所有诱人的机会。与之相反，当存在资本限额时，决策者有一个不能超过的额定预算。投入资本的这种有限性，可能来自企业外部，因为投资者不愿提供更多的资金；也可能来自内部，因为高管要控制每个运营单位的投资金额。不论是哪种情况，资本限额下的投资决策都要求做到：根据投资价值对各投资机会进行排序，只接受其中的优胜者。

无论是互斥方案还是资本限额都要对投资进行排序，但二者的相似之处也仅限于此。在互斥方案中，尽管拥有可利用的资金，但出于技术原因，仅某项投资方案可被接受；而在资本限额下，缺乏资金是事情复杂化的因素。在这两种情况下，用于投资方案排序的标准也是不同的。因此，互斥方案中的最优投资在资本限额条件下可能不是最优的。本章附录还将讨论这些技术细节，并指出何种价值指标在哪些情况下更为适用。

十、正确认识 IRR

在转向讨论如何确定投资分析中相关现金流量之前，我们最后谈谈几个关于 IRR 的思考。相较于 NPV 和 BCR，IRR 有两个明显的优势：第一，它更直观。"一项投资的内部收益率为 45%"这个说法比"一项投资的净现值为 1,200 万美元"或"效益成本比为 1.41"更直观易懂、更有冲击力。第二，为投资项目确定贴现率是项目评估中最具挑战性的任务，而内部收益率有时让人们得以避开这个难题。例如，当一个正常风险项目的 IRR 为 80% 时，我们完全可以确信，在任何合理的贴现率下它都是个好项目。当 IRR 为 2% 时，我们同样可以确定，在任何贴现率下它都不是一个好项目。只有当 IRR 处于边际范围（比如 5%—25%）时，我们才需要考虑贴现率具体是多少。而对于 NPV 和 BCR 这两种方法，我们一开始就必须知道贴现率。这就是 IRR 与 NPV、BCR 的差别。

遗憾的是，IRR 同样会遇到若干技术问题，甚至危及它的应用。虽然此处还不到详细解释这些问题的时候，但是你应该知道 IRR 存在某些困境（详情请参阅本章末的"扩展阅读"）。第一个要说明的困境是：在极少数情形下，一项投资可以求解出多个 IRR。也就是说，项目的 NPV 可以在两个或两个以上不同的贴现率下等于零，甚至某些投资无法求解出 IRR，即项目的 NPV 在所有贴现率下要么都为正、要么都为负。第二个困境更加严重，那就是在互斥方案和资本限额的分析中，IRR 是一个无用的指标。这个问题将在本章附录中讨论。

总的来说，IRR 就像生活中的许多事情一样，迷人却有缺陷。虽说一个技术专家使出浑身解数也许可以避开上述 IRR 困境，但我还是要问，既然 NPV 已经提供了一个简单、直接的分析方法，这样努力去避开 IRR 陷阱是否值得呢？依我说，最适合 IRR 的口号是"欣赏其直观的感染力，但在应用之前先审慎地研究这些警示标签"。

第二节 确定相关现金流量

现在是时候让我们放下计算器或计算机，放下所有的计算问题，开始正视投资机会评估实践中最大的难点了。计算各种价值指标，你需要理解货币具有时间价值，理解不同时间点的货币可以换算成同一时间点的约当值，并且需要一点代数知识。然而，与估计投资的相关现金流量相比，这点困难就压根算不了什么。计算价值指标只是一项技术活，而确定相关现金流量则要求你具备强大的业务判断力与洞察力。

确定相关现金流量，有两条指导性原则。当我们进行抽象的概念表述时，这两条原则是显而易见的，但在实际运用这两条原则时，则可能异常困难。

现金流量原则。由于货币具有时间价值，我们只在实际收到或支出货币时才记录投资的现金流量，若无货币流动，则不计入现金流量。这与权责发生（accrual concepts）会计制度下会计师确认的收入时点可能存在差异。

有无原则。假想有两个平行世界，某个投资项目在一个世界内被实施，而在另一个世界内被拒绝。于是，在这两个世界内，所有不同的现金流量都与该投资决策有关，所有相同的现金流量都与该投资决策无关。

在大量现金流量估计问题中，这两条原则被不断地反复使用。下面要展开的这个例子，将详细描述如何实际运用它们。

尼娜·桑德斯（Nina Sanders）是塑钢通信公司（Plasteel Communications）掌上设备分部新任的经理。她遇到一个问题：上任前，她麾下的部门经理们一起上报了个提案，主张引进一条全新的柔性屏幕智能手机生产线。这听起来十分令人激动。从部门分析人员呈报的数据来看，项目相当诱人。可是，在报送至公司资本预算审查委员会后，该提案受到全方位的攻击。一位委员会成员称这个提案"十分外行"，另一位成员则指责掌上设备分部"图谋窃取"他的成果。委员会主席对成员们激烈的反应感到震惊，为了避免激化矛盾，他果断决定搁置该提案，要求桑德斯复审并修改后重新提交。现在桑德斯最棘手的任务是，要么证明这项提案是正确的，要么修正下属的工作内容。

表7.4列示了委员会看到的新生产线的预计成本和效益，其中包含前文强调的最具争议性的问题。

表 7.4 部门提案中智能手机新生产线的财务分析

（单位：百万美元）

	年数					
	0	1	2	3	4	5
厂房和设备	(30)					15
增加的营运资本	**(14)**					
预备工程	(2)					
产能过剩	**(0)**					
总投资	(46)					
总残值						15
销售收入		60	82	140	157	120
销售成本		26	35	60	68	52
毛利		34	47	80	89	68
利息费用		**5**	**4**	**4**	**3**	**3**

（单位：百万美元）（续表）

	年数					
	0	1	2	3	4	5
间接费用		0	0	0	0	0
销售与管理费用		10	13	22	25	19
总期间费用		14	17	26	28	22
营业利润		20	29	54	61	46
折旧		3	3	3	3	3
税前利润		17	26	51	58	43
所得税（税率=40%）		7	11	20	23	17
税后利润		10	16	30	35	26
自由现金流量	(46)	10	16	30	35	41
净现值（贴现率=15%）	35					
效益成本比	1.76					
内部收益率	37%					

注：数据经过四舍五入处理。

表 7.4 可以分成三个部分。第一部分显示了初始投资和 5 年后的预计残值。智能手机行业的变化如此之快，高管们相信，设备的更新换代在 5 年内一定会淘汰如今这条生产线的产品。表格的第二部分基本上是新产品的预计损益。而第三部分则主要包含财务分析。根据表格内的数据，新生产线成本为 4,600 万美元，能保证 IRR 为 37%。

自由现金流量（free cash flow，FCF）是表中第三部分的第一行，也是表中投资预测的"最后一行"。它是该项目每年所花费或产生的现金总和，在计算 NPV 和 IRR 时，用来贴现的数值正是这个现金流量。它的一般定义是：

$$自由现金流量（FCF）= 税后利润 + 非现金费用 - 投资$$

这里将项目的残值看作投资的减项。我们将在后面的章节中进一步讨论 FCF。

一、折旧

审查会上争论的第一个问题是掌上设备分部提案中对折旧的处理。正如表 7.4 所示，该部门的分析按照会计实务的惯例，在计算税前利润时，从毛利中扣除了折旧。对于这种做法，一位委员会成员断言："折旧是一种非现金费用，它与决策无关。"但其他与会者则赞成折旧与投资决策有关，认为该部门的计算方法有误。桑德斯必须确定正确的算法。

会计师处理折旧的方法，总是令人想起瑞士的一种清点奶牛数的办法：数出牛腿的数目再除以 4。虽然这样最终能算出结果，但不是最直接的方法。在部门分析师的提案中，有一点是正确的——那就是资产的物理损耗是一个经济事实，投资评估中应予以考虑。然而，他们在预估新生产线设备的未来残值会小于原始成本时，实际上已经将这一点纳入考虑。

今天以 3,000 万美元建造的新厂房和设备，5 年后只剩 1,500 万美元残值，这显然已经预期并计算了厂房和设备在整个寿命期内的损耗与贬值。使用低于原始成本的残值就已经包含折旧，如果又按财务会计那样处理利润①——从营业收入中减去年度折旧，折旧显然就会被重复计算。

如果不需要把故事再给税收征管员讲一遍，那么本话题就到此为止了。尽管折旧是一种非现金费用，并由此与投资分析无关，但各年度的折旧会影响公司应纳税额，而税收与投资分析的现金流量显然就有关了。因此，我们需要执行以下两步程序：(1) 利用标准的权责发生制会计，先将折旧作为成本处理以计算应交税款；(2) 将折旧再加回到税后利润中，以计算投资的税后现金流量（after-tax cash flow，ATCF）。ATCF 是衡量投资项目的营运现金流量的正确方法。注意，ATCF 等于前面定义的自由现金流量公式的前两项，其中折旧是最常见的非现金费用。

从表 7.4 可见，部门分析师只执行了步骤 (1)，但没有执行步骤 (2)。他们忽略了将折旧加回税后利润以计算 ATCF。根据他们的数据，正确的第 1 年 ATCF 数值为：

税后现金流量 = 税后利润　　 + 折旧

1,300 万美元 = 1,000 万美元 + 300 万美元

这里赶紧补充一下，在接下来的几节，我们将逐步对表格进行修正，ATCF 的数值也将随之变化。但如果只考虑折旧的话，那么 1,300 万美元而非 1,000 万美元才是正确的数值。

下表显示了计算第 1 年税后现金流量（ATCF）的完整两个步骤过程：

（单位：百万美元）

营业利润	20
减：折旧	3
税前利润	17
减：按 40% 计的税额	7
税后利润	10
加：折旧	3
税后现金流量	13

请注意，在从营业利润中减去折旧计算应纳税所得额后，要把折旧加回去计算 ATCF。

表中还呈现了另一种计算税后现金流量（ATCF）的方法：

税后现金流量 = 营业利润　　 − 税额

1,300 万美元 = 2,000 万美元 − 700 万美元

这个公式更加清楚地表明，折旧除了影响税收，与税后现金流量无关。

---

① 利润表上对折旧的处理，以直线法为例，就是"年度折旧 = (原值-残值)/使用年限"，这是因为会计"配比原则"要求把物理损耗分摊到每年，其分摊基础是反映物理损耗的"原值-残值"。——译者注

作为税盾的折旧

还有一种看待折旧与税后现金流量（ATCF）间关系的方法。

前面介绍过，计算投资项目 ATCF 的方法是将折旧加回到税后利润。用公式表示为：

$$ATCF = (R - C - D) \times (1 - t) + D$$

其中，R 是收入，C 是付现的营业成本，D 是折旧，t 是公司所得税税率。

合并折旧项，这个表达式可以写成：

$$ATCF = (R - C) \times (1 - t) + t \times D$$

最后一项也称折旧税盾（或称折旧抵税额，tax shield from depreciation）。

这个表达式有几个方面的意义。首先，它清楚地表明，如果没有税收，那么年度折旧将与投资的估算 ATCF 无关。因此，如果表达式中的 t 为 0，折旧项就完全消失了。

其次，这个表达式表明，ATCF 随着折旧额的增加而增加。一家盈利的公司可以计提的折旧越多，它的 ATCF 就越高。此外，如果公司不必纳税，折旧就没有附加价值。

最后，该表达式在以新换旧或称重置决策的投资评估中是很有用的。在重置决策中，使用不同设备会带来不同的付现营业成本和折旧，但新旧设备的不同并不改变营业收入。由于营业收入在不同设备之间无差异，因此根据"有无原则"，营业收入与设备选择决策无关。设上述方程中的 R 等于 0，则：

$$ATCF = -C \times (1 - t) + t \times D$$

换言之，重置决策的相关现金流量等于税后营业成本加上折旧税盾。

二、营运资本与自发性资源

许多投资项目，尤其是新产品的投资，除了需要增加固定资产，还需要增加库存和应收账款等营运资本项目。根据有无原则，投资决策的结果会引起营运资本发生变化，而这些变化与投资决策相关。实际上，有时营运资本恰恰是消耗现金流量最大的部分。

部门分析师的分析表格中，有一行用来列示营运资本的变化，这一点无疑是正确的。不过，营运资本投资有几个独有的特征未能在表格的数据中体现出来：第一，营运资本投资通常会随着新产品销量的上升（下降）而增（减）。第二，它们是可逆的，在投资周期结束时，企业可以清空库存、收回应收账款，这些对营运资本项目的清算，大致可以收回对营运资本的初始投资。换句话说，不同于固定资产，营运资本投资通常有很高的"残值"。第三，营运资本投资最独特之处，是许多需要增加营运资本投资的项目也会生成自发性现金来源，这些现金在企业经营过程中自然产生，没有明确的成本。例如，几乎所有的无息短期负债，如经营中自然增长的应付账款、应计薪资和应交税款都是这方面的典型例子。这些项目的增长不消耗公司的现金资源,属于自发性资源,正确的处理方法是在计算项目的营运资本投资时,将它们从流动资产增加值中扣除。

为了说明这一点,下表给出该部门新产品上线所需的营运资本投资的修正估计值,假设:(1)扣除自发性资源净值的新增流动资产,约为销售额的20%;(2)项目周期结束时可全额收回营运资本。请注意,各年度新增投资等于各年度营运资本的年度变动值,因此它与销售额的上升和下降同向增减。

(单位:百万美元)

年数	0	1	2	3	4	5
新手机销售额	0	60	82	140	157	120
营运资本(销售额×20%)	0	12	16	28	31	24
营运资本变动额	0	12	4	12	3	(7)
营运资本回收额						24
营运资本总投资	0	(12)	(12)	(12)	(3)	31

三、沉没成本

沉没成本是已经发生的成本,根据有无原则,它与当前决策无关。按照这一标准,该部门将已经支出的200万美元纳入初始工程费用显然是错误的,应该予以删除。但部门分析人员回复道:"我们总得在某个地方记录这些成本,否则工程师们在试制时就会花钱如流水。"这笔账当然要记,但应该记在适当的地方,如在单独的费用预算而非新产品提案中。在做投资决策时,请牢记,我们是真理的追随者,而不是控制成本的审计师或衡量业绩的管理者。因此,我们不是公司使用的特定报告或绩效评估系统的俘虏。

这看似很容易理解,但人们在心理上又往往难以忽略沉没成本,这里给大家举两个例子。假设你一年前以每股100美元的价格购买了一些普通股,现在的股价是每股70美元。尽管考虑到当前的情况,你认为70美元是一个极好的售价,但你准备好承认自己的投资失误、现在就卖掉股票吗?还是会试图继续持有股票以收回初始投资呢?有无原则指出,100美元是沉没成本,除可能的税收影响之外,它与当前的决策无关,所以还是赶快卖掉股票吧!人类天生不愿承认错误,若是还不得不向满腹狐疑的老板或配偶当面辩解自己的失误,那种场景更是令人气馁到经常能让我们的思维陷入混乱。

再举一个例子,假设一家公司的研发部门用了10年时间,花费了1,000万美元来完善一种新型耐用灯泡。最初,项目估计成本是100万美元,预期两年完成。但从那时起,项目年年延期,成本日益增加。现在估计只要再花一年且再追加100万美元即可完成项目。由于这类灯泡的收益现值只有400万美元,公司强烈地感觉到应该撤销这个项目,而且这些年来不论是谁批准追加预算都应当被开除。

复盘整个过程就很清楚,该公司根本就不应该启动这个灯泡研制项目。即便获得成功,成本也远远超过收益。然而，在开发过程的任何时点，甚至包括当下这个决策时点，"继续推进这个项目"可能看起来始终相当合理。秉承"过去的支出是沉没成本"这条原则，此时决策中唯一要争论的问题是，预期收益是否超过完成开发所需的剩余成本。过去的支出对决策的影响，仅限于它多大程度地影响了人们对剩余成本的估计。因此，如果你相信现在的估计，灯泡项目就应该持续到下一个年度。

四、间接成本

在投资评估中，折旧、营运资本和沉没成本的处理都是相对简单的，接下来的事情才是比较棘手的。根据塑钢通信公司的资本预算手册：

> 所有带来新增销售收入的新投资，必须承担一定比例的公司管理费用。新增投资项目应按所带来的新增销售收入的14%，向公司交纳年度管理费，无一例外。

然而，正如表7.4所示，部门分析师在智能手机项目分析中忽略了这一条。他们的理由是：资本预算手册的这条规定本来就是错的，因为将管理费分配给新产品，违背了有无原则且扼杀了创造力。他们的说法是："如果像这样一个令人振奋的项目必须承担固定的公司管理成本，我们在这个行业内就会没有竞争力。"

在这里，问题的要点是：那些与新投资没有直接关联的费用，如总裁的薪资、法律部门的费用和会计部门的费用，是否与决策有关？对有无原则的直接解读表明：如果总裁的薪资没有随新投资发生变动，那么它与决策无关；如果法律部门与会计部门的费用也未发生变动，那么它们同样与决策无关。这就够清楚了，即当这些费用不会发生变动时，它们就是无关的。

但是，谁会说这些费用永远不会随着新投资而变动呢？确实，随着时间的推移，当公司成长时，总裁的薪资会增加，而法律部门和会计部门也会发展，这似乎是现实生活中不可阻挡的事实。因此，问题不在于新投资是否要被摊派费用，而在于这些费用是否随着业务规模的变动而变动。我们或许看不到这些费用与销售收入增长之间的直接因果关系，但二者可能存在长期的关系。因此，要求所有销售增长型投资承担部分随销售收入而增加的间接成本，这是有道理的。要记住，间接成本未必是固定成本。

当项目是成本削减型投资时，一个相关的问题就会产生。举例而言，作为公司绩效评价体系的一部分，许多公司按直接人工费用的比例将管理费用分配到各部门。假设在这种情境下，一名部门经理有机会投资一项节省人力的资产。以部门的立场看，这样一项投资有两个好处：（1）可减少直接人工费用；（2）可减少分配给部门的管理费用。然而，从全公司的角度和正确的经济观点来看，只有减少直接人工费用是有益的，因为全公司的管理费用不受该决策的影响，只不过是将它们从一个成本中心重新分配到另一个成本中心，因此和投资决策并没有关系。

五、利润侵蚀

在会议过程中，另一个部门的一名产品经理认为，新智能手机计划"不完善且过度乐观"。他强调两点：第一，决策应该是从公司立场出发，而不是从一个部门狭隘的角度做出；第二，若从公司立场出发，则现金流量预测应该反映新手机面世对现有产品销售的侵蚀。换言之，新手机将会吸引许多原本会购买公司其他现有产品的顾客。据他估计，新手机将分流他所在部门产品客户群的10%，导致每年损失约700万美元的现金流量。他认为这个数字应该计入新手机年度现金流量预测的成本。

这名产品经理认为决策应该基于公司层面做出，这一点完全正确。有无原则看起来也支持他关于新产品现金流量应当包含利润侵蚀损失的论点。但事实真的如此吗？塑钢通信公司并不是智能手机制造商中唯一的创新者，设想一下，无论塑钢通信是否推出新手机，三星公司或者LG公司都会推出类似的一款新柔性屏幕手机。如果是这样，那么不管塑钢通信公司是否上线新产品，上述现金流量损失都将产生。所以，这个损失与决策本身并没有关系。从根本上说，由利润侵蚀产生的损失与市场竞争程度有关。而竞争市场上的真言便是"肥水不流外人田"。我相信桑德斯在表7.4中忽略利润侵蚀损失是正确的。否则，那不是在给创新树立起一道危险的障碍吗？

对于在资源配置决策中如何处理公司内部利润侵蚀问题，这一点可能具有重要的战略意义。一个产业中的龙头厂商，因为担心现有的盈利产品市场被侵蚀，通常不愿采用新的颠覆性的技术。这种对创新的抵触为新进入的小企业打开一扇大门，它们没有这样的顾虑，会积极通过创新与根基深厚的大企业竞争。手机行业本身就是很好的例子。多年来，一家叫McCaw的小公司就是这样与通信巨头AT&T公司进行竞争的。① 在很大程度上，由于AT&T公司一直担心移动电话业务会侵蚀固定电话业务的收入，使其由盈转亏，直到1994年，当移动电话产业的发展真正威胁到AT&T公司的"奶酪"时，这个行业巨头才最终以超过100亿美元的价格收购了McCaw公司。

六、产能过剩

对于这项新产品提案，争论最激烈的问题涉及掌上设备分部计划使用另一部门的过剩产能。三年前，开关分部新增一条生产线，目前它的产能负荷仅为50%。掌上设备分部分析推测，可以在那里生产一些电话零件，将闲置产能利用起来。依照计划，利用闲置产能将避免大笔资本性开支，可以大大节约项目投入，因而他们将过剩产能的使用成本设定为零。开关分部总经理的看法截然不同。他激烈地争辩道："那些资产是我们部门的，而且我们已经付了钱，决不把那些资产无偿让给别人。"他要求掌上设备分部要么以合理的价格购买闲置产能，要么自建生产线。他估计，这些过剩产能至少值2,000万美元。而掌上设备分

---

① 20世纪80年代，无线电话服务在美国快速增长。McCaw公司抓住这个机会大量购买此项服务需要的许可证，而AT&T公司却因采取更为保守的估计而错失购买良机，以致失去部分市场。——译者注

部的分析师回应称:"无稽之谈。过剩的产能已经支付了费用,是当前决策的沉没成本。"

出于技术上的原因,为了获得一定的目标产能,我们常常必须建设比原定目标高得多的产能。于是,如何控制产能过剩就成为一个很重要的问题。在这个例子中,正如许多常见的情况那样,答案取决于公司的未来规划。如果开关分部的过剩产能在现在和未来都没有备选用途,而掌上设备分部在利用这些产能时又不会额外产生现金流量(或新增投资),那么闲置产能是零成本的免费商品。但如果开关分部的过剩产能存在其他备选的用途,或者将来可能需要利用这种生产能力,那么掌上设备分部利用过剩产能就会产生相关成本,而且它们应当在新产品的分析方案中有所体现。

举一个具体的例子,假定开关分部估计,两年后它需要这个过剩产能以适应自身的成长。此时,比较适宜的做法是:前两年使用过剩产能为零成本,但要求掌上设备分部的新产品在第二年年末开始承担相应产能的成本。虽然掌上设备分部并不想最终占有该产能,但今天的决策直接决定了掌上设备分部是否打算收购开关分部过剩产能,因而产能成本的确定就与今天的决策有关。尘埃落定之后,掌上设备分部推迟两年支付过剩产能的费用,从暂时闲置的产能中获益。

部门之间以这种方式分享资源,势必会带来很多会计实务问题。例如,第一个部门使用了其他部门的资源,是否应该给予一定的补偿?该交易对各部门的绩效指标将产生什么影响?头两年的相关产能成本应该如何记录?然而,因为这些问题并不涉及公司现金的流入或流出,所以它们与投资决策没有密切的关系。我们的口号是:今天做出正确的决策,以后再考虑这些会计问题。

反向过剩产能问题也会产生。一家公司正打算收购一项资产,该资产对于当前的需求而言太大了,这时必须决定如何处置过剩产能。例如,某公司正考虑购买一艘水翼艇,为乘客提供摆渡服务,但要有效地利用水翼艇就必须建造两个非常昂贵的专用码头。每个码头能同时容下 10 艘水翼艇,而出于技术上的原因,建造更小的码头是不切实际的。若两个码头的全部成本由目前考虑中的这一艘水翼艇来承担,则该水翼艇项目 NPV 将为数额很大的负值,无疑应该拒绝该方案;然而,若仅将码头 1/10 的成本分摊给这一艘水翼艇,则项目 NPV 将为正值。那么,应该如何处理码头的成本呢?

实际上,码头成本的处理取决于公司的未来规划。若公司预计未来不会购买更多的水翼艇,则码头的全部成本就与本决策有关。若这艘水翼艇只是规划中水翼艇队的第一艘,则今天就只需要考虑码头成本的一小部分。一般来说,公司面对的是如何界定投资的问题,背后真正的问题不是公司是否应当购入一艘水翼艇,而是公司是否要进入水翼艇运输业务。这个更大的问题迫使公司着眼于较长期的投资,并明确想要购入的水翼艇数量。

七、筹资成本

筹资成本(financing cost)是指公司为某个投资项目筹措资金所发生的任何股利、利息和本金支出。如表 7.4 所示,掌上设备分部的分析师希望通过举债为新产品线筹资,所以他们在项目评估测算表中单列债务利息成本并计入期间费用。桑德斯知道，根据有无原则，有时筹资成本将影响决策的结果；资金很少是免费的，但她不能确定分析师们的处理是否恰当。

桑德斯的直觉是正确的。分析师确实犯了一个错误，他们将利息支出纳入了现金流量的计算。融资成本当然影响投资决策，但必须注意的是，不要重复计算。正如我们将在第八章阐明的那样，在计算任何一种推荐的价值指标时，我们都要用到贴现率，它等于公司的年度资本成本率。从一项投资的年度现金流入量中减去融资成本，再比较该项投资产生的收益率是否大于资本成本率，这显然就是重复计算。因此，在估计投资的现金流量时，标准的操作是借助贴现率反映资本成本，而忽略所有筹资性现金流出。下一章还将继续讨论这个问题。

根据前述所有建议，表 7.5 给出了桑德斯对新产品线提案的修正数据。新款智能手机项目修正后的内部收益率为 30%，看起来仍然很有吸引力。桑德斯现在有理由对自己部门的项目方案更加自信，她期待这个项目获得资本预算审查委员会的接纳。

表 7.5 修订后的新款智能手机项目财务分析

（金额单位：百万美元）

假设条件：

增加的营运资本	销售额的 20%，第 5 年年末完全恢复
预备工程	已花费——沉没成本
产能过剩	第 2 年的新产能成本为 2,000 万美元，每年折旧 200 万美元，第 5 年的续营价值为 1,400 万美元
利息费用	包含在贴现率中
分摊费用	可变分摊费用等于销售收入的 14%

	年数					
	0	1	2	3	4	5
厂房和设备	(30)					15
营运资本增加	0	(12)	(4)	(12)	(3)	31
预备工程	0					
产能过剩			(20)			14
总成本	(30)	(12)	(24)	(12)	(3)	
总残值						60
销售收入		60	82	140	157	120
销售成本		26	35	60	68	52
毛利		34	47	80	89	68
利息费用		0	0	0	0	0
分摊费用		8	11	20	22	17
销售与管理费用		10	13	22	25	19
总营业费用		18	25	42	47	36

（金额单位：百万美元）（续表）

	年数					
	0	1	2	3	4	5
营业利润		16	22	38	42	32
折旧		3	3	5	5	5
税前利润		13	19	33	37	27
所得税（税率＝40%）		5	8	13	15	11
税后利润		8	11	20	22	16
加回折旧		3	3	5	5	5
税后现金流量		11	14	25	27	21
自由现金流量	(30)	(1)	(10)	13	24	82
净现值（贴现率＝15%）	25					
效益成本比*	1.64					
内部收益率	30%					

注：数据已经过四舍五入处理。* 效益成本比 BCR＝$PV_{流入}/PV_{流出}$＝63.0/38.4＝1.64。

从这些例子中，我希望你已经看出高管在确认新投资机会的相关成本和收益方面所面临的挑战，并且你也理解了为何这是运营经理人而非财务专家的工作。

本章附录　互斥方案和限额资本

本章正文简要提到，互斥替代方案或者资本限额（capital rationing）问题的存在，都使得投资分析更加复杂。本附录将阐释在这些情况下应该如何进行投资分析。

如果接受一个方案就意味着放弃另一个方案的话，我们就称这两个投资方案是互斥的。建造钢铁桥梁而不是混凝土桥梁、铺设12英寸管道而不是8英寸管道、驾车而不是乘飞机去波士顿，这些都是互斥方案的例子。在每种情况下，完成任务都不止一种方法，而目的是选出最佳方案。互斥投资方案是独立投资方案的反面，在分析独立投资方案时，我们只分析各个投资机会本身，而不管其他投资。

当投资方案是独立的而决策内容只是接受或拒绝时，NPV、BCR与IRR都是令人满意的价值指标。不论你采用哪个指标，都会得出相同的结论。而当投资方案互斥时，事情就不那么简单了。让我们来看一个例子。假定佩德罗油气公司（Petro Oil and Gas Company）正在考虑建设新加油站的两种备选方案，并想用10%的贴现率进行评估。如图7A.1的现金流量所示，便宜的方案是目前投资52.2万美元，获得10年内每年10万美元的预期收益；昂贵的方案则要花费110万美元，但能吸引更多的顾客，预期10年内每年将有19.5万美元的收益。

表 7A.1 列出了每项投资的三种价值指标。所有的价值指标均显示，两个设计方案都是有吸引力的：NPV 都是正值，BCR 都大于 1，IRR 都超过佩德罗油气公司的资本机会成本。如果可能的话，佩德罗油气公司应该同时进行这两项投资，但由于它们是互斥的，技术上行不通。因此，佩德罗油气公司必须对这两个设计方案进行排序，从中选择更好的投资方案，而不是简单地接受或拒绝。然而，在对备选方案进行排序时，三个价值指标给出了不同的信号：便宜的方案拥有更高的 BCR 和更高的 IRR，但 NPV 值低于昂贵的方案。

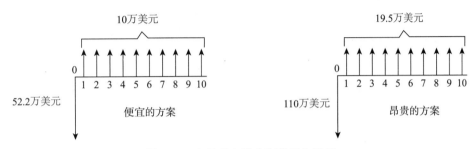

图 7A.1　加油站备选方案的现金流量

表 7A.1　加油站方案的价值指标

	NPV（贴现率＝10％，万美元）	BCR（贴现率＝10％）	IRR（％）
便宜的方案	9.25	1.18	14
昂贵的方案	9.82	1.09	12

在为互斥替代方案选择适用的价值指标时，我们只需记住，净现值 NPV 是衡量投资项目所创造的新增财富最直接的指标。由于昂贵的方案将增值 9.82 万美元，而便宜的方案增值 9.25 万美元，因此昂贵的方案显然更优。

对于互斥替代方案，BCR 和 IRR 的问题在于它们对投资规模不敏感。作为极端的例子，你会选收益率为 80％ 的 1 美元投资，还是选收益率为 50％ 的 100 万美元投资？显然，当投资方案互斥时，规模大小理应成为影响决策的因素。因此，NPV 作为价值标准更为合适。

一、其余 57.8 万美元怎么了

有些读者可能认为，前面所列的理由不够充分，因为我们的讨论忽略了一个部分：当选择便宜的投资方案时，佩德罗油气公司可以利用那笔节省下来的 57.8 万美元干些什么。假如这笔钱能获得令人十分满意的投资收益，也许最终还是便宜的方案更优。我们将在"资本限额"一节专门讨论这个议题。眼下，仅当佩德罗油气公司的可投资资金受限额约束时，这个问题才会出现。当公司能筹集到足够的资金，为一切 NPV 为正的项目提供全额资金后，选择便宜的方案节省下来的资金的最佳用途只能是将它们投资于 NPV＝0 的项目。但 NPV 为 0 的投资不会使财富增值，所以任何低成本选择所节省的资金不会改变决策结果。

二、不同生命周期的投资项目

为方便起见，我们在佩德罗油气公司的例子中假设两个备选加油站方案的使用寿命均为 10 年。当然，情况并不总是如此。当两个可互相替代的项目具有不同的使用寿命时，NPV 也无法直接进行比较。试想，一家公司在木桥方案和钢桥方案之间选择时所面临的问题：

- 木桥造价 12.5 万美元，每年维保费用为 15,000 美元，能使用 10 年；
- 钢桥造价 20 万美元，每年维保费用为 5,000 美元，能使用 40 年。

试问，哪一种方案比较划算？以 15% 的贴现率计算，在木桥 10 年预期寿命内所有投资成本的现值为 200,282 美元（12.5 万美元的初始投资+现值总计为 75,282 美元的维保费用），计算过程如下：

$$=PV(.15,10,15)=(\$75.282)$$
$$PV(\textbf{rate},\text{nper},\text{pmt},[\text{fv}],[\text{type}])$$

与之相比，在钢桥 40 年预期寿命内将发生 233,209 美元的投资成本（20 万美元的初始投资+现值总计为 33,209 美元的维保费用），计算过程如下：

$$=PV(.15,40,5)=(\$33.209)$$
$$PV(\textbf{rate},\text{nper},\text{pmt},[\text{fv}],[\text{type}])$$

因此，如果决策目标是成本最低，那么简单比较钢桥和木桥项目的现值就会发现，木桥显然更胜一筹。然而，这样做明显忽视了两座桥的寿命差异，这样的决策暗藏了一个假设：公司选择建造木桥，10 年后将不再需要这座桥。

这里要传达的信息很明确：在比较不同生命周期的互斥替代项目时，必须反映项目生命周期的差异，其中一个方法是把这些项目方案置于相同的时间窗口期进行考察。例如，假设我们确信公司需要这座桥 20 年，由于通货膨胀，10 年后重建木桥将花费 20 万美元，而 20 年后钢桥的残值将为 9 万美元。于是，钢桥和木桥这两个方案的现金流量变为：

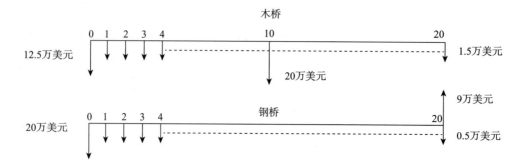

现在，木桥投资成本的现值是 268,327 美元（12.5 万美元的初始成本+现值总计为 93,890 美元的维保成本，另加 10 年后重建新桥投资成本的现值 49,437 美元）。

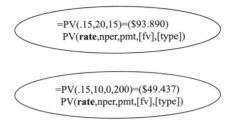

而钢桥投资成本的现值是 225,798 美元（200,000 美元的初始成本+25,798 美元维保费用现值与残值现值之差），计算过程如下：

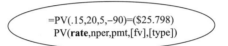

置于 20 年的投资周期进行比较，钢桥现值成本明显更低，因此是更优的选择。

比较多个具有不同生命周期的、互斥且可互相替代的方案，还有第二种方法：计算每一个方案的年均约当成本。以下就是两座桥的年均约当成本的计算过程：

木桥

钢桥

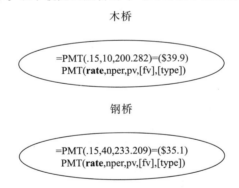

将木桥 200,282 美元的总现值成本平摊到 10 年的预期寿命中，我们发现木桥的年均约当现值成本是 39,900 美元，而对应钢桥 40 年的寿命，其年均约当成本只有 35,100 美元。注意，在这 40 年的决策期间，我们已经假设每 10 年新建一座木桥的成本不变。这时，如何选择是显而易见的。钢桥的年约当成本比木桥低，所以钢桥方案更优。

但请注意得出这个结论所必需的假设。由于技术进步，我们也许有理由相信，木桥的重置成本将随着时间的推移而下降，木桥在头 10 年里较高的年均约当成本可能为随后若干个 10 年的、较低的年均约当成本所抵消。这也许会使决策朝着有利于木桥方案的方向发展。同样，如果我们认为通货膨胀将导致木桥的重置成本随着时间的推移而增加，那么哪怕木桥头 10 年的年均约当成本低于钢桥，也不足以充分证明方案的可行性。我们的结论是：当价格不变时，年均约当成本法是分析生命周期不同的互斥替代项目的好方法；然而，当市场价格变动剧烈时，这项技术的应用难度较大。

三、资本限额

直至此刻，我们的讨论一直隐含这样一个假设：公司以等于贴现率的成本可以获得无限资金。这个假设的另一面则是有限资本，或称资本限额。在资本限额下，公司无法超越预算进行投资。与互斥方案的情况一样，资本限额也要求我们将投资项目进行排序，而不是简单地接受或者拒绝它们。当然，尽管存在这种相似性，你也应该明白这两种情况存在本质区别。对于互斥项目，哪怕公司有足够的资金，但技术上的问题决定了公司不能进行所有的投资。而在资本限额下，公司投资所有项目不存在技术上的障碍，却苦于资金不足。这一区别不是语义上的，而是两种情况下项目优劣的排序过程根本不同。下面这个案子就是很好的例证。

假设沙利文公司（Sullivan Electronics Company）有20万美元的投资预算限额，目前管理层认为公司有四个独立的投资机会，详见表7A.2。根据三个价值指标，所有这些投资项目都可行；但这是不可能的，因为四个项目的总投资额超过20万美元的投资预算限额。从投资排序来看，当以NPV为准则时，投资项目A最优，之后依次是B、C和D；当按BCR和IRR排序时，项目C最优，随后依次为D、B和A。我们看到，依照不同价值指标进行排序，项目A有时是最好的投资，有时是最差的投资。

表7A.2 资本限额下四个独立的投资机会（资本预算限额为20万美元）

投资项目	初始投资成本（美元）	NPV（12%，美元）	BCR（12%，美元）	IRR（%）
A	200,000	10,000	1.05	14.4
B	120,000	8,000	1.07	15.1
C	50,000	6,000	1.12	17.6
D	80,000	6,000	1.08	15.5

要正确理解这些排序，我们必须牢记，评估投资机会的根本目的是增加财富或价值。在资本限额下，这意味着公司应当接受产生最高NPV总额的投资组合。那么，应当如何着手呢？一种比较烦琐的思路是：列出总投资成本低于预算约束的所有可能的投资组合，逐一查看并从中选出NPV总额最高的组合。简便的思路则是：根据BCR将项目进行排序，顺序挑选，接受所有BCR大于1的投资直到把资金用尽。因此，沙利文公司的最佳做法是：接受项目C、D和项目B的7/12，这样可以获得约16,670美元（6,000+6,000+7/12×8,000）的净现值。项目B只有7/12可行，这是因为接受项目C和项目D之后，公司仅剩7万美元。

为什么在资本限额下按NPV对投资项目进行排序不正确呢？因为此时我们关注的是每1美元的投资回报，而不仅仅是回报本身。沙利文公司的例子说明了这一点。项目A的NPV最大，等于10,000美元，但它的单位NPV却最小。由于投资资金有限，在对投资项目进行排序时，我们必须关注每1美元的回报，BCR就起到这样的作用。

还有两个细节也值得一提。在前述例子中，IRR与BCR的排序结果相同。虽然这种情况很常见，但也有特例，若这两种排序不一致，则以BCR的排序为准。为何排序结果不同？为何BCR的排序结果更优？这里详细讨论的意义不大。只要记住，如果按IRR而不是

BCR 进行排序，你可能偶尔会出错。第二个细节是，当一个投资项目不可能只进行局部投资时，即沙利文公司无法只投资项目 B 的 7/12，那么根据任何价值指标来排序都是不可靠的，你只能诉诸烦琐的思路，即查看每一种可能的投资组合以寻找最高的 NPV 总额。

四、未来机会问题

前面的讨论隐含这样一个假设：只要有 NPV 为正的投资项目，进行投资总好过资金闲置。然而，在资本限额的情况下，这个假设可能不对。举例来说，假设沙利文公司财务主管预计，6 个月后公司的科学家将拿出一个投资额为 20 万美元、NPV 为 6 万美元的新产品方案。这时，公司的最优策略将是放弃目前考虑的所有投资，省下资金用于新产品方案。

这个例子说明，资本限额下的投资评估，不单要比较当前的各个投资机会，还要权衡当前机会与未来前景。这种比较在实际操作上极其困难，因为管理者最多只能模模糊糊地预判未来投资机会，想要清晰地比较是不合情理的。对于任何人而言，投资于目前的项目还是等待更光明的未来，这一选择注定是没有把握的。这意味着在资本限额下进行投资评估必然包含极强的主观判断。

五、决策树

互斥投资方案选择问题和资本限额问题，使本来不易弄懂的议题变得更复杂了，如图 7A.2 所示的决策树可用来总结与概述资本预算的内容。它列出本章涉及的所有情景，并罗列对应的价值指标。例如，在决策树最底层的分枝上，我们看到在资本限额下评估独立的、可细分的投资方案时，按 BCR 排序是适当的方法。你也可以用决策树自测一下你对本章的理解程度，看看你能否解释，为什么在某一特定条件下，我们推荐的价值指标比其他指标更合适。

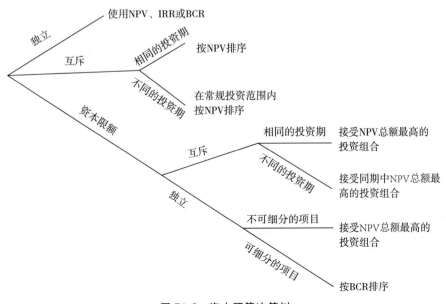

图 7A.2 资本预算决策树

内容摘要

1. 评估一个投资机会包含三个步骤
   - 估计有关现金流量。
   - 计算价值指标。
   - 比较项目的价值指标与接受标准。
2. 货币具有时间价值
   - 未来的现金流量具有机会成本。
   - 通货膨胀使未来现金流量的购买力下降。
   - 获得现金流量的时间离当下越远,风险越大。
3. 约当值
   - 如果一笔当下的现金流量能够按贴现率进行投资,以此复制一组未来的现金流量,那么这笔当下的现金流量与未来的现金流量具有相同价值,即两者是约当的。
   - 运用复利运算和贴现运算,使投资分析能排除时间维度的干扰。
4. 净现值(NPV)
   - 等于投资现金流入现值与现金流出现值之差。
   - 是度量投资的有效的价值指标。
   - NPV 为正,说明投资项目应当被采纳。
   - 是对投资者预期的财富增值或减值的一个估计。
   - 为寻求创造股东价值的管理者提供了一条实操规则。
5. 内部收益率(IRR)
   - 是投资项目净现值等于零时的贴现率。
   - 是投资项目中留存现金的持续增长率。
   - 是盈亏刚好平衡时的利率。当内部收益率大于贴现率时,投资项目应当被采纳;反之亦然。
   - 是 NPV 的近亲,多数情况下是一个有效的价值指标。
6. 相关现金流量估计
   - 是投资机会评估中最难的任务。
   - 遵循两大法则:
     ▷ 现金流法则:现金发生实际流入或流出时才进行计算,否则不计算
     ▷ 有无原则:所有随投资出现而变动的现金流量都是相关的,应计算在内;其他的则不计算在内
   - 不断出现的挑战包括:
     ▷ 年度折旧:仅用于估计所得税税额
     ▷ 营运资本和自发性资源:包含残值之内的所有相关现金流量之净值
     ▷ 沉没成本:不相关
     ▷ 间接成本:可变时相关
     ▷ 利润侵蚀:在竞争激烈的市场中基本无关
     ▷ 过剩产能:现在或者未来还有其他备选用途时才相关
     ▷ 筹资成本:相关,但通常在贴现率而非现金流量计算中反映

扩展阅读

Bierman, Harold, and Seymour Smidt. *The Capital Budgeting Decision*. 9th ed. Philadelphia, PA: Taylor & Francis, Inc., 2006. 402 pages.

Bierman 和 Smidt 都是康奈尔大学的退休教师,多年来一直是资本预算的代名词。本书对一个复杂的话题做了清晰准确的介绍。也可参考两人合著的另一部书(*Advanced Capital Budgeting Refinements in the Economic Analysis of Investment Projects*, by the same authors. 2007. 392 pages)。

Titman, Sheridan, and John Martin. *Valuation: The Art and Science of Corporate Investment Decisions*. 3rd ed. London: Pearson Education, 2016. 560 pages.

由两位多产的学者编著而成的一部研究现金流量贴现(DCF)模型和其他公司财务问题的巨著。

专业网站

Financial Calculator Apps

iOS 上提供了许多财务计算器软件，包括流行的德州仪器的 BAII Plus 和 Hewlett Packard 12C 的官方版本，在 Apple 的 App 商店中搜索"财务计算器"即可找到它们。对于安卓系统，可以考虑使用 Google Play 提供的 HP12C 或其他财务计算器。

berkshirehathaway.com

阅读二十多年来沃伦·巴菲特写给股东们的那些具有传奇色彩的信件，尝试抢购一件伯克希尔－哈撒韦的高尔夫球衫。搜索巴菲特的《股东手册》，里面言简意赅地解释了伯克希尔广泛业务外衣之下的核心经营原则。

课后练习

1. 假定利率是 8%，回答下列问题。

货币的时间价值问题

a. 4 年后收到的 1,000 美元的现值是多少？

b. 8 年后收到的 1,000 美元的现值是多少？为什么现值会随年数的增加而下降？

c. 现在的 12,000 美元投资，7 年后价值多少？

d. 为取得第 1 年年末获得 5,000 美元的权利，你现在必须支付多少？第 2 年年末获得 4,000 美元呢？第 5 年年末获得 8,000 美元呢？

e. 一笔 2,000 美元的投资需要多长时间才能翻倍？

f. 今后 20 年，每年年末都投资 1,000 美元，20 年后的总投资价值是多少？

g. 一对夫妇想在今后 18 年存足 25 万美元作为孩子的大学基金，为实现这一目标，每年年末他们应存多少钱？

h. 现在花费 7,500 美元，以后每年能收到 600 美元，多久才能收回初始投资？若年金收入仅持续 5 年，残值（清算支付款）得有多大才能不亏钱？

i. 一项投资的预测现金流量（单位：美元）如下，其净现值是多少？

年数	0	1	2	3	4	5
现金流量	−200	50	75	110	110	80

收益率问题

j. 今天投资 1,300 美元，50 年后收回 61,000 美元，这项投资的内部收益率是多少？

k. 一项投资今天花费 90 万美元，承诺 22 年后一次性收回 1,150 万美元，这项投资的内部收益率是多少？

l. 一笔投资未来 10 年每年会带给你 5,000 美元的现金收入，你需要为此支付 22,470 美元，这笔投资的收益率是多少？若你支付的少于 22,470 美元，收益率是多少？多于 22,470 美元呢？

m. 一个项目承诺 5 年内让你的投资翻一番，这个投资项目的内部收益率是多少？

n. 一个投资项目的预计现金流量（单位：美元）如下所示，这个投资项目的内部收益率是多少？

年数	0	1	2	3	4	5
现金流量	−460	−28	75	160	280	190

o. 2013 年，毕加索的画作《梦》（*Le Reve*）以 1.55 亿美元的价格被对冲基金经理史蒂芬·科恩（Steven Cohen）收入囊中。1941 年，这幅画

的售价是 7,000 美元。计算这项投资的收益率，这说明投资一项优秀的艺术品有哪些好处？

银行贷款、债券和股票问题

p. 你愿意为一张面值 1,000 美元、票面利率 7% 的 10 年期债券支付多少钱？假设利息每年支付。

q. 你愿意花多少钱买一只永远支付 5 美元年股息的优先股？

r. 一家公司打算每年拨备一笔钱偿付 8 年后到期的 1.5 亿美元债券。为此，每年年末公司必须拨备多少钱？若每年年初进行此项操作，你的答案会有什么变化？

s. 某人想向银行借款 12 万美元，以等额本息法分 6 次在年末偿付。若银行贷款收益率为 8%，则每年年末还款额应为多少（忽略税收和违约风险）？

2. 微软公司 2006 年的每股收益为 1.20 美元，2016 年为 2.10 美元。在此期间，每股收益的年增长率是多少？

3. 某开发商以 6 万美元的价格出售土地，首期 1 万美元在购买时支付，另外的 5 万美元可分 5 期在随后 5 年的各年年末支付，每期支付 1 万美元，无须另外支付利息。在讨论支付方案时，你发现可以选择现在支付 48,959 美元的现金。对于一次性付全款购买，必须在购买日支付 2,000 美元的法律和过户等手续费。若按一次性付款方案购买土地，在缴纳所得税之前实际支付的利率是多少？

4. 你想要购买特斯拉公司的 Model X 运动型跑车，这款车的价格是 93,500 美元。你获得一笔 6 年期的贷款，无首付且在第一年不需要月供利息。然后，你需要在接下来的 5 年里每个月支付 1,300 美元，并且期末一次还清剩余的本金。按月复利计算的贷款年利率是 5%。请你计算第 6 年年末需要一次还清的本金应是多少。

5. 一位毕业于当地大学的富有的校友打算设立一项奖学金，计划永久实施。该奖学金每年为一名获奖者提供约一年的学习和生活费用。为了顺利实施，学校决定在三年之后开始执行这项奖学金计划。今年一个学生的一年费用估计为 45,000 美元，假设这个费用保持不变（扣除物价因素）。如果该奖学金可以投资并获得每年 5% 的实际收益，那么这位捐赠者最初应该捐赠多少钱才能满足这项奖学金的要求？

6. 你正在代销一种产品，每单销售可提成 1,000 美元。到现在为止，你已经为一个潜在客户花费了 800 美元。如果再付出一些费用，你有信心完成这单销售。那么除了你现在已经支出的费用，在不亏损的前提下，你还愿意支出多少钱来确保这单销售？

7. 一年前，Caffe Vita 咖啡烘焙公司以 330 万美元买进 3 台小批量咖啡烘烤炉。2018 年，公司发现一种新的烘烤炉更具优势。购入新烤炉需要 450 万美元且没有残值。新旧烤炉预计都能够使用到 2028 年。管理层预期新烤炉每年都将创造 120 万美元毛利，采用直线折旧法的年税后利润是 75 万美元。

旧烤炉每年可创造毛利 60 万美元；假定其经济寿命总共 11 年，按直线折旧法计算的年税前利润是 30 万美元。旧烤炉目前的市场价值是 150 万美元。公司所得税税率是 45%，可接受的最低收益率是 10%。

假如忽略不计出售旧设备可能产生的税收，并假定烘烤炉在经济寿命终结时的残值为 0，那么公司应该更换那些只用过一年的烤炉吗？

8. 尽管海王星生物识别公司（Neptune Biometrics）的技术前景看好，但公司仍难以盈利。今年年初，公司通过首次公开募股（IPO）筹集了 8,500 万美元，目前正准备推出一款新产品——一款廉价的指纹锁。如果海王星今年耗资 5,500 万美元开展一次促销活动，那么公司今后 5 年的年税后现金流量将只有 100 万美元。如果不促销，那么预计同期公司年税后现金流量将为 -1,500 万美元。假定公司决定维持选定业务，当贴现率为 8% 时，开展这项促销活动值得吗？为什么？

9. 考虑下列投资机会：

时点 0 的初始费用为 1,500 万美元；时点 1 开始，每年收入为 2,000 万美元；除折旧外的年运营成本 1,300 万美元；预期投资周期为 5 年；税后残值为 0；可抵税的年折旧为 300 万美元；税率为 40%。

这项投资的收益率是多少？投资者希望获得税后至少 10% 的收益率，这项投资还有吸引力吗？

10. 一家公司正在考虑下列投资机会（解答本题之前先阅读本章附录）：

投资	A	B	C
初始成本（百万美元）	5.5	3.0	2.0
预期寿命（年）	10	10	10
NPV（贴现率=15%，万美元）	34	30	20
IRR（%）	20	30	40

a. 假如公司能够以 15% 的年成本筹集大量的资金且各投资是相互独立的，应当选择哪些投资？

b. 假如公司能够以 15% 的年成本筹集大量的资金且各投资是互斥的，应当选择何种投资？

c. 只考虑这三项投资，假如公司有 550 万美元的固定资本预算且各项目是相互独立的，应当如何投资？

11. 根据表 a 的数据，描述有错的有：

在接下来的讨论中，找找你能发现几个错误并且简要解释，你不需要修改错误。

"娜塔莉，我想我们找到最佳项目了，看看这些数字！"

"现在，娜塔莉，我是这样想的：老板说我们公司目标是年利润至少增长 15%，这个项目肯定能够增加利润，每年使税后净利润增加 30 万美元。"

"我的分析计算很可信，这个项目的收益率是 30%（300/1,000），远高于 10% 的最低目标收益率。如果你想看看净现值，10% 贴现后的净现值为 843.5 美元。你觉得怎么样，娜塔莉？"

"是的，大卫，这看起来不错，但我还是有几个问题。"

"说吧，娜塔莉。"

"好的。你考虑过应收账款这类的科目吗？"

"这些科目不会产生什么影响！项目结束时我们会收回这笔钱，这就像无息贷款一样，利大于弊。"

"但是，大卫，额外的销售和管理成本呢？你是否遗漏了它们？"

"这正是妙处所在，娜塔莉。最近经济这么不景气，我想我们能够转移一些现有人员来处理新增业务。实际上，这正是该项目的优点之一，否则我们恐怕就得裁掉一些人员。"

"好吧，你说服我了。大卫，我觉得老板一定会让你负责这个令人瞩目的新项目。"

12. 阅读在麦格劳-希尔的 *Connect* 上关于新投资的信息。

a. 完成电子表格，估计项目的税后年度现金流量。

b. 在 10% 的贴现率下，该投资的净现值是多少？

c. 该投资的内部收益率是多少？

d. 如果贴现率为 20%，内部收益率会怎样变化？

e. 如果 EBIT（息税前利润）的增长率是 8% 而不是 3%，内部收益率会怎样变化？

13. 我们在本习题的电子表格中提供了 Excel 财务函数的简要说明，并提出了几个关于抵押贷款需按月付款的问题。该表格可以从麦格劳-希尔的 *Connect* 下载。

14. 要求你在资本限额或不同生命周期的条件下，评估两个互斥的投资方案。有关的投资信息和具体的问题可以从麦格劳-希尔的 *Connect* 或任课教师处下载。

15. Waldo 娱乐产品公司正与 Disney 就超级英雄主题玩具三年内的生产和销售权进行谈判。三年结束后，Waldo 将出售所有项目中的资产。其他信息可以从麦格劳-希尔的 *Connect* 或任课教师处下载。请根据这些信息确定相关的现金流量，然后计算投资的 NPV、BCR 和 IRR。

表 a （单位：千美元）

年数	0	1	2	3	...	10
初始成本	-1,000				...	
销售量		100	100	100	...	100
单价		15	15	15	...	15
总收入		1,500	1,500	1,500	...	1,500
销售成本		800	800	800	...	800
毛利		700	700	700	...	700
营业费用						
折旧		100	100	100	...	100
利息费用		100	100	100	...	100
税前利润		500	500	500	...	500
所得税（税率=40%）		200	200	200	...	200
税后利润		300	300	300	...	300

第八章 投资决策的风险分析

> 做男人每天至少要赌一把，不然你可能会错过好彩头还浑然不觉。
> ——吉米·琼斯（Jimmy Jones），驯马师

大多数深谋远虑的人和某些投资银行家知道，一切有意义的财务决策都伴随着收益与风险。从本质上说，企业的投资活动都是今天付出一笔确定金额的费用，期待未来不确定的收益。因此，上一章所讨论的现金流贴现技术要在评估实际投资时发挥作用，就必须同时考虑收益与风险。这两种考虑是相关联的。在应用层面上，风险增加了相关现金流估计的难度。更重要的是，在概念层面上，风险本身也是影响投资价值的基本要素。因此，如果两项投资的预期收益（expected return，也译作期望收益、预期回报）相同而风险不同，大多数人将偏好风险较低的投资项目。用经济学术语说，我们是风险规避者，其结果就是风险降低了投资的价值。

个人与公司都存在风险规避倾向，投资者的这一态度决定了投资活动中的风险与收益关系的一般形态。图8.1表明，低风险投资（如政府债券）的预期收益较低，但随着风险的增大，预期收益必定增加。之所以说"必定"，是因为风险-收益模型展示的事实胜于雄辩。除非较高风险的投资能带来较高的收益，否则作为风险规避的投资者，你我都不愿意持有它。

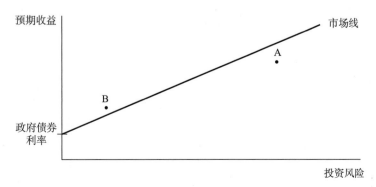

图 8.1　风险-收益的权衡

风险-收益的权衡，是许多财务问题的根本。在过去五十多年中，研究人员已经证明，若以一种特定方式定义风险，在理想的情况下，风险-收益的权衡是如图 8.1 所示的一条直线（被称为市场线）。市场线勾勒了在一个正常运转的经济体中，人们能够获得的风险与预期收益的所有组合。

此处我们不必纠缠于市场线的各种细节。重要的是要认识到，只知道一项投资的预期收益是不足以确定其价值的；相反，投资评估是涉及风险与收益的二维权衡问题。评估投资机会时要回答的问题不是"有多少收益"，而是"收益是否足以弥补所承担的风险"。图 8.1 中 A 和 B 两点所代表的投资说明了这一点。虽然项目 A 的预期收益比项目 B 的预期收益高，但项目 B 才是较优的投资。因为尽管项目 B 的收益率不高，但它位于市场线的上方，这就意味着在它所面临的风险水平上，它的收益比其他备选方案（市场线上）高；而项目 A 位于市场线的下方，这意味着对于同样的风险，其他备选投资的预期收益高于项目 A。①

本章将探讨如何将风险纳入投资评估。在上一章，我们讨论了现金流量贴现技术，其核心是一个百分比数字，可以把它叫作利率、贴现率或资本的机会成本。在强调这一数字或多或少能反映投资风险和货币时间价值的时候，我有意对它的来由含糊其词。现在是时候把这个问题说清楚了，我们将说明投资风险和贴现率如何结合在一起以填补这一漏洞。详细定义投资风险之后，我们将估算前几章里简要介绍过的孩之宝公司的资本成本，并考察资本成本作为风险调整贴现率的优势和劣势。本章结尾处将关注在评估投资机会时应避免的若干易犯错误，讨论业绩评价领域的一个话题——经济增加值。本章附录对前述话题做了逻辑上的两个延伸，即资产贝塔（beta）和调整现值分析（adjusted present value analysis 或 APV 分析）。

你是风险规避型的吗？

这里有个简单的小测试。你更喜欢下面哪个投资机会？

（1）今天支付 1 万美元，一年之后掷硬币来决定你能收到 5 万美元还是得再付 2 万美元。

（2）今天支付 1 万美元，并且在一年之后收到 1.5 万美元。

如果投资 2 听起来比投资 1 好得多，那你和多数人一样，是风险规避型的。尽管这两项投资需要 1 万美元的投入并且预期收益都是 1.5 万美元，预期收益率都是 50%，但研究表

---

① 让我们将同样的事情说得更透彻些。我们从前面财务杠杆部分的探讨中得知，资产 B 的所有者不必囿于安全的、低收益的项目；相反，他们可以利用个人举债筹资将资产 B 的预期收益和风险提高到较高的水平。事实上，市场线告诉我们，只要有适当数量的债务融资，资产 B 的所有者就可以获得和资产 A 一样的较高预期收益，而且不会增加风险。因此，资产 B 是更好的投资。

明，大多数人在清醒的时候（当然也不能是在赌场），都会选择确定性更高的投资方案。风险的存在使得投资 1 相对于投资 2 来说，投资价值降低了。

如需进一步测试你的风险承受能力，可以访问罗格斯大学网站，网址如下：njaes. rutgers.edu/money/riskquiz。

你应该从一开始就心里有数，本章的论题都不简单。因为这相当于在投资分析中全面加入一个完整的新维度——风险，这会使问题更加复杂、更加难以厘清。因而本章将提供总体路线图，一步步告诉你如何分析，并解析现有的可用技术，而不是只给出详细的答案。当然，从好的方面来看：如果投资决策那么简单的话，人们就不需要（你们）这些受过良好教育的经理人和（我这样的）有抱负的金融作家了。

第一节　风险的定义

广义上说，投资风险有两个层面的含义：一是投资的可能收益本身具有分散性；二是这些收益与其他资产的可能收益存在相关性。先来看看分散性，图 8.2 以钟形曲线的形式说明了两项投资可能获得的收益率分布区间。根据图 8.2，投资 A 的预期收益率约为 12%，而投资 B 的预期收益率约为 20%。

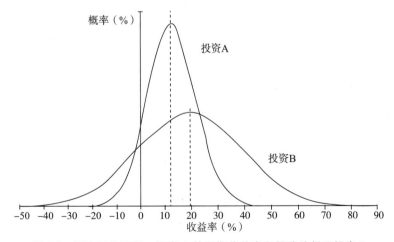

图 8.2　投资风险图解：投资 A 的预期收益率和风险均低于投资 B

分散性风险这个概念在直觉上就很吸引人。风险与一系列可能的结果或结果落在某一范围的不确定性相关。由于投资 A 的可能收益率集中分布在期望收益率周边，因此它的风险较低；相反，投资 B 的收益率分布则分散得多，因而风险较大。借鉴统计学的概念，计算收益率的标准差，就可以衡量这种集中/离散的趋势。我们无须在此纠结如何计算一项投资的期望收益率及其标准差的具体细节，只需知道风险与可能收益率的离散程度或不确定性有关，并且离散程度在技术上可以测量就足够了。①

风险与分散化投资

如前所述，风险的离散程度常常被认为是（投资的）总风险，或被戏谑地称为"鲁滨逊·克鲁索（Robinson Crusoe）风险"。假想某种资产的所有者孤身流落荒岛而不能购买任何其他资产，他面临的风险就是"鲁滨逊·克鲁索风险"。然而，当他逃离荒岛就可以再次持有各种各样的资产组合时，事情就会发生戏剧性的变化。那时，持有某一特定资产的风险通常要小于（经常是小得多）该资产的总风险。换言之，比起简单的分散性，风险还有更多（也许我应当说更少）的含义。

为了说明原因，表 8.1 给出了两条非常简单的风险投资信息：购买一个冰激凌摊或一家雨伞店。② 为简便计算，让我们假定明天下雨或出太阳的概率相等。购买冰激凌摊显然是一项有风险的投资，因为若明天出太阳则投资人将获得 60% 的收益，若明天下雨则会蒙受 20% 的损失。投资雨伞店也是有风险的，因为若明天是个大晴天则投资人将蒙受 30% 的损失，而若明天是雨天将获得 50% 的收益。

表 8.1 分散化经营减少风险

投资	天气	概率	投资收益率（%）	加权结果（%）
冰激凌摊	晴	0.50	**60**	30
	雨	0.50	**−20**	−10
				预期结果 = 20%
雨伞店	晴	0.50	**−30**	−15
	雨	0.50	**50**	25
				预期结果 = 10%
组合：				
1/2 冰激凌摊和 $\frac{1}{2}$ 雨伞店	晴	0.50	**15**	7.5
	雨	0.50	**15**	7.5
				预期结果 = 15%

---

① 一项投资的预期收益率是所有可能收益率的概率加权平均值。假如有三种可能的收益率——8%、12% 和 18%，且它们发生的概率分别是 40%、30% 和 30%，那么投资的期望收益率是：

$$\text{期望收益率} = 0.4 \times 8\% + 0.3 \times 12\% + 0.3 \times 18\% = 12.2\%$$

收益率的标准差是所有可能收益率与期望收益率的离差的概率加权平均值。在我们的例子中，各个可能的收益率与期望收益率之差分别是（8%−12.2%）、（12%−12.2%）、（18%−12.2%）。由于这些离差值有正值也有负值，直接将它们相加会互相抵消，我们将它们取平方以确保均为正值，之后计算这些离差的平方和的概率加权平均，再求其平方根。

$$\text{标准差} = \left[0.4 \times (8\% - 12.2\%)^2 + 0.3 \times (12\% - 12.2\%)^2 + 0.3 \times (18\% - 12.2\%)^2 \right]^{\frac{1}{2}} = 4.1\%$$

投资的所有可能收益率与它的期望收益率的概率加权平均离差是 4.1%。

② 我曾一度认为这完全是理想化的例子，直到我发现华盛顿特区的街头摊贩会根据天气的不同飞快地切换，或卖饮料或卖雨伞。

当然，单独看这两项投资都是有风险的，但若将它们看成是包含两个项目的投资组合，组合就变得没有风险。如果冰激凌摊和雨伞店各占一半的股权，那么这个组合中的两项投资不论是在雨天还是在晴天，损失与收益都能精确地互补，因此不论明天天气如何，均有15%的确定收益。假定明天出太阳，则组合将获得冰激凌摊收益（60%）的一半，并承担雨伞店损失（30%）的一半，净收益率是15%［0.5×60%+0.5×（-30%）］。组合的收益是每项投资预期收益的平均值，但组合的风险则变为0，拥有这两种资产可以消除收益分布的离散程度。你也许听人提起过，如果说财务上真的有免费午餐，那就是分散化投资。

这是一个极端的例子，不过它确实解释了关于风险的一个重要事实：当有可能拥有一个分散化组合时，相关的风险不是被孤立看待时的投资风险——投资的"鲁滨逊·克鲁索风险"，而是作为投资组合一部分时的风险。正如本例所示，这两种观点之间的差别可能是巨大的。

每当一项资产的收益和它所在组合的收益不完全正相关时，该资产的独立风险高于它作为组合一部分的风险。这种情形很常见，某些资产的收益波动性被组合的收益波动性抵消，投资者所承担的有效风险也随之下降。再看一下表8.1，冰激凌摊的收益率变化很大，但由于在雨伞店的收益率达到峰值时它正好在谷底，因此这两项投资的收益波动性互相抵消了。不论雨天还是晴天，投资组合都将获得15%的收益。换言之，当资产被放进一个组合时，会出现一个"平均化"过程来降低风险。

由于大多数商业投资在某种程度上都依赖相同的基本经济力量，很难找到收益率完全相反的投资机会，像冰激凌摊—雨伞店这样完美地互补的例子。然而，这里描述的"分散化效应"依然存在。每当投资收益（或现金流）不完全正相关——某一投资在某些方面或某些时候与别的投资有所不同时，其独立存在时的收益分散程度小于被纳入投资组合时的风险。

更确切地说，投资的总风险可以分为以下两个部分：

$$总风险 = 系统性风险 + 非系统性风险$$

系统性风险反映了大范围经济事件或整个市场事件所暴露的危险，例如利率变动和商业周期，它不能通过分散化来降低。非系统性风险则反映出投资中的特定个体投资的危险程度，例如火灾和诉讼，它可以通过分散化来消除。由于精明股东可以拥有分散化的投资组合，因此只有系统性风险与投资机会评估有关，其余风险可以通过分散化消除。

图8.3揭示了普通股股票分散化组合的作用。它显示了投资组合收益率的变异性（以收益率的标准差度量）与组合内随机选择的股票个数之间的关系。注意，当组合内只有少数几只股票时，组合的波动性很高；但随着股票只数的增加，组合的波动性迅速降低。随着组合中股票只数的增加，"平均"效应发生，非系统性风险减少。研究表明，当组合规模超过50只随机选择的股票时，非系统性风险几乎消失，且分散投资消除了大约一半的总风险。[①]

[①] John Campbell, Martin Lettau, Burton Malkiel, and Yexiao Xu, "Have Individual Stocks Become More Volatile? An Empirical Exploration of Idiosyncratic Risk", *Journal of Finance*, February 2001, pp. 1–43.

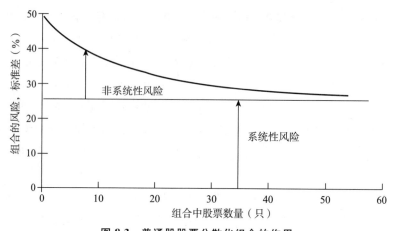

图 8.3 普通股股票分散化组合的作用

第二节 估计投资风险

我们已经定义了风险和风险规避的概念,至少是在一般意义上定义了。接下来让我们考虑一下,如何估计某项投资机会中存在的风险大小。在某些商业环境下,可以通过科学或历史的数据,客观地计算出投资的风险。例如油气开发井问题。一旦勘探公司发现了一座油田且绘出其一般结构图,在油田内钻出的开发井能够成功商业化的概率就可以合理且准确地预计出来。

● 系统性风险和联合企业的多元化经营

某些企业高管利用"分散化可以降低风险"的思路证明联合企业多元化经营的合理性,甚至在企业并购不能增强盈利能力时仍诡辩说"并购是有益的",理由就是并购所导致的多元化经营会减少公司现金流风险。并且由于股东是风险规避者,这种风险减少也被变相说成是公司价值的增加。

用这条理由证明并购的价值,显然是最不充分的。股东们与其通过这样一个企业集团合并来降低风险,倒不如在自己的投资组合中持有两家独立公司的股份,这样能轻松实现分散风险的好处。股东不依赖公司管理层就能享受这项福利,有意收购其他公司的高管,还是另辟蹊径到别处寻找理由证明并购的正当性吧。

有时,历史就是一个向导。一家已在世界各地开了 1,000 家连锁店的快餐公司,应该对开设第 1,001 家快餐店的收益与风险心里有数。类似地,假如你正在考虑购买 IBM 公司的股票,那么 IBM 公司股票往年收益率变动的历史记录,就是用来估计 IBM 公司股票风险的重要起点。稍后，我们将更详细地介绍如何衡量交易资产（如 IBM 公司股票）的系统性风险。

以上情况是比较容易评估的情形。更经常遇到的情况是：企业投资本身就是一项冒险活动，而且常常无现成经验可循，对于它们的风险估计，在很大程度上必须依靠主观判断。例如，当一家公司计划投资新产品时，经常缺少估计投资风险的技术支持和历史经验。在这种情况下，风险评估依赖于参与决策的管理者的直觉、他们对行业经济的了解，以及他们对投资结果的理解。

估计投资的三项技术

前面提到的三项技术——敏感性分析、场景分析和模拟，对主观估计投资风险非常有用。虽然这些技术均不能客观地衡量投资风险的大小，但都有助于管理者系统地思考风险的来源及其对项目预期收益的影响。简要回顾一下，一项投资的 IRR 或 NPV 取决于许多不确定的经济因素，如销售价格、销售数量、使用年限等。敏感性分析能估计一项投资的价值指标如何随着不确定性因素的变动而变化。更一般的做法是，同时计算三种收益，分别对应不确定变量在"乐观""悲观"和"最有可能"三种情形下的预测。这样就能标识出投资结果的可能范围。场景分析则进一步扩展，以各变量变化内在一致的方式，同时改变若干不确定变量以描述特定事件发生所导致的结果。

我们在第三章详细介绍了"模拟"这种方法作为财务计划工具的使用。回忆一下，模拟是敏感性分析与场景分析的扩展，用这种方法，分析者为每个不确定因素指定一个概率分布，并确定这些因素之间相互依存的关系，然后要求计算机根据各因素的发生概率反复抽取它们的数值。对于被抽中的每一组数值，计算机都会计算出对应的结果。最后，根据抽取的变量值和计算出的结果，就可以绘制预期收益率与发生频率关系图（类似于图 3.1）。敏感性分析、场景分析和模拟的主要好处是，它们帮助分析者系统地思考、确定投资风险的各个经济因素，分析投资收益对这些决定因素的敏感性，并提供可能影响收益范围的相关信息。

第三节 在投资评估中纳入对风险的考虑

一旦你对投资固有的风险程度有所了解，下一步就是将这些有关风险的信息纳入你对投资机会的评估中。

风险调整贴现率

要进行风险调整，最常见的方法是将一个增量加到贴现率上，即以包含风险溢价的贴现率对风险现金流的期望值进行贴现；或者，你可以根据预期现金流，将一项投资的 IRR 与包含同样风险溢价的预期收益率做比较。风险溢价大小自然是随着可预见风险的增大而提高。

为了说明风险调整贴现率（risk-adjusted discount rates）的用法，我们考虑一项 1,000 万美元的投资，预计未来 10 年该投资的风险现金流量为每年 200 万美元。当无风险利率为 5%、管理层决定以 7% 的风险溢价来补偿现金流量的不确定性时，该投资的 NPV 是多少？

通过计算可知，在 12% 的风险调整贴现率下，该投资的 NPV 为 130 万美元（1,130 万美元未来现金流量的现值 -1,000 万美元初始投资）。正的 NPV 告诉我们，即使进行了风险调整，这项投资仍然具有吸引力。另一个等效方法是，计算得到该投资的 IRR 为 15.1%，超过 12% 的风险调整贴现率，同样表明该投资有价值。

观察风险调整贴现率是如何降低投资吸引力的。如果这项投资无风险，按 5% 的贴现率计算，NPV 将为 540 万美元；但由于风险调高了贴现率，NPV 降幅超过 400 万美元。本质上看，NPV 为正是管理层决定进行投资的重要诱因。

风险调整贴现率的一个贡献是，它使大多数高管粗略地了解到：对一项投资所需的回报率（或称预期收益率）应如何随风险变化而变动。换个方式说，就是他们对图 8.1 中市场线的位置有一个基本认识。例如，他们从第五章表 5.1 的历史数据中了解到，多年来，普通股股票的平均收益率比政府债券高约 6.2%。若目前政府债券的收益率是 3%，则预期一项风险与普通股股票差不多的投资应产生约 9.2% 的收益率。这看来很有道理。类似地，高管们也知道，除非风险极大，否则一项可望有 40% 收益率的投资必定是引人注目的。诚然，这样的推理也许并不精确，但它确实为风险评估提供了某种客观依据。

第四节　资本成本

既然我们已经介绍了风险调整贴现率，并解释了它的用途，余下的挑战就是如何对某项具体投资确定适当的风险调整贴现率。我们是直接将无风险利率加上 7% 呢，还是有更加客观的方法？

实际上有一个更加客观的方法，它建立在资本成本的概念之上。当债权人与所有者共同投资一家企业时，他们承担的机会成本等于他们本可从其他风险相似的投资中获得的收益。这些机会成本共同决定了公司必须在现有资产上获取的最低收益率，以满足资本提供者的要求。这就是公司的资本成本。如果能够估计出这个最低的预期收益率，我们就有了一个客观确定的风险调整贴现率，适用于评估一家公司所进行的典型风险（或平均风险）投资。资本成本法指引我们，从金融市场上寻找有价值的信息以确定适当的风险调整贴现率，而不是仅仅依靠经理们对投资风险的"内在直觉"。

此外，一旦知道如何估计一家公司的资本成本，我们就能利用这项技术来估计各种风险项目的风险调整贴现率。诀窍就是用下面的类比推理：如果项目 A 的风险看起来和 X 公司进行的投资大致相同，就可以用 X 公司的资本成本来确定项目 A 的必要收益率；或更进一步，使用 X 公司及其所有同行业公司的平均资本成本。因此，如果一家传统的制药公司正在考虑投资生物技术行业，此决策所需的必要收益率应该是现有生物技术公司的平均资本成本。在接下来的内容中，我们将更精确地定义资本成本，估计孩之宝公司的资本成本，并讨论它作为风险调整工具的具体做法。

一、资本成本的定义

假定我们想要估计 XYZ 公司的资本成本，而且我们知道 XYZ 公司的负债和股东权益如下：

XYZ 公司的负债和股东权益（美元）	资本的机会成本（%）
负债 100	10
股东权益 200	20

后面我们还将讨论资本的机会成本从哪里获得。目前暂且假定我们已知：对其他的备选投资机会来说，债权人的贷款预期有 10% 的收益，股东持有的 XYZ 公司股票预计有 20% 的收益。根据这些信息，我们只需再回答两个问题就可以计算 XYZ 公司的资本成本了。

（1）XYZ 公司每年必须从现有资产中赚取多少钱才能满足债权人和所有者的期望？

债权人期望 100 美元的贷款有 10% 的收益，即 10 美元。当然，因为利息可以抵税，所以对一家有盈利的公司而言，如果税率是 50% 的话，实际的税后利息成本仅为 5 美元。股东们期望他们 200 美元的股票有 20% 的收益，即 40 美元。所以，XYZ 公司总共必须赚取 45 美元 [(1 - 0.5) × 10% × 100 + 20% × 200]。

（2）要满足债权人和股东要求的回报，XYZ 公司现有资产的收益率应为多少？

XYZ 公司获得的 300 美元投资，得用它赚进 45 美元才能满足投资人要求的回报，因此预期收益率为 15%（45/300）。这就是 XYZ 公司的资本成本。

让我们用符号来复盘一下先前的推理。XYZ 公司每年必须从现有资产中赚取的数额为：

$$(1 - t) K_D D + K_E E$$

其中，t 是税率，K_D 是债务的期望收益率或称债务资本成本，D 是 XYZ 公司资本结构中的有息债务金额，K_E 是股票的期望收益率或称权益成本，E 是 XYZ 公司资本结构中的权益金额。

类似地，XYZ 公司必须以现有资本获得的年收益率为：

$$K_W = \frac{(1 - t) K_D D + K_E E}{D + E} \tag{8.1}$$

其中，K_W 是资本成本。

将上述例子的数据代入公式（8.1），得出：

$$15\% = \frac{(1 - 50\%) \times 10\% \times 100 + 20\% \times 200}{100 + 200}$$

总之，公司的资本成本就是单个资本来源的成本按其在公司资本结构中的比例加权平均计算的成本。下标 W 在表达式中表示加权平均的资本成本，这也是资本成本常以字母缩写"WACC"(weighted-average cost of capital)来表示的原因。为了证明 K_w 是加权平均成本，请注意 XYZ 公司 1/3 的资本是债务，2/3 是权益，因此其加权平均资本成本（WACC）等于 1/3 的债务成本加 2/3 的权益成本：

$$15\% = 1/3 \times 5\% + 2/3 \times 20\%$$

资本成本和股票价格

公司的资本成本与股票价格之间存在重要联系。要了解这种联系，可扪心自问，当 XYZ 公司现有资产的收益率大于资本成本时会发生什么情况？鉴于债权人的收益率由合同确定，所以超额收益全部归股东所有。由于公司能赚取的收益高于股东资本的机会成本，XYZ 公司股票价格将随着新投资者为超额收益所吸引而上扬。相反，若 XYZ 公司收益低于资本的机会成本，股东得不到期望收益，股价就会下跌。股价将持续下跌（此时公司收益受影响），直到按较低价买入的新股东的预期收益率再次等于资本的机会成本为止。因此，资本成本的另一层含义是：资本成本是公司为了维持股价，必须在现有资产上赚得的最低收益率。最后，从股东价值的角度来看，我们可以说：当管理层获得高于公司资本成本的收益时就创造了价值；否则就损毁了价值。

二、孩之宝公司的资本成本

要用资本成本作为风险调整贴现率，我们首先必须对它进行计量，这需要给公式(8.1)等号右侧的所有变量赋值。为了说明这个过程，让我们估计一下孩之宝公司 2016 年年末的资本成本。

1. 权重

首先计量 D 和 E 的权重。有两种常用计算方法，但只有一种是正确的：使用公司资产负债表上负债和权益的账面价值，或使用它们的市场价值。我说的市场价值，是指公司债券和普通股在证券市场上的价格，分别乘以每种证券发行在外的数量。如表 8.2 所示，2016 年年末，孩之宝公司的负债和权益的账面价值分别是 17.21 亿美元和 18.63 亿美元。负债金额只包含有息债务，因为无息债务要么是应计税金，要么是营运资本中自发产生的现金流入。表 8.2 也显示，孩之宝公司的负债和权益在同一天的市场价值分别是 17.21 亿美元和 96.85 亿美元。

表 8.2 孩之宝公司的负债与权益的账面价值和市场价值
2016 年 12 月 31 日

来源	账面价值		市场价值	
	金额(百万美元)	占总数的比例(%)	金额(百万美元)	占总数的比例(%)
负债	1,721	48.0	1,721	15.1
权益	1,863	52.0	9,685	84.9
总计	3,584	100.0	11,406	100.0

按照惯例，我应该在此假设孩之宝公司的负债的市场价值等于账面价值。这个假设几乎肯定是不正确的，但同样可以肯定的是，与权益的账面价值和市场价值的巨大差异相比，负债的账面价值和市场价值之差微乎其微。孩之宝公司的股票市场价值等于其年末每股价格77.79美元乘以1.245亿股发行在外的普通股。由于投资者对孩之宝公司的未来前景非常乐观，股票市场价值5倍于其账面价值。

要决定账面权重和市场权重哪一个更适用于衡量资本成本，我们可以这样考虑：假设10年前你在一个普通股股票组合中投资了2万美元，尽管之后你什么都没做，但它们目前值5万美元。在与股票经纪人和投资顾问交谈后，你认为在当前的市场情态下，该组合的合理收益率是每年10%。你会对原来2万美元组合获得10%的收益感到满意，还是会期望在当前5万美元市场价值的基础上获得10%的收益呢？显然，当前的市场价值才与决策有关；原始成本是沉没成本，与决策无关。类似地，孩之宝公司的股东与债权人分别拥有价值96.85亿美元和17.21亿美元的投资，他们期望这些投资能提供有竞争力的收益。因此，以负债与权益的市场价值来衡量各类型资本成本的权重更为恰当。

2. 负债成本

这是一个比较容易的问题。2016年12月，风险和期限都与孩之宝公司类似的债券的到期收益率约为4.9%，公司边际税率约为35%。因而，孩之宝公司的税后债务成本是3.2%〔(1−35%)×4.9%〕。一些财务新手在计算时喜欢用债券的票面利率，而不是现行市场利率。但很遗憾，票面利率肯定是沉没成本。再者，因为我们想用资本成本来评估新投资，所以我们需要新负债的成本。

3. 权益成本

与估计负债成本相比，估计权益成本要困难许多。对于负债或优先股，公司向其持有人承诺未来支付确定数额的现金。知道这些承诺的付款和证券的现行价格，计算预期收益率就是非常简单的事。这是我们在前一章计算债券到期收益率时所做的事情，但普通股的情况比较复杂。因为公司并未向股东做出未来付款的承诺，所以没有简单的方法来计算权益的预期收益率。

4. 假设永续年金

摆脱这种困境的一种方法，让我想起了一则笑话：有一位物理学家、一位化学家和一位经济学家同时被困于一个40米深的坑底，在物理学家和化学家根据物理和化学知识设计出一系列脱身方案失败之后，他俩绝望地转向经济学家。他们问他，在他所受的专业训练中，是否有什么知识能帮助大家设计出逃脱方法。"哦，是的，"他回答道，"这是个极其根本性的问题，简单地假设有一架梯子好了。"在这里，我们也来假设有一架"梯子"，它就是关于股东预期的未来付款假设。有了这个史诗般的开局，问题确实变得相当简单了。举例来说，假定股票投资者期望每年能收到每股 d 美元的股利并直到永远。我们知道当前股票价格是 P，并且假设一个未来的现金流出，剩下的就是找到一个贴现率，使支付的现金流出量现值恰好等于当前股价。我们从上一章知道，这种永续年金在贴现率为 K_E 时的现值 P 为：

$$P = \frac{d}{K_E}$$

求解贴现率，得出：

$$K_E = \frac{d}{P}$$

总之，如果你假定投资者期望公司永续经营、股票股利表现得像永续年金，那么权益资本成本就是股利率。

5. 永续增长

另一个更合理些的假设是，股东们预期明年每股股利为 d 美元，并且期望股利以每年 g 的速度永续增长。幸运的是，这个现金流量的贴现问题也有一个异常简单的公式。这里就不详细解析那些使你厌烦的算术细节了。在贴现率 K_E 下，假定支付的股利现金流量的现值为：

$$P = \frac{d}{K_E - g}$$

求解贴现率，得出：

$$K_E = \frac{d}{P} + g$$

上述等式说明，如果永续增长假设是正确的，那么权益资本成本等于公司的股利率（d/P）加上股利增长率。这个等式被称为求 K_E 的永续增长方程。

K_E 的永续增长方程的问题在于，它及其立足的假设一样，仅仅只是个假设。对诸如铁路、电力和钢铁这样成熟行业的公司而言，可以合理地假设——观测到的增长率将无限期地持续下去。此时，永续增长方程可以得出一个对权益资本成本的合理估计。但在其他情形下，当一家公司不可能满足无限期地保持现有增长率这个假设时，这个方程就高估了权益资本成本。

6. 从历史数据中得到指引

估计权益资本成本的另一个方法，通常也是更有效的方法，是着眼于考察风险投资预期收益的决定因素。一般而言，任何风险资产的预期收益都由三个部分组成：

风险资产的预期收益率 = 无风险利率 + 通货膨胀溢价 + 风险溢价

上式表明，风险资产的持有人可望从三个来源获得回报：首先是对持有资产所产生的机会成本的补偿，也就是无风险利率；其次是对货币购买力随时间下降的补偿，也就是通货膨胀溢价；最后是对承担资产系统性风险的补偿，也就是风险溢价。幸运的是，我们可以将前两项合并处理，而不必分而治之，因为它们之和正好等于无违约风险债券（如政府债券）的预期收益率。鉴于我们能很容易地确定政府债券的利率，现在唯一的挑战就是估计风险溢价了。

当风险资产是普通股时，回顾历史是很有用的。回忆一下表 5.1 的情形。在 20 世纪，美国普通股股票的年均收益超过政府债券 6.2 个百分点。作为承担额外系统性风险的补偿，普通股持有人的年收益比政府债券持有人高 6.2 个百分点。将这个视为风险溢价，并加到 2016 年长期政府债券 3% 的收益率上，就得到对一家典型公司（风险处于市场平均水平）权益资本成本的估计值，即 9.2%。

将历史上 6.2 个百分点的超额收益看作风险溢价的逻辑是什么？从本质上讲，在一个足够长的期间，投资者获得的收益与他们的预期收益应该非常接近。例如，假设投资者预期普通股股票有 20% 的超额收益，但实际收益始终是 3%，那么就会发生两件事：投资者要么降低他们的期望值，要么大失所望后抛售股票致使股价下跌，而较低的股价会使随后买入股票的投资者的实际收益增加。最终，期望值和实际值应该趋于相同。

统计学的应用

借助统计学，本章中的许多概念描述起来可以更加简单。如前所述，一项投资的总风险是指可能收益率的分散程度，通常用收益率的标准差表示，而系统性风险则取决于该投资的收益率与充分分散化后投资组合的收益率之间的关联程度。因此，我们可以将投资 j 的系统性风险表示为：

$$\text{系统性风险} = \rho_{jm} \sigma_j$$

其中，ρ_{jm} 是投资 j 和分散化投资组合 m 之间的相关系数，σ_j 是投资 j 的收益率的标准差。

当然，相关系数是一个介于 -1 和 1 之间的无量纲数。当 ρ_{jm} 取值为 $+1$ 时，投资 j 和组合 m 的收益率完全正相关；当 ρ_{jm} 取值为 -1 时，投资 j 和组合 m 的收益率完全负相关。对于大多数商业投资，ρ_{jm} 取值范围为 0.5—0.8，这意味着 20%—50% 的投资总风险可以被分散。

普通股的权益贝塔系数，等于自身的系统性风险相对于一个充分分散化投资组合 m 的系统性风险，用符号表示股票 j 的权益贝塔系数为：

$$\beta_j = \frac{\rho_{jm} \sigma_j}{\rho_{mm} \sigma_m}$$

因为任何变量都必定与自身完全正相关，所以这个表达式可以简化为：

$$\beta_j = \frac{\rho_{jm} \sigma_j}{\sigma_m}$$

除表示股票 j 的权益贝塔系数外，这个表达式还等于 r_j 对 r_m 回归的斜率，其中 r_j 和 r_m 分别是股票 j 和分散化投资组合 m 可能实现的收益率。

现在我们能够对一家"平均风险"公司进行资本成本估计了。然而，很少有公司恰好精确地处于平均风险水平上。那么我们该怎样才能利用"平均风险"公司的资本成本来计算特定风险公司的资本成本呢？答案是，在公式中插入一个"虚拟因子"——公司的权益贝塔系数，于是前面的公式就变为：

权益资本成本 = 政府债券利率 + β_e × (普通股股票的历史超额收益)

用符号表示为：

$$K_E = i_g + \beta_e \times R_p \tag{8.2}$$

其中，i_g 是政府债券利率，β_e 是目标公司的权益贝塔系数，R_p 是普通股股票的超额收益。

你可以将 β_e 看作一个比例因子，反映的是个股系统性风险相对于股票市场总体系统性风险之比。当个股的系统性风险等于股票市场系统性风险时，$\beta_e = 1.0$，从而历史风险溢价可直接加入权益资本成本。对于风险高于平均风险的股票，$\beta_e > 1.0$，风险溢价有所增加；而对于风险低于平均风险的股票，$\beta_e < 1.0$，仅部分历史风险溢价被吸收进权益资本成本。

7. 估计贝塔系数

你也许很想问：该怎样估计贝塔系数呢？其实很简单。图 8.4 提供了估计孩之宝公司贝塔系数所需的一切信息，它显示了过去 60 个月内孩之宝公司普通股月实际收益率（包含股利）与标准普尔 500 股票指数收益率之间的关系。例如，2014 年 10 月，标准普尔 500 股票指数上涨了 2%，而孩之宝公司股价上涨了 5%，这一对收益率数据构成了图 8.4 上的一个点。标准普尔 500 股票指数是一个包含许多只股票的、充分分散化的组合，可以用它的系统性风险替代整个市场的系统性风险，这一假设是合理的。图中还出现了一条最优拟合线，表示成对收益率之间的平均关系（如果你了解回归分析，就知道这是一条简单的回归线）。

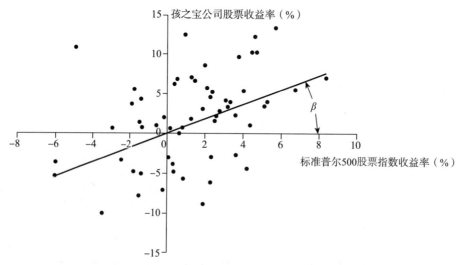

图 8.4　孩之宝公司的贝塔系数就是最优拟合线的斜率

资料来源：证券价格研究中心（CRSP）显示的截至 2016 年 12 月的 60 个月内孩之宝公司月实际收益率与标准普尔 500 股票指数收益率。

最优拟合线的斜率就是我们寻找的贝塔系数的估计值，它衡量了孩之宝公司的股票收益率相对于标准普尔 500 股票指数变动的敏感性。图中拟合线的斜率是 0.81，意味着标准普尔指数每变动 1%，平均而言，孩之宝公司股票收益率同向提高或者下降 0.81%，这表明孩之宝公司的股票风险低于平均水平。显然，这条线越平缓（斜率越小），孩之宝公司股票对市场走势或影响整个经济体的事件越不敏感，因此风险也就越小。事实上，图中所绘制的所有收益率数据组，有些并不在回归线上，这恰好说明孩之宝公司月收益率受非系统性风险的影响很大。但请记住，由于非系统性风险可以通过分散化加以消除，因此它在决定预期收益率或价格时应该不起作用。

幸运的是，你不必为自行计算贝塔系数而烦恼。贝塔风险分析是证券分析中极为重要的环节，以至于许多金融网站会定期公布几乎所有上市公司的普通股贝塔系数。表 8.3 给出了样本公司贝塔系数的范例，你可以看到贝塔系数的分布范围，从最低的电力公司（南方公司）的 0.04，到最高的半导体公司（超威半导体）的 2.57。还要注意，这些数据分布直觉上也是合理的，经营高风险业务的高科技公司拥有较高的贝塔系数，而经营公用事业的低风险公司的贝塔系数较低。

将孩之宝公司的权益贝塔系数 0.81 代入公式（8.2），得出权益资本成本为：

$$K_E = 3.0\% + 0.81 \times 6.2\% = 8.0\%$$

表 8.3 一些有代表性的公司的贝塔系数

公司	贝塔系数	公司	贝塔系数
超威半导体（Advanced Micro Devices）	2.57	迪安食品（Dean Foods）	0.40
亚马逊（Amazon.com）	1.43	杜克能源（Duke Energy）	0.11
美国电力（American Electric Power）	0.20	易趣（eBay）	1.30
美国国际集团（American International Group）	1.35	埃克森美孚（Exxon Mobil）	0.89
苹果（Apple）	1.30	脸书（Facebook）	0.62
美国电话电报公司（AT&T Inc.）	0.37	福特汽车（Ford Motor）	1.10
雅芳（Avon Products）	2.02	高盛（Goldman Sachs）	1.61
百特国际（Baxter International）	0.82	布洛克税务公司（H&R Block）	0.57
伯克希尔-哈撒韦（Berkshire Hathaway）	0.79	国际商业机器公司（IBM）	0.97
波音（Boeing）	1.06	英特尔（Intel）	1.06
卡特彼勒公司（Caterpillar）	1.36	微软（Microsoft）	1.13
哥伦比亚广播公司（CBS）	1.53	西夫韦（Safeway）	0.71
可口可乐（Coca-Cola）	0.66	南方公司（Southern Company）	0.04
好市多（Costco Wholesale）	0.86	西南航空（Southwest Airlines）	0.92
康明斯（Cummins）	1.34	富国银行（Wells Fargo Bank）	0.99

资料来源：证券价格研究中心（CRSP）。

8. 孩之宝公司的加权平均资本成本

现在只剩下数值计算工作了。表 8.4 以列表形式给出了孩之宝公司资本成本的计算过程。最终孩之宝公司的加权平均资本成本是 7.3%。这表明，2016 年年末孩之宝公司需要在现有资产（以市场价值为计算基础）上至少获得 7.3% 的收益，才能满足债权人和股东的要求，并维持其股价。以公式可以表示为：

$$K_W = \frac{(1 - 0.35) \times 4.9\% \times 17.21 \text{亿美元} + 8.0\% \times 96.85 \text{亿美元}}{17.21 \text{亿美元} + 96.85 \text{亿美元}} = 7.3\%$$

表 8.4　孩之宝技术公司的加权平均资本成本的计算

来源	金额（百万美元）	占总数比例（%）	税后成本（%）	加权成本（%）
负债	1,721	15.1	3.2	0.5
权益	9,685	84.9	8.0	6.8
			加权平均资本成本 =	7.3%

资料来源：美国金融业监管局技术公司的债务收益率。

在结束对贝塔系数的讨论之前，我应该说明一点：虽然公式（8.2）的三个影响因素看起来好像非常直观，但实际上该等式是建立在"资本资产定价模型"（CAMP）理论的坚实基础之上的。根据资本资产定价模型，公式（8.2）和图 8.1 所示的市场线毫无二致。就此而论，它揭示了任何风险资产的期望收益率与系统性风险之间的均衡关系。换言之，公式（8.2）定义了投资者对任何风险资产所要求的最低可接受收益率——必要收益率。

三、投资评估中的资本成本

资本成本是公司为满足债权人与股东的期望而必须在现有资产上赚取的收益，这是一个有趣的计算过程。不过，眼下我们有更大的追求：我们想以资本成本作为新投资项目是否可接受的标准。

将一个适用于现有资产的衍生概念应用于新的投资机会是否存在不妥之处？这个问题的关键在于，下面这个假设是否成立：新投资与现有资产具有同等风险。若确实如此——我在本书中把它们叫作现有资产的"碳拷贝"（carbon copy）项目，此时用现行资本成本作为风险调整贴现率显然是适用的。但如果假设不成立，我们就必须更小心地论证。

图 8.5 的市场线清楚地表明了同等风险假设的重要性。它强调，风险规避者的必要收益率随着风险的增大而增大。这意味着什么呢？若以投资新产品为例，管理者引入新产品设备，必然比更换旧产品设备要求更高的回报，因为新产品可能具有更高的风险。图 8.5 还表明，公司的资本成本只是众多可能的风险调整贴现率中的一个，即与公司现有资产风险相对应的那个贴现率。可以断定，仅当新投资项目的风险等于现有资产的风险时，资本成本（与 IRR 比较）才能作为是否接受新项目的标准。对于其他风险水平的投资项目，资本成本是不适用的。但先别灰心，即使资本成本概念本身不适用，它也是确定正确风险调整贴现率的核心。

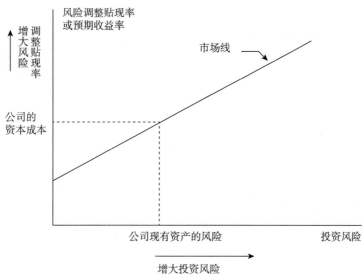

图 8.5　一项投资的风险调整贴现率随风险增大而增大

四、多重目标收益率

针对不同的投资风险，公司至少可使用三种方式来调整最低收益率。前两种是资本成本方法的直接扩展。对于大型项目，我们可以仔细鉴别在议投资项目所处行业的平均风险，然后估计该行业多家公司的加权平均成本，并使用这些估计的平均值作为项目的必要收益率。例如，当一家医疗公司考虑投资一项生物技术时，合理的目标收益率应该是几家现有生物技术公司的平均资本成本。

运用这种方法时的一项挑战是如何选择所进入行业的样本公司。一家多元化经营公司的资本成本是其各项业务的资本成本的加权平均值。这意味着，即使某家多元化经营公司是目标行业中的主要竞争对手，其资本成本也可能无法准确地反映该行业的风险。因此，最佳样本应该是"单一业务企业"，即只在目标行业内经营的非多元化经营公司。然而，单一业务企业有时候并不好找，在缺乏这种对照样本时，怎样挑选合适的样本公司并赋予它们适当的权重就需要相当多的主观判断，甚至可以说这是一种决策艺术。

私营企业的资本成本

估计私营企业的资本成本存在两个障碍：第一个障碍是观念上的。一些私营企业的所有者认为，由于企业发行的证券不在公开市场上交易，因此基于这些市场的任何资本成本都与企业无关。这种想法是不正确的。事实上，不论投资是公开交易还是私人持有，金融市场定义了所有人做投资决策时的机会成本。当同等风险的投资在公开市场上能获得15%的收益率时，一个私营企业主却只要求5%的收益率，这显然相当愚蠢。

第二个障碍是衡量困难。如果没有负债和权益的市场价值，没有作为估计贝塔系数所需的股票收益率，我们该怎么办？我推荐本节中讨论的估计项目和分部资本成本的方法。确定一个或多个上市公司作为虚拟的竞争对手，估计它们的资本成本，取其资本成本的平均值代表私营企业的资本成本。如果私营企业和上市的竞争对手公司的资本结构差异较大，就有必要做一些调整，详情参见本章附录。如果私营企业的规模比上市的竞争对手公司小很多，那么可以适当地向上调整资本成本（如2个百分点），以反映小企业所面临的额外风险。

第二种风险调整方法适用于多分部（multi-division）公司，分别计算每个分部的资本成本。如前所述，多分部公司的资本成本是将适用于每个行业分部的资本成本进行加权平均。若这类公司在所有分部使用统一的、公司层面的资本成本，则它们在处置风险时可能犯两类错误：在低风险分部，它们倾向于低估预期收益而拒绝某些有价值的低风险投资；而在高风险分部，则出现相反的倾向——因净现值为正而接受高风险但实际上不经济的投资。随着时间的推移，这类公司将发现低风险分部因缺少资本而萎缩，高风险分部则被强行注入过多的资本。①

为了避免这种困境，一些多分部公司使用刚才介绍过的方法来估计每个分部不同的目标收益率。首先从若干分部的竞争对手（幸运的话，其中有几个单一业务企业）开始，然后估计这些竞争对手的资本成本，加权平均后再作为该分部的资本成本。

第三种方法比较特别，许多公司先定义若干风险单位，然后给不同的风险单位分配不同的目标收益率来调整不同项目的风险。例如，孩之宝公司可能采用以下四个风险单位：

投资类型	贴现率（%）
重置或修理	5.0
成本节约	5.5
扩大产能	7.3
新产品	12.0

对于扩大现有产品产能而进行的投资，本质上是原项目的"碳拷贝"，故它的目标收益率等于孩之宝公司的资本成本。其他投资类型的必要收益率有高有低，取决于它们相对于扩产类投资的风险。重置或修理类投资的风险最低，因为所有现金流量都可以从过去的经验数据中获得。成本节约类投资的风险略大，因为到底能省多少费用是不确定的。新产品类投资则是所有投资类型中风险最高的，因为收入和成本都是不确定的。

多重目标收益率与风险规避及市场线的思想是一致的。但每种类型风险的目标收益率究竟应调整多少，却有极大的随意性。新产品投资项目的最低收益率究竟应比孩之宝公司整体的资本成本高3%还是6%，这无法客观地加以确定。

---

① 关于这个问题的更多信息，请参考 Philipp Kruger, Augustin Landier, and David Thesmar, "The WACC Fallacy: The Real Effects of Using a Unique Discount Rate", *Journal of Finance*, June 2015, pp. 1253-1285。

第五节 现金流量贴现技术应用中的四个陷阱

现在你已经了解了投资评估的基本知识:你会估计投资机会的年度预期税后现金流量,按照项目现金流风险计算与之相适应的风险调整贴现率,并将税后现金流量折成现值。当投资项目基本上复制原投资时,就用公司的加权平均资本成本作为贴现率;在其他情形下,则需要对公司资本成本进行向上或向下的调整。

为了进行充分的阐释,我要慎重地讨论现金流量贴现技术应用中存在的四个陷阱。对于前两个陷阱,一旦你意识到问题后就很容易避免;后两个陷阱则凸显了现金流量贴现技术的重大局限性。总的来说,所有这些陷阱意味着,在你能像一位专家那样避开它们之前,你必须理解下面几个论题。

一、公司视角与权益视角

任何一家通过举债筹集部分资金的公司,都可以从两种角度分析其投资项目:公司视角,也称企业视角;权益角度,即股东视角。看完后面的例子你会发现,这两种视角的功效是等价的,如果应用得当就会产生相同的投资决策,但混淆两种视角就会有麻烦。

● 资本边际成本之谬误

某些读者(尤其是工程师)一看到公式(8.1)就天真地推断:要降低公司加权平均资本成本,只要多用便宜的资金来源(负债)、少用昂贵的资金来源(权益)就行。这个推论换句话说就是,加大杠杆作用来降低资本成本。然而,这种推论显然源于对杠杆作用的片面理解。正如我们在第六章里看到的,加大杠杆将使股东承担的风险增大,由于股东是风险规避者,他们会要求更高的投资收益率。因此,当杠杆加大时,K_E和K_D将会上升,当然升幅小于杠杆。这意味着加大杠杆会以两种相反的方式影响公司的资本成本:增加成本较低的债务资金,将降低K_W;但伴随着杠杆率的增加,K_E和K_D的上升会反过来抵消K_W的降幅。

回顾一下这个推理过程,再问问你自己,遇到下面这种情况,你将如何作答?你的属下手上有个项目,他告诉你:"我知道公司的资本成本是12%,我手上有个'碳拷贝'投资的IRR是10%,略低于公司现有的资本成本。但在上次经理会议上,我们决定举借新债为新项目筹措资金。鉴于新债务的税后成本仅为4%,用这笔钱投资10%收益率的项目,显然很符合股东的利益。"

这个下属的推理显然是在诡辩。举债筹资意味着加大杠杆和提高K_E。将K_E的变动加到4%的债务成本上,举债带来的资本成本的边际影响将远高于4%。事实上,这时举债的边际资本成本可能已经非常接近K_W了。

假定 ABC 公司的资本结构由 40%的负债（税后成本为 5%）和 60%的权益（成本为 20%）组成，那么公司的 WACC 为：

$$K_W = 5\% \times 0.40 + 20\% \times 0.60 = 14\%$$

ABC 公司正考虑一项风险处于平均水平的投资项目，投资成本为 1 亿美元，未来能永久获得每年 1,400 万美元的税后现金流量。若付诸行动，ABC 公司计划举借 4,000 万美元新债并发行 6,000 万美元股票筹措资金。ABC 公司应进行这项投资吗？

1. 公司视角

下图的左图从公司视角显示了投资的相关现金流。运用我们现在的标准方法，可以测算该投资是 IRR 为 14%的永续年金。由于与 ABC 公司的加权平均资本成本（14%）相等，我们可以推断这项投资的收益水平处于临界点，即进行投资既不会创造也不至于破坏股权的价值。

2. 权益视角

下图的右图从股东或者说权益视角诠释了这项投资的现金流。由于初始投资中有 4,000 万美元将通过举债筹集，因此权益支出仅为 6,000 万美元。同样，由于每年必须向债权人支付税后 200 万美元的利息，属于股东的剩余现金流量只有 1,200 万美元。因而从权益视角看，这项投资的 IRR 为 20%。

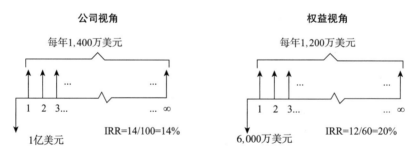

现在的收益率为 20%，这是否意味着该投资突然变得有吸引力了？显然没有。因为在杠杆作用下，权益现金流比初始状态具有更高的风险，贴现时需要用一个更高的风险调整贴现率。实际上，这时权益现金流是否可接受的标准已经发生变化，即 ABC 公司的权益资本成本为 20%（请记住，贴现率应该反映贴现的现金流风险）。比较该项目 20%的权益 IRR 与 ABC 公司的权益成本，我们得出相同的结论：这是处于临界点的投资项目。公司视角与权益视角得到相同的结论并非偶然。由于加权平均资本成本的定义是要保证每个资本提供者都获得与机会成本相等的回报，我们知道，从公司视角看，ABC 公司 14%收益率的投资项目正好足够偿还债务且使投资权益产生 20%的 IRR。只有在你混淆这两种视角时，比如使用 K_E 贴现公司现金流量或更为常见地用 K_W 贴现权益现金流量，才会出问题。

哪种视角更好呢？我的一些好朋友喜欢权益视角，但我相信在实践中公司视角更容易操作。权益视角的问题是，无论是权益的 IRR 还是恰当的风险调整贴现率，都随杠杆的变动而变动。在 ABC 公司的投资中，权益的 IRR 在 4,000 万美元债务下是 20%，在 9,000 万美元债务下将跃升至95%，而在全负债筹资下将变得无穷大。

在课堂上掌握筹资手段与风险调整贴现率的相互依存关系是容易的；但是当真正用钱做决策的时候，我们很容易沉迷于负债提升收益的一面，忘记负债会相应地导致权益资本的必要收益率提升。再者，即使我们记得杠杆会同时增加收益和风险，也很难精确估计权益成本随杠杆变动的增量。

生命如此短暂，我建议你不论何时都采用公司视角，避免那些不必要的复杂评估以免浪费时间。先评估投资的经济价值，而不去考虑如何筹资或如何分配。如果投资项目通过这个基本的测试，你再去讨论寻求最佳筹资方式的细节。

二、通货膨胀

第二个陷阱涉及对通货膨胀的不当处理。管理者在估计一项投资的现金流量时，经常忽视通货膨胀因素，却在不经意间将它计入贴现率。这种错配的结果是使公司在评估投资时过于保守，尤其在长期资产方面。表8.5（a）说明了这一点。一家资本成本为15%的公司正考虑一项1,000万美元的"碳拷贝"投资，投资期限是4年，预计年新增产能1万台。该产品售价为900美元，公司估计年收入将增加900万美元（900美元×1万台），扣除生产成本后，年税后现金流量将增加330万美元。经计算，投资项目的IRR为12%，低于公司的资本成本。

表8.5　在通货膨胀下评估投资时，始终将名义现金流量与名义贴现率
或（实际现金流量与实际贴现率）匹配

（单位：百万美元）

(a) 错误的投资评估：比较实际现金流量与名义贴现率					
年份	2016	2017	2018	2019	2020
税后现金流量（ATCF）	(10.0)	3.3	3.3	3.3	3.3
	IRR = 12%				
	$K_W = 15\%$				
	决策：**拒绝**				
(b) 正确的投资评估：比较名义现金流量与名义贴现率					
年份	2016	2017	2018	2019	2020
税后现金流量（ATCF）	(10.0)	3.5	3.6	3.8	4.0
	IRR = 18%				
	$K_W = 15\%$				
	决策：**接受**				

你发现错误了吗？假设4年内销售价格和生产成本固定不变，即管理者隐含地估计了实际或固定现金流量，而本章先前计算的资本成本都是名义值。说它是名义值，是因为不论是债务成本还是权益成本都包含了对预期通货膨胀的溢价。

通货膨胀下，制定资本预算的关键是在同类间进行比较。当现金流量是名义美元时，使用名义贴现率；而当现金流量是实际或稳定币值的美元时，使用实际贴现率。表8.5的下半部分说明了如何正确地进行投资评估，以避免通货膨胀陷阱。若将5%的年增长率计入销售价格与可变成本，预期投资的名义现金流量就如表8.5(b)所示。正如人们预期的，名义现金流量每年都以越来越大的幅度超过币值稳定时的美元现金流量。这些名义现金流量的IRR为18%，超过了公司的资本成本。[①]

三、实物期权

第三个陷阱是许多公司很容易遗漏投资机会中隐含的有价值的管理选择权——实物期权。传统的现金流量贴现分析无法反映这些选择权（期权）的价值，因为它忽略了管理弹性——根据环境变化而改变投资策略的能力。在处理消极的股权投资[②]或债券投资时，忽略这种管理弹性可能没什么问题。但是，当管理者有能力进行中期修正时，忽略管理弹性就非常不妥当了。这些管理选择权常被称作实物期权，因为它们与实际交易中的金融期权（traded financial options）在形式上非常相似。具体包括：

- 在现金流没有满足预期时，放弃投资项目的期权；
- 若初始项目投资成功，则可以选择后续追加投资的期权；
- 为了降低不确定性而推迟投资的择时期权。

在每一种情形下，期权都赋予管理者选出最佳项目的权力（没有义务）：当项目有利可图时进行投资，反之则放弃投资（第五章附录简要概述了金融期权，本章末的推荐阅读材料对实物期权及其估值提供了更加严谨的方法）。

在许多商业领域，正式的实物期权分析令人难以理解，因为它太复杂了。[③] 然而从非正式层面来看，许多公司的投资项目包含潜在的、有价值的嵌入期权。仅这一认识，就改变了管理者对于这些投资机会的看法。分析师开始越来越多地识别项目中嵌入的任何实物期权，并至少定性地估量它们对企业的重要性。接下来，我们将直观地介绍企业面临的三种常见实物期权，并说明实物期权理念的推广如何改变企业投资决策的思考方向。

1. 决策树

通用设计公司正考虑投资 8,500 万美元，建设一条采用新兴金刚石薄膜技术制造高速半导体的新生产线。这是一项高风险的投资，管理层认为成功的机会只有 50%，并决定使用 15% 的风险调整贴现率进行分析。如表 8.6(a) 所示，他们估计：若投资成功，项目寿命

[①] 另一种可选择的方法是计算公司的实际资本成本，并将它与实际IRR进行比较。但这种方法的工作量较大且容易出错，我建议用计算名义现金流量与名义贴现率来代替。

[②] 财务上有一个概念叫"消极股东主义"，指的是股东投资股票后，如果不满意公司的表现，他们不会试图改变公司决策以实现自己的价值主张，而是"用脚投票"，以抛售这项投资（股票）来表达不满。——译者注

[③] Edward Teach, "Will Real Options Take Root? Why Companies Have Been Slow to Adopt the Valuation Technique", *CFO Magazine*, July 2003, pp. 1-4.

期内预期自由现金流量的净现值为 1.68 亿美元;若项目失败,则为 -3,400 万美元。那么,通用设计公司应当投资吗?

对一个投资项目进行传统的现金流量贴现分析时,可以使用决策树形式来展现,方法详见表 8.6(a)。决策树是一种用来简单地描绘不确定性决策的图示方法。当决策涉及多个相互联系的决策点与随机事件时,决策树方法就特别有用。决策树中的方形节点代表决策点,圆形节点代表随机事件。本例只有一个决策点——投资或者不投资,以及一个随机事件——成功或者失败。决策树从左向右绘制,从最初的决策开始,沿着各个枝杈向右移动至随后的随机事件、决策点或结果。然而,分析决策树时要从右向左反方向进行,从最远的结果开始分析,看它们意味着什么,然后由远及近逐步回溯到当前的决策点。

表 8.6 通用设计公司的金刚石薄膜项目

(单位:百万美元)

(a) 阶段一:忽略放弃期权,成功概率=50%

初始投资成本为 8,500 万美元　　　　　　　　　　贴现率=15%

	现值	预期税后现金流量				
		1	2	3	4	5
成功	168	50	50	50	50	50
失败	(34)	(10)	(10)	(10)	(10)	(10)

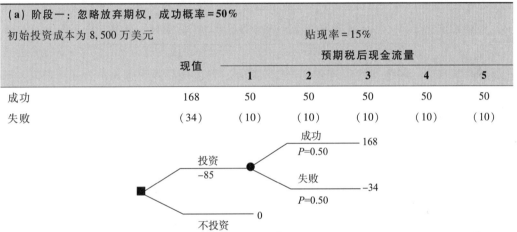

$NPV_{15\%} = 0.50 \times 168 - 0.50 \times 34 - 85 = -1,800 (万美元)$

(b) 阶段一:考虑放弃期权

第 3 年以 5,000 万美元售出设备

	现值	预期税后现金流量				
		1	2	3	4	5
成功	168	50	50	50	50	50
失败	17	(10)	(10)	50	—	—

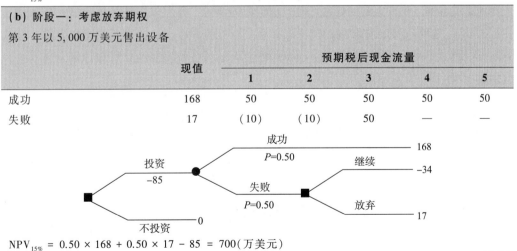

$NPV_{15\%} = 0.50 \times 168 + 0.50 \times 17 - 85 = 700 (万美元)$

表 8.6(a)中两个结果的发生概率相同,分别带来 1.68 亿美元和 -0.34 亿美元的现金流量。沿着"成功"和"失败"分支向左移动到随机事件节点,很容易计算出该节点期望值

为 6,700 万美元（0.5 × 16,800 - 0.5 × 3,400）。将这笔预计现金流入与"投资"分支下的 8,500 万美元支出相加，得到的净现值为-1,800 万美元。

2. 选择放弃期权

按照常规的分析，这个金刚石薄膜项目是绝对不会被接受的。但在用决策树回溯项目后，通用设计公司的高管提出一个问题："我们知道产品滞销后，目前的决策树模型假定我们仍然会继续制造半导体。可是，为什么我们不能直接关闭生产线并卖掉设备呢？"从本质上说，高管发现了在表 8.6(a) 采用的传统分析方法中被忽略的一个潜在的放弃期权（即选择权）：当生产线转售价值超过预期产生现金流量的净现值时，公司可以选择终止项目。

假设通用设计公司在亏损两年后，最终放弃这个项目并且以 5,000 万美元售出设备。表 8.6(b) 将这个放弃期权加入先前的决策树。从右边开始观察决策树，通用设计公司当然希望在销售好的时候继续制造半导体，而在销售差的时候放弃项目。根据计算，加上"放弃"期权的价值之后，项目的净现值比之前增加了 2,500 万美元，达到 700 万美元（修正后 NPV = 0.50 × 16,800 + 0.50 × 1,700 - 8,500）。认识到通用设计公司有权在条件允许的情况下放弃该项目，将使其价值增加 2,500 万美元，并使项目净现值由负变正。因此，这 2,500 万美元是放弃期权的价值，也是传统投资分析低估项目价值的部分。

在考虑公司经常遇到的第二种实物期权之前，不妨多说几句关于用决策树分析实物期权的优点和缺点。决策树是一种非常简便的工具，可以用来解释许多复杂、随机变化的投资策略，能解释相关的管理期权如何增加投资机会的价值。然而，它也有几个明显的缺点。其中一个就是，当投资决策变得越来越复杂、随机因素带来的可能结果越来越多时，决策树很快由"发育整齐的树"变成"不规则的灌木丛"。另外，决策树也无法处理连续的结果（区别于离散的结果）和随时间变化的不确定性（区别于在特定时点的不确定性）。但最严重的缺点是，在对实物期权估值时，这种由远及近、通过未来结果的概率一步步加权计算期望值、将结果回溯到现在的方法也只是个近似的方法。[①] 这些讨论提醒我们，这里只是关于实物期权的介绍性概述，更加严谨的实物期权分析需要的建模和计量方法不在本书讨论范围之内。

3. 增长期权

许多新技术投资最吸引力的是，若今天项目取得成功，就为明天提供了一项选择权（期权），可以进行盈利性高的后续投资。举例来说，假设通用设计公司相信，金刚石薄膜半导体项目的初步成功将打开未来两年通往更大的、阶段二后续投资的大门。如果今天就进行阶段二投资，它并不比阶段一投资更容易成功，毕竟两个阶段的技术完全相同。当然，公司不必今天就做出是否进行阶段二投资的决策，它可以选择等到阶段一的初步结果出来，并根据相关经验做出更明智的选择。因此，阶段一投资相当于为企业购买了一份期权，当

[①] 问题在于决策树中使用的风险调整贴现率，对于不同的期权要使用不同的贴现率，且整个决策树中贴现率的变动非常复杂。

未来环境更有利时，可以选择抓住成长机会。

本章末习题 17 提供了一个解决通用设计公司问题的例子。由于成功的可能性更高，因此问题所描述的第二阶段比第一阶段对公司更有价值。这一点不足为奇，就像放弃期权允许通用设计公司退出失败项目一样，增长期权允许公司在一切进展顺利时通过扩张实现增值。

4. 择时期权

第三种常见的实物期权叫作择时期权。除"消极管理者"假设之外，传统的现金流量贴现分析还假设，投资决策具有"过时不候"的特性。我们是不是只能要么现在投资，要么就不投资呢？然而，很多企业决策并不是"过时不候"的，而是在"现在投或者以后再投"之间做决策。下面就是一个择时期权的例子。

风能资源公司（Wind Resources Inc., WRI）是一家设计、建造和销售风力发电厂的企业，为偏好稳定现金流和较高税盾的金融投资者所青睐。WRI 公司能够帮助发电厂与电力公司签订一份长期风电销售合同，这份合同决定了它建好一座风力发电厂后最终能卖多少钱。风电合同的价格由替代品（天然气）的价格决定，因为天然气是电力公司最常见的发电能源。WRI 公司考虑在南加州一块自有地上建设一座有吸引力的风力发电厂。

几位公司高管建议立即开工，然而一位年轻的经理不同意，觉得应该暂缓开工。他认为未来天然气的价格还会上涨，再等一等也许能够让 WRI 公司获得更好的卖价。其他人则激烈地反对，他们认为"未来天然气的价格可能涨也可能跌，而且 WRI 公司并不是做天然气价格投机生意的"，并指出不应该寄希望于天然气价格的上涨，因为这其中的影响因素太过复杂。

WRI 公司应该怎么做呢？要考虑的问题是：现在开工还是一年之后开工？如果天然气价格上涨，那么 WRI 公司一年之后开工将会获得比现在开工更丰厚的利润。如果天然气价格下跌，WRI 公司可以以极小或者零成本的代价继续推迟开工直到价格回升。如果价格没有回升，WRI 公司可以不开工。所以，如果价格有利于 WRI，公司就动工；如果不利于 WRI，公司就推迟动工。这份择时期权将给项目带来增值。同样要注意的是，择时期权的价值随着不确定性的增大而增加。因此，未来天然气价格的变动幅度越大，WRI 公司择时期权的价值也越高。如第五章附录所述，这是所有期权的重要特点——价值随标的资产的波动而增加。本章末习题 18 将给你提供一个解决这类问题的例子。

推迟一项投资的权利是有价值的。这一观点背后还有一个明显的问题：如果 WRI 公司不应该现在投资，那么它应该什么时候投资呢？管理者应该什么时候开工建设风力发电厂？讽刺的是，在很多的实例中，这个问题的答案都是越久越好。因为择时期权只能使用一次，在决定投资之后，这个期权的价值也随之归零。所以，只有当最终收益大于择时期权损失的价值时，投资才能被采纳。在另一些投资机会中，管理者可能希望马上开工，以获得短期的利润、抓住先发优势或者避免建设成本的上升。除非这些可能的成本超过择时期权的价值，否则企业仍应选择等待。在 WRI 公司的例子里，等待带来的损失中，最大的部分可能是政府补贴减少或者是建设成本增加带来的机会成本。

总的来说，以上对于实物期权的简要介绍，呈现了几个重要的事实：

- 标准的现金流量贴现分析方法在分析含有期权的投资项目时，会低估其价值；
- 含实物期权投资项目的净现值等于忽略期权时的净现值加上期权的净现值；
- 当投资项目含择时期权时，即使立即投资的净现值为正，推迟投资仍更有价值；
- 因为期权的价值会随着不确定性的增大而增加，因此希望通过研发和其他途径获取增长期权的动机也随不确定性的增大而增强，延迟投资包含择时期权的项目的等待动机也随不确定性的增大而增强；
- 即使没有特别严谨的量化分析，实物期权的逻辑和术语也越来越频繁地被用于企业层面的思考与讨论；
- 聪明的管理者能认识到项目固有的嵌入式期权的存在，并至少从定性角度评估其价值；
- 优秀的企业能够意识到嵌入式期权的价值，并且系统地维持和获取这些期权。

道理很简单：一些公司在面对投资机会时，如果忽略嵌入式实物期权的价值，就会导致它们面对高风险、高收益的机会时做出不准确的决策，产生不必要的胆怯。

四、过度风险调整

最后一个陷阱难以察觉，是关于恰当运用风险调整贴现率的。在贴现率上加上一个增量以调整投资的风险，直观上讲得通。然而，你必须知道，当你将这个贴现率应用于较远期的现金流量时，贴现过程会多次重复计算这个风险调整率。表8.7说明了这种作用。它显示了1美元在1年后的和10年后的现值，先以5%的无风险贴现率计算，然后以10%的风险调整贴现率计算。比较这些现金流的现值可发现，附加的风险溢价使1年后1美元仅仅减少了4美分，却使10年后的1美元大幅减少了23美分。显然，只有当现金流风险随着现金流量随发生时间变晚而增大时，使用固定的风险调整贴现率才是恰当的。

表8.7 使用固定的风险调整贴现率意味着现金流期间越远风险越高

（单位：美元）

	1美元的现值	
	1年后收到	10年后收到
无风险贴现率	0.95	0.61
风险调整贴现率	0.91	0.39
因风险而减少的现值	0.04	0.23

注：无风险贴现率=5%，风险调整贴现率=10%。

对于许多（如果不是大多数）企业投资而言，现金流期限越远、风险越高的假设是相当恰当的。但事情并不总是如此，再次查看通用设计公司的金刚石薄膜项目，我们将看到这样的情况。

回想一下，通用设计公司正在考虑一个可能的两阶段投资。第一阶段投资 8,500 万美元，项目之所以有吸引力，主要是因为它让管理者可以选择进行更有利可图的后续投资。两个阶段都依靠金刚石薄膜这项未经充分检验的技术，整个分析过程所使用的贴现率是通用设计公司对这类高风险项目要求的最低收益率 15%。

考虑到这项投资的性质，许多高管认为，在项目中全程使用 15% 这一较高的风险调整贴现率完全合适。真的是这样吗？这项投资虽然涉及高风险，但由于大部分风险将在头两年得到解决，因此采用固定的风险调整贴现率似乎过于保守。

要了解这当中的逻辑，假定你现在处于第二阶段，第一阶段已经成功，而且公司即将启动第二阶段投资。由于第二阶段的现金流量比较确定，贴现率应该更低一些，第二阶段的现金流量价值也就相应高一些，因此从 0 时点开始，通用设计公司项目两个阶段的修正后净现值都高于初始计算值。本章末习题 19 就是一个具体解决这类问题的例子。

综上所述，每当你遇到一项有两个或两个以上不同风险阶段的投资，请谨慎采用固定的风险调整贴现率，虽然这类投资可能不多见，但它们往往是公司不能错失的投资机会。

第六节 经济增加值

许多公司的决策者和投资者喜欢使用现金流量贴现分析的变化来评估投资价值，其中一个最有名、最受欢迎的就是经济增加值（economic value added，EVA）。它是全球知名管理咨询公司思腾价值管理咨询公司（Consultants Stern Value Management，最初注册为思腾思特公司，Stern Stewart & Company）注册了专利的一项技术，也是剩余收益或者经济利润的一种形式。这几个术语在技术上有一些细微的区别，但主要思想是一致的。

掌握了错综复杂的资本成本内容后，你会发现，EVA 不过是对已有知识的重述。本章和前一章的中心思想是：只有当预期收益超过资本成本时，一项投资才能为所有者创造价值。实质上，EVA 只是将资本成本的必要性扩展到绩效考核上而已。它表明，只有当一个公司或一个业务单元的营业利润超过所利用资本的成本时，才能为股东创造价值。以符号表示就是：

$$EVA = EBIT \times (1 - t) - K_w C$$

其中，$EBIT \times (1-t)$ 是税后营业利润，K_w 是加权平均资本成本 WACC，C 是业务单元所占用的资本，$K_w C$ 是年度资本支出。

变量 C 的"占用资本"等于债权人和股东在投资期内投入业务单元的总资金。C 近似地等于有息债务与权益的账面价值之和，或更一般地说，是企业投入资本中要求回报的部分的总和。[①]

---

① G. Bennett Stewart III, *Best-Practice EVA*. New Jersey: John Wiley & Sons, 2013.

将孩之宝公司 2016 年的数据代入这个公式，得到：

$$EVA_{16} = 8.07 \times (1 - 22\%) - 7.3\% \times (17.21 + 18.63)$$
$$= 3.68(亿美元)$$

虽然利用会计数据来估计经济价值总是有问题的，但这些数字表明，孩之宝公司 2016 年的收入足以补偿所占用资本的成本，且为股东们创造出 3.68 亿美元的新价值。这样的效益足以令人印象深刻！

一、经济增加值与投资分析

经济增加值的一个重要属性是，一项投资的年度 EVA 流量的现值等于投资的 NPV。因此，除了 NPV，也可以根据 EVA 来评估投资项目——当然，前提是这么做有好处。表 8.8 用数字例证了 NPV 和 EVA 的等价性。表 8.8（a）部分给出了一项非常简单的投资的标准 NPV 分析。该投资需要初始投资 100 美元，按直线法在 4 年内计提折旧直至 0。把折旧加到税后预期利润上，并将得出的现金流量按 10% 贴现，则净现值 NPV 为 58.50 美元。

表 8.8（b）部分对同一投资给出了贴现 EVA 的处理方法。为了计算 EVA，我们需要利用资本的年度机会成本数据：等于资本成本（率）乘以年初投资的账面价值。从税后 EBIT 中减去上述计算结果，就得到项目的年度 EVA，将它按 10% 贴现，即求得 EVA 的现值为 58.50 美元，它与（a）部分算出的 NPV 相等。因此，在评估投资机会时，NPV 分析与计算年度投资 EVA 现值的方法等价。为什么会有人想计算贴现的 EVA 而非 NPV 呢？①

表 8.8　一项投资的年度 EVA 流量的现值等价于投资的 NPV

(a) 标准 NPV 分析（单位：美元）					
		年数			
	0	1	2	3	4
初始投资	−100.00				
收入		80.00	80.00	80.00	80.00
现金支出		13.33	13.33	13.33	13.33
折旧		25.00	25.00	25.00	25.00
税前利润		41.67	41.67	41.67	41.67
所得税（税率=40%）		16.67	16.67	16.67	16.67
税后利润		25.00	25.00	25.00	25.00
折旧		25.00	25.00	25.00	25.00
税后现金流	−100.00	50.00	50.00	50.00	50.00
NPV（贴现率=10%）	58.50				

---

① 为什么相等？两种方法的区别在于对初始投资的处理。NPV 在 0 时点记录投资的全部成本。EVA 则忽略初始成本，但记录每年的折旧与资产维持费之和，后者等于 WACC 乘以未折旧资产的价值。事实证明，无论采用何种折旧方法，这两项年度费用的现值始终等于投资的初始成本。因此，这两种方法必定产生相同的结果。

（续表）

（b）贴现 EVA 分析

	年数				
	0	1	2	3	4
占用资本(美元)		100.00	75.00	50.00	25.00
K_W		0.10	0.10	0.10	0.10
$K_W \times$资本(美元)		10.00	7.50	5.00	2.50
EBIT$\times(1-t)$（美元）		25.00	25.00	25.00	25.00
$-K_W\times$资本(美元)		10.00	7.50	5.00	2.50
EVA(美元)		15.00	17.50	20.00	22.50
EVA(贴现率=10%，美元)	58.50				

二、经济增加值的魅力

假如你觉得 EVA 看起来似曾相识，那并不奇怪。债权人与股东提供资本是要求回报的，而且这种成本与衡量经济效益相关，这一观点多年来已有共识。实际上，我们在第一章就已经论证，会计利润（收益）夸大了实际经济收益，其原因正是它忽略了权益成本。所以，EVA 的魅力并不是因为观点新颖，也不是因为 EVA 优于 ROI（衡量经营效益的投资收益率）。对于投资收益率（ROI，等于营业利润除以经营性资产）的问题，人们也早就了然于心。① 那么，EVA 的魅力何在呢？

我认为原因是：EVA 以其特有的简单形式，解决了一个普遍存在的经营问题，即一个已经极大妨碍高管们接纳现代财务理念的问题。EVA 的魅力在于它整合了三个关键的管理职能：资本预算、业绩评价和激励性薪酬。一般情况下，这些职能都试图对管理行为产生积极的影响，但它们往往出于不同的运行目的，总是互相矛盾。这样一来，它们向管理者传递的信号就非常混乱，甚至会扰乱他们的管理行为。因此，在没有 EVA 时，管理者常被告知使用 NPV、IRR 或 BCR 来分析投资机会；而在评估各业务单元的业绩时，则考察 ROE、ROI 或每股收益（EPS）增长率。一直以来，公司的激励性薪酬计划还取决于其他指标。这需要更多的学识才能完全理解，而且其变化比意大利政府的更迭还要频繁。于是乎，许多管理者在面临这些令人困扰的信号时，干脆不认真采取措施，只凭常识稀里糊涂对付过去。这些乱象变成家常便饭难道正常吗？

对比之下，以 EVA 为基础的经营管理目标是创造 EVA。做资本预算决策时，基于按适当资本成本贴现的 EVA；衡量各业务单元的绩效时，使用单元 EVA 或 EVA 变动值；计算

---

① 这里有一个关于投资收益率（ROI）的问题。想象一个 ROI 仅为 2%的部门，问问部门经理属意何种投资。担负着提高部门 ROI 的责任，该经理看好任何 ROI 高于 2%的投资，而不管投资的 NPV 是否为正；相反，高 ROI 部门经理的投资决策相当保守，因为害怕 ROI 会下降。业绩不良的部门在投资时蛮干，而业绩良好的部门却在投资时保守，这可不是股东愿意看到的。

奖金（激励性薪酬）时，则根据适当的 EVA 目标来确定。这套体系显得清晰、简单又统一、直接。思腾价值管理咨询公司甚至创设了一种聪明的方法，将管理者的奖金分为几期——所谓的奖金银行，将中层管理者置于类似股东的风险中，有助于阻止其短视的单期决策。①

当然，EVA 也有自己的问题，它的某些优点华而不实，但它确实解决了许多公司在接受新财务思维时的一个重要障碍。仅此一点，它就值得我们关注。

第七节　一项告诫

在经营决策中利用分析或定量技术时，一个始终存在的危险是：与定性的问题相比，有数据支持的所谓"硬事实"的重要性容易被夸大，并且最终导致真正有创造性的努力被数据操纵代替。重要的是要记住完成工作的是人，而不是数字和理论。不过，如果不能激励能干的员工致力于为公司服务，那么最好的投资项目也注定会失败。正如芭芭拉·塔奇曼（Barbara Tuchman）针对另一场景所说的："军队和人类社会的其他部门一样，人的意志才是达成目标的决定因素。也许在某些情况下，意志会被改变，甚至被清空，但对于进攻或防卫来说，意志是必不可少的，缺少意志是致命的。"②

本章附录　资产贝塔与可调整现值

大多数公司有两个贝塔系数：一个是可观测的权益贝塔，在本章中有详细论述；另一个是不可观测的资产贝塔。权益贝塔衡量公司股票的系统性风险，而资产贝塔则衡量资产的系统性风险。在极少数情况［即全权益（无杠杆）公司］下，普通股股票的风险等于资产的风险，从而权益贝塔值也等于资产贝塔值。出于这个原因，资产贝塔一般也被称为公司的无杠杆贝塔，若一家公司完全靠权益筹资，则资产贝塔就是该公司所要报告的权益贝塔。

资产贝塔的一个重要用途是提高权益贝塔的准确性。举例来说，将孩之宝公司的实际月收益率与标准普尔 500 股票指数的月收益率进行回归，估计出孩之宝公司的权益贝塔，得出如本章前述报告的结果：权益贝塔系数为 0.81，但是这个系数的标准误估计为 0.23。标准误是关于贝塔系数估计值精确度的统计量。作为基准，当个别观测值与回归拟合线的离差呈正态钟形分布时，我们知道回归拟合线的真实斜率有 2/3 的概率会落在斜率估

---

① G. Bennett Stewart III, *The Quest for Value*. New York: Harper Business, 1991, Chapter 6.
② Barbara W. Tuchman, *Stilwell and the American Experience in China* 1911–1945. New York: Bantam Books, 1971, pp. 561–562.

计值（贝塔系数）左右两侧各一个标准误的范围内。这说明，我们可以在某个置信度上确定：孩之宝公司的权益贝塔值位于［0.58，1.04］的某一点上。这并不是一个令人满意的答案。

资产贝塔的第二项重要用途，与被称为"调整现值"（APV）的净现值技术联系在一起。资产贝塔和 APV 一起使用，为本章前述基于 WACC 的标准投资评估方法提供了一种灵活的备选方法。在评估复杂的投资机会时，这种备选方法特别有吸引力。

一、贝塔与财务杠杆

财务杠杆会对权益贝塔产生影响，这是我们研究资产贝塔和 APV 的起点。回顾我们在第六章对公司筹资决策的讨论，你知道股东们面临两种不同的风险：公司所处竞争市场上固有的基本经营风险，以及债务筹资带来的额外财务风险。资产贝塔衡量的是经营风险，而权益贝塔则反映经营风险和财务风险的综合效应。为了理解权益贝塔和财务杠杆之间的联系，回想一下第六章：债务筹资增加了股东可能获得的收益的分散性，这反过来又提高了公司的权益贝塔。

由于大多数公司都利用财务杠杆，一般不可能直接观测到资产贝塔。然而，借助以下公式，我们可以在已知权益贝塔时，很容易地算出资产贝塔；反之亦然。①

$$\beta_A = \frac{E}{V}\beta_E$$

其中，β_A 是资产贝塔，β_E 是权益贝塔，而 $\frac{E}{V}$ 是权益市值占公司市值之比。

以上等式表明，当债务为 0 时，$\beta_A = \beta_E$；而随着杠杆率增加，β_E 高于 β_A 的幅度越来越大。将孩之宝公司的数据代入这个等式，我们看到，若公司的权益贝塔是 0.81，则它的资产贝塔必须是 0.69（9,685/11,406 × 0.81）。这种由权益贝塔计算得出的资产贝塔，在交易

---

① 我们可用两种方式表示杠杆公司的市场价值：一种是债务加权益的市场价值，另一种是用同质的无杠杆公司的价值加上债务筹资税盾的现值。令两个公式相等，就有：
$$D+E=V_U+tD$$
其中，D 是有息负债，E 是权益的市场价值，V_U 是无负债公司的价值，而 t 是边际税率。

贝塔的一个重要性质是：投资组合的贝塔，等于构成组合的各单一资产的贝塔的加权平均。将这个性质应用于上述等式的两边，有：
$$\frac{D}{D+E}\beta_D + \frac{E}{D+E}\beta_E = \frac{V_U}{V_U+tD}\beta_A + \frac{tD}{V_U+tD}\beta_{ITS}$$

其中，β_D 是负债的贝塔，β_E 是权益的贝塔，β_A 是无杠杆公司的贝塔（相当于公司的资产贝塔），而 β_{ITS} 是公司利息税盾的贝塔。

为简单起见，假设：（1）公司的负债是无风险的，即 $\beta_D = 0$；（2）利息税盾的风险等于公司的无杠杆资产现金流的风险，即 $\beta_{ITS} = \beta_A$。如此一来，上述公式被简化为正文中的公式。

一个可能的替代假设是 $\beta_{ITS} = \beta_D = 0$，这将推导出更复杂的方程（我认为可行性不高），其细节可参阅：Richard S. Ruback, "Capital Cash Flows: A Simple Approach to Valuing Risky Cash Flows", *Financial Management*, Summer 2002, pp. 85-103。

中被称为去杠杆化（unlevering）贝塔；而用上述等式的逆运算从资产贝塔计算得出的权益贝塔，则被称为返杠杆化（relevering）贝塔。

二、利用资产贝塔估计权益贝塔

能够将贝塔去杠杆化或返杠杆化，是改进权益贝塔估计的关键。这里需要三个步骤：

- 确定目标公司的行业竞争者，观测它们的权益贝塔并去杠杆化，计算每个竞争者的资产贝塔；
- 求这些资产贝塔的平均值，或用它们的中位数来估计行业的资产贝塔；
- 用目标公司的资本结构对行业资产贝塔进行返杠杆化处理，得到目标公司的权益贝塔。

这种方法的逻辑是：同一行业的公司面临相同或相似的经营风险，因此具有类似的资产贝塔。对所观测的权益贝塔值进行去杠杆化处理，消除每家公司财务杠杆不同所产生的影响，使我们能根据多家公司的观测值来估计行业的资产贝塔。然后，根据目标公司的资本结构，将这个资产贝塔值进行返杠杆化处理，产生一个与目标公司资本结构一致的权益贝塔。这种方法的好处是，基于多家公司的数据估计的权益贝塔，能减少传统的单一公司法不可避免的噪声问题。

表 8A.1　孩之宝公司行业资产贝塔系数估算

公司	权益贝塔	权益/公司价值（%）	资产贝塔	权益市值（百万美元）	占总市值的比例（%）	加权资产贝塔
动视暴雪	1.00	85	0.85	26,837	9	0.08
美国艺电公司	0.55	95	0.52	23,766	8	0.04
杰克仕太平洋	0.75	33	0.24	103	0	0.00
美泰公司	0.96	80	0.77	9,423	3	0.02
时代华纳	1.08	75	0.81	74,437	25	0.20
迪士尼	1.23	89	1.10	165,862	55	0.60
行业资产贝塔						**0.94**

资料来源：证券价格研究中心和 Compustat 数据库。

表 8A.1 说明了这种机制。根据第二章提到的孩之宝公司和六个竞争者的数据，估计了孩之宝公司所在行业的资产贝塔。为了避免小公司的权重过大，在计算行业平均资产贝塔时，使用权益市值占总市值的比例对各公司资产贝塔进行加权平均，最后得出的行业资产贝塔系数为 0.94。为了反映孩之宝公司独特的资本结构的杠杆作用，将行业贝塔系数返杠杆化，得出公司权益贝塔估计值为 1.11（11,406/9,685×0.94），比本章前述计算的数值（0.81）高出大约 37%。这个数字到底是更准确，还是仅仅和之前计算的有所不同，很难说。

三、资产贝塔与可调整现值

在本章讨论的基于 WACC 的标准投资评估法中，我们对 WACC 提出了两重要求：一是根据贴现现金流风险进行调整；二是反映公司使用债务筹资的税盾利益。我们在加权平均计算中使用负债的税后成本来反映税盾利益。在大多数场合，这样做没什么问题；然而，当公司的资本结构随时间推移而改变时，或当项目的负债能力与 WACC 所隐含的负债能力不同时，就可能出现问题。

在这些情况下，采用调整现值法（也称"分部估值"法）更为有利。第一，假设全权益融资，可以把任何与债务筹资有关的部分完全剥离，再估计全权益项目的 NPV；第二，单独计算债务筹资的税盾利益及任何其他附带效益。如果单个项目的现值之和是正数，投资机会在财务上就是有吸引力的；反之亦然。用符号表示为：

$$APV = NPV_{全权益融资} + PV_{利息的税盾} + PV_{任何其他附带效益}$$

实质上，APV 只不过是一种形式化的理念，即在评估投资机会时，整体应等于各部分的总和。

资产贝塔和 APV 是理想的合作伙伴，因为资产贝塔使我们能估算出适当的贴现率，以便对全权益的投资项目进行估值。本章对 WACC 公式的简要回顾会让你知道，在没有债务筹资的情形下，WACC 会直接变成权益成本而崩溃。因此，评估全权益投资的贴现率将由 β_E 换成 β_A，本章的公式（8.2）可以表示为：

$$K_A = i_g + \beta_A \times R_P$$

其中，i_g 是政府债券利率；β_A 是投资项目的资产贝塔；R_P 是风险溢价，它通常近似等于普通股股票收益率超过政府债券利率的部分。

为了说明 APV 和资产贝塔的组合用法，我们来考虑德莱尼（Delaney）泵业正在考察的投资机会。德莱尼泵业是一家主要制造和销售一系列农业灌溉系统相关产品的公司。近年来，计算机控制的自动化灌溉和节水灌溉系统在高端系统的销售已经变得日益重要，故德莱尼泵业的管理者正积极地考虑投资 1.6 亿美元开发一种先进的数字控制器，希望能超越竞争对手。开发工作将按成本加成的方式承包给一家软件开发商。项目的收益来自两个部分：主打数字控制器的自营产品收益，来自选定竞争对手的使用许可费（这些竞争对手在自己的产品上选用此种控制器）。表 8A.2 列示了投资的预计现金流。表 8A.2 只给出 4 年的预计值，因为管理层预计届时将有其他更先进的控制器替代品。

表 8A.2 自动化灌溉控制器调整后的现值分析

（单位：百万美元）

	年数				
	0	1	2	3	4
息税前利润		50.0	150.0	80.0	30.0
预期自由现金流量	(160.0)	30.0	120.0	60.0	70.0

(单位：百万美元) （续表）

	年数				
	0	1	2	3	4
利息支出		5.0	15.0	8.0	3.0
利息税盾（税率=40%）		2.0	6.0	3.2	1.2
资产贝塔	2.41				
NPV（全权益）	24.6				
PV（税盾）	8.6				
APV	**33.2**				

德莱尼泵业的管理层在审议这个项目时，面临两个挑战：数字控制器的投资风险看起来比公司以往的资本开支项目大得多，经理们不情愿以公司10%的加权平均资本成本（WACC）作为必要收益率；传统上，德莱尼要求融资的业务部门保持3∶1的目标利息收益倍数。由于这个项目几乎完全由无形的计算机代码组成，而且现金流也相当不确定，因此德莱尼的财务经理认为，该项目的利息收益倍数应该设定为10∶1才算稳健。

为了应对这些挑战，财务经理决定用APV法进行分析。想到数字控制器对软件行业公司而言可能是一项平均风险水平的投资，她锁定了五家规模较小、专门从事商用自动化软件的上市公司，然后将这些公司的权益贝塔去杠杆化，计算出行业平均的资产贝塔为2.41。这证实了她的直觉：商用自动化软件的确是一个高风险行业。将这个资产贝塔和3%的无风险借款利率、6.2%的历史风险溢价一起代入上述公式，她算出无杠杆的商用自动化软件投资项目的最低收益率应该等于17.9%（3.0%+2.41×6.2%）。利用这个比率贴现表8A.2中的预期自由现金流，她发现在全权益融资的假设下，项目的NPV为2,460万美元。

该项投资的附带效益主要就是整个项目周期内产生的利息税盾。在40%的税率下，为达成利息收益倍数为10的目标，意味着年利息（至多）等于预计EBIT的1/10，而对应的税盾是该数额的40%。当然，用于计算税盾现值的贴现率，应当反映被贴现的现金流的风险。一些高管认为，由于利息税盾从风险角度看类似负债，因此应当按照公司的债务利率来贴现。另一些高管则坚持，虽然债务合同各自的（税盾）现金流都可预测，但企业总体债务却是随其规模和现金流而变动的，因此 K_A 看起来更适宜作为税盾现金流的贴现率。在这里，因为税盾与经营收入有机地联系在一起，所以 K_A 是更加合适的贴现率。按这个贴现率计算，税盾价值为860万美元，该投资的APV为3,320万美元，项目很有吸引力。

$$APV = NPV_{全权益融资项目} + PV_{利息税盾}$$
$$3,320 万美元 = 2,460 万美元 + 860 万美元$$

请注意，在这个分析中，财务经理计算的税盾现值与德莱尼公司为项目规划的融资方式无关，而与财务经理认为项目能谨慎承担的债务能力高低有关。出于策略上的考虑，公司通常会完全用负债为某些项目融资，而另一些项目则完全用留存收益来融资。但这些信息与判断一项投资的负债能力以及随之而来的税盾都无关;否则的话,就是犯了变形的"资本边际成本之谬误"。

这个例子涉及一个简单的直接投资,附带一项简单的"附带效益",但我希望它能对技术方面有提示作用。APV 分而治之的剖析方式,使我们可以将非常复杂的问题分解成一系列易处理的小问题,并将这些小问题的解决方案串联在一起解决复杂问题。因此,我们可以将涉及多币种和补充融资的跨境投资,分解成各币种现金流(按现行汇率转换为本币)分别计算的各自 NPV,再单立一个项目计算补充融资的价值,最后加总各项。此外,我们甚至可以针对每个现金流序列单独采用一个特定的最低收益率。在这个复杂的世界里,我们高兴地看到 APV 和它的表亲(资产贝塔)加入我们的分析工具库。

内容摘要

1. 一项投资的总风险
   - 指有可能收益的范围。
   - 可以通过估计可交易资产收益率的标准差得到。
   - 通过分散化投资可以在一定程度上加以避免。
2. 系统性风险
   - 总风险中无法通过分散化投资消除的部分。
   - 对于股票来说,平均而言差不多等于总风险的一半。
   - 是总风险中唯一可以影响资产价格和收益的一部分。
   - 和风险规避型投资者的必要收益率正相关。
   - 可以通过总风险乘以资产收益率与其他市场组合收益率的相关系数获得。
3. 资本成本
   - 指风险调整贴现率。
   - 等于股东和债权人承担的投入资本机会成本的加权平均。
   - 是一家上市公司维持股价必须从现有资产中获得的最低收益率。
   - 对于非上市公司和非营利性企业也有同样的作用。
   - 是评估"碳拷贝"投资项目合理的最低收益率。
   - 其他企业已经将这项投资作为"碳拷贝"投资并且使用其资本成本时,可以用来评估同类项目,尽管企业自己尚未投资。
4. 权益资本成本
   - 是股东承担的机会成本。
   - 是计算企业资本成本时最具挑战性的变量。
   - 最合适的估计是政府债券利率加上风险溢价。
   - 随着财务杠杆的增大而增加。
5. 贝塔
   - 衡量一项资产的相对系统性风险。
   - 可以将特定资产一定时期的实际收益率对市场组合同期收益率进行回归获得。
   - 乘以股票相对于债券而获得的超常收益率,就得到风险溢价,可以用来估计权益资本成本。
   - 随着财务杠杆的增大而增加。
6. 在现金流量贴现分析中应该避免四个陷阱
   - 混淆公司视角与股东视角。
   - 使用名义贴现率来贴现实际现金流,或者相反。
   - 忽略企业投资中可能有价值的实物期权。
   - 忽略固定贴现率实际上意味着现金流期限越远风险就越大。

7. 经济增加值（EVA）
   - 是衡量企业或者部门业绩的常用指标。
   - 等于一个部门/单元的税后利润减去所占用资本的年成本。
   - 能够帮助整合三个完全不同的主题：
     ▷ 资本预算
     ▷ 业绩评价
     ▷ 激励性薪酬

扩展阅读

Bernstein, Peter L. *Against the Gods: The Remarkable Story of Risk*. New York: John Wiley and Sons, 1998. 383 pages.

讨论从13世纪至今，一段令人激动的、人类应对社会事务中风险的历史。Berstein用非常通俗易懂的语言解释了风险管理的主要工具，并将它们放到历史的语境中。信不信由你，这绝对是一本好书。

Brotherson, W. Todd, Kenneth M. Eades, Robert S. Harris, and Robert C. Higgins. "'Best Practices' in Estimating the Cost of Capital: An Update", *Journal of Applied Finance*, Spring/Summer 2013, pp. 15–33.

探讨实践中估计资本成本遇到的挑战，以及一些美国最好的公司和投行如何应对这些挑战。

Copeland, Tom, and Vladimir Antikarov. *Real Options: A Practitioner's Guide*, Revised Edition. New York: Texere, 2003. 384 pages.

这是一部重点关注二项式决策树的实物期权实践的入门书。

Jacobs, Michael and AnilShivdasani, "Do You Know Your Cost of Capital", *Harvard Business Review*, July-August 2012.

比较详细地讨论了管理者估计WACC时遇到的实际挑战，包含资本交互成本工具。

Luehrman, Timothy A. "Using APV: A Better Tool for Valuing Operations", *Harvard Business Review*, May-June 1997, pp. 132–154.

一篇关于投资评估操作的入门文章，重点介绍APV这种对分析复杂投资很有用处的NPV变形方法。

Peters, Linda. *Real Options Illustrated*. Springer International Publishing Switzerland, 2016. 107 pages.

概述了主要的实物期权文献，并以实践为导向介绍技术细节。

专业网站

finance.yahoo.com; google.com/finance

这两个网站对搜索用于公司估值的贝塔非常好用。只要键入公司名，就会出来一个包含企业贝塔值的统计信息汇总页面。

pages.stern.nyu.edu/~adamodar/

纽约大学教授Aswath Damodaran会在上面发布世界各地各行业WACC的最新数据。选择"Data"，然后再选择"Current Data"，点击"Risk/Discount Rate"和"Cost of Capital by Industry Sector"搜索美国各行业的WACC估计。

oyc.yale.edu

耶鲁大学教师建立的免费、开放注册的金融市场和金融理论视频课程，授课人包括诺贝尔经济学奖得主罗伯特·席勒等。

课后练习

1. 下列观点正确与否？请说明理由。

a. 使用固定的风险调整贴现率，对所有未来现金流进行贴现，这种做法忽略了一个事实：较迟出现的现金流通常比较早出现的现金流风险更大。

b. 资本成本（WACC）作为贴现率，并不适用于公司每个项目。

c. 如果你能以 6% 的利率借到一个项目所需的全部资金，那么这个项目的资本成本就是 6%。

d. 估计企业债务资本成本的最佳方法是将利润表上的利息支出除以资产负债表上的有息债务。

e. 计算非上市公司的权益贝塔，一个可靠方法是估计几家上市的竞争对手的权益贝塔平均值。

f. 名义现金流始终只能用名义贴现率来贴现。

2. 股票 A 的普通股年收益率的标准差为 37%，这些收益率与市场组合收益率的相关系数为 0.62。股票 B 的这两个数值分别为 34% 和 0.94。哪只股票的风险更大？为什么？

3. 一位企业家想要购买某家小企业。企业的报价为 500 万美元。他希望在未来五年内改善企业的经营，然后再以更高价卖掉。他有位富有的姑姑愿意借给他 500 万美元的无息贷款，帮助他实现这一目标，期限是五年。有了这笔贷款，他对这次收购能接受的最低收益率是多少？为什么？

4. 你公司的加权平均资本成本为 11%，目前计划进行一项 IRR 为 14% 的投资。尽管项目收益率达到 14%，但你认为这并非一项好的投资。可以用什么理由说服你的老板放弃该项目？执行收益率高于资本成本的投资有可能造成损失吗？若是，为什么会这样？

5. ABC 公司和 XYZ 公司同时竞标购买地处墨西哥蒙特雷（Monterry）的某食品加工厂。两家公司有相同的债务成本和负债率，且目前都是盈利的，但是 XYZ 公司所处行业的风险更大，因此贝塔值也较 ABC 公司更高。ABC 公司和 XYZ 公司都在对这个工厂进行估值，你预计这两家公司用来贴现预计现金流的加权平均资本成本会有什么不同？

6. 观察图 8.1，解释为何公司应拒绝位于市场线下方的投资机会，而接受位于市场线上方的投资机会。

7. 根据以下信息，请计算 SKYE 公司的加权平均资本成本。

普通股股数	100 万股
每股价格	30.00 美元
债务到期收益率	7.68%
有息负债账面价值	1,000 万美元
债务票面利率	9%
政府债券利率	6%
SKYE 的权益贝塔	0.75
股票的历史超常收益率	6.3%
所得税税率	40%

8. 关于水槽生产商勃艮第（Burgundy Basin），你知道如下信息：

普通股股数	2,000 万股
每股价格	40.00 美元
债务到期收益率	7.5%
有息负债账面价值	3.2 亿美元
债务票面利率	4.8%
债务市场价值	2.9 亿美元
权益账面价值	5 亿美元
权益资本成本	14%
所得税税率	35%

勃艮第公司正在考虑一项投资，预计花费 4,000 万美元，年税后现金流量为 640 万美元，公司风险处于平均水平。

a. 该项投资的 IRR 是多少？

b. 勃艮第公司的加权平均资本成本（WACC）是多少？

c. 投资会给股东带来收益吗？为什么？

9. 财务杠杆的增大将如何影响公司权益资本成本（如果有的话）？又将如何影响公司的权益贝塔？

10. 当贴现率为 13% 时，每年 1,000 美元、持续 15 年、随后以每年 4% 永续增长的现金流，其现值是多少？

11. 作为一名商用地产经纪，你急于出售一座办公楼。有位投资者很感兴趣，但要求其权益投资要保证 20% 的收益率。这座大楼的售价是 2,500 万美元，每年有 300 万美元的自由现金流且持续到永远。你能获得利率 8% 的永续负债，即债务不要求本金支付。税率为 50%。

a. 请拟定一个符合该投资者收益率目标的投融资组合方案。

b. 若一名投资者希望获得 90% 的权益收益率，请帮他拟定符合目标的投融资方案。

c. 当一名投资者有可能获得高达 90% 的收益率时，为何她会安于 20% 的收益率呢？

12. 一位证券分析师将埃克森-美孚公司股票过去五年的月收益率和同一时期标准普尔 500 指数的月收益率进行回归。回归的结果是：$r_{EM} = 0.02 + 0.65 r_{SP}$。利用该等式和其他你认为合适的信息，估计埃克森-美孚公司的权益贝塔。

13. 一家全权益矿产公司的资本成本为 10%。它有一个矿井，能够在未来五年每年提供 1 亿美元的自由现金流，到期将被报废。一家收购公司提议用 4 亿美元收购这家矿产公司，且拟为收购项目融资 3.5 亿美元，利率为 6%，本息分五次在年终还款。

a. 计算这笔贷款每年需要支付多少本息。

b. 忽略税率，计算收购公司息税后的预期收益率。

c. 假设矿产公司的资本成本为 10%，这起收购有吸引力吗？为什么？

14. 以下是有关一项投资机会的信息。投资发生在第 0 年，销售发生在第 1—8 年。使用名义贴现率，计算公式为 $i_n = (1+i_r)(1+p) - 1$，其中 i_r 是实际贴现率，p 是预期通货膨胀率。

初始投资	2,800 万美元
销售件数	400,000 件
销售单价（本年）	60.00 美元
单位可变成本（本年）	42.00 美元
预期寿命	8 年
残值	0
折旧	直线折旧法
所得税税率	37%
实际贴现率	10.0%
通货膨胀率	0

a. 使用 Excel 估计项目的年度税后现金流量。

b. 假设通货膨胀率为 0，计算投资的 IRR 及 NPV。

c. 假设单价和单位可变成本的年通货膨胀率都是 8%，IRR 和 NPV 将怎样变化？

d. 通过上述计算，你会发现通货膨胀将导致 IRR 上升、NPV 下降。请你解释。

e. 通货膨胀增强还是减弱了这项投资的吸引力呢？为什么？

15. 本章正文讨论了通用设计公司扩大金刚石薄膜项目的实物期权。

a. 该期权是买入期权还是卖出期权？

b. 定性地说，该期权的执行价格是多少？

16. 风险电信公司（Venture Telecommunications, Inc.）企业发展部的副总裁刚刚参加了一场研讨会，会上大家强调了 EVA 在战略决策中的优势。回到公司后，他赶紧让助理收集相关信息，计算公司两个部门上年的 EVA。语音部门主要负责公司的传统业务，而数据部门则是公司新业务的发源地。语音业务比数据业务占比要大很多，但是数据业务增速更加迅猛。

助理不确定如何衡量各个部门的资本投入才合适，但她最终决定使用公司年报中的部门资产数据。对于这两个部门的资本成本，她用每个部门对应的单一业务竞争对手的资本成本的中位数来估计。公司的边际税率为 40%。助理汇编的资料如下：

	语音部门	数据部门
息税前利润（百万美元）	220	130
部门资产（百万美元）	1,000	600
部门资本成本（%）	10	15

一看完这个表，这位副总裁就惊呼道："我就知道，数据部门正在把我们榨干。我要向总经理提议立刻关闭这个部门！"

a. 请评估每个部门的 EVA。

b. 你同意副总裁的意见吗？公司是否应该立即关闭数据部门？为什么？

17. 根据表 8.6（b）数据，重新考虑通用设计公司的金刚石薄膜项目。假设通用设计公司现在认为，如果进展顺利，它就可以选择扩产方案。金刚石薄膜半导体项目第一阶段的初步成功，将开启第二阶段投资的大门，两年后的后续投资将是第一阶段的 5 倍。只有在第一阶段成功了，第二阶段才会启动。管理层认为，鉴于第一阶段已经成功，第二阶段成功的概率为 90%。贴现率仍然是 15%。

a. 第二阶段投资的现金流量是多少？如果第二阶段投资成功，其现金流量的现值是多少？如果失败了呢？第二阶段初始投资成本的现值是多少？

b. 如果通用设计公司要在今天评估第二阶段的决策（在知晓第一阶段是否成功之前），那么它的 NPV 是多少？

c. 假如通用设计公司正处于等待第一阶段能否成功的期间内：

i. 今天第二阶段投资的 NPV 是多少？

ii. 包含第二阶段的项目总 NPV 是多少？

iii. 这份增长期权的价值几何？

18. 考虑风能资源公司（WRI）的问题（本章"择时期权"一节对此进行了描述）。WRI 正在考虑在南加州开发一个风电厂，很有吸引力。一名顾问估计，按照目前天然气的价格（每千瓦时 6 美分），立即开发将产生 1,000 万美元的利润。然而，天然气价格波动很大。假设一年后，价格变为每千瓦时 8 美分、4 美分的概率相等。根据该顾问的说法，若价格涨到每千瓦时 8 美分，WRI 的利润将升到 3,000 万美元；相反，若价格跌至每千瓦时 4 美分，则利润跌到 1,000 万美元。公司无法在一年内收到这些利润，用 25% 的高风险调整贴现率计算其现值。WRI 目前正在考虑是否推迟开发这个风电厂。

a. 绘制一幅决策树图，讨论 WRI 的决策过程。

b. WRI 应该怎么办？这个项目最终的 NPV 是多少？

c. 推迟项目的择时期权价值是多少？

d. 假设一年内天然气价格的变动将比问题中设想的更为剧烈。特别是，天然气价格将上升到每千瓦时 12 美分或下降到 2 美分的概率相同。该顾问称，若按每千瓦时 12 美分的价格计算，WRI 的利润将为 6,000 万美元；若按每千瓦时 2 美分计算，则将亏损 3,000 万美元。此时的择时期权价值几何？天然气价格的大幅波动对期权价值有何影响？

19. 重新考虑习题 17 中通用设计公司的增长期权。假设你身处 2 时点，即第一阶段已经成功的第二阶段。由于第二阶段的现金流量此时是相对确定的，它们的贴现率现在是 10%（低于第一阶段的贴现率）。

a. 对于第二阶段的 2 时点，此时修正后 NPV 是多少？

b. 若回溯到 0 时点，修正后两个阶段的总 NPV 是多少？

20. 本题附 Excel 数据信息，主要提供了一家娱乐器材公司（Montego）的主要资料和基本假设，请到麦格劳-希尔的 *Connect* 或任课教师处下载。用这些信息解决以下两个问题：

a. 估计 Montego 公司的权益资本成本。

b. 估计 Montego 公司的加权平均资本成本，用 Excel 形式展示各相关变量。

接下来的四个问题检验你对本章附录内容的理解

21. 本题附 Excel，提供了 2017 年 Kroger 公司和四个同行业竞争对手的信息。可以从麦格劳-希尔的 *Connect* 或任课教师处下载。用这些信息解决以下两个问题：

a. 估计行业内的资产贝塔，根据每个竞争对手在总权益市场价值中所占份额进行加权平均。

b. 把行业资产贝塔系数返杠杆化处理，以反映 Kroger 公司的资本结构，从而估计出 Kroger 公司基于行业的权益贝塔。

22. 一群投资者打算收购一家上市公司，并希望估算出他们能够接受的合理价格上限。目标公司的股票贝塔值为 1.20，其债务占公司价值（以市场价值衡量）的 60%。投资者计划改善目标公司的现金流量，并在第 5 年以 12 倍于年度自由现金流量的价格出售。预计自由现金流量和售价如下：

（单位：百万美元）

年数	1	2	3	4	5
自由现金流量	25	40	45	50	50
售价					600
总自由现金流量	25	40	45	50	650

为了给这次收购提供资金，投资者已经谈妥了一笔 4 亿美元的 5 年期贷款，利率为 8%，每年年底分 5 次等额本息偿还。这将是收购后唯一的有息债务。

附加信息	
所得税税率	40%
无风险利率	3%
市场风险溢价	5%

a. 估计目标公司的资产贝塔。

b. 估计目标公司无杠杆（或者说全权益）资本成本 (K_A)。

c. 估计目标公司全权益现金流量现值。

d. 按照 K_A 进行贴现，估计收购项目贷款的利息税盾现值。

e. 投资者能为目标公司支付的合理价格上限是多少？

f. 你在估计最高收购价格 (e 项计算) 时，隐含了哪些财务困境方面的假设？

23. 你正使用 APV 法对 Gila 公司的一个项目进行评估。你看到，项目的自由现金流量净现值（以适当的权益成本贴现）为 50 万美元。债务筹资唯一重要的附带影响是利息税盾现值。该项目的部分资金将由 100 万美元固定债务提供，债务期限与项目期间相同，都是三年。吉拉公司的税率是 40%，项目债务的现行利率是 8%（假设这个利率也适用于利息税盾的贴现）。假设税盾在每年年底兑现，项目的 APV 是多少？

24. Sinaloa 是一家生产家用电器的非上市公司，聘请你评估公司贝塔系数。你已经获得以下上市公司的权益贝塔，这些公司也生产家用电器。

（金额单位：百万美元）

公司	贝塔	债务	权益市值
iRobot	0.99	0	2,740
Middleby's	2.10	732	7,310
National Presto	0.12	0	739
Newell Brands	1.16	11,893	25,770
Whirlpool	1.69	4,470	13,560

a. 估计 Sinaloa 公司的资产贝塔。

b. 如果使用上表中公司的贝塔系数来评估 Sinaloa 公司的资产贝塔，需要当心出现哪些问题（如果有的话）？

第九章 公司估值与重组

> 为了完成并购谈判，我的律师们现在可要从你的办公室里看出点蛛丝马迹。
>
> ——《财富》

2016年6月13日，星期一，经过四个月的闭门谈判，微软战胜了另外两家意向收购方，最终和领英（LinkedIn）宣布了合并意向。微软以262亿美元的价格完成了对领英的善意收购，这是当时史上的第六大科技收购案，也是微软历史上约150宗收购案中最大的一宗。时任微软首席执行官萨蒂亚·纳德拉（Satya Nadella）表示，这次合并创造了一种新的业务形态，他委婉地称之为"……专业网络和专业云的融合"①。尽管微软正在考虑发行新的债券以减轻财务负担，但对拥有超过1,000亿美元现金和有价证券的微软而言，哪怕全部用现金支付收购款也不困难。

领英是世界上最大的职业社交网络公司之一，被称为职场人士的脸书（Facebook）。它始创于2003年，2011年在纽约证券交易所（New York Stock Exchange）上市。领英在全球200多个国家拥有4亿多用户，其主要产品是面向个人的求职渠道和面向招聘人员的辅助工具。2015年，领英营业收入接近30亿美元，员工总数约1万。和许多年轻的互联网公司一样，领英发展迅速，但利润微薄。微软则是世界上最大的软件制造商，也是世界上最有价值的公司之一。2016年，微软拥有11.4万名员工，营业收入约850亿美元，利润近170亿美元，市值约4,700亿美元。微软四分之三的利润来自Windows操作系统和Office办公软件的授权使用费，业内人士统称为"特许经营权"。

尽管我们要过几年才能肯定地说，微软收购领英是明智之举，但显而易见，在这笔交易中，有些人早已成为赢家。其中，最大的赢家莫过于领英的股东，消息公布当天领英股价暴涨至196美元，这比收购宣布前的价格高出近50%。在宣布消息之前，领英的股价为131.08美元，发行在外的股票约为1.34亿股，这给股东带来了87亿美元［(196美元－131.08美元)×1.34亿股］的收益。其中，多轮创业者、领英创始人里德·霍夫曼（Reid Hoffman）的股份最多，总计获得9.41亿美元的收益。其他明显获益的，还有促成这笔交易的银行家

---

① Christopher Mims, "Why Microsoft Bought LinkedIn", *Wall Street Journal*, June 14, 2016.

和律师。据估计，微软唯一的顾问银行摩根士丹利拿到了1,000万—2,000万美元，而代表领英的两家专业投行库塔斯特（Qatalyst Partners）[①] 和艾伦（Allen）拿到了4,000万—4,500万美元。同时，微软还拟发行约150亿美元的新债，用于支付收购款，如此，摩根士丹利将从债券发行中再获得4,000万—6,000万美元的发行费。[②]

微软收购领英的例子恰如其分地展示了商业领域中的一项重要活动——广义上的公司重组。在前几个章节里，我们已经讲述大部分财务学原理，在其指导下，我们知道高管们可以用几种手段来增加公司价值，包括对不同资产的重新组合，资本结构和所有权构成等进行重要的、分阶段的调整。除了之前微软善意收购领英的方式，公司重组还包括杠杆收购（LBO）、敌意收购、购入或者出售业务部门、大规模回购普通股、大幅调整财务杠杆、资产拆分和剥离（在资产拆分中，母公司将子公司的股票分配给股东们，就像派发股利一样，而子公司则变为一个独立的公司；在剥离中，母公司将子公司的全部或者部分股份出售给公众以换取现金）。

微软收购领英的交易和其他许多重组案例一样，向财务学专业的学生甚至所有公司高管提出了几个重要问题，具体包括：

- 是什么让微软的CEO萨蒂亚·纳德拉相信，领英的价值高达每股196美元？
- 假如纳德拉愿意以每股196美元的价格购买领英的股票，为什么在首次谈判之前公司市价只有每股131.08美元？股市对公司的定价是不是错得离谱，还是某种其他因素在起作用？
- 如果领英的股票真的值每股196美元，为什么领英高管（他们肯定比纳德拉更了解自己的公司）没有意识到这么高的价值，也不采取行动来确保领英股票价格反映出这个价值呢？
- 最终应该由谁来决定公司重组的价值，是管理者还是所有者？在领英收购案中，领英股东投票表决通过了这项交易，但是微软股东并没有参与决策。更广泛地说，是谁真正控制着今天的大公司，又是谁应当控制它们？是集体承担了财务风险的股东，还是至少名义上在为股东工作的管理者？

本章要探讨上述问题，并在此过程中审视公司重组中的主要财务问题。我们从企业估值入手，先来看看评估公司或部门价值的一系列技术，然后转向"公司控制权市场"的论题，考虑为何一家公司溢价收购另一家公司的行为合乎理性，以及如何估计一位雄心勃勃的买家可能的最高出价。随后我们将讨论公司重组的三个基本财务动机，即增加避税收益、激励管理者、股东争夺对自由现金流的控制权。本章最后还要简述关于收购与杠杆收购经济价值的证据，对微软与领英的收购案进行更深入的探讨。本章附录则讨论风险资本的估值方法。

[①] Qatalyst Partners 是专门为科技公司寻找买家的小型专业投行，也是一家有限合伙企业。——译者注

[②] Bob Bryan. "Wall Street Payday: Three Banks Could Reap as Much as $65 Million from Microsoft-LinkedIn Deal", Businessinsider.com, June 12, 2016.

第一节 公司估值

估值问题非常值得我们重视，因为它是众多重要财务活动的基本准则，除用于重组合并、杠杆收购外，公司估值还能指导证券分析师寻找价值被低估的股票。投资银行家利用同样的概念为首次公开发行（IPO）的股票定价，而风险投资人则依赖它们来评估新的投资机会，有意回购自己股票的公司也经常利用这些评估技术来确定购买时机。在价值管理的旗帜下，公司估值原则已悄然渗透到公司战略，这是一种由咨询公司创造出来的理念，它敦促高管们根据他们对公司市场价值的预测来评估业务战略。毫不夸张地说，尽管以上各个场景中使用的具体技术和术语可能不同，但公司估值原则是许多现代企业不可或缺的一部分。

评估任何公司价值的第一步，是准确地决定要评估的是什么。这要求回答以下三个基本问题：

- 要评估的是公司（资产）还是股权的价值？
- 要评估的公司是拟永续经营还是拟清盘关闭？
- 要评估的是公司的少数股权①还是控股股权？

让我们依序简要地考虑每一个问题。

一、资产或股权

当一家公司收购另一家公司时，它可以购买对方的资产或股权来完成。虽然购买股权看起来更划算，但事实并非如此。因为当买方购买股份时，必定要相应地承担卖方的债务。举例来说，假设一个收购方花了 120 亿美元购买目标公司的股份，目标公司还有 80 亿美元的待偿债务。因为收购方需要承担被收购方的债务，所以这次收购总的收购价格实际上是 200 亿美元。我们常常听到的说法是，收购方出资 120 亿美元买下被收购公司。这种说法并不准确。收购方股东的实际经济成本是 200 亿美元：向目标公司股东支付 120 亿美元，另外以法律约定的形式承诺偿付被收购方公司的现有债务 80 亿美元。承接被收购方公司的债务，对收购方公司股东的影响等同于出价 200 亿美元收购被收购公司的资产，并且发债 80 亿美元为此收购融资。在这两种情况下，目标公司的资产至少要产生价值为 200 亿美元的未来现金流，否则收购方股东就是投资了一个糟糕的项目。下面还有个生活中的例子。假如你支付了 10 万美元现金购买一栋房屋，同时承担卖方 40 万美元的按揭贷款。你大概永远不会说你只用了 10 万美元买下这栋房屋，因为实际上你花了 50 万美元，10 万美元只是首付而已。类似地，收购方公司也花了 200 亿美元收购目标公司，首付

---

① 本章的少数股权，意指非控股股权，区别于能获得控制权的控股股权，而不是合并报表上的"少数股东权益"。——译者注

为 120 亿美元。

股权收购这种形式，在任何规模的收购案中均占绝大多数。因此，估值的最终目标和谈判的焦点往往集中在卖方股权的价值上。然而，切忌无视很重要的一点：对买方来说，实际收购成本等于股权收购成本加上为此而承接的所有债务。

二、消亡或存活

归根结底，公司能为股东提供价值的状况无非两种：清算价值或永续经营价值。清算价值，是指公司终止经营并单独出售资产所生成的现金流的现值；而永续经营价值，则是指由经营带来的、预期未来现金流的现值。在大多数情况下，我们自然对公司的永续经营价值更感兴趣。

这时，明确资产的"公允市场价值"（fair market value，FMV）的定义是很有帮助的。我们把 FMV 定义为：资产在两个理性个体之间进行交易的价格——交易的任意一方均掌握对资产进行估值所需的全部信息，而且均没有承受任何交易压力。一家公司的 FMV 通常是它的清算价值与永续经营价值中的较高者。图 9.1 说明了这种关系。当预期未来现金流的现值很低时，公司清算比存续更有价值，且 FMV 就等于公司的清算价值。而当预期未来现金流量的现值较高时，清算价值就变得越来越无关紧要，FMV 几乎完全依赖于永续经营价值。当然，情况也可能是，公司某些资产或部门的清算价值更高，而其他资产或部门的永续经营价值更高。此时，公司的 FMV 就是清算价值和永续经营价值的总和，因为它们分别适用于不同的资产或部门。

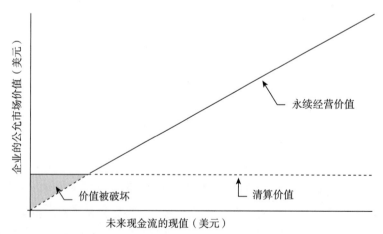

图 9.1 企业的 FMV 通常是清算价值和永续经营价值中的较高者

以公司的清算价值与永续经营价值中孰高者为 FMV，这是一般性原则。然而，这条原则显然也有例外。比如，公司的实际控制人也许是考虑了再就业的机会成本，也许是流连于公司游艇提供的享受，不顾公司清算价值高于存续价值的现实，宁可死耗也不愿清算。那时，由于少数股权（非控股股权）不能强制清算，这部分股权的 FMV 可能会降至清算价值之下。这种情形在图 9.1 中标记为"价值被破坏"的三角阴影。虽然存在额外的潜在价值，但由于少数股东无法获得，该价值对于他们愿意接受的股票价格没有影响。在少数股东看来，控股股东拒绝清算无疑在摧毁公司价值。本章稍后还将考虑根据少数股权确定的股价不能反映全部股权价值的其他情形。

谈及控制权，需要注意的是，公司股份所有权与公司控制权是两件截然不同的事情。除非一位股东拥有或能影响公司至少51%的有表决权的股票，否则不能确保他对公司事务的发言权。再者，在大多数美国大型上市公司中，尚无股东或有凝聚力的股东集团，拥有足够数量的股份来行使表决权和控制权，有效的控制权被授予董事会和在任管理层。在这类情形下，股东只是"搭便车"而已。

三、少数股权或控股股权

奥斯卡·怀尔德（Oscar Wilde）说过："经济学家知道任何东西的价格，对其价值却一无所知。"从一个非常现实的角度来看，他是对的，因为对经济学家而言，资产价值就是掌握信息的买方与卖方愿意进行交易的价格。资产的价值是否高于其价格？这是经济学家一致同意留给哲学家解答的问题。

如果价值是销售价格的同义词，那么公司价值的一个明显指标就是它的市场价值，即公司的股票与债务在金融市场上的交易总价格。因此，如果在并购方公司收购被并购公司之前，被并购方公司恰好有将近1亿股发行在外的股票，每股售价90美元，另有大约80亿美元的债务，那么被并购方公司的市场价值是170亿美元（1亿股×90美元／股 + 80亿美元）。

正如前几章所提到的，市场价值是公司业绩的重要指标，也是公司资本成本的核心决定因素。然而，你必须认识到，市场价值衡量的是公司对少数（非控股）股权的价值。用于计算公司市场价值的股票价格，是少数股权的交易价格，不宜作为控股股权交易价格的衡量指标。在领英的案例中，少数股权和控股股权之间的差异非常鲜明。在被微软以262亿美元收购之前，领英的市场价值只有176亿美元。两者的巨大差异是哪里来的呢？因为控股股权使控制人能够以任何方式改变公司的业务，追逐更高的盈利——这是一项宝贵的特权。

市场价值不适合公司价值评估的情况还有：目标公司是私人拥有的，因而不存在市场价值；目标公司的股票交易频率很低或交易量很有限，以至于价格不能作为可靠的价值指标；虽然目标公司的股票交易活跃，但分析师希望将市场价值与独立估值进行比较，以寻找价值被低估的股票。

总之，只有当目标是对上市公司的少数股权进行估值时，市场价值才与公司估值直接相关。在所有其他场合，市场价值可以作为有用的参考依据，但它本身无法回答最有趣的估值问题——公司到底值多少钱。有鉴于此，我们必须更为审慎地思考公司价值的决定因素。

第二节 现金流量贴现估值法

在概括地考察了公司估值的主要问题之后,我们现在转向具体评估一家公司的持续经营价值。为简便起见,我们先来考察一家私营公司的少数股权价值。

在没有市场价格的情况下,估计公司持续经营价值最直接(即使不是最实际)的方法,就是将目标公司当作一个巨大的资本支出(投资)机会。就像投资任何一项资产(设备)那样,对公司的投资要求在今天花费一笔资金以期未来的收益,而且核心问题也是:明天的收益能否补偿今天的成本。在资本性支出分析中,我们可以通过计算股东和债权人预期未来现金流的现值来回答"公司价值几何"这个问题。倘若这个数值超过收购价格,收购的净现值为正,被收购公司就很有吸引力;相反,若未来现金流的现值低于收购价格,收购就没有吸引力。用公式表示为:

$$公司的\ FMV = PV\ (股东和债权人所得的税后现金流量期望值)$$

这个公式表明,投资者为购买某家公司应支付的最高价格,等于预期未来流向资本提供方的现金流量按适当的风险调整贴现率贴现的现值。此外,与在其他领域应用风险调整贴现率一样,我们知道该贴现率应当反映被贴现的现金流的风险。因为这里的现金流最终流向目标公司的股东和债权人,所以贴现率应当是目标公司的加权平均资本成本。

此刻,你大概忍不住要问:如果评估的最终目的是确定权益的价值,为何要浪费气力估计整个公司的价值?为什么不直接估计权益的价值?你只要回想一下股权价值和公司价值是如何密切联系的,就能得到答案。用公式表示为:

$$股权价值 = 公司价值 - 债务价值$$

这个公式你一定再熟悉不过了。为了确定公司的股权价值,我们只需估计公司价值,再从中减去有息债务即可。再者,因为公司债务的市场价值与账面价值通常相差无几,所以要估计债务价值,无非是从公司的资产负债表上抓取几个数字。[①] 若一家公司的 FMV 是 400 万美元,而待偿债务是 150 万美元,则它的权益价值就是 250 万美元。就这么简单![②] 此处,我们忽略无息债务(如应付账款和递延税额),因为已经把它们视为自由现金流量的一部分了。关于这一点我们马上要来谈谈。

一、自由现金流

与所有资本支出决策一样,公司价值评估的最大挑战是估计被贴现的相关现金流量。

[①] 在两种情况下,债务的市场价值和账面价值会有显著的差别:一是发行后违约风险显著变化,二是市场利率显著改变(对固定利率债券而言)。在这些情况下,应该单独估计债务的市场价值。

[②] 评估权益(股权)价值的另一种方法是:估计权益的预期现金流,按权益资本的目标收益率贴现成现值。若估计正确,这种权益估值方法将产生与上述方法相同的答案;然而,我发现它的实际操作比较困难。详见第八章的"公司视角与权益视角"一节。

在第七章中我们说过，相关现金流量是投资项目的年度自由现金流量（FCF），定义为：税后 EBIT 加上折旧，再减去投资。在评估一家公司的价值时，自由现金流量的计算式可以写成：

自由现金流量 = EBIT × (1 - 税率) + 折旧 - 资本支出 - 营运资本投资

为何要使用自由现金流量？你可以这么理解其中的理由：EBIT 是不考虑筹资方式时公司能获得的利润，因此 EBIT × (1-税率) 是剔除举债筹资影响的税后利润，再加上折旧等其他非现金费用，就得出税后现金流量。如果管理层打算进入破产程序，他们就可以将这些现金流量分配给股东和债权人，此时公司也就付诸清算。但在大多数公司里，管理层倾向于把这些现金流量全部或部分留在手上，以应付新的资本支出或用于追加流动资产。这样，可用于分配给股东和债权人的现金，就是税后经营性现金流量减去资本支出及营运资本投资。

在上述公式里，营运资本项目可能很微妙。营运资本投资等于维持经营所必需的新增流动资产，减去其中新增的无息流动负债，即第七章提到的"自发性资金来源"，差额等于公司必须从股东或债权人那里筹钱的流动资产净投资。第二项挑战是如何处理公司累积的超过维持经营所需金额的多余现金。我的建议是在现金流量贴现评估法中忽略多余的现金，把它看作一个单独的附加项。后文会详细讨论这个问题。

二、终值

现在我们来看一个非常重要的实际问题。上述公式表明，公司的 FMV 等于所有未来自由现金流量的现值。可是持续经营假设赋予公司无限长的寿命预期，切实贯彻这个公式，我们就得估计千百年后的现金流——这明显是一项不可能完成的任务。

绕过这个死胡同，我们的标准方法是，将目标公司的未来想象成前后两个不同阶段。在第一阶段（5—15 年），我们假定公司有一个独特的现金流模式和增长轨迹，因此需要详细刻画其现金流特征。按照公式那样计算，通过估计各年度独特的自由现金流来抓住这些特征。在这个阶段结束后，我们假定公司已经失去其独特的发展特性——变得成熟且成为稳定的、增长缓慢的公司（假如你愿意的话）。从那时起，我们不必再关心各年度现金流量具体是多少，而只需估计能够代表后续所有自由现金流模式的单一终值。若第一阶段（比方说）是 10 年，则我们的估值公式将变为：

公司的 FMV = PV(第 1—10 年的 FCF + 第 10 年的终值)

当然，引入终值只是将一个问题转换为另一个问题，我们现在必须知道如何估计公司的终值。多么希望我能向你保证，金融经济学家已经解决了这个问题，还给出估计公司终值的简单而精确的公式，但很遗憾我不能；相反，我顶多只能提供若干看似合理的估计方案供你选择，以及关于如何进行估计的一般性建议。

后面我将给大家提供计算公司终值的五种备选方法，并附带一些解释性评论和个人观点。想要用好这些估值方法，首先应注意，没有一种估值方法适用于所有情形；更确切地说，每种估值方法的好与不好只能视具体情况而定。例如，在估计储量可开采 10 年的矿山企业时，清算价值法可能非常恰当；而在评估迅速增长的软件公司时，清算价值法可能完全不适用。其次，应防范一种自然倾向，即挑选现有情况下看似最佳的方法而忽略所有其他方法。最后，还应避免将几种方法的估计值简单平均的做法。实际上，估计若干个终值的根本目的不是求平均值，而是探讨它们出现差异的原因。有时，这些终值出现差异的原因几乎立等可得；而有时，你可能从这些差异中发现最初的假设不合理，这就需要修改假设以调整估值并缩小这些差异。一旦你搞清楚剩余差异存在的原因并觉得差异值可接受，就可以根据你对目标公司每种估值方法的相对优点来选择一个终值。

1. 终值的五种估计值

清算价值 若预期公司在预测期期末进行清算，则清算价值是非常恰当的终值，但它往往会低估一家健康企业的终值。

账面价值 账面价值在会计师中比较流行，它通常是一个相当保守的终值估计。

合理的市盈率倍数 这种估计方法的操作是：先将目标公司在预测期结束时的普通股股票收益估计值乘以合理的市盈率，然后加上预测的有息债务，以此估计公司的终值。若你认为在预测期结束时，目标公司将代表某类上市公司，则可以将这类公司的市盈率作为合理的市盈率。[①] 例如，目标公司是一家初创公司，但你认为在预测期结束时，它将成为行业内一家典型的成熟公司，那么该行业目前的市盈率就可作为合适的比率。另一种策略是尝试用10倍或20倍的市盈率来确定价值范围。这种方法很容易推广到其他合理的比率，如市值面值比、股价现金流比、市销率（股价对每股销售额之比）等。

无增长永续年金 我们在第七章看到，无增长永续年金的现值是年现金流量除以贴现率。我们得出以下的终值估计：

$$\text{无增长公司的终值} = \frac{\text{FCF}_{T+1}}{K_W}$$

其中，FCF_{T+1} 是预测期结束后第一年年末的自由现金流量，K_W 是目标公司的加权平均资本成本。进一步细化，我们可能会注意到，当公司没有增长时，其资本支出应当约等于年折旧费用，而其净营运资本也不会随时间推移而增加或减少。这两者都意味着，自由现金流量可以简化为：$\text{EBIT} \times (1-\text{税率})$。

大多数公司会随时间推移而扩张，即使仅仅缘于通货膨胀，所以许多分析师认为这个公式倾向于低估一家典型公司的终值。但我对此颇感怀疑。因为，正如前几章反复提到的，增长或扩张仅在产生高于资本成本的收益时才能创造价值；而从长期来看，在竞争激烈的产品市场上，这种扩张与增长的必然性与其说是普遍现象，倒不如说只是个例。因而，即使许多公司有能力扩张，它们的价值也可能不会超过那些没有增长的同行"弟兄们"。这意味着，无增长公式的适用范围可能比最初假设的还要广。我也留意到经济学家肯尼思·博尔丁（Kenneth Boulding）的观点："那些相信指数增长可以在一个有限世界里永远持续下

---

① 关于行业市盈率，参见网页 pages.stern.nyu.edu/~adamodar/。

去的人要么是疯子，要么是经济学家。"

永续增长 在第八章我们看到，永续增长现金流量的现值等于下一年的现金流量除以贴现率与增长率之差。因而，永续增长年金的终值估计为：

$$永续增长公司的终值 = \frac{FCF_{T+1}}{K_W - g}$$

其中，g 是自由现金流量的永续增长率。

关于这个流行的公式，我有几句逆耳忠言。一个在算术上再简单不过的事实是：增长永远快于社会经济增速的公司，最终也是整个经济体的一部分（当我在微软的一次研讨会上提出这个观点时，立即得到的回应是"对！对！就是这样！"）。对于普通的公司来说，可以预料的是，g 的绝对上限必定是经济的长期增长率（即每年2%—3%），加上预期的通货膨胀率。再者，通货膨胀也要求资本支出和营运资本不断持续增长，由此当 g 上升时自由现金流量下降。这意味着，除非始终在头脑里牢记这种反向关系，否则即使永续增长率保持在低位，上述公式也倾向于极大地高估公司的终值。①

2. 预测期间

增长型公司第一阶段的终值（即下一阶段所有现金流量的现值）估计很容易超过公司价值的60%。毋庸置疑，选择合适的预测期间与终值，是成功地应用现金流量贴现法进行公司估值的关键。因为大多数易处理的终值估计，都暗中假设公司在预测期后变为成熟的、低增长或零增长的永续经营公司，所以我们需要将预测期间扩展至足够远的未来——这样该假设看起来才比较合理。在评估快速增长的公司时，重点是预测超常增长率还能保持多久公司才会达到平稳的成熟期，并根据此日期或其后的一个时点设定预测期间。

三、一个数值实例

我们在表9.1提供一种速读孩之宝公司现金流量贴现估值的方法。如果我给孩之宝公司估值的工作是按小时计酬，而你阅读本书的过程也一样按小时计薪，那么我们两个人肯定就会做得更加全面和细致，个中道理是不言自明的。特别要说的是，现金流量贴现估值这个方法再好，也要依赖基础预测数据的可靠性——准确地预期未来的现金流量，所以我们得要多花一点功夫更多地了解关于公司产品、市场和竞争者的情况才行。不过，表9.1将让你初步了解如何完成现金流量贴现估值。

---

① 这里有一个我偏爱的、略微复杂的永续增长公式的版本：

$$终值 = \frac{EBIT_{T+1}(1 - 税率)(1 - g/r)}{K_W - g}$$

其中，r 是新投资的收益率。这个公式的一个优点是，除非收益率超过资本成本，否则增长不会增加价值。要证实这一点，令 $r = K_W$，公式将退化为无增长公式。这个公式还有一个优点，那就是它说明增长并不是无成本的，因为当增长率提高时，资本支出与净营运资本也必须增加。在这个公式中，g 值越大，分子越小，这相当于减少了自由现金流量。关于这个公式等价于前述的永续增长公式的数学证明，请参阅本章末"扩展阅读"中 Koller、Goedhart 和 Wessels 的著作。

表 9.1　孩之宝公司 2016 年 12 月 31 日的现金流量贴现估值*

（单位：百万美元）

	2017 年	2018 年	2019 年	2020 年	2021 年	2022 年
销售额	5,381	5,769	6,184	6,630	7,107	
EBIT	861	923	989	1,061	1,137	
税额（税率=23.3%）	201	215	231	247	265	
税后利润	660	708	759	814	872	
加：折旧	172	185	198	212	227	
减：资本支出	172	185	198	212	227	
减：营运资本增量	108	115	124	133	142	
自由现金流量	**553**	**593**	**635**	**681**	**730**	**748**
2017—2021 年 FCF 的现值（贴现率=7.3%）	**2,571**					
终值估计值				2021 年的终值		
永续增长率为 2.5% [FCF$_{22}$/(K_w−g)]				15,589		
2021 年合理的市销率=3.00 倍				21,321		
2021 年债务和权益的预计账面价值				5,074		
终值最佳估计值				**15,000**		
终值的现值	**10,546**					
公司的估计价值	**13,117**					
债务价值	1,721					
权益价值	11,396					
流通在外的股票（百万股）	124.5					
每股估计价值（美元）	**91.54**					

注：四舍五入，总数可能有差额。

价值评估时点确定为 2016 年 12 月 31 日，表中显示的自由现金流量占预测销售的一定比例，预测未来五年销售增长率为年平均 7.2%。根据第二章表 2.3 中常见的历史同比财务报表，可以得到表 9.1 中预测使用的百分比数值。税率是孩之宝公司过去五年的平均有效税率，增长率反映了证券分析师的预期。① 上一章估计孩之宝公司的加权平均资本成本是 7.3%，按此比率对孩之宝公司的自由现金流量进行贴现，得到的现值高达 25.71 亿美元。

价值评估一般要考虑三种终值估计方法。第一种估值方法基于永续增长公式。假定从 2021 年开始，孩之宝公司的自由现金流量将以每年 2.5% 左右的增长率无限地增长。如此 2022 年的自由现金流量将为 7.48 亿美元 [7.30 亿美元 × (1 + 0.025)]。将这些数值代入永续增长公式，可得到孩之宝公司 2021 年年末终值的估计值为：

---

① 见 www.reuters.com/finance/stocks 和 Yahoo.finance.com。

$$\text{终值} = \frac{2022 \text{ 年的 FCF}}{K_w - g} = \frac{7.48}{0.073 - 0.025} = 155.89 (\text{亿美元})$$

第二种终值估计方法。假定在预测期结束时，孩之宝公司将成为一家市销率为 3 倍的典型公司。这个数字反映了可比公司的现行价值评估，稍后我们详细介绍这个乘数。用 3 倍的合理的市销率乘以孩之宝公司 2021 年的销售额，就得出第二个终值估计值为：

$$\text{终值} = 3.0 \times 71.07 = 213.21 (\text{亿美元})$$

第三种终值估计方法。孩之宝公司预计 2021 年有息债务和权益的账面价值是 50.74 亿美元，构成孩之宝公司终值的第三个估计值。尽管这肯定是一个被严重低估的估值。

考虑这三种估值方法的相对特征之后，我们认为孩之宝公司 2021 年的最佳估值是 150 亿美元。把这个终值贴现回 2016 年，并且加上前五年自由现金流量的现值之后，孩之宝公司 2016 年 12 月 31 日的价值为 131.17 亿美元：

$$\text{FMV}_{\text{公司}} = 25.71 + 105.46 = 131.17 (\text{亿美元})$$

余下的就只是算术问题了。孩之宝公司的权益价值为 131.17 亿美元，减去 17.21 亿美元待偿还的有息债务，即为 113.96 亿美元。由于有 1.245 亿股发行在外的股票，这相当于每股的估计价格为 91.54 美元。

至此，我们的现金流量贴现估值法表明，孩之宝公司每股价值 91.54 美元，前提是预测的自由现金流量能够准确反映未来预期业绩。事实上，在我们估值的时点，公司股票实际价格是每股 77.79 美元，这说明市场上多数投资者对孩之宝公司的前景没有我们乐观。

四、贴现估值法存在的问题

倘若你对自己是否有能力将现金流量贴现（DCF）技术应用于课本简例之外的实践颇为犹疑，欢迎继续学习。虽然 DCF 法在概念上是正确的，在逻辑上甚至是相当精巧的，但实际应用起来却相当困难。公司估值在概念上、理论上也许可以等价于其他资本性支出的投资决策，然而在实践中仍有几个根本性的区别：

- 一般的投资项目周期是有限的，而且通常寿命不长，但公司的预期寿命是无限的；
- 随着时间的推移，一般性投资机会承诺的现金流趋于稳定或（可能）下降，公司拥有将收益再投资的能力，而且通常能产生不断增长的现金流；
- 一般投资产生的现金流属于股东，而公司产生的现金流仅在管理层选择派息时才属于股东。假如管理层决定宁可投资墨西哥钻石矿也不支付股利，那么少数股东除了抛售股票别无他法。

正如下面专栏中两个问题所表明的，这些实际的困难将导致价值评估过程中可能出现严重偏差，并使最终的 FMV 估计对贴现率与增长率的微小变动极为敏感。

增长与长寿命的问题

在多数涉及长寿命资产的投资决策中，通常可以忽略某个遥远时点以后的所有现金流，以此巧妙地规避预测特别远期的现金流的困难。这样做背后的理由是，特别远期的现金流在贴现后往往数值很小，对整体估值的影响几乎可以忽略不计。然而，当现金流不断增长时，增长效应就抵消了贴现效应，即使是遥远未来的现金流也可能对现值产生重大贡献。下面就用一个例子来说明。

每年 1 美元的永续年金现值按 10% 贴现后，价值为 10 美元（1/0.10）。按相同贴现率计算，20 年内每年 1 美元的永续年金现值为 8.51 美元。因此，忽略第 20 年以后的所有永续现金流，计算出的现值仅减少大约 15%（8.51/10.00 − 1）。

但当收益不断增长时，情况就会发生变化。使用永续增长公式，若以每年 6% 的速度增长，每年 1 美元的永续年金现值为 25 美元［1/(0.10 − 0.06)］，而同一现金流前 20 年的现值仅为 13.08 美元。因此，忽略第 20 年以后不断增长的现金流，将使现值减少近一半（13.08/25.00 − 1）。

 敏感性问题

按 10% 的贴现率计算，一家年增长率永远为 5%、下一年将有 100 万美元自由现金流量的公司，其 FMV 为 2,000 万美元［100/(0.10 − 0.05)］。

假设贴现率和增长率的误差都可能为 1 个百分点，那么公司最大和最小的可能 FMV 是多少？你试着算算，看看能从中得出什么结论。

答案：最高为 3,330 万美元［100/(0.09 − 0.06)］，最低为 1,430 万美元［100/(0.11 − 0.04)］。如果我们告诉客户，他看中的那家公司的价值在 1,430 万美元和 3,330 万美元之间，那么我们想收取高昂的咨询费也说不出口吧。

第三节 可比交易推定估值法

现金流量贴现法在概念上虽然完全正确，但在实践中很不可行。那么，还有替代的方法吗？通行的操作是将目标公司与类似的上市公司做比较。想象一下购买二手车的情况，买主发现了一辆感兴趣的轿车，看看经销商的出价，然后琢磨着要还个什么样的价，这就到了要动真格的时候了。二手车定价同样有两种方法：第一种类似 DCF 的方法是估计汽车所含的劳动力与原材料的价值，加上管理费与合理利润加成，再减去折旧额；另一种更高效的方法则是比较式购买——用最近售出或目前可供出售的类似轿车与标的车进行比较，确定一个相对公允的市场价格。若最近有三辆 1982 年产的 T 型蓝鸟轿车，质量相当，售出价格为 3,000—3,500 美元，则买家有理由相信目标 T 型蓝鸟轿车价格与此相当。当然，关于 1982 年 T 型蓝鸟轿车价值是否真的在 3,000 美元和 3,500 美元之间，比较式购买无法在任何意义上提供相关信息，它仅仅给出现行价格。这一点在互联网泡沫中有非常多的例子。例如，当时人们都知道，相对于美国在线（AOL）、亚马逊（Amazon）和网上货车（Webvan）而言，信息空间（Infospace）的市价是相对公允的（反映其价值），但在整个行业"掉入火山口"时，公允的定价并不能让信息空间的股东幸免于难，他们同样被行业大势裹挟（互联网泡沫破灭，科技股股价大跌）而丧失了财产。然而，在其他许多情况下，知道相对估值就够了。也有人建议，干脆跳过整个价值评估过程，直接开始讨价还价。这种策略的具体做法是，先问经销商对轿车的要价，然后回答："胡说，我只能给你一半。"此法用于买车可能比用于收购公司更管用，但实践中也不必完全排除这种可能。

在利用可比交易推定法评估公司价值时，决策的艺术与科学的分析同样重要。第一，必须确定哪些上市公司与目标公司最相似，即选定可比上市公司；第二，探讨被选定公司的股价对确定目标公司 FMV 有多大参考价值。刚刚介绍的现金流量贴现法提供了一个有用的起点。该方法表明，可比公司应当具有相似的未来现金流量模式以及相近的经营风险或财务风险。风险的相似程度应该高到可以对所有公司使用相同的贴现率。

在实践中，这些方针性的建议提醒我们在寻找可比公司的时候，首先应该考虑在相同或密切相关行业中寻找，这让备选公司具有相似的增长前景和相近的资本结构。接着需要大量的判断，以决定可比公司作为一个总体，究竟能否为目标公司的公允市场价值提供一个较好的参照。

接下来有一个例子，表 9.2 给出了用可比交易推定法给孩之宝公司估值的具体评估过程。估值日期仍是 2016 年 12 月 31 日，所选的可比公司是第二章介绍过的游戏和玩具行业中有代表性的竞争对手。在具有竞争优势的传统玩具行业中，孩之宝公司同时在游戏和玩具多领域作战。第二章介绍过的同行业公司中，美泰公司（MAT）与孩之宝公司的业务重叠最多，但它最近饱受财务问题困扰。虽然与迪士尼公司（DIS）和时代华纳公司（TWX）这些巨头比起来，孩之宝公司的规模相形见绌，却是太平洋公司（JAKK）的 10 倍。由于数据不全，我们把任天堂公司（NTYDOY）从样本中剔除。

表 9.2 第一组数据着重考察孩之宝公司相对于同行业公司的成长性与财务风险。这些数据表明，孩之宝公司 5 年来的销售额和每股收益的增长性略高于行业平均水平。然而，证券分析师对孩之宝公司未来前景并不太看好，预测它未来增长将远低于同行（提供预测增长率的网站并未具体说明增长率指标的内涵及预测期长短）。看一下财务杠杆，孩之宝公司在利息保障倍数和资产负债率方面处于行业中间位置。

表 9.2 利用可比公司对孩之宝公司进行估值（2016 年 12 月 31 日）

		股票代码*						（不含孩之宝）	
	Hasbro	MAT	JAKK	EA	ATVI	DIS	TWX	中位数	均值
孩之宝公司与可比公司的对比：									
增长率、财务风险、规模									
5 年的销售额增长率（%）	3.2	(2.7)	0.8	4.1	6.8	6.3	0.2	2.5	2.6
5 年的每股收益增长率（%）	8.8	(15.8)	(24.2)	NM	6.9	17.6	12.8	6.9	(0.5)
分析师预测的增长率**	7.2	13.2	NA	13.1	18.2	9.4	11.5	13.1	13.1
利息保障倍数	8.3	5.3	1.4	32.3	6.1	30.3	4.8	5.7	13.4
资产负债率（%）	63.4	62.9	70.9	51.8	47.7	48.6	63.1	57.4	57.5
总资产（百万美元）	5,091	6,494	464	7,050	17,452	92,033	65,966	12,251	31,577
价值指标									
市盈率		29.7	70.0	17.2	27.9	15.8	19.0	23.4	29.9
$MV_{公司}$/EBIT(1-税率)		30.0	70.6	17.6	27.5	17.4	19.9	23.7	30.5
$MV_{公司}$/销售额		2.2	0.4	4.8	4.8	3.0	3.4	3.2	3.1
$MV_{权益}$/$BV_{权益}$		3.9	0.6	5.9	3.0	3.4	3.1	3.2	3.3
$MV_{公司}$/$BV_{公司}$		2.5	0.9	4.6	2.3	2.7	2.0	2.4	2.5

对孩之宝公司价值指标的估计		孩之宝普通股每股隐含价值
市盈率	21.0	93.00 = 21.0 × 净利润/股数
$MV_{公司}$/EBIT(1-税率)	21.0	91.93 = [21.0 × EBIT（1-税率）- 债务]/股数
$MV_{公司}$/销售额	3.0	107.14 =（3.0 × 销售额-债务）/股数
$MV_{权益}$/$BV_{权益}$	4.0	59.85 =（4.0 × $BV_{权益}$）/股数
$MV_{公司}$/$BV_{公司}$	3.0	72.53 =（3.0 × $BV_{公司}$-债务）/ 股数
我的最佳估价		90.00
实际股价		77.79

注：*MAT 为美泰公司，JAKK 为太平洋公司，EA 为权益公司，ATVI 为动视暴雪公司，DIS 为迪士尼公司，TWX 为时代华纳公司，任天堂公司因数据缺失而被剔除；NM 表示无意义。**证券分析师估计的长期增长率的均值。MV 指市场价值，BV 指账面价值。企业的市场价值等于有息债务的账面价值加上权益的市场价值。此处的利润指 12 个月的净利润。

资料来源：孩之宝公司 2012—2016 年财务报告和 Compustat 数据库。

表中的第二组数据提供了可比公司的五个可能的价值指标。广义上讲，每个指标都显示，投资者为每家公司的当前收益、销售额或投入资本支付了多少美元。例如，第一个指标说明，MAT 的 1 美元当前收益对应股市上 29.70 美元的估值，而 JAKK 的 1 美元收益的市值为 70 美元。类似地，第三个指标显示，EA 的 1 美元销售额值 4.8 美元。最后一个指标显示，TWX 的 1 美元账面资产对应股市上 2 美元的估值。第一个指标和第四个指标侧重于权益价值，而另外三个指标侧重于公司价值。

估值面临的最大挑战是选择哪些价值指标更适合孩之宝公司，这个指标必须能够反映出孩之宝公司在增长性和风险方面与同行相比的竞争特点。位于表9.2左下角的第三组数据是我的主观估计。在做出这些估计时，我主要考虑了以下几个因素：第一，我习惯性地认为前两个指标一般比其他指标更可靠，因为它们将市场价值与利润而非销售额或资产挂钩。除了极少数例外，投资者在购买一家公司的股票时，感兴趣的还是它的潜在收益，而不是它的销售额或资产的多少。当然，若考虑清算，基于资产的价值指标更具相关性。而在当期盈利无法代表长期盈利潜力或投资者对所报告盈利的准确性没有信心时，基于销售额的比率往往被认为更可靠。但这并不意味着销售额不受操纵，而只是说销售额比盈利更难被操纵。

第二，在选择侧重于权益的价值指标或侧重于公司的价值指标时，我更喜欢公司价值指标，因为它们受公司融资方式的影响较小。侧重于权益的价值指标之所以不够好用，问题就在于杠杆会以复杂的方式影响公司的市盈率。因此，用杠杆率处于平均水平的同行业公司的市盈率去推断一个高杠杆公司的市盈率可能会出错。

第三，在各种指标中，应该更重视那些在同行业公司中更稳定的价值指标。如果某一个指标对于每家可比公司计算出来都是10.0，而另一个指标对于每家公司计算出来的值从1.0到30.0不等，我相信前一种指标一定更加可靠。在这方面，五个价值指标的波动都相当大。当然，我认为这其中的主要原因是，JAKK是一个相对小的样本，和MAT一样，其盈利都在下降。

第四，分析师对孩之宝公司的增长没有信心，这就说明从基于盈利的价值指标来看，它大概处于估值区间的后半部分。而从另一个方面来说，孩之宝公司有超强的资产使用能力（如前几章所述），所以公司基于资产的价值指标的表现将好于平均水平。

表9.2右下角的最后一组数据给出了孩之宝公司股票在各种估值方法下的价格。每个股票价格的右边都有一个算式，列示了我如何将选定的价值指标转换为标的股票的价格。以第三个算式为例，我估计孩之宝公司的总市值是其销售额的3倍（市销率为3）。而孩之宝公司2016年的销售额是50.2亿美元，故它的潜在市场价值是150.6亿美元；减去17.21亿美元的有息债务，再除以1.245亿股，就得到公司股票价格大约为每股107.14美元。其余股价可照此计算。

看看由此得出的孩之宝公司的五个估值，我们可以发现，其中四个估值在每股60美元和95美元之间，最高的是基于盈利的估值，位于这一区间的上端。综合所有这些估值结果，我认为孩之宝公司股票在估值日的最佳估值是每股90美元，比之前用DCF法的估计值低了1.54美元。这个估值大约比孩之宝公司在估值日的实际股价高出16%，也超出我通常的预期，即可比交易推定法的准确率一般在−15%和15%之间浮动。这里存在两种互为补充的可能理由：(1) 无论用什么方法评估普通股股价，都是困难的；(2) 也许不是我们高估了，而是它真的值90美元，而非市价显示的约78美元。事实上，5天后，公司股价报收每股

83.71美元；公司圣诞假期销售表现十分强劲，直接点燃了分析师们的热情，1 个月后股价随之飙升至每股 94.31 美元。

缺乏可交易性[①]

持有上市公司股票与持有私人公司（主要指非上市公司、股票非公开交易公司，下同）股票的一个重要区别是：上市公司股票更具流动性，可以很快地售出变现，而无须为出售而大幅折价。对于任何资产而言，流动性都是一个有价值的属性，参考可比上市公司估计私人公司 FMV 的方法，需要减去样本公司的流动性溢价。为了省却使你厌烦的计算细节[②]，我直接告诉你，缺乏可交易性（流动性）的股票大约要折价 25%。当然，假如评估的目的是为拟 IPO 的原始股定价，该股票很快就会具有流动性，那么无须折价。

在利用可比交易推定法进行估值时，还可能涉及第二类调整——关于控制权溢价的调整。上市公司股票的价格无一例外针对的都是公司的少数股权而非控股股权，而对私人公司的估值则时常涉及控股股权的交易，即控制权从卖方转移到买方的交易。由于控制权是有价值的，故在这些情况下，有必要在目标公司估值的基础上，再加上反映控制权价值的溢价。估计控制权溢价的大小，将是我们的下一个任务。但首先，我想提请大家注意一个可比交易推定估值法的变例——可比并购交易推定法。这两种评估方法的思路基本相同，只是后者用最近并购交易价格替代上市公司股票价格。并购交易价格显然远不如上市公司股价常见，而且也经常是私有的数据，不易获得。不过，多数时候它们可能比上市公司股票价格更好地反映了收购对象的内在价值，特别是在并购交易价格已经包含了控制权溢价的情况下。

第四节　控制权市场

我们曾多次注意到，买入一家公司的少数股权与买入控股股权是完全不同的两码事。在前一种情形下，投资者只是一个被动的旁观者；在后一种情形下，投资者有改变公司生产经营模式的充分自由，这或许还能大幅提高公司价值。事实上，这两种情形差异巨大，甚至你可以理解为，这是把同一只股票放在两个完全分隔的市场上出售：一个是你我交易基于未来现金流的少数股权市场；另一个则是微软和其他收购方交易公司控制权的市场。后者即控制权市场，它包含一笔同时获得两种权利的交易：除了对未来现金流量的请求权，这个市场上的购买方同时获得按照自身意愿重新构建公司的特权。鉴于两个市场所交易的股票是两种不同的资产，因此它们自然要按不同的价格出售。

[①] 或者说缺乏流动性。

[②] Shannon P. Pratt, Robert F. Reilly, and Robert P. Schweihs. *Valuing a Business: The Analysis and Appraisal of Closely Held Companies*. 5th ed. New York: Irwin/McGraw-Hill, 2007.

一、控制权溢价

图 9.2 用图形展示了这个双层市场。从少数股权投资者的角度来看,图中以 m 表示公司股票的公允市场价值,即在给定现有管理与战略条件下能给股票带来的现金流量的现值。然而,对于谋求控制权的公司或个人而言,公司的 FMV 在 c,它可能远高于 m。差值 $(c-m)$ 就是控制权的价值,它是收购方为获得控制权所应该付出的、超过少数股权公允市场价值的最高溢价,同时也是收购所创造的预期股东价值的增值部分。当收购方为目标公司付出了 FMV_c 时,被收购方股东获得了所有的新增价值;而在任何低于 FMV_c 的价格上,收购方股东也将获得部分的新增价值。因此,FMV_c 是收购方能承受的最高收购价格。换句话说,它是使收购方的收购净现值为零的价格临界点。

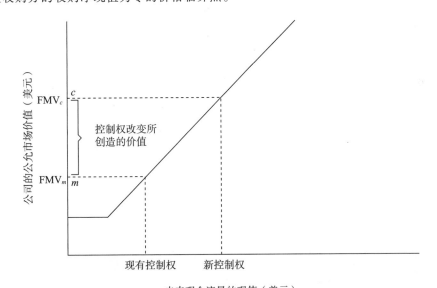

图 9.2 公司对寻求控制权的投资者的 FMV 可能超过对少数股东的 FMV

1. 什么因素决定控制权溢价

有两种方式可以确定收购方到底能够承受多大的控制权溢价:一种方式是按部就班法。首先按收购发生的情形计算,再假设收购不曾发生,两个情形对比之后进行估值。两种情形下的价值之差就是收购方能够付出的最高溢价。另一种更取巧、更实用的方法侧重于分析收购的预期收益,用公式表示为:

$$FMV_c = FMV_m + 新增价值$$

其中,c 和 m 分别表示控制权和少数股权的利益。这个公式说明公司控制权价值等于当前管理模式下的公司 FMV_c,或者是经常所说的企业独立价值(stand-alone value),加上新买主的远见卓识所能带来的价值增值。要是买主现在和将来都不打算对企业的生产经营做任何调整,则新增价值为零,那就没有任何理由支付超出企业独立价值之外的溢价(即公式中的新增加值)。此外,假如买主确信两家企业的合并将会创造出带来巨额利润的商机,新增价值可能就相当大。

从概念上说，为收购带来的新增价值贴上价格标签本应是一项简单的任务：列出收购能够增加自由现金流量的细目清单，估计所涉及的自由现金流量的金额和时点，计算它们的现值，加起来就是：

$$新增价值 = PV(所有因收购而引起的新增价值变动)$$

2. 上市公司的控制权利益

当被收购的是上市公司时，我们可以对 FMV_c 的表达式进行简化。我们假设，目标公司股票价格在收购前近似于它的 FMV_m，或者当我们无法察觉股价不合理时，表达式可以简化为：

$$FMV_c = 公司的市场价值 + 新增价值$$

其中，公司的市场价值我们早已熟知，即股票的市场价值加上债券的市场价值。

用这个公式评估目标公司价值的一个独特优点，就是它把人们的注意力集中到收购预期带来的具体改进上，集中到为此所应支付的最高价格上。这一点能降低亢奋的买主在激烈竞价与超支之间冲昏头脑的可能性。换句话说，它有助于买主在谈判过程中控制非理性情绪。

表 9.3 表明，非理性情绪也许偶尔需要按捺一下。表中列示了 1995—2016 年美国公司收购数量以及支付的溢价中位数。注意，收购数量从 1995 年约 3,500 件的周期低点上升到 2006 年 10,600 多件的周期高点，然后在金融危机期间大幅回落，危机后又再创新高。同一期间内，超过 10 亿美元的大宗高价收购数量分布也遵循类似的模式，2007 年上升到 250 件的高点，金融危机期间快速回落，然后又再创新高。从收购溢价金额来看，每年的收购价格中位数都比收购公告前 5 天被收购公司股票价格高出 20%—40%。很明显，收购方对自己能从收购中榨取巨额新增价值的能力相当有信心。

表 9.3　1995—2016 年美国上市公司的收购数量和并购溢价中位数

年份	交易数量*	超过 10 亿美元的收购数量	公告前 5 天的溢价中位数**（%）
1995	3,510	74	29.2
1996	5,848	94	27.3
1997	7,800	120	27.5
1998	7,809	158	30.1
1999	9,278	195	34.6
2000	9,566	206	41.1
2001	8,290	121	40.5
2002	7,303	72	34.4
2003	7,983	88	31.6
2004	9,783	134	23.4
2005	10,322	170	24.1

(续表)

年份	交易数量*	超过10亿美元的收购数量	公告前5天的溢价中位数**（%）
2006	10,660	216	23.1
2007	10,559	250	24.7
2008	7,807	97	36.5
2009	6,796	78	39.8
2010	9,116	153	34.6
2011	9,519	163	37.8
2012	9,610	198	37.1
2013	8,777	172	29.7
2014	11,240	258	28.7
2015	12,012	272	29.6
2016	11,657	284	33.1

注：* 公告的并购净交易数量；** 溢价以卖方在首次公告前5天的收盘价为基数计算，本列数据剔除折价收购的数值。

资料来源：*2017 Mergerstat Review*，Factset Mergerstat, LLC, Newark, 2017. Factset Mergerstat Global Mergers and Acquisitions Information. Newark, NJ. 800-455-8871, factset.com.

二、重组的财务原因

我们的结论（至少是我得出的结论）是，当出于收购目的而进行上市公司价值评估时，最好的办法是把因收购而获得的所有利益的现值加到目标公司的当前市场价值上。"那么，"你可能敏锐地问，"什么样的利益才会触发收购或其他形式的重组？"与这份答案相关的事项清单可能非常长，范围从制造、营销、渠道推广或管理费用的预期节约到能够更有效地进入金融市场从而增加投资机会。对于不同的并购，企业所设想的价值来源各不相同。所以，与其试图列举重组可能带来的无数可能的好处，我更愿意将重点集中在提升潜在价值的三个财务动因上。这三个动因非常普遍且富有争议，我把它们称作利息税盾、激励效应和控制自由现金流。

1. 利息税盾

许多收购与重组，特别是那些涉及成熟、缓慢增长企业的收购重组，最初似乎总是受利息抵税等欲望驱动。正如第六章所述，利息税盾作用减少了公司的税费，因而可以增加价值。近期的税收策略被称为税负倒挂。为了在全球范围内寻求更低的税率，同时又能不诱发高额国内税，一家美国公司打算重新部署其海外收益结构。于是，它收购了一家位处低税率国家（如爱尔兰）的公司，采用目标公司的海外注册地址就能享受相应的税收优惠。如果你一听就蠢蠢欲动，马上准备收拾行李，出发前我得提醒一下，目前尚不明确美国国会能允许这个漏洞继续存在多久。

亲吻癞蛤蟆的魔法

奥马哈市（Omaha）的标杆人物沃伦·巴菲特把公司高管愿意支付巨额控制权溢价的原因归结为三个极度人性化的因素：一是充沛的动物情感，二是对公司的规模而非获利能力的无理痴迷，三是幼年时过于沉迷于"被囚禁的英俊王子得到美丽公主的一吻之后终于从癞蛤蟆的身体内解放出来"之类的故事。在并购这个现实版童话故事里，美丽公主就是高管，他们确信自己的管理性"魔法之吻"将为目标公司的获利能力带来奇迹。这有何依据？巴菲特深表怀疑。当一家公司通过购买少数股权就能完全避免控制权溢价时，为什么它还要为控股另一公司而支付溢价呢？

"换句话说，投资者总是能够按照癞蛤蟆的市价购买癞蛤蟆。要是投资者反倒给那些愿意自掏腰包亲吻癞蛤蟆的公主提供资助，那真是太可疑了，我觉得最好在那些吻上混合一点真正的甘油炸药。我们看过太多的'亲吻'，但见证'癞蛤蟆变王子'的奇迹却太稀罕了。然而，许多管理层的'公主们'明明看到自家公司后院已经深陷及膝深的癞蛤蟆泥潭却毫无反应，仍然对自己的'魔法之吻'深信不疑。"

资料来源：沃伦·巴菲特，伯克希尔-哈撒韦公司1981年财务报告。

为了解释利息税盾的吸引力，我们来考虑马修制造（Mature Manufacturing，2M）公司的重组。2M是一家成熟的上市公司，相关数据如下：

2M 公司	
年度 EBIT（百万美元）	25
股权的市场价值（百万美元）	200
有息债务（百万美元）	0
税率（%）	40

全球投资（Global Investing）公司认为，2M公司的管理层可能对一宗杠杆收购（LBO）感兴趣，便与之接洽，提议设立一家新公司NEWCO，以便在公开市场上全数收购2M公司股票。由于2M公司的现金流非常稳定，全球投资公司估计它能够以10%的利率借入一笔1.9亿美元、10年期的贷款，以提供大部分的收购资金。前5年，贷款只需偿还利息。长远一点，全球投资公司认为，每年1,000万美元的利息费用对2M公司来说简直易如反掌。若以12%的利率贴现，NEWCO公司预计税盾价值如下：

（单位：百万美元）

年限	利息费用	税率为40%时的税盾
1	19.00	7.60
2	19.00	7.60

（单位：百万美元） （续表）

年限	利息费用	税率为 40%时的税盾
3	19.00	7.60
4	19.00	7.60
5	19.00	7.60
6	19.00	7.60
7	15.89	6.36
8	12.46	4.98
9	10.00	4.00
10	10.00	4.00
按 12%的利率贴现，第 1—10 年的利息税盾现值		38.87
按 12%的利率贴现，第 10 年及以后的利息税盾现值		10.73
合计		49.60

忽略因财务杠杆上升而增加的财务困境成本，这些数据表明，NEWCO 公司可以把购买 2M 公司的竞价抬高到 2.496 亿美元(2 亿美元的单独价值 + 0.496 亿美元的新增税盾价值)，溢价超过当前市场价格的 25%。而且，按此价格计算，全球投资公司需要自掏腰包的权益投资仅为 5,960 万美元(2.496 亿美元的收购总价 – 1.9 亿美元的新负债)，这意味着收购后负债资产率达到 76%。杠杆收购真是名副其实！

当然，杠杆重组中利息税盾价值的最终判断，取决于节税利益与财务困境成本之间的权衡，如第六章所述，你需要做两者比较的定性分析。如果债务大幅增加，吓跑了客户，赶走了债权人，从而使得竞争对手更胆大妄为，节税利益就不见得有很大的吸引力了。

请注意，假如以增加利息税盾为目标，那么杠杆收购不是唯一可行的方式。简单地发行债券，再把债务所得以特殊股利或股票回购的方式派发给股东，2M 公司可以获得差不多同样的效果。这就是科尔特工业（Colt Industries）公司采用的策略（详见第六章）。当时，科尔特工业公司发行了一笔巨额的债券用于派发特殊股利，结果落下 16 亿美元的长期债务，股东权益账面价值降至-1.57 亿美元。但如果你有偿付这些债务的现金流量，那么即使债务如山又有何惧？况且，如果你自己不害怕，而债权人在你的公司里又有如此重大的利害关系，我猜他们一定更像是合伙人而不是警察。

杠杆收购也未必一定涉及接管。许多杠杆收购是由现任高管发起的，他们联合外部投资者，买入自家公司的所有股票，并将之私有化（现任管理层积极参与的杠杆收购被称为管理层收购，简称 MBO），即管理人员拿出自己的资金来冒险，以换取重组后获得公司较大规模的股权。

2. 激励效应

很显然，税盾利益只是一场零和游戏：股东赢了，"我们，人民"（按美国财政部的叫法）却输了。如果避税是收购和重组唯一的财务收益，那么它绝不会引起公众如此认真的关注。我们不如取消利息的税收优惠，回去干点制造产品、提供劳务的活，而不是摆弄股票和债券，那样对社会和经济更有贡献。

另外两个提高并购价值的潜在动因可不是这么容易就可以忽略的。这两个动因都涉及自由现金流，而且都源于同一种信念：重组将强有力地影响高管所面临的绩效评价和激励。为了更详细地考察重组的激励效应，让我们回到 2M 公司的例子。

重组前，2M 公司一名高管的生活是很让人羡慕的。由于公司现金流非常稳定，业务成熟，没有负债，经理们没有迫切的压力来提升业绩。他们给自己和员工支付报酬时都特别慷慨大方，向慈善事业提供的捐款也特别可观；而且，要是董事长喜欢，还可以赞助一辆 Indy 赛车或一架水上飞机。再或者，假如高管想要让 2M 公司业绩有点增长的话，直接收购其他企业就行了。这其中肯定有些投资不够经济，不过，嗨——只要现金流足够雄厚，又有什么他们不能做的呢？

塞缪尔·约翰逊（Samuel Johnson）曾经说过："两个星期后即将被处以绞刑，这会让人的思想极度活跃，充斥各种奇思妙想。"重组可能也有类似的效应，因为它从根本上改变了 2M 公司高管的处境：在重组后的新公司里，由于高管可能已经把个人的大部分资产投资到新公司的股票上，他们的物质福利与公司经营的好坏紧密联系起来。而且，重组产生的巨额债务负担迫使高管要么能够创造出更加健康的现金流，要么面临破产威胁——2M 公司再也没有"铁饭碗"了！股权的胡萝卜与可能破产的大棒①，极大地激励着管理层去实现自由现金流最大化，并让其服务于股东利益。

3. 控制自由现金流

除了税盾利益和高杠杆的激励效应，促进重组的第三个可能动因在于，人们认为上市公司的运营经常背离了股东利益。基于此观点，获得此类公司的控制权，然后将业务重心调整回"为股东创造价值"这一单一目标上就足以创造价值。这一观点的粉丝将股东与管理者之间的关系看成是一场为争夺公司自由现金流而进行的拉锯战。当股东占上风时，公司全力追求股东价值的最大化；但是当管理者稳坐主导位置时，"增加股东价值"就从唯一目标沦为公司多个互不相容的目标之一。在这场拉锯战中，股东已经输了五十多年，直到 20 世纪 80 年代中期，恶意收购的出现终于使股东获得了压倒性的胜利，从而迫使公司重组。根据这种观点，80 年代后半期的恶意收购和重组，不仅对股东有利，而且对整个经济发展都有利——因为股东若能迫使管理层增加公司价值，经济资源就会得到更有效率的配置。

发生在成熟或衰退行业里的许多恶意收购事件，与这种（股东与管理层）对立的公司治理观点一致。由于这些行业的投资机会很少，以至于行业内的企业往往累积了大量的自由现金流。与此同时，行业的衰退也让高管真心担忧企业的存续问题。尽管从纯粹的财务角度看，最佳策略可能是压缩或终止业务，但管理层经常会采取另一种策略。也许出于对

---

① 胡萝卜和大棒是公司治理中激励和约束管理者的惯常比喻。——译者注

企业坚定的责任感以及对员工、社区和自身福利的关心，尽管收益不佳，某些管理者仍对企业进行了再投资；或者尽管毫无胜算可言，但他们还是进入了新的行业。在这些情况下，重组的目的可以说简单粗暴：把自由现金流的控制权从管理者手中夺走，并交回到股东手中。

避免每股收益的稀释效应

要确定一家公司能为收购另一家公司出价多少，有一种非常流行的变通方法，那就是着眼于收购事项对收购方每股收益（EPS）的影响。介绍这个方法除了因为它非常流行，就没有别的理由了。因为它过分简化了收购的财务影响，而且建立在一种不甚恰当的决策标准之上。

假设下表是某次股份互换并购中收购方 A 公司及其目标公司 T 的数据，即 A 公司将向 T 公司的股东提供新发行的 A 公司股票，用于交换他们手上 T 公司的股票。

	A 公司	T 公司	合并公司
收益（百万美元）	100	20	130
股票数量（百万股）	20	40	26
每股收益（美元）	5	0.50	5（最小值）
股票价格（美元/股）	70	5	
股权市价（百万美元）	1,400	200	

建议的决策标准是，A 公司应该避免 EPS 被稀释。假如合并公司收益预计可达 1.3 亿美元，上表数据显示，为了保证 EPS 不被稀释，A 公司最多发行 600 万股［（1.3 亿美元／5 美元）－2,000 万股］股票。在每股 70 美元的价格水平上，这意味着付给 T 公司的最高价格为 4.2 亿美元（70 美元 × 600 万股），或者说最高溢价 110%［（4.2 亿美元－2 亿美元）／2 亿美元］。它还表明，T 股对 A 股的最大换股比率是 0.15(600 万股／4,000 万股)。

这种过度简化方法最大的缺陷有：第一，收益①不是决定价值的现金流；第二，仅仅根据一年的经营业绩做收购决策，决策信息是很不充分的。这样做相当于在投资决策中只分析项目下一年能够带来利润就贸然决定投资了。要是 T 公司的增长前景足够好，那么牺牲眼下的 EPS 以换取长期的收益可能是非常合理的。这不就是微软收购领英的例子吗？

数十年来，学者们一直在努力铲除投资评估中的这类错误观点，但它们像杂草一样，总是春风吹又生。请看《华尔街日报》关于 1998 年戴姆勒-克莱斯勒公司合并案的报道："（这起）跨国并购实际上是典型的换股交易收购，这种交易方式的流行使得 20 世纪 90 年代收购一度非常兴盛。换股交易使用于己有利的会计计量方法进行合并，其中买方具有较

---

① 每股收益（EPS）里的收益，实际上是会计意义的净利润，而不是现金流量。——译者注

高的市盈率，这让具有较低市盈率的卖方获得增值从而'容易接受'。据分析师称，克莱斯勒公司的市盈率长期以来为 8 倍左右，最近才爬升到 9 倍。与此同时，戴姆勒公司的市盈率超过 20 倍，这使买方看似有'财力'，即使按 11—12 倍的市盈率支付收购价，交易仍具有'增值性'，或有利于新的戴姆勒-克莱斯勒公司的盈利性。"在实践中，公司价值评估是很困难的一件事，但是无论如何都没有理由仅仅为了容易处理而使用有缺陷的方法。

资料来源：Steven Lipin and Brandon Mitchener, "Daimler-Chrysler Merger to Produce ＄3 Billion in Savings, Revenue Gains Within 3 to 5 Years", *The Wall Street Journal*, May 8, 1998.

你可能会问，现任管理层最初是怎样获得公司控制权的？理论上，管理层没有能力对抗股东，理由是：第一，一家公司要是在竞争激烈的市场上运营，管理层就没有太多的自由裁量权，他们必须最大化公司价值，否则就会在行业中被淘汰；第二，所有公司都设有董事会，其有权聘请和解雇管理层，有责任代表股东利益行事。

然而，理论经常脱离现实。许多公司在不完全竞争的市场上运营，而许多公司的董事会也不是股东有效、独立的代言人。在高管和公司董事中有一种流行的观点：董事会最主要的职责是帮助在任管理层管理公司，而不是代表股东的利益。这一观点居然常常得到法院支持。结果，董事与管理层的关系相比董事与股东的关系更密切。一些董事是公司内部人士，另一些董事则与企业有着除所有权以外更重要的联系——他们获得董事会席位更多地归功于 CEO 而不是股东。所以，这样的董事会也许能帮忙整理公司货架上的存货，但谁也不会说要把整个商店给卖了。

董事不代表股东利益的另一个原因，可以从董事会成员的遴选程序中看到端倪。在绝大多数情况下，每年发送给股东的有关代理表决权资料里都会附上一份由管理层提名的单一、无异议的董事候选人名单。更有甚者，股东不能投票反对此人当选，而只能不支持他当选而已。心怀不满的股东角逐董事会席位的唯一方法，就是动议提出自己的候选人，并自己砸钱来竞选，在受托人表决权竞争中与管理层的提名候选人对抗。与此同时，管理层却可以动用公司的资金来击败反对派的候选人。无怪乎管理层能有效控制大多数公司的董事会了。

2010 年，随着《多德-弗兰克法案》的通过，美国证券交易委员会（SEC）试图强制企业在某些特定的条件下，接受股东的有限提名以弱化管理层对董事会选举的控制。然而，一家联邦上诉法院在这项有争议的规定实施前就将其驳回了。

要求对受托人表决权争夺实施监管，是积极投资者倡导的一项长期的、激进的股东权利运动的产物。在恶意收购盛行的年代，这些投资者从不同寻常的高收益率中尝到了控制权带来的大甜头，找到了挑战在任管理层控制自由现金流的新方法。与 20 世纪 80 年代的恶意收购不同，这些积极投资者的目的并不是控制目标公司，而是希望威慑管理层采取他们认为有利于提高股东价值的行动。这些行动通常包括：用多余的现金回购股票、出售业绩表现不佳的资产，或者将公司整体出售。大部分人认为，激进股东主义始于股东们郁闷地发现，很多公司被收购后采取了一些并不难实施的策略就价值飞升，而这些策略原来的管理层也同样可以轻松实施。活跃的投资者的目标是提供管理层改革的必要推动力，或者正如他们的核心活跃分子卡尔·伊坎（Carl Icahn）所说："我们和那些杠杆收购者做同样的事情，不同的是我们谋求的是全体股东的福祉。"

激进股东主义运动真的有效果吗？证据表明：是的，有效果。艾普·克莱恩（April Klein）和伊曼纽尔·祖尔（Emanuel Zur）在2009年研究了151名代表激进股东主义的对冲基金和154名其他类型激进股东主义者的代理表决权争夺活动。对冲基金是一种监管不甚严格的私人合伙制企业，在过去几十年中蓬勃发展，据称到2016年已超过8,000家。他们的研究发现，根据样本的不同，激进股东主义者一旦公布拟争夺控制权的目标公司，该公司在公告日前后就能获得5.1%—10.2%的超常收益率，并在随后一年中获得11.4%—17.8%的累计超常收益率。他们还发现，60%—65%的激进股东主义者成功地让在任管理层默默地接受了他们的要求。最近的一篇文献综述了三十多年来73项有关激进股东主义的研究结果，也得出了类似的结论。[①]

随着研究主题的不断探索和深入，管理层是否应该承担更广泛的社会责任，而不仅仅是简单地为股东创造价值，这是其中最令人感兴趣的问题。然而，像许多重要的社会议题一样，这个问题的解决更多的是依靠权力而不是逻辑基础。在整个20世纪的大部分时间里，在任管理层拥有了泛化地解释其职责的权力，并且将股东视作对公司具有求偿权的若干群体之一。在恶意收购的年代，权力的天平突然向股东倾斜。尽管公司已经竭力消除恶意收购的威胁，但活跃的股东及其盟友（活跃的董事会成员）的崛起恰恰说明这场战争远未结束。

第五节　经验证据

最后一个问题是：公司重组能否创造价值？它们能否给社会带来好处？总体上说，答案是肯定的。首先看并购，表9.3显示，收购公告后5天收购溢价的中位数为20%—40%。毫无疑问，被收购公司的股东从并购中得到的好处相当可观。至于收购方股东是否同样从中获益，这个问题一直悬而未决。在回顾了过去三十多年的大量研究后，罗伯特·布鲁纳（Robert Bruner）认为，总的来说收购方股东也会从中获益，但平均收益很小，而且波动幅度很大。[②]

关于杠杆收购能否创造价值的问题，迄今为止最好的早期成果是芝加哥大学的史蒂

[①] April Klein and Emanuel Zur, "Entrepreneurial Shareholder Activism: Hedge Funds and Other Private Investors", *Journal of Finance*, February 2009, pp. 187–229. See also Mathew R. Denes, Jonathan M. Karpoff, and Victoria B. McWilliams, "Thirty Years of Shareholder Activism: A Survey of Empirical Research", *Journal of Corporate Finance*, March 2016.

[②] Robert F. Bruner. *Applied Mergers & Acquisitions*. New Jersey: John Wiley & Sons, 2004.

夫·卡普兰（Steven Kaplan）所做的研究。他考察了1980—1986年的48宗大型管理层收购。[1] 卡普兰首先研究营运资产的收益率，发现相对于整个行业的业绩表现，在收购后的两年里，收购方样本公司的经营资产收益率平均[2]增加了36.1%，可以说相当可观。其次看资本支出，同一期间内，收购方的资本支出与总资产之比（经行业调整）降低了5.7%，但在统计上不显著。这两个数字说明，收购方公司改善了经营业绩、减少了投资。随后，卡普兰进一步发现，在并购后的两年内，典型的收购方公司将自由现金流（经行业调整）占总资产比率大幅提高了85.4%。很显然，增加股权的"胡萝卜"和还债负担的沉重"大棒"确实让公司业绩成为管理层关注的焦点。股东的实际回报率同样令人印象深刻。在48个样本公司中，卡普兰只找到25家公司的并购后估值数据，因为它们有的公开发行了新股，有的回购了股票，有的被清算，有的被出售。卡普兰意识到，这25个样本是研究的重点对象，并从中观察到不俗的业绩表现。从收购日到评估日，平均约2.6年，这一期间各类资本经市场调整收益率的中位数为28%。让人震惊不已的是，这些公司的平均内部权益收益率高达785.6%。这又一次证明了当业务顺利时，大量运用财务杠杆的威力。

最近的一些研究表明，尽管卡普兰在三十多年前观察到的那些令人吃惊的数字已经大幅减少，杠杆收购依然产生了优秀的业绩表现。[3] 通过分析1990—2006年的94宗杠杆收购案，研究发现经市场和风险调整的收益率中位数达到40.9%。研究人员将其归因于经营业绩的改善、行业估值倍数的提高、更高财务杠杆带来的税盾利益。有趣的是，这项研究还发现，若收购公司在收购后不久就更换CEO或财务杠杆率很高，业绩改善幅度就是最大的。显然，有力的监督和沉重的偿债义务确实能调动管理层全心全意地投入工作。

总而言之，相关证据表明，公司重组并不仅仅是图谋税收优惠的小把戏；相反，收购发生后强化了管理层激励，确实刺激了公司业绩表现的提升和股东价值的显著改善。[4] 这些研究除了解释为什么收购如此盛行，也向那些认为只有管理层才能控制（美国）公司的人提出了严峻的挑战。

第六节　领英公司收购案

分析到这里，微软收购领英这个案子也不再有什么神秘色彩了。考虑到领英是一家现

---

[1] Steven Kaplan, "The Effects of Management Buyouts on Operating Performance and Value", *Journal of Financial Economics*, October 1989, pp. 217-254.

[2] 采用的是中位数。——译者注

[3] Shourun Guo, Edith S. Hotchkiss, and Weihong Song, "Do Buyouts (Still) Create Value", *Journal of Finance*, April 2011, pp. 479-518.

[4] 希望对公司重组有更全面的认识，可以参阅 Espen B. Eckbo, and Karin S. Thorburn, "Corporate Restructuring: Breakups and LBOs", *Handbook of Corporate Finance*: Empirical Corporate Finance, Vol. 2, 2008, pp. 431-496. 还可以参阅 Robert S. Harris, Tim Jenkinson, and Steven N. Kaplan, "Private Equity Performance: What Do We Know", *Journal of Finance*, September 2014, pp. 1851-1882.

任管理层领导下的独立法人,合并前每股 131 美元的价格是对于少数股权投资者的价值,而微软支付的每股 196 美元的价格则包含了相当可观的控制权溢价。显然,这两个价格可能都是正确且合理的。有人可能仍好奇,微软付给领英的价格到底是太高了还是太低了?我可以向你保证,为了给领英定价,微软和领英都做了大量类似于本章介绍的价值评估工作,当然还包括付给投资银行 5,000 万—6,500 万美元的咨询费。不过,这些估值过程中的假设和预测是否精确,我们仍拭目以待。

一个愤世嫉俗的人可能会说,微软收购领英只不过是一个购买增长的典型案例。多年来,微软一直主宰着个人电脑软件,但这个市场正在迅速走向成熟,微软面临成为下一个惠普或 IBM 的风险。领英虽然没有赚到多少钱,但是每年增长 20%—40%,而拥有大量现金的微软希望能抓住这些闪电般转瞬即逝的机会。对微软并购动机更现实的解释是,领英不仅仅是一道闪电,它已经拥有超过 4 亿专业会员,这些人是微软软件产品的主要用户,也是微软新业务 Azure 云平台的天然客户,领英还能给微软人工智能计划提供大量的客户数据。另外,作为硅谷的中坚力量,领英能帮助微软强化与硅谷核心圈的联系。领英的创始人、业内知名人士里德·霍夫曼(Reid Hoffman)在并购后不久就加入微软董事会,这绝非巧合。对于微软的并购意图,想象力更丰富的人可能的解释为:将软件设计、云计算和职业社交网络整合到一个组织内,并创造出一种独特的创新方式。当然,具体是怎样的一种创新方式,尚未可知。

和许多年轻的科技公司一样,领英对投资者最大的吸引力是增长。如果领英增长足够迅速,投资者就愿意忽略它的收益不足。但在 2016 年 2 月,领英股价单日下跌 40%,仅仅因管理层预测的盈利增长低于市场预期。就在这个时候,领英和微软启动了正式的并购谈判。这可能并不是巧合。在谈判成功前,领英股价从盈利预测疲软前的每股 225 美元的高点,持续下跌至略高于每股 100 美元。显然,对于领英的股东来说,马上能到手的现金,尤其是溢价 50% 的现金,开始变得比独立经营职业社交网络的前景更好。更糟糕的是,为了吸引和留住顶尖人才,领英一直积极地施行股票薪酬计划。这种做法多年来一直行之有效,但随着公司股价暴跌,员工财富随之缩水,人们开始越来越担心公司能否留住士气低落的新员工。或许,与其冒着股价进一步恶化的风险,还不如锁定每股 196 美元的合理价格。

微软在谈判中遇到的唯一困难就是,如何应对软营(Salesforce)的竞争。软营是一家在云服务商业应用领域日益壮大的公司。微软和软营曾经是密切的合作伙伴,也曾两度考虑过合并,现在却成了竞标领英的激烈争夺者。领英一开始与包括软营在内的三家竞标者进行谈判,但在收到各家公司最佳报价后很短的时间内,它迅速将谈判锁定到微软一家公司上。按照惯例,如果双方无法达成协议,领英将重新对其他竞标者开放竞价,在此共识上,领英与微软的谈判有望达成协议。而此时,尽管收购要约被拒,但软营不愿意承认失败,并一再提高所谓的最佳报价,最终迫使微软将报价提高约 50 亿美元,领英董事会才同意接受微软的收购要约。然后,合并消息一公布,软营 CEO 马克·贝尼奥夫(Marc Benioff)马上声称,如果给软营一个机会,它的报价会比微软的收购价"高得多",言下之意就是微软和领英串通一气将软营排除在谈判之外。为了真正巩固"可怜失败者"的桂冠，软营随后向美国和欧洲的监管机构提出申诉，声称应以反垄断为由阻止或至少限制合并。用软营首席法律官伯克·诺顿（Burke Norton）的话来说，"考虑到微软历史和现在的垄断地位，反垄断执法机构有必要对这起收购进行干预，以确保微软的运营方式能促进竞争而非扼杀竞争"①。

尽管软营的愤怒没有激起什么浪花，但可以肯定的是，软营和领英不会很快再次讨论合并事宜。

本章附录　风险资本的估值方法

风险投资者是公司金融的航海探险家。风险投资者看到某些公司具备快速增长成为大公司的能力，于是在公司成立或早期阶段即进行高风险、高收益的投资。他们的投资期限通常为5年或6年，期末借助目标公司公开上市或卖给其他竞争对手而变现退出。为了管理风险，风险投资者通常分阶段进行投资，即公司必须达到事先确定的某个业务目标，才有资格获得下一轮融资。同时，风险投资者通常专攻某一轮融资，如初创阶段、早期阶段或夹层阶段。夹层融资指公司在公开上市或被收购前最后一轮的私募融资。在绝大多数情况下，随着融资一轮一轮地推进，新投资者面临的风险（即他们的必要收益率）会逐轮递减。

本章讨论的标准现金流量贴现估值技术并不适用于风险投资。第一，风险投资者注入的现金，旨在弥补公司短期的现金流缺口，并不适用于预测和贴现年度自由现金流量；第二，也是最为根本的原因是，公司估值的标准方法无法很好地适用于多阶段融资要求多目标收益率的特点。

风险投资者一般不用标准估值方法，而是采用更适合其需求的专门的现金流量贴现技术。本章的目的在于解释风险资本的估值方法以导出风险资本行业所使用的目标收益率，并为这些指标值看起来如此之高的现象提供若干解释。我们从一家公司仅需要一轮融资的简单例子开始，然后在此例的基础上，拓展考虑多阶段融资的现实情况。

一、风险资本的估值方法——单轮融资

杰里·克罗斯（Jerry Cross）和格雷格·鲁滨逊（Greg Robinson）是两位资深的计算机程序员，他们某天突发奇想并开发出新产品。很快，他们注册成立了一家名为ZMW的公司，并且共同拥有200万股普通股股票。克罗斯和鲁滨逊准备了一份详细的商业计划书，然后开始与风险投资者讨论如何给公司融资。商业计划书设想马上进行600万美元的风险

---

① Nick Wingfield and Katie Benner, "How LinkedIn Drove a Wedge Between Microsoft and Salesforce", *New York Times*, November 5, 2016.

投资，在第5年即可获得500万美元的利润，然后继续快速增长。计划书显示，在第5年开始产生正的现金流之前，600万美元足以应付公司经营及所有现金支出的需要。

在听完创业者的陈述之后，当地一家名为点石创投（Touchstone Ventures）的风投公司派来一名资深合伙人，表示有兴趣向ZMW公司提供600万美元资金，但要求得到339.3万股股票。他还顺便提到，报价意味着ZMW公司融资前的估值为353.7万美元，融资后的估值为953.7万美元。鲁滨逊决意不能露怯，他要求会见风险投资者并当面验证他所计算的数字，私下里他希望在这个过程中搞清楚风险投资者所谓的融资前估值和融资后估值究竟是什么意思。

表9A.1 A部分列出了风险资本采用的估值方法所得到的ZMW公司价值，大体上包括三个步骤：

第一步，在未来某一时点估计ZMW公司的价值（这个步骤往往基于传统的可比交易或可比交易推定法分析）；

第二步，根据风险投资者的目标内部收益率，将第一步里的未来值贴现为现值；

第三步，将ZMW公司的现值除以风险投资者的投资额，计算得到风险投资者所要求的股权比例。

表9A.1　风险资本的价值评估

	A部分：单轮融资					
事实和假设						
第5年净利润（千美元）	5,000					
第5年的市盈率	20					
0时点的融资额（千美元）	6,000					
点石创投的目标收益率（%）	60					
0时点的已发行股数（千股）	2,000					
现金流量和估值						
年数	0	1	2	3	4	5
投资额（千美元）	6,000					
ZMW公司第5年价值（千美元）						100,000
60%贴现率下第5年终值在0时点的现值（千美元）	9,537					
确保点石创投5时点获得目标收益率的股权比例（%）	**62.9**					
点石创投购买的股份[1]（千股）	3,393					
每股价格（美元）	1.77					
ZMW公司融资前估值（千美元）	3,537					
ZMW公司融资后估值（千美元）	9,537					
	B部分：两轮融资					
事实和假设						
第5年净利润（千美元）	5,000					

（续表）

第 5 年的市盈率	20
0 时点投资额（千美元）	6,000
2 时点投资额（千美元）	4,000
点石创投的目标收益率（%）	60
第二轮投资者的目标收益率（%）	40
0 时点的已发行股数（千股）	2,000

现金流量和估值

年数	0	1	2	3	4	5
投资额（千美元）	6,000		4,000			
第 5 年终值（千美元）						100,000
第二轮投资者						
40%贴现率下第 5 年终值在 2 时点的现值（千美元）			36,443			
确保第二轮投资者在 5 时点获得目标收益率的股权比例（%）			11.0			
点石创投						
60%贴现率下第 5 年终值在 0 时点的现值（千美元）	9,537					
确保点石创投在 5 时点获得目标收益率的股权比例（%）	62.9					
留存比率[2]（%）	89.0					
确保点石创投在 0 时点获得目标收益率的股权比例（%）	70.7					
点石创投购买的股份[1]（千股）	4,819					
每股价格（美元）	1.24					
ZMW 公司融资前估值（千美元）	2,490					
ZMW 公司融资后估值（千美元）	8,490					
第二轮投资者						
第二轮投资者购买的股份[1]（千股）			841			
每股价格（美元）			4.76			
ZMW 公司融资前估值（千美元）			32,443			
ZMW 公司融资后估值（千美元）			36,443			

注：[1] 如果 x 等于新投资者购买的股票数量，y 是当前发行在外的股票数量，p 是新投资者购买的股权比例，那么 $x/(y+x) = p$，$x = py/(1-p)$。[2] 留存比率 = 1 − 第二轮投资者持股比例 = 1 − 11.0%。

正如表 9A.1 A 部分显示的，点石创投接受创业者的预测——ZMW 公司在第 5 年能够盈利 500 万美元，然后把这一数额乘以 20 倍的合理的市盈率，得到公司的价值为 1 亿美元。此处使用的市盈率通常反映了最近其他风险资本融资所隐含的市盈率倍数，或同行业、相关行业上市公司目前所要求的市盈率倍数。

按照点石创投 60%的目标收益率，将第 5 年的价值贴现，得到 ZMW 公司的现值为 953.7 万美元[1 亿美元 ／ $(1+0.60)^5$]。反过来，这一数值意味着点石创投应该拥有 62.9% 的股权。此处的逻辑是：如果 ZMW 公司在该笔投资后价值 953.7 万美元，而点石创投为此贡献了 600 万美元，则它的股权比例应该是 62.9%（600 万美元/953.7 万美元）。为了验证这条逻辑，请注意，如果 ZMW 公司 5 年后价值达到 1 亿美元，点石创投持有的 62.9%股权的价值将达到 6,290 万美元，正好可换算成 600 万美元投资下 60%的内部收益率。

剩下的部分纯属代数计算。公司目前有 200 万股已发行普通股，点石创投需要得到 339.3 万股，这样点石创投持有 ZMW 公司的股权比例正好为 62.9%［339.3 万股／（200 万股＋339.3 万股）］，或者每股价格为 1.77 美元（600 万美元/339.3 万股）。如此一来，在点石创投投资（即 ZMW 公司融资）前，ZMW 公司估值为 353.7 万美元（1.77 美元 × 200 万股）；在点石创投投资后，ZMW 公司估值为 953.7 万美元（1.77 美元 × 539.3 万股）。

对于这个估值，克罗斯和鲁滨逊可能有两种看法：其一，他们非常吃惊点石创投只是提供了一些资金，其他啥也不做，就要求得到 60%的收益率；其二，他们很高兴点石创投给自己的"金点子"标价 353.7 万美元。

二、风险资本的估值方法——多轮融资

在估值日之前只有单轮融资的情况下，风险资本估值方法易于应用。但若出现多轮融资，情况则变得较为复杂，当然也更贴近现实。为了说明这一点，我们修改一下 ZMW 公司的例子，假设克罗斯和鲁滨逊的商业计划书需要进行两轮融资：第一轮的初始融资额为 600 万美元，第二轮为 400 万美元。由于第二轮融资时 ZMW 已是一家正常运营的公司，因此可以合理地假定，第二轮投资者所要求的投资收益率较低。基于点石创投的经验，让我们假设第二轮投资者"只"要求 40%的投资收益率。① 重新运算前面的数据，如表 9A.1 B 部分所示，现在点石创投对 600 万美元的投资要求获得 481.9 万股股票，即 ZMW 公司 70.7%的股权。

为得到这些数据，请注意，随后的每一轮融资都将稀释点石创投的股权。因此，在上一个例子中，现在仅仅持有 ZMW 公司 62.9%的股权是不够的。为了解决后续融资轮所产生的稀释效应问题，我们必须从最远的融资轮开始，将前文论述的逻辑递归地应用于每一融资轮。表 9A.1 B 部分显示，如果贴现率为 40%，那么对于第二轮投资者而言，ZMW 公司的价值将达到 3,644.3 万美元。所以，第二轮投资者将要求 ZMW 公司提供 11.0%（400 万美元/3,644.3 万美元）的股权以换取 400 万美元的投资。

一旦得到这个数值，就可以算出点石创投最初应持有的股权比例。我们知道，点石创投要求在第 5 年获得 ZMW 公司 62.9%的股权，因此第二轮的稀释效应要求必须在一定程度上相应提高这个比例。为了确定应提高的幅度，我们可以用 62.9%的目标股权比例，除以

---

① 当 A 轮（第一轮）投资者要求在全部投资期限内（包括过去三年）获得每年 60%的目标收益率时，为什么 B 轮（第二轮）投资者会满足于最后三年每年 40%的收益率呢？请注意，这些数字是平均收益（或者更正式地说，是内部收益率）。与 A 轮和 B 轮投资者的预期一致的一种情况是，创业者前两年的年平均收益率为 95.5%，后三年为 40%。这种模式可以满足 A 轮投资者 60%的年收益率和 B 轮投资者的 40%的年收益率的要求［$(1+0.6)^5$ = $(1+0.955)^2 × (1+0.4)^3$］。如果考虑到随着公司的发展风险逐渐降低，那么这种模式直觉上也是合理的。

所谓的留存比率（retention ratio）。此处的留存比率是 0.89（1-0.11），所以点石创投首轮融资要求的股权比例是 70.7%（62.9%/0.89）。留存比率的逻辑是这样的：设 y 表示点石创投最初的股权比例，则 $y - 0.11y = 0.629$，故 $y = 0.629/(1 - 0.11)$[①] = 70.7%。

以上推理可以扩展到任意数量的融资轮。对于第 i 轮融资而言，留存比率为：

$$R_i = (1 - d_{i+1})(1 - d_{i+2}) \cdots (1 - d_n)$$

其中，d_{i+1} 是第 $i+1$ 轮投资者的股权比例，n 是后续融资轮的总数。

由于本例只有一轮后续融资，点石创投的留存比率为（1 - 0.11）= 0.89。现在你应该清楚地看到，为什么必须从最远的融资轮倒推到最近的融资轮了吧。由于每轮融资的留存比率取决于所有后续轮融资所带来的稀释效应，因此如果不知道所有后续融资轮的情况，就无法计算出首轮投资者的初始股权比例。

一旦我们知道了每轮融资的股权比例，就可以很容易地算出公司股票价格及融资前后的公司估值。正如在表 9A.1 B 部分所提到的，首轮融资时，ZMW 公司的融资前（0 时点）价值为 249 万美元，第二轮融资时，它的融资前价值变为 3,244.3 万美元，对应的股票价格分别为每股 1.24 美元和每股 4.76 美元。

表 9A.2 验证了风险资本估值方法的有效性。在假设 ZMW 公司能够实现其商业计划的前提下，点石创投、第二轮投资者及创业者最终分别得到不同的现金流量（见表 9A.2）。请注意，这些现金流量正好满足了风险投资者所要求的目标收益率。还要注意，尽管创业者失去了绝大部分的公司股权，但五年内拥有价值 2,610.9 万美元的股权应让他们有所安慰。

表 9A.2 ZMW 公司投资者的预期收益率

	年数					
	0	1	2	3	4	5
点石创投						
自由现金流量（千美元）	(6,000)	0	0	0	0	62,915
内部收益率（%）	**60**					
第二轮投资者						
自由现金流量（千美元）			(4,000)	0	0	10,976
内部收益率（%）			**40**			
创业者						
创业点子的价值（千美元）	(2,490)	0	0	0	0	26,109
内部收益率（%）	**60**					
总计（千美元）						100,000

---

① 括号内的数值（即分母项）为留存比率。

三、为何风险投资者的必要收益率如此之高

首先,重要的是必须理解,风险投资者在具体投资个案上所要求的天价目标收益率与实际获得的收益率完全不是同一回事。尽管出于种种原因,要估计风险投资者实际获得的收益率很困难,但最新的、最可靠的估计表明,在调整风险和流动性差异后,风险投资者实现的收益率与可比的股票市场收益率之间并没有系统性的差异。[①] 部分行业领先的风投公司的投资收益率可能一贯表现良好,或者在某些年份,整个风投行业整体表现良好,但不能因此说风险投资者总是向合作创业者漫天要价。

为什么风险投资者的目标收益率这么高呢?这里至少有四种可能的解释:

第一,风险投资属于高风险的行业,高风险总是要求高回报。当风险投资者必须为每一笔投资认真筛选 100 多份提案而且每投资 10 个项目仅有 1 个或 2 个项目能让他们真正赚到钱时,目标收益率就必须高到足以补偿那些失败的项目带来的损失。

第二,高目标收益率也有其历史沿革。这些目标收益率长期以来一直保持较高水平,在经年累月的不断交易中,利用这些畸高的目标收益率吸引新资本的投入。

第三,风险投资者认为,在进行项目投资时,他们提供的远不只是金钱,还有很多附加服务。对于这些服务,他们也理应获得补偿。与收取咨询费、搭桥佣金和非经常性指导费的机构不同,风险投资者将此类服务费用捆绑进其要求的目标收益率中。

第四,高目标收益率或许是风险投资者与创业者之间动态角力的自然结果。风险投资者始终认为,在他们书桌上横七竖八的那些商业计划书全都过度乐观。且不说商业计划书里的那些数据难以可靠获得,光是计划书里忽略一家初创企业存在千百种可能"死法"这一点就是致命的。所以,商业计划书不是结果的预期值,而基本上是最乐观的情况。面对这样的预测,你说说,是去说服创业者把数据下调到更为合理的水平上,还是按计划书上的数值接受创业者的预测,然后根据放大后的目标收益率将其贴现比较简单呢?

"放大目标"策略背后有两股势力支持。从心理学上说,风险投资者更希望创业者为达成乐观目标而努力奋斗,而不是满足于一个虽然现实却低得多的目标。此外,从实践上说,风险投资者发现很难说服创业者相信其商业计划书过于乐观,因为创业者通常比风险投资者更了解行业和企业。风险投资者最好先在商业计划书的问题上通情达理地让步,然后要求较高的目标收益率以补偿可能的风险。这或许意味着一场不断升级的预测大战:创业者逐步提高他们的预测值,以抵消风险投资者人为地提高目标收益率的影响;而风险投资者再进一步提高目标收益率,以抵消创业者越来越不可信的预测。然而,这场战争不太可能发生。风险投资者擅长识别并滤掉过分夸张的预测,除非创业者真正相信自己的数据,否则他们几乎没有机会说服风险投资者相信这些数据的合理性。

[①] Steven Kaplan and Josh Lerner, "It Ain't Broke: The Past, Present, and Future of Venture Capital", *Journal of Applied Corporate Finance*, Spring 2010, pp. 36–47.

内容摘要

1. 评估公司价值
   - 是对公司的全部或者部分进行定价的艺术。
   - 是所有公司重组的核心原则,包括:
     - 杠杆收购、收购、大型股票回购、部门出售或购买、资本重组、拆分和剥离
   - 估值从回答以下三个问题开始:
     - 要评估的是公司的资产还是权益
     - 要评估的公司拟继续经营还是拟关闭
     - 要评估的是公司的少数股权(非控股股权)价值还是控股股权价值

2. 现金流量贴现估值法
   - 将一家公司看成是一个大型的投资项目(资本支出)机会。
   - 把目标公司的自由现金流量按公司加权平均资本成本进行贴现来估计它的现值。
   - 面临两大挑战:
     - 只有当目标公司是一家成熟企业时,才能直接估计预测期
     - 估计预测期的终值,可用的方法有清算价值、账面价值、合理的市盈率倍数、无增长永续年金或永续增长的年金

3. 可比交易推定估值法
   - 从可比上市公司的交易价格推定目标公司的估值。
   - 需要确定合理的价值指标,例如:
     - 市盈率
     - 市销率
     - 市值账面比
   - 缺乏市场流通性或需进行流动性折价调整,涉及控制权时要进行溢价调整。
   - 另一种类似的方法是可比并购估值法。

4. 控制权溢价
   - 是收购方需要支付的、高于企业独立价值的部分。
   - 不应超过买方期望的所有新增价值的现值。
   - 包含提升财务价值的三种潜能:
     - 增加税盾利益
     - 因所有权结构的改变而改善管理层的激励机制
     - 股东从管理层手中夺取自由现金流量的控制权

5. 经验证据表明,平均来说:
   - 并购能够增加股东价值。
   - 被收购方股东一般能获得20%—40%的并购溢价。
   - 收购方股东所得甚少或一无所得。
   - 杠杆收购能够提高公司经营绩效,并为收购方带来有吸引力的收益。

扩展阅读

Brotherson, Todd, Kenneth Eades, Robert Harris, and Robert Higgins. "Company Valuation in Mergers and Acquisitions: How is Discounted Cash Flow Applied by Leading Practitioners", *Journal of Applied Finance*, Vol. 24, No. 2, 2014, pp. 43-51.

基于对主要投行的访谈,研究者发现,咨询公司、学者和证券从业者将现金流量贴现技术用于公司估值的做法相当一致。

Bruner, Robert F. *Applied Mergers and Acquisitions*. New York: John Wiley & Sons, 2004. 1029 pages.

一部弥合理论与实践鸿沟的桥梁式巨著。内容涉及战略、发起并购提案、价值评估、并购的会计处理及并购后整合。

Gaughan, Patrick A. *Mergers, Acquisitions, and Corporate Restructurings*. 6th ed. New York: John Wiley & Sons, 2015. 688 pages.

平衡地看待公司的收购和重组,没有科勒

（Koller）的书那么专业、那么富有技术性，但所涉范围更广，不仅论及会计和法律方面，还包括历史回顾。

Kaplan, Steven N., and Richard S. Ruback. "The Valuation of Cash Flow Forecasts: An Empirical Analysis", *Journal of Finance*, September 1995, pp. 1059–1093.

现金流量贴现估值法的实证证据。研究者比较了 1983—1989 年的 51 宗高杠杆交易的预计现金流量的现值与随后的市场价值。现金流量贴现估值与市场价值的利差平均在 10% 之内。事实证明，现金流量贴现估值法至少和基于可比交易的估值一样准确。

Koller, Tim, Marc Goedhart, and David Wessels.*Valuation: Measuring and Managing the Value of Companies*. 6th ed. New York: John Wiley & Sons, 2015. 848 pages.

由麦肯锡公司（McKinsey & Company）的三位咨询专家撰写。这是一部关于公司估值的实用操作手册。你可以花 6 万美元让麦肯锡公司为你的公司做一次评估，也可以花大约 50 美元购买本书的平装版，然后自学如何进行估值。

专业网站

uValue Mobile

这个应用软件由纽约大学的 Aswath Damodaran 教授和达特茅斯大学的 Anant Sundaram 教授开发，可以帮助你使用各种方法评估公司价值，包括 WACC 软件和 APV。此外，应用软件中还包括债券估值和资本成本计算等工具。可在 iOS（在苹果应用商店搜索"uValue Mobile"）下载。

valuepro.net

这是一个基于 20 个输入变量的自由折现现金流估值模型。输入股票代码，Valuepro 就会根据 20 个变量的当前估计值对企业进行 DCF 估值。改变任何一个变量，看看股票价格是如何变动的。由宾夕法尼亚州立大学的三位教师开发。你还可以用它来评估某只股票是否被高估了。

Khanacademy.org

简单易懂的并购教程，依次选择"Economics and finance""Stocks and bonds""Mergers and acquisitions"栏目即可，也可以在 iOS 商店或 Android 免费的应用程序下载。

ecorner.stanford.edu

该网站由斯坦福科技风险投资计划资助，包含数百个播客和视频，其中包括脸书的创始人马克·扎克伯格（Mark Zuckerberg）和领英创始人里德·霍夫曼（Reid Hoffman）等名人的播客和视频，主题包括金融和风险投资、机会识别、市场营销等。

课后练习

1. 判断下面的论述是否正确？请简单阐述你的理由。

   a. 平均来讲，并购会破坏公司价值。

   b. 现金流量贴现估值法，是将目标公司的自由现金流量用收购方的资本成本进行贴现计算。

   c. 收购方公司应该愿意为管理优良的目标公司支付更高的控制权溢价，而不是管理较差的目标公司。

   d. 公司股票的清算价值通常为其股价设置了一个下限。

   e. 异常低的股价会刺激管理层发起管理层收购，将公司私有化。

2. 根据以下财务信息，计算帝王纺织品（Monarch Textiles）公司 2017 年自由现金流量。假设所有流动负债均为无息负债，且 2017 年未出售或处置任何固定资产。

(单位：千美元)

利润表		资产负债表项目（节选）		
	2017年		2016年	2017年
销售额	1,100	流动资产	300	400
销售成本	700	固定资产净值	100	200
营业费用	100			
折旧	50	流动负债	200	280
利息费用	50			
税前利润	200			
税额	80			
净利润	120			

3. 2007年7月，新闻集团（New Scorp）签署了一项协议，拟以每股60美元的价格收购道琼斯（Dow Jones）公司所有发行在外的股票。新闻集团并购之前，道琼斯公司股票价格为每股33美元，在外流通股票共计8,200万股，同时资产负债表中的有息负债为14.6亿美元。

a. 请估计这次并购对新闻集团股东而言的成本。

b. 新闻集团对道琼斯的控制权赋予了多少价值？

4. 下表显示了一个目标收购企业的预计自由现金流量。潜在的收购方希望在8%的贴现率下计算该目标企业的最高收购价格，并按4%的增长率用永续增长年金模型计算五年后的终值。

(单位：千美元)

年数	1	2	3	4	5
自由现金流量	−800	−400	0	200	700

a. 估算目标企业的最高收购价格。

b. 计算贴现率为7%、永续增长率为5%时，目标企业的最高收购价格。

c. 结合问题a和问题b的答案，请问当贴现率下降1%而永续增长率增加1%时，最高收购价格的变化百分比？

5. 以下是雷尼尔印刷（Rainier Printing）公司近期的利润表。

(单位：美元)

净销售额	10,000
销售成本	6,500
毛利	3,500
营业费用	1,200
折旧	600
营业利润	1,700
利息费用	300
税前利润	1,400
税额	420
税后利润	980

假设它在新设备上花费了630美元的资本性支出，增加了450美元的流动资产，不包含无息流动负债。请计算雷尼尔公司今年的自由现金流量。

6. 一位运动品制造商决定将业务扩展到周边产品。管理层估计，按现值计算，建设一套设计规模的设备，为之配备工作人员，并使其满载运行需要花费4.5亿美元。或者，该制造商可以收购一个具备现成产能的公司或分部。另一家公司恰好有这样一个分部，分部资产的账面价值是2.5亿美元，目前EBIT为5,000万美元。公开交易的各可比公司大约按EBIT的12倍进行交易，售价波动幅度不大。这些公司的账面资产负债率比平均约为40%，平均利率为10%。

a. 使用34%的税率，估计股东出售该分部的最低售价。

b. 收购方愿意支付的最高价格是多少？

c. 收购看起来可行吗？为什么？

d. 如果行业平均股价上升25%，平均市盈率达到15倍，问题c的答案会发生改变吗？为什么？

e. 考虑到该分部的重置价值为4.5亿美元，当公司和分部的市场价格升到它们的重置价值之上时，你预计收购会发生什么情况？

7. 费拉布什造船（Flatbush Shipyards）公司是一家无增长的公司，预计每年支付每股12美元的股利，权益资本成本是15%。新总裁厌恶这种没有增长、死气沉沉的现状，提出明年的股利减半为每股6美元，用省下来的钱收购另一家公司。他认为这个策略将促进销售，增加利润和资产。而且，他确信收购后第二年及以后各年的红利可增至每股12.75美元。

a. 你也认为收购能够增加销售量、利润和资产吗？

b. 估计一下在该总裁提出计划前一刻费拉布什公司股票的每股价值。

c. 估计收购计划公布后的即时股价。

d. 假如你是公司的股东，你会支持该总裁的收购计划吗？为什么？

8. a. 一家公司的自由现金流量在一年或几年内出现负值。这意味着什么？

b. 公司的FMV等于自由现金流量按公司的加权平均资本成本贴现后的现值。这一见解会因负的自由现金流量数值而以任何方式改变或失效吗？

c. 假定一家公司的自由现金流量在可以预见的未来任何时期均为负，你能设想出购买该公司股票的理由吗？

9. 普罗科朴斯（Procureps）公司正考虑两宗可能的收购，二者均不能保证任何增值或协同效益。V1是一家衰退行业中效益不佳的公司，市盈率为8倍。V2是一家高增长的科技公司，市盈率为35倍。普罗科朴斯公司对任何能增加每股收益的收购都有兴趣，它打算通过股份交换完成所有收购。

a. 计算下表中的问号位置的数值，评估普罗科朴斯公司愿意为V1和V2支付的最高溢价率。

b. 你在回答问题a时，对于采用"避免稀释每股收益"作为收购分析标准是否有更明智的建议？

公司	P	V1	P+V1	V2	P+V2
税后利润（百万美元）	2	1	3	1	3
市盈率	30	8		35	
股票市值（百万美元）	?	?		?	
股数（百万股）	1	1	?	1	?
每股收益（美元）	2	1	2	1	2
每股价格（美元）	?	?		?	
新发行股数上限（百万股）			?		?
新发行股票的价值（百万美元）			?		?
最高收购溢价（%）			?		?

10. Stryker是一家领先的医疗技术公司，总部位于密歇根州卡拉马祖，在纽约证券交易所上市交易。使用以下关于Stryker和其他七家类似公司（以股票代码表示）的信息，评估截至2013年12月31日Stryker公司普通股的价值。

Stryker公司

销售额（百万美元）	9,021
净利润（百万美元）	1,616
普通股股数（百万股）	378
息税前利润（百万美元）	2,163
税率（%）	22.3
权益账面价值（百万美元）	9,047
有息债务账面价值（百万美元）	2,764

	Stryker	BAX	BDX	COV	MDT	SNN	STJ	ZMH
Stryker 与可比公司的比较								
5年销售额的增长率（%）	6.1	4.3	2.4	0.6	4.2	2.7	4.7	2.9
5年每股收益的增长率（%）	8.4	3.0	0.9	3.5	11.6	7.7	17.8	4.5
分析师预测的增长率（%）	9.1	8.0	9.0	NA	6.6	9.9	10.7	8.4
利息保障倍数	15.6	12.2	7.8	10.8	12.0	81.2	10.7	15.0
总资产负债率（%）	42.5	67.2	58.5	53.6	46.4	30.5	57.0	34.2
总资产（百万美元）	15,743	25,869	12,035	19,619	37,231	5,819	10,248	9,581
价值指标								
市盈率	17.8	18.8	23.1	20.3	15.8	23.2	24.6	20.8
$MV_{公司}/EBIT(1-税率)$	18.5	21.7	23.9	20.5	17.9	23.5	28.1	21.5
$MV_{公司}/销售额$	3.5	3.1	3.1	3.5	4.1	3.0	3.9	3.8
$MV_{权益}/BV_{权益}$	3.1	4.5	4.2	3.3	2.9	3.2	4.1	2.5
$MV_{公司}/BV_{公司}$	2.0	1.8	2.1	1.8	1.8	2.3	2.1	1.8

MV 为市场价值，BV 为账面价值。市场价值按有息债务的账面价值+权益的市场价值估算。利润指第一年的会计利润。

11. 以下是都灵海运（Torino Marine）公司 4 年的预测数据。

（单位：百万美元）

年份	2018	2019	2020	2021
自由现金流量	-52	76	92	112

a. 估计都灵海运公司 2017 年年末的公允市场价值。假设 2021 年之后 EBIT 将保持在 2 亿美元不变，每年的折旧等于每年的资本性支出，营运资本保持不变。公司的加权平均资本成本为 11%，税率为 40%。

b. 如果都灵海运公司有 4,000 万股发行在外的普通股，且有息负债在估值日的市场价值为 2.5 亿美元，请估计 2017 年年末每股股票的公允市场价值。

c. 我们来尝试计算另一个终值。请根据以下假设，估计都灵海运公司 2017 年年末每股股票的公允市场价值。

(1) 自由现金流量在 2018—2021 年保持以上数值。

(2) EBIT 在 2021 年为 2 亿美元，之后以每年 5% 的增长率永续增长。

(3) 为了支持 EBIT 的增长，2022 年资本性支出比折旧多 3,000 万美元，且此差额也以每年 5% 的增长率永续增长。

(4) 营运资本 2022 年增加 1,500 万美元，且此数额也以每年 5% 的增长率永续增长。

d. 我们来求第三个终值。请根据以下假设估计都灵海运公司 2017 年年末每股股票的公允市场价值。

(1) 自由现金流量在 2018—2021 年保持以上数值，EBIT 2021 年为 2 亿美元。

(2) 2021 年年末，都灵海运公司趋于成熟，它的权益售价可按 2021 年的净利润乘以合理的倍数（同市盈率）获得。取 12 为合理的倍数。

(3) 2021 年年末，都灵海运公司有 2.5 亿美元的有息负债，平均利率为 10%。

12. 一家风险投资公司花 500 万美元购买了 40 万股初创公司的股票。如果此前初创公司已有 160 万股发行在外的股票，那么该公司融资前的价值是多少？融资后的价值又是多少？

13. 新风险投资公司通常在估值日预留 10%—20% 的股份用于未来的员工激励和股票期权。考虑第 5 年预留 20% 的公司股份，修订表 9A.1 B 部分的 ZMW 公司估值，并特别计算在这些修订的条件下，点石创投 A 轮融资应要求的股权比例。假设点石创投和 B 轮风险投资公司要求的目标收益率分别为 60% 和 40%。

14. 请利用以下资料，回答关于初创公司金锁之家（Surelock Home）存在的系列问题。假设估价日是第 6 年年末，第 6 年预计收益为 1,200 万美元，合适的市盈率为 20 倍。

融资轮次	金额（百万美元）	年数	必要收益率（%）
1	6	0	60
2	8	2	40
3	12	4	30

此外，金锁之家想要在第六阶段预留 15% 的股份作为员工奖励和股票期权。

a. 第一轮投资者在初始阶段投入 600 万美元，他们应该要求多大的股权比例？

b. 如果金锁之家目前已有 100 万股发行在外的股票，第一轮投资者在第一轮融资时应该要求多少股份？

c. 这意味着金锁之家 0 时点每股股票的隐含价值是多少？

d. 金锁之家在首轮融资之前的价值是多少？首轮融资之后的价值又是多少？

15. 可以从麦格劳-希尔的 *Connect* 或任课教师处下载 Excel 数据，里面包含了关于 Integrated Communications 公司收购 Fractal Antenna Systems 公司的信息。查看这些信息之后，回答相关的问题。

16. 可以从麦格劳-希尔的 *Connect* 或任课教师处下载 Excel 数据，里面提供了关于 Harley-Davidson 公司及其五个同行的信息。利用给定的信息估计 Harley-Davidson 公司的价值。

附录 A

1 美元的现值

期数 (n)	折现率 (k)											
	1%	2%	3%	4%	5%	6%	7%	8%	9%	10%	11%	12%
1	0.990	0.980	0.971	0.962	0.952	0.943	0.935	0.926	0.917	0.909	0.901	0.893
2	0.980	0.961	0.943	0.925	0.907	0.890	0.873	0.857	0.842	0.826	0.812	0.797
3	0.971	0.942	0.915	0.889	0.864	0.840	0.816	0.794	0.772	0.751	0.731	0.712
4	0.961	0.924	0.885	0.855	0.823	0.792	0.763	0.735	0.708	0.683	0.659	0.636
5	0.951	0.906	0.863	0.822	0.784	0.747	0.713	0.681	0.650	0.621	0.593	0.567
6	0.942	0.888	0.837	0.790	0.746	0.705	0.666	0.630	0.596	0.564	0.535	0.507
7	0.933	0.871	0.813	0.760	0.711	0.665	0.623	0.583	0.547	0.513	0.482	0.452
8	0.923	0.853	0.789	0.731	0.677	0.627	0.582	0.540	0.502	0.467	0.434	0.404
9	0.914	0.837	0.766	0.703	0.645	0.592	0.544	0.500	0.460	0.424	0.391	0.361
10	0.905	0.820	0.744	0.676	0.614	0.558	0.508	0.463	0.422	0.386	0.352	0.322
11	0.896	0.804	0.722	0.650	0.585	0.527	0.475	0.429	0.388	0.350	0.317	0.287
12	0.887	0.788	0.701	0.625	0.557	0.497	0.444	0.397	0.356	0.319	0.286	0.257
13	0.879	0.773	0.681	0.601	0.530	0.469	0.415	0.368	0.326	0.290	0.258	0.229
14	0.870	0.758	0.661	0.577	0.505	0.442	0.388	0.340	0.299	0.263	0.232	0.205
15	0.861	0.743	0.642	0.555	0.481	0.417	0.362	0.315	0.275	0.239	0.209	0.183
16	0.853	0.728	0.623	0.534	0.458	0.394	0.339	0.292	0.252	0.218	0.188	0.163
17	0.844	0.714	0.605	0.513	0.436	0.371	0.317	0.270	0.231	0.198	0.170	0.146
18	0.836	0.700	0.587	0.494	0.416	0.350	0.296	0.250	0.212	0.180	0.153	0.130
19	0.828	0.686	0.570	0.475	0.396	0.331	0.277	0.232	0.194	0.164	0.138	0.116
20	0.820	0.673	0.554	0.456	0.377	0.312	0.258	0.215	0.178	0.149	0.124	0.104
25	0.780	0.610	0.478	0.375	0.295	0.233	0.184	0.146	0.116	0.092	0.074	0.059
30	0.742	0.552	0.412	0.308	0.231	0.174	0.131	0.099	0.075	0.057	0.044	0.033
40	0.672	0.453	0.307	0.208	0.142	0.097	0.067	0.046	0.032	0.022	0.015	0.011
50	0.608	0.372	0.228	0.141	0.087	0.054	0.034	0.021	0.013	0.009	0.005	0.003

1 美元的现值 （续表）

期数 (n)	折现率 (k)											
	13%	14%	15%	16%	17%	18%	19%	20%	25%	30%	35%	40%	50%
1	0.885	0.877	0.870	0.862	0.855	0.847	0.840	0.833	0.800	0.769	0.741	0.714	0.667
2	0.783	0.769	0.756	0.743	0.731	0.718	0.706	0.694	0.640	0.592	0.549	0.510	0.444
3	0.693	0.675	0.658	0.641	0.624	0.609	0.593	0.579	0.512	0.455	0.406	0.364	0.296
4	0.613	0.592	0.572	0.552	0.534	0.515	0.499	0.482	0.410	0.350	0.301	0.260	0.198
5	0.543	0.519	0.497	0.476	0.456	0.437	0.419	0.402	0.320	0.269	0.223	0.186	0.132
6	0.480	0.456	0.432	0.410	0.390	0.370	0.352	0.335	0.262	0.207	0.165	0.133	0.088
7	0.425	0.400	0.376	0.354	0.333	0.314	0.296	0.279	0.210	0.159	0.122	0.095	0.059
8	0.376	0.351	0.327	0.305	0.285	0.266	0.249	0.233	0.168	0.123	0.091	0.068	0.039
9	0.333	0.308	0.284	0.263	0.243	0.225	0.209	0.194	0.134	0.094	0.067	0.048	0.026
10	0.295	0.270	0.247	0.227	0.208	0.191	0.176	0.162	0.107	0.073	0.050	0.035	0.017
11	0.261	0.237	0.215	0.195	0.178	0.162	0.148	0.135	0.086	0.056	0.037	0.025	0.012
12	0.231	0.208	0.187	0.168	0.152	0.137	0.124	0.112	0.069	0.043	0.027	0.018	0.008
13	0.204	0.182	0.163	0.145	0.130	0.116	0.104	0.093	0.055	0.033	0.020	0.013	0.005
14	0.181	0.160	0.141	0.125	0.111	0.099	0.088	0.078	0.044	0.025	0.015	0.009	0.003
15	0.160	0.140	0.123	0.108	0.095	0.084	0.074	0.065	0.035	0.020	0.011	0.006	0.002
16	0.141	0.123	0.107	0.093	0.081	0.071	0.062	0.054	0.028	0.015	0.008	0.005	0.002
17	0.125	0.108	0.093	0.080	0.069	0.060	0.052	0.045	0.023	0.012	0.006	0.003	0.001
18	0.111	0.095	0.081	0.069	0.059	0.051	0.044	0.038	0.018	0.009	0.005	0.002	0.001
19	0.098	0.083	0.070	0.060	0.051	0.043	0.037	0.031	0.014	0.007	0.003	0.002	0.000
20	0.087	0.073	0.061	0.051	0.043	0.037	0.031	0.026	0.012	0.005	0.002	0.001	0.000
25	0.047	0.038	0.030	0.024	0.020	0.016	0.013	0.010	0.004	0.001	0.001	0.000	0.000
30	0.026	0.020	0.015	0.012	0.009	0.007	0.005	0.004	0.001	0.000	0.000	0.000	0.000
40	0.008	0.005	0.004	0.003	0.002	0.001	0.001	0.001	0.000	0.000	0.000	0.000	0.000
50	0.002	0.001	0.001	0.001	0.000	0.000	0.000	0.000	0.000	0.000	0.000	0.000	0.000

附录 B

1 美元年金的现值

期数 (n)	折现率 (k)											
	1%	2%	3%	4%	5%	6%	7%	8%	9%	10%	11%	12%
1	0.990	0.980	0.971	0.962	0.952	0.943	0.935	0.926	0.917	0.909	0.901	0.893
2	1.970	1.942	1.913	1.886	1.859	1.833	1.808	1.783	1.759	1.736	1.713	1.690
3	2.941	2.884	2.829	2.775	2.723	2.673	2.624	2.577	2.531	2.487	2.444	2.402
4	3.902	3.808	3.717	3.630	3.546	3.465	3.387	3.312	3.240	3.170	3.102	3.037
5	4.853	4.710	4.580	4.452	4.329	4.212	4.100	3.993	3.890	3.791	3.696	3.605
6	5.795	5.601	5.417	5.242	5.076	4.917	4.767	4.623	4.486	4.355	4.231	4.111
7	6.728	6.472	6.230	6.002	5.786	5.582	5.389	5.206	5.033	4.868	4.712	4.564
8	7.652	7.325	7.020	6.733	6.463	6.210	5.971	5.747	5.535	5.335	5.146	4.968
9	8.566	8.162	7.786	7.435	7.108	6.802	6.515	6.247	5.995	5.759	5.537	5.328
10	9.471	8.983	8.530	8.111	7.722	7.360	7.024	6.710	6.418	6.145	5.889	5.650
11	10.368	9.787	9.253	8.760	8.306	7.887	7.499	7.139	6.805	6.495	6.207	5.938
12	11.255	10.575	9.954	9.385	8.863	8.384	7.943	7.536	7.161	6.814	6.492	6.194
13	12.134	11.348	10.635	9.986	9.394	8.853	8.358	7.904	7.487	7.103	6.750	6.424
14	13.004	12.106	11.296	10.563	9.899	9.295	8.745	8.244	7.786	7.367	6.982	6.628
15	13.865	12.849	11.939	11.118	10.380	9.712	9.108	8.559	8.061	7.606	7.191	6.811
16	14.718	13.578	12.561	11.652	10.838	10.106	9.447	8.851	8.313	7.824	7.379	6.974
17	15.562	14.292	13.166	12.166	11.274	10.477	9.763	9.122	8.544	8.022	7.549	7.102
18	16.398	14.992	13.754	12.659	11.690	10.828	10.059	9.372	8.756	8.201	7.702	7.250
19	17.226	15.678	14.324	13.134	12.085	11.158	10.336	9.604	8.950	8.365	7.839	7.366
20	18.046	16.351	14.877	13.590	12.462	11.470	10.594	9.818	9.129	8.514	7.963	7.469
25	22.023	19.523	17.413	15.622	14.094	12.783	11.654	10.675	9.823	9.077	8.422	7.843
30	25.808	22.396	19.600	17.292	15.372	13.765	12.409	11.258	10.274	9.427	8.694	8.055
40	32.835	27.355	23.115	19.793	17.159	15.046	13.332	11.925	10.757	9.779	8.951	8.244
50	39.196	31.424	25.730	21.482	18.256	15.762	13.801	12.233	10.962	9.915	9.042	8.304

1 美元的现值 (续表)

期数 (n)	折现率 (k)											
	13%	14%	15%	16%	17%	18%	19%	20%	25%	30%	35%	40%	50%
1	0.885	0.877	0.870	0.862	0.855	0.847	0.840	0.833	0.800	0.769	0.741	0.714	0.667
2	1.668	1.647	1.626	1.605	1.585	1.566	1.547	1.528	1.440	1.361	1.289	1.224	1.111
3	2.361	2.322	2.283	2.246	2.210	2.174	2.140	2.106	1.952	1.816	1.696	1.589	1.407
4	2.974	2.914	2.855	2.798	2.743	2.690	2.639	2.589	2.362	2.166	1.997	1.849	1.605
5	3.517	3.433	3.352	3.274	3.199	3.127	3.058	2.991	2.689	2.436	2.220	2.035	1.737
6	3.998	3.889	3.784	3.685	3.589	3.498	3.410	3.326	2.951	2.643	2.385	2.168	1.824
7	4.423	4.288	4.160	4.039	3.922	3.812	3.706	3.605	3.161	2.802	2.508	2.263	1.883
8	4.799	4.639	4.487	4.344	4.207	4.078	3.954	3.837	3.329	2.925	2.598	2.331	1.922
9	5.132	4.946	4.772	4.607	4.451	4.303	4.163	4.031	3.463	3.019	2.665	2.370	1.948
10	5.426	5.216	5.019	4.833	4.659	4.494	4.339	4.192	3.571	3.092	2.715	2.414	1.965
11	5.687	5.453	5.234	5.029	4.836	4.656	4.486	4.327	3.656	3.147	2.752	2.438	1.977
12	5.918	5.660	5.421	5.197	4.988	4.793	4.611	4.439	3.725	3.190	2.779	2.456	1.985
13	6.122	5.842	5.583	5.342	5.118	4.910	4.715	4.533	3.780	3.223	2.799	2.469	1.990
14	6.302	6.002	5.724	5.468	5.229	5.008	4.802	4.611	3.824	3.249	2.814	2.478	1.993
15	6.462	6.142	5.847	5.575	5.324	5.092	4.876	4.675	3.859	3.268	2.825	2.484	1.995
16	6.604	6.265	5.954	5.668	5.405	5.162	4.938	4.730	3.887	3.283	2.834	2.489	1.997
17	6.729	6.373	6.047	5.749	5.475	5.222	4.988	4.775	3.910	3.295	2.840	2.492	1.998
18	6.840	6.467	6.128	5.818	5.534	5.273	5.033	4.812	3.928	3.304	2.844	2.494	1.999
19	6.938	6.550	6.198	5.877	5.584	5.316	5.070	4.843	3.942	3.311	2.848	2.496	1.999
20	7.025	6.623	6.259	5.929	5.628	5.353	5.101	4.870	3.954	3.316	2.850	2.497	1.999
25	7.330	6.873	6.464	6.097	5.766	5.467	5.195	4.948	3.985	3.329	2.856	2.499	2.000
30	7.496	7.003	6.566	6.177	5.829	5.517	5.235	4.979	3.995	3.332	2.857	2.500	2.000
40	7.634	7.105	6.642	6.233	5.871	5.548	5.258	4.997	3.999	3.333	2.857	2.500	2.000
50	7.675	7.133	6.661	6.246	5.880	5.554	5.262	4.999	4.000	3.333	2.857	2.500	2.000

重要术语

A

accelerated depreciation 加速折旧

acceptance criterion 可接受标准

accounting income 会计收益（会计利润）

accounting rate of return 会计收益率

accounts payable（payables, trade payables）应付账款

accounts receivables（receivables, trade credit）应收账款（商业信用）

accrual accounting 权责发生制会计

accrued liabilities 应计负债

acid test（quick ratio）酸性试验比率（速动比率）

activist investor 激进股东主义

adjusted present value（APV）调整的现值

after-tax cash flow 税后现金流

allocated costs 分摊成本

amortization 摊销

annuity 年金

asset 资产

asset turnover ratio 资产周转率

B

bankruptcy 破产

bearer securities 不记名证券

benefit-cost ratio（BCR）效益成本比

β-risk（systematic risk, nondiversifiable risk）β 风险（系统性风险、不可分散风险）

bond 债券

bond rating 债券评级

book value 账面价值

book value of equity 权益账面价值

break-even analysis 盈亏平衡分析

breakup value 可分拆价值，把多元化经营企业分拆成数个单独的企业，然后分别处置所能实现的价值

business risk 经营风险

C

call option 买权，看涨期权

call provision 可赎回条款

cannibalization（同类）利润侵蚀

capital 资本

capital budget 资本预算

capital consumption adjustment 资本消耗调整，对历史成本折旧进行调整，以修正通货膨胀所导致的价值低估

capital in excess of par value（paid in surplus, additional paid in capital）资本盈余（溢价）

capital rationing 资本限额

capital structure 资本结构

capitalization 资本化，企业所有长期资金来源之总和，或相当于总资产减流动负债

cash 现金

cash accounting 收现制会计

cash budget 现金预算

cash conversion cycle（CCC）现金转换周期，等于"存货库存天数+收款天数-付款天数"

cash cow 现金牛，指能比有效再投资产出更多现

金的公司或产品

cash flow 现金流量（现金流）

cash flow forecast 现金流量预测

cash flow from operating activities 经营活动产生的现金流量

cash flow principle 现金流量原则

cash flow statement 现金流量表

certainty-equivalent 确定等值

close off the top 关闭天窗（金融术语，意指排除追加债务筹资的可能性）

collection period 应收账款回收期（收款期）

common-size financial statements 同比财务报表，这是通常用于比较不同规模企业的财务报表的方法，通过把所有资产负债的项目除以总资产及把所有利润表项目除以净销售收入来实现比较

common stock（common shares）普通股股票

comparable trades valuation 可比交易估值，依赖于金融市场上的交易价格，代表小额、少数股权的利益

comparable transactions valuation 可比交易推定估值法，依赖于并购确定的价格，代表控股股权的利益

comparables 比较法，用于估计公允市场价值

compounding 复利

comprehensive income（loss）综合损益

conglomerate diversification 非相关多元化经营企业

constant-dollar accounting 不变金额会计，属通货膨胀会计体系，其中将历史成本项目按货币一般购买力的变动数调整后再作表达

constant purchasing power 不变购买力，一段时间内购买一揽子稳定的有形资产所需要的货币数量

consumer price index（CPI）消费者物价指数

contribution to fixed cost and profits 对固定成本及利润所贡献的毛利，指收入超过变动成本的部分

control ratio 营运性比率

conversion ratio 转换比率

conversion value 可转换价值

convertible security 可转换证券

corporate restructuring 公司重组

correlation coefficient 相关系数

cost of capital（opportunity cost of capital, hurdle rate, weight-average cost of capital）资本成本（机会资本成本、最低收益率、加权平均资本成本）

cost of debt 债务资本成本

cost of equity 权益资本成本

cost of goods sold（cost of sales）销售成本

coupon rate 票面利率

covenant（protective covenant）保护条款（保护性条款），债务协议中规定借款人能做什么事或不能做什么事的条款

coverage ratio 偿债比率

crowdfunding 众筹

cumulative preferred stock 累积优先股

currency swap 货币互换

current asset 流动资产

current-dollar accounting 现时货币会计

current liability 流动负债

current portion of long-term debt 长期负债的本年到期部分

current ratio 流动比率

D

days inventory outstanding 存货周转期

days' sales in cash 现金销售收入天数，衡量现金余额的管理指标，定义为现金除以每日销售额

debt（liability）债务（负债）

debt capacity 负债能力

debt-to-asset-ratio 负债资产比率

debt-to-equity ratio 负债权益比率

default 违约、拖欠

default premium 违约补偿，投资者因公司可能的债务违约风险而要求提高某一只证券的收益率以作为补偿

deferred income taxes 递延所得税，确认支付未来所得税的债务

deferred tax liability 递延所得税负债

delayed call 延迟赎回，证券条款，它赋予发行人赎回已发行证券的权利，不过只能在一段时间后才能执行

depreciation 折旧

derivative 衍生品（衍生金融工具），如期权、互换等

dilution 稀释

discounted rate 贴现率

discounted cash flow 贴现现金流量

discounted cash flow rate of return 贴现现金流量收益率，内部收益率

discounting 贴现

diversifiable risk 可分散风险

diversification 多元化、分散化

dividend payout ratio 股利支付率

Dodd-Frank Act《多德-弗兰克法案》

E

earnings（income，net income，net profit，profit）盈利（收益、净收益、净利润或利润）

earnings per share（EPS）每股收益

earnings yield 盈利收益率，每股收益除以股票价格

EBIT 息税前利润

economic income 经济利润

economic value added 经济增加值，一个企业或经营单位的税后营业利润减去占用资本的机会成本

efficient market 有效市场

enterprise value 企业价值，按加权平均资本成本贴现的权益和债权人的预计现金流量的现值

equity（owner's equity，net worth，shareholders' equity）权益（股东权益、净资产或所有者权益）

equity value 权益价值

equivalence 等值、等量

equivalent annual cost or benefit 约当年成本或收益，给定现金流入量和流出量，具有相同时间调整值的年金

Eurodollar 欧洲美元

expected return 期望收益率

F

fair market value（FMV）（intrinsic value）公允市场价值（内在价值）

figure of merit 价值指标

Financial Accounting Standards Board（FASB）财务会计准则委员会

financial asset 金融资产

financial flexibility 财务弹性（灵活性）

financial leverage 财务杠杆

first-in，first-out（FIFO）先进先出法

Fisher effect 费雪效应，关于名义利率应近似等于实际利率加上通货膨胀补偿的定理

fixed cost 固定成本

fixed-income security 固定收益证券

forcing conversion 强制转换

foreign exchange exposure 外汇风险敞口，包括交易敞口（transaction exposure）、会计敞口（accounting exposure）、经济敞口（economic exposure）

forward contract 远期合约

forward market 远期市场

free cash flow 自由现金流（量）

frozen convertible（hung convertible）被冻结的可转换证券，指发行在外数年的可转换证券，其持有人因可转换价值在可赎回价格之下而无法被强制转换

funds 资金

futures contract 期货合约

G

gains to net debtors 负债方利得，指负债方因债务购买力的下跌而增加的财富

general creditor 普通债权人，无担保的债权人

going-concern value 持续经营价值，指一个企业预期的未来税后现金流量的现值。权益的持续经营价值指权益所得现金流量的现值，而企业持续经营价值指所有资本提供方所得现金流量的现值

goodwill 商誉

gross margin percentage 毛利率

growth options 增长期权

H

hedge 套期保值，一种冲销投资风险的策略。完全的套期保值指消除套期保值变量在变动中盈利或亏损的所有可能性

historical-cost depreciation 历史成本折旧

hurdle rate 一个投资项目可接受的最低收益率

I

income 收益（盈利、利润）

income statement（profit and loss statement）利润表（损益表）

inflation premium 通货膨胀溢价，指因预期通货膨胀而必须给投资者提高证券收益作为补偿

insolvency 破产、无力偿付

interest rate swap 利率互换

internal rate of return（IRR）内部收益率

internal sources 内部资源，经营活动现金流量里可供公司使用的现金

International Financial Reporting Standards（IFRS）国际财务报告准则

inventories 存货

inventory turnover ratio 存货周转率

inventory valuation adjustment 存货估值调整

inversion 税负倒挂，收购低税负公司进行避税的手法

investment bank 投资银行

investment value 仅基于固定收益而忽略可转换特征所确定的可转换证券价值

investments 投资

J

junk bond 垃圾债券，指任何被评为投资等级之下的债券

L

last-in, first-out（LIFO）后进先出法

lemons problem 柠檬问题，卖方比买方更了解资产，故买方不愿比资产的平均价格出价更高。当卖方资产的价值高于市场平均价格时，他会撤出市场，从而导致资产质量和出价下降

leveraged buyout（LBO）杠杆收购，指大部分通过举债融资而进行的收购

leveraged recapitalization 杠杆再资本化

liability 负债、债务

liquid assets 流动资产

liquidation 清算

liquidation value 清算价值

liquidity 流动性、变现性

liquidity ratio 流动比率

long-term debt 长期负债

M

mark-to-market accounting 现行市价会计，指将企业资产负债表上所交易资产和负债的账面价值调整为现行市场价格的做法

market for control 控制权市场，指对公司控股股权进行活跃的、竞争性交易的市场，它受普通股股票大宗交易买卖的影响

market line（security market line）证券市场线，

表示预期收益与β风险之间关系的线

market value 市场价值

market value of equity 权益市场价值

market value of firm 企业市场价值

marketable securities 有价证券，能迅速转换成现金的证券

monetary asset 货币性资产，可以用货币定义价值的任何资产，现金和应收账款是货币性资产，存货、厂房和设备是有形资产

multiple hurdle rates 多重最低收益率，使用多个最低收益率，以反映不同的风险水平

mutually exclusive alternatives 互斥项目

N

net income 净利润（净收益）

net monetary creditor 净货币债权方，指货币性资产超过负债的经济机构

net monetary debtor 净货币负债方，指货币性资产少于负债的经济机构

net present value（NPV）净现值

net profit 净利润

net sales 净销售额（收入），总销售收入减去一定的冲销项目（如销售返回、减免和折扣）

net worth 净资产（所有者权益）

nominal amount 名义金额，未对通货膨胀引起的购买力变动进行调整的金额

noncash charge 非现金费用

nondiversifiable risk 不可避免的风险（系统性风险，即β风险）

notes payable 应付票据，附息的短期负债

O

operating cycle 经营周期

operating leverage 经营杠杆

opportunity cost 机会成本

opportunity cost of capital 机会资本成本

option 期权

option premium 期权价格（期权费）

other assets 其他资产

other expenses 其他费用

over-the-counter（OTC）market 场外交易市场（柜台交易市场）

owners' equity 所有者权益、权益

P

paid-in-capital 实收资本（已缴纳资本）

par value 票面价值（面值）

payables period 应付账款付款期

payback period 回收期（收款期）

peer-to-peer lending P2P 借款

perpetual-growth equation 永续增长方程式，指每年按照 g 比率增长获得的下一年利润除以 g 与贴现率之差所得到的永续年金的现值

perpetuity 永续年金

plug 塞子（填塞），术语，指估计预测中的未知数

portfolio 资产组合

position diagram 状况图，以投资项目的价值为纵轴，以所依附资产的价格为横轴的图形

post-money value 融资后估值

preferred stock 优先股

premium for control 控制权溢价，指收购发起方为取得公司控制权而愿意支付的超过和高于公司股东权益现行市场价值的金额

pre-money value 融资前估值

prepaid income taxes 预付所得税

present value 现值

price-to-earnings ratio（P/E）市盈率

principal 本金

private placement 私募

pro forma statement 模拟财务报表，以某些假设的未来事件为基础而编制的财务报表

profit center 利润中心，公司用于创造收入及能够计算利润的组织单位

profit margin 利润率

profitability index (benefit-cost ratio) 盈利能力指数，即效益成本比

profits 利润

property, plant, and equipment 地产、厂房和设备（本书按国内惯例译为"固定资产"）

protective covenant 保护性条款

provision for income taxes 所得税费用，基于年度报告收入的税额，常不同于根据税收会计规则计算的应交税额

public issue (public offering) 公开发行（公开要约）

purchasing power parity 购买力平价，一种理论学说，认为汇率应调整到这样的状况，即在均衡状态下，当以相同的货币表示同一价格时，不同国家的商品要花费等量的钱

put option 卖权（看跌期权）

Q

quick ratio 速动比率，酸性测试比率

R

range of earnings chart 收益范围图，各种可选筹资方案里让每股收益（EPS）与息税前利润（EBIT）相联系的图形

rate of return 收益率（回报率）

ratio analysis 比率分析

real amount 实际金额，指已经就通货膨胀所引起的货币购买力变动做过调整的金额

realized income 已实现收益（利润）

residual income security 剩余收益证券，指对公司证券拥有最后索取权的证券，通常是公司增长的受益者

residual profits 剩余利润，用于替代投资收益率以衡量利润中心业绩表现的一种方法，定义为收入减去利润中心所占用资本的年成本

retained earnings (earned surplus) 留存收益

return on assets (ROA) 资产收益率

return on equity (ROE) 权益收益率

return on invested capital (ROIC) 投入资本收益率

return on investment (ROI) 投资收益率

revenues 营业收入

rights of absolute priority 绝对优先权

risk-adjusted discount rate (cost of capital, hurdle rate) 风险调整贴现率，包括风险补偿在内的一种贴现率

risk aversion 风险厌恶（规避）

risk-free interest rate 无风险利率，指不存在通货膨胀下，无违约风险债券的利率

risk premium 风险溢价（风险报酬、风险补偿）

S

sales (revenue) 销售额（收入）

Sarbanes-Oxley Act 萨班斯-奥克斯利法案

secured creditor 有担保债权人，其债务以某些资产为抵押的债权人。在清算时，有担保债权人根据他（或她）的贷款幅度从抵押资产的销售所得中获得现金

Security and Exchange Commission (SEC) 美国证券交易委员会

Selling, general, and administrative expenses 销售、行政及管理费用

semistrong form efficient market 半强式有效市场

senior creditor 优先债权人

sensitivity analysis 敏感性分析

shareholders' equity 股东权益

shelf-registration 货架登记制，SEC 的一项计划，根据该计划，公司可以呈请将一般意义上的招股说明书（介绍公司未来两年内可能的融资方案）备案，可消除新股公开发行的时间差

simulation (Monte Carlo simulation) 模拟（蒙特卡洛模拟），敏感性分析在计算机基础上的一种扩展，它计算预期结果的概率分布

sinking fund 偿债基金

solvency 偿债能力

sources and uses statement 资金来源与运用表

spontaneous sources of cash 自发性现金来源，指在企业经营过程中无须协助就能由诸如应付账款、应付（未付）薪资等负债自动产生的现金来源

spot market 即期市场

spread 差价，投资银行家的术语，指新发行证券的发行价与公司净收入之间的差额

standard deviation of return 收益率的标准差（预期收益率平均方差的平方根），用于衡量波动率

statement of changes in financial position 财务状况变动表

stock 普通股股票

stock option 股票期权，在某种场合下给予公司员工的一种合同特权，它赋予持有人在事先确定的期间里按确定价格购入确定数量股票的权利

striking price（exercise price）执行价格（行权价格），依据买权合同可以买入（或卖权合同可以卖出）股票的价格

strong-form efficient market 强式有效市场

subordinate creditor 从属债权人，指持有比企业其他债务得到偿付的机会要少的债券的债权人

sunk cost 沉没成本

sustainable growth rate 可持续增长率

T

tax shield 税盾（避税利益）

times burden covered 债务负担倍数（偿债倍数），一种衡量财务杠杆的偿债比率，定义为息税前利润除以利息费用与税前增加的本金支付之和

times interest earned 利息倍数（利息保障倍数）

total capital 总资本，企业所有的长期资金来源

total enterprise value（TEV）企业总价值，定义为权益的市场价值加上债务的市场价值

trade payables 应付账款

transfer price 转移定价，同一公司内各单位用于计算商品交易或劳务的价格

treasury stock 库藏股

U

underwriting syndicate 承销辛迪加

unrealized income 未实现收入，没有确认的交易所实现的收入，一种纸面上的收益而已

V

variable cost 可变成本

volatility 波动率（波动性），资产收益率的标准差，衡量资产风险的一种指标

W

warrant 认股权证

weak-form efficient market 弱式有效市场

weighted-average cost of capital（WACC）加权平均资本成本

with-without principle 有无原则，确定现金流量与投资是否相关的原则。它说明假如存在两个世界（一个有投资，另一个没有投资），那么这两个世界里所有不同的现金流量都是有关的，而相同的现金流量都是无关的

working capital（net working capital）营运资本（净营运资本）

working capital cycle 营运资本周转期

Y

yield to maturity 到期收益率，持有债券至到期日的内部收益率

麦格劳-希尔教育教师服务表

尊敬的老师：您好！

感谢您对麦格劳-希尔教育的关注和支持！我们将尽力为您提供高效、周到的服务。与此同时，为帮助您及时了解我们的优秀 图书，便捷地选择适合您课程的教材并获得相应的免费教学课件，请您协助填写此表，并欢迎您对我们工作提供宝贵的建议和意见！

麦格劳-希尔教育教师服务中心

★ 基本信息

姓		名		性别	
学校			院系		
职称			职务		
办公电话			家庭电话		
手机			电子邮箱		
省份		城市		邮编	
通信地址					

★ 课程信息

主讲课程-1		课程性质	
学生年级		学生人数	
授课语言		学时数	
开课日期		学期数	
教材决策日期		教材决策者	
教材购买方式		共同授课教师	
现用教材 书名/作者/出版社			

★ 教师需求及建议

提供配套教学课件（请注明作者/书名/版次）	
推荐教材（请注明感兴趣的领域或其他相关信息）	
其他需求	
意见和建议（图书和服务）	
是否需要最新图书信息	是/否	感兴趣领域	
是否有翻译意愿	是/否	感兴趣领域或意向图书	

填妥后请选择电邮或传真的方式将此表返回至以下地址之一，谢谢！

地址1：北京市东城区北三环东路36号环球贸易中心A座702室，教师服务中心，100013
电话：010-5799 7618/7600 传真：010-5957 5582
邮箱：instructorchina@mheducation.com
网址：www.mheducation.com, www.mhhe.com

地址2：北京市海淀区成府路205号北京大学出版社经管事业部 100871
电话：010-62767312/62767348
邮箱：em@pup.cn; em_pup@126.com
QQ：552063295

微信公众号：
MHHE0102

微信公众号：
pupembook